Friedrich Bleek, Th. Hossbach

Friedrich Bleek's Vorlesungen über die Apokalypse

Friedrich Bleek, Th. Hossbach

Friedrich Bleek's Vorlesungen über die Apokalypse

ISBN/EAN: 9783743649897

Hergestellt in Europa, USA, Kanada, Australien, Japan

Cover: Foto ©Thomas Meinert / pixelio.de

Weitere Bücher finden Sie auf **www.hansebooks.com**

Dr. Friedrich Bleek's

Vorlesungen über die Apokalypse.

Herausgegeben

von

Lic. Th. Hossbach,

Früh- und Hülfsprediger an der Jerusalems- und Neuen Kirche in Berlin.

Berlin.
Druck und Verlag von Georg Reimer.
1862.

Vorwort des Herausgebers.

Nachdem die G. Reimer'sche Verlagsbuchhandlung Bleek's Vorlesungen über die Einleitung zum Alten und Neuen Testament hat erscheinen lassen, erscheinen jetzt dessen Vorlesungen über die Apokalypse. Der Herausgeber hat sich dem ihm gewordenen Auftrag um so lieber unterzogen, als er dadurch im Stande ist, einen Theil des Dankes öffentlich abzutragen, den er seinem theuren Lehrer, der ihm ein väterlicher Freund geworden war, schuldig ist. Es standen mir allerdings zunächst mancherlei Bedenken gegen die Veröffentlichung entgegen. Da Bleek diese Vorlesungen nur auf 2 Stunden wöchentlich im Wintersemester berechnet hatte, so kann unmöglich die Gründlichkeit und die Fülle von Gelehrsamkeit erwartet werden, die seinen Hebräerbrief zu einem epochemachenden Werk in der exegetischen Wissenschaft gemacht hat. Es war ferner zu erwägen, dass er mit anerkennenswerther und für viele Gelehrte beschämender Bereitwilligkeit sein Heft seinem ehemaligen Lehrer de Wette bei dessen Bearbeitung der Apokalypse zur Disposition gestellt hatte, so dass ein nicht unbeträchtlicher Theil seiner Forschungen schon darin niedergelegt war, dass er ferner selbst in verschiedenen Aufsätzen in mehreren Zeitschriften seine Ansichten entwickelt hatte, dass endlich gleich nach Bleek's Tode der umfassendere Commentar von

Düsterdiek erschienen war. Dessenungeachtet glaubte der Herausgeber nach Einholung von Gutachten von competenterer Seite als er war, mit der Herausgabe nicht zögern zu dürfen. Zuvörderst hatte Bleek selbst öfter den Wunsch ausgesprochen, die zerstreut veröffentlichten Resultate seiner Untersuchungen über die Apokalypse in einem zusammenhängenden Werke über dies Buch nebst Commentar zusammenfassen zu können, und wenn dieses Werk, wenn Gott ihn uns länger erhalten hätte, auch wohl viel umfassender ausgefallen sein würde als diese Vorlesungen, so meine ich doch, dass es dem theologischen Publicum nur lieb sein kann, auch in dieser Gestalt sich seine Forschungen vorgelegt zu sehen, um so mehr als ja gerade die apokalyptische Literatur und so auch die Apokalypse des Johannes ein Gegenstand seines unausgesetzten Studiums von Jugend auf war, wie seine erste Untersuchung über die Sibyllinen in der von Lücke, de Wette und Schleiermacher herausgegebenen Zeitschrift und die später in den Studien und Kritiken veröffentlichten Untersuchungen und Recensionen bezeugen. Bleek ist ausserdem wegen der Nüchternheit und Wahrheitsliebe in seiner Kritik und Exegese, wegen der Klarheit in der Darstellung so allgemein anerkannt, dass selbst, wenn seine Resultate nur dieselben sind, die früher bekannt waren, doch seine Forschungen eben als die seinigen für den Theologen ihren besonderen Werth haben. Und man wird auch meiner Meinung nach, wenngleich es mir nicht zusteht, über das Werk selbst ein Urtheil zu fällen, so manches näher und schärfer und klarer begründet finden, als es in seinen einzelnen Aufsätzen über diesen Gegenstand so wie von de Wette und Düsterdiek geschehen ist. Seine „allgemeinen Untersuchungen über die Apokalypse" sind gewiss wieder ein Muster von Klarheit und Schärfe, wie Nüchternheit der Kritik, die auch die anerkennen müssen, die mit seinen Resultaten nicht übereinstimmen. Bleek hat 7 Mal über die Apokalypse gelesen, das letzte Mal im Wintersemester 18⅘ in 36 Stunden. Da Bleek seine Vorlesungen bekanntlich wörtlich ausarbeitete, so beschränkte sich die Thätigkeit des Herausgebers höchstens auf stylistische Aenderungen und Berichtigung einiger Citate nächst der Entzifferung der manchmal etwas unleserlichen Handschrift. Hierbei ist zu bemerken, dass der Abschnitt über die Geschichte des Gebrauchs der Apokalypse, wie die Untersuchungen über das Buch im Allgemeinen für die letzte Vorlesung fast ganz neu ausgearbeitet waren. Die specielle Erklärung ist zunächst für die Vorlesung im Wintersemester 18⁴⁄₄ niedergeschrieben worden, aber seitdem für jede folgende Vorlesung durch Randbemerkungen erweitert und verbessert, stellenweise auch ganz umgearbeitet worden. Von bedeutenderen und berücksichtigungswerthen Werken über denselben Gegenstand, die nach Bleek's Tode erschienen sind, ist nur Düsterdiek's Commentar zu nennen. Ich habe mich aber einer Berücksichtigung desselben durch Zusätze zum Manuscript enthalten zu müssen geglaubt. Eine Beurtheilung der Düsterdiek'schen Ansichten von meiner Seite in einem Bleek'schen Werke schien mir unpassend, und konnte ich auch von der mir dazu gegebenen Berechtigung wegen Mangels an Zeit keinen Gebrauch machen. Eine blosse Einregistrirung der übereinstimmenden oder abweichenden Ansichten dieses Gelehrten schien mir aber um so mehr überflüssig, als bei mancherlei Abweichungen im Einzelnen seine Grundanschauungen über die Apokalypse doch dieselben sind, denen Bleek als einer der ersten in seinen früheren Abhandlungen Bahn gebrochen und allgemeinere Anerkennung verschafft hat. Die 2. Auflage des Hengstenberg'schen Commentars bietet so wenige Abweichungen von der ersten, dass ich da, wo Hengstenberg angeführt wurde, nur nöthig hatte, die etwa citirte Seitenzahl der 1. Auflage durch die Hinzufügung der der 2. zu ergänzen. Als der Druck schon bis zum 12. Bogen vorgeschritten und der Rest des Manuscripts nicht mehr in meinen Händen war, erschien die Schrift von Ewald: Die Johanneischen Schriften, 2. Bd., Johannes' Apokalypse, die allerdings mancherlei Abweichungen von seinen früheren Erklärungen der Einzelheiten enthält. Ich habe mich aber unter diesen Umständen darauf beschränken müssen, von dem 13. Bogen an an den einzelnen Stellen, wo er von Bleek citirt wird, durch eine [ ] eingeklammerte Bemerkung, gewöhnlich durch den Zusatz [früher] anzudeuten, dass Ewald jetzt eine andere Erklärung vortrage. Die sonstigen wenigen Zusätze von meiner Hand, hauptsächlich nur Hinweisungen auf Bleek's frühere Abhandlungen über denselben Gegenstand, sind ebenfalls durch eckige Klammern gekennzeichnet.

Mögen denn auch diese Vorlesungen, die letzten, die meines Wissens aus dem Bleek'schen Nachlass erscheinen, dazu dienen, das Andenken des theuren Mannes als eines echt protestantischen, Wahrheit suchenden Forschers in Ehren zu halten, und den Geist der recht gläubigen, wenn auch nicht immer rechtgläubigen Kritik und Exegese wach zu halten und zu beleben.

Berlin im August 1862.

Der Herausgeber.

Inhaltsverzeichniss.

	Seite
I. Inhalt des Buches	4
II. Geschichte des Gebrauchs der Apokalypse in der Kirche	23
III. Untersuchungen über das Buch im Allgemeinen	28
1. Hauptsinn und Zweck des Buches	28
2. Einheit des Buches und Zeit der Abfassung	110
3. Verfasser	124
4. Ueber die schriftstellerische Einkleidung des Buches, namentlich die Darstellung in Visionen	138
5. Kanonicität der Apokalypse	141
IV. Specielle Erklärung	145

Diese Vorlesung wird sich mit der Erklärung der Apokalypse beschäftigen, des letzten Buches im neutestamentlichen Kanon und des einzigen, welches sich so gut wie ganz und gar mit der Zukunft der Kirche beschäftigt. Im alttestamentlichen Kanon gibt es bekanntlich eine ganze Abtheilung, welche prophetische Schriften enthält. Der alte Bund hatte überhaupt wesentlich die Bestimmung, die Menschheit, und zunächst ein auserwähltes Geschlecht derselben, vorzubereiten und hinzuleiten auf das Vollkommnere, welches dereinst — im neuen Bunde — in die Erscheinung treten sollte. Daher musste nothwendig neben dem Geschichtlichen und dem Gesetzlichen auch das Typische und Prophetische einen wesentlichen Platz darin einnehmen, die Hinweisungen auf das vollendete Heil, welches dereinst kommen sollte, und auch auf die Person desjenigen, durch den es in die Erscheinung treten sollte, und so dasselbe denn auch in der Sammlung heiliger Schriften, welche den alttestamentlichen Kanon ausmachen und bestimmt sind, für das Volk des A. B. die Norm für Glauben und Leben zu bilden. Anders musste das Verhältniss sich gestalten nach der Erscheinung Christi und nach dem Eintritte des durch ihn vermittelten, im A. T. angekündigten, neuen Bundes. Auch hier fehlte es nicht an Platz für die Prophetie, und zwar für die Prophetie im engeren biblischen Sinne, die auf die zukünftige Entwickelung und Vollendung des Reiches Gottes gerichtet ist. Denn da das Reich Gottes auch im neuen Bunde in menschlicher Schwachheit und zeitlicher Beschränkung auftrat, und die ihm als Aufgabe und Ziel gesetzte Besiegung und Unterwerfung der Welt nicht alsbald auf vollendete Weise vollführte, wie nicht im Einzelnen, so auch nicht im Allgemeinen, so musste auch der Blick der Mitglieder des N. B. mit auf die Zukunft gerichtet bleiben, auf die weitere Entwickelung und dereinstige Vollendung des Reiches Gottes. Und so finden sich denn auch in den Schriften des neutestamentlichen Kanons mancherlei darauf sich beziehende Aussprüche, sowohl in den Reden Christi, besonders Matth. K. 24. 25 u. a., als auch in den Briefen, wie besonders 1. und 2. Thessal., 1. Kor., und im geringeren Grade auch in den anderen. Doch ist das Verhältniss hier deshalb ein andres, als unter dem A. B., weil in der Person des Erlösers uns in geschichtlicher Erscheinung derjenigen klar vor Augen hingestellt ist, der allein zum Heilsziele führen kann und an den wir uns nur in gläubigem Vertrauen anzuschliessen haben, um sicher zu sein, dass wir dasselbe nicht verfehlen werden. So werden wir denn vor Allem darauf hingewiesen, unsere Blicke überall auf Ihn, den Erschienenen zu richten, als denjenigen, von dem allein uns Friede, Trost und Seligkeit zu Theil werden kann, und Ihm in geduldigem Harren auch die weitere Entwicklung und Vollendung der Zukunft des Reiches Gottes anheimzustellen. Daher begreift es sich, dass die Bücher des neutestamentlichen Kanons so überwiegend geschichtlich und didaktisch sind, und gegen diese Bestandtheile das Prophetische in Vergleich mit dem alttestamentlichen Kanon sehr zurücktritt. Eine Ausnahme bildet nur, wie schon angedeutet, die Apokalypse. Doch haben über kein Buch des N. T. fast von jeher und bis auf die neueste Zeit so mannigfaltige und entgegengesetzte Ansichten geherrscht, wie über die Apokalypse, und zwar sowohl über ihren Ursprung, als über ihren Werth und das ihr gebührende Ansehen, und nicht minder über ihren Zweck und ihre Auslegung sowohl im Ganzen als im Einzelnen. Was die Abfassung des Buches betrifft, so ist das wohl ziemlich allgemein anerkannt, dass dieselbe in die spätere Zeit des apostolischen Zeitalters gehört; der Streit bewegt sich hauptsächlich nur darum, ob sie vor oder nach der Zerstörung Jerusalems durch die Römer verfasst ist. Ueber den Verfasser gibt es schon in der älteren Kirche drei verschiedene Ansichten, und eben so auch in neuerer Zeit, 1) die, dass die Apokalypse die echte Schrift eines Apostels sei, 2) die eines untergeordneten Jüngers des Herrn, und 3) die einem Apostel untergeschobene. Theilweise, jedoch, wie wir sehen werden, nur theilweise damit zusammenhängend ist die Verschiedenheit der Ansichten über den Werth der Apokalypse und die ihr zukommende Autorität, ob sie nämlich eine wahrhaft prophetische Schrift sei, beruhend auf unmittelbarer göttlicher Erleuchtung, oder nur das dichterische Product menschlicher Reflexion und menschlicher Phantasie, oder ob vielleicht ein Mittleres stattfindet. Noch grösser ist die Mannigfaltigkeit der Ansichten hinsichtlich des eigentlichen Zweckes des Buches und hinsichtlich des Sinnes sowohl des Ganzen als auch der einzelnen Theile. — Um aber im Stande zu sein, diese Fragen, besonders die letzteren, auf befriedigende Weise zu beantworten, ist es angemessen, dass wir uns zuvörderst mit dem Inhalte des Buches selbst im Einzelnen etwas näher bekannt machen; dazu werde ich hier eine übersichtliche **Darstellung dieses Inhalts** geben, so viel wie möglich mit Beibehaltung der eigenen Darstellung und Einkleidung des Buches. Darauf werde ich 2) einen **Ueberblick der äusseren Geschichte der Apokalypse in der Kirche** folgen lassen, **des Ansehns und Gebrauches derselben und der hauptsächlichsten Deutungen derselben**, durch die verschiedenen Jahrhunderte hindurch, von der ersten Zeit an, wo sich äussere Zeugnisse über ihren Gebrauch finden. Daran werden sich dann 3) **unsere eigenen Untersuchungen über das Buch im Allgemeinen** anknüpfen, soweit dieselben angemessen der Erklärung des Einzelnen vorhergehen und zu dessen Verständniss erforderlich sind, zuvörderst über den als Resultat jener Analyse sich ergebenden **Zweck des Buches und den Sinn desselben im Ganzen und in den Haupttheilen**, so wie über die **Zeit der Abfassung** und den **Verfasser**. Endlich 4) **Erklärung des Einzelnen** nach der Reihefolge.

1*

I. Inhalt des Buches.

Den Haupttheil des Buches bildet K. 4, 1—22. 5. Was vorhergeht K. 1—3 lässt sich als Prolog ansehen, und was folgt K. 22, 6—21 als Epilog.

I. K. 1—3. Prolog. Die ersten 3 Verse (1, 1—3) geben gleichsam den Titel des Buches oder eine allgemeine Ankündigung des Inhaltes desselben, als einer Offenbarung Jesu Christi, welche a) ihm Gott gegeben habe, um seinen Knechten das nahe bevorstehende ($\overset{"}{\alpha}$ δεῖ γενέσθαι ἐν τάχει) zu zeigen, welche b) Christus durch seinen Engel seinem Knechte Johannes angezeigt habe, der dann c) das Wort Gottes und das Zeugniss Jesu Christi, was er schaute (ὅσα εἶδε) bezeugt habe; dabei werden Leser und Hörer der Weissagung, welche das in derselben Geschriebene bewahren, selig gepriesen, d) wird auf die Nähe der Erfüllung hingewiesen (ὅ γὰρ καιρὸς ἐγγύς). Daran schliesst sich V. 4—8 die Dedication des Buches von Seiten des Johannes an die 7 Gemeinden Asia's (d. i. des prokonsularischen Asiens), die später namentlich aufgeführt werden; ihnen wird Gnade und Friede gewünscht von Gott, von den sieben Geistern vor dem Throne Gottes und von Christus, und dabei hingewiesen auf die Gewissheit der glorreichen Zukunft Christi, der da kommen wird mit den Wolken des Himmels, so dass Alle ihn schauen werden, auch die, welche ihn durchbohrt, und alle Stämme der Erde über sie wehklagen (κόψονται). — Im Folgenden erzählt Johannes (der sich wieder namentlich als den Schreibenden nennt, und sich bezeichnet als den Bruder seiner Leser, als ihren Genossen in der Trübsal, im Reiche und in der Erwartung des Herrn), die ihm auf der Insel Patmos, wo er sich wegen des Wortes Gottes und des Zeugnisses Jesu befand, zu Theil gewordene Vision; er sei am Herrntage (ἐν τῇ κυριακῇ ἡμέρᾳ) im Geiste gewesen (ἐν πνεύματι) und habe hinter sich eine laute Stimme gehört, die ihm befahl, was er schaue, aufzuschreiben und es an die sieben Gemeinden zu senden, nach Ephesus, Smyrna, Pergamus, Thyatira, Sardes, Philadelphia, Laodicea. Wie er sich nach der Stimme umsieht, erblickt er sieben goldene Leuchter und in ihrer Mitte eine glänzende Menschengestalt (ὅμοιον υἱῷ ἀνθρώπου), sieben Sterne in der Rechten haltend; bei diesem Anblick fällt er wie todt zu den Füssen des Erscheinenden, der aber seine Hand auf ihn legt und sich bezeichnet als den Ersten und den Letzten, als den vom Tode wieder Erstandenen und in Ewigkeit lebenden, der die Schlüssel des Todes und der Unterwelt habe, und ihm befiehlt aufzuschreiben was er schaue, und dessen Bedeutung und was hiernach sich begeben solle (γράψον ἃ εἶδες καὶ ἃ εἰσὶν καὶ ἃ μέλλει γίνεσθαι μετὰ ταῦτα); worauf die Bedeutung der 7 Sterne in der Rechten des Herrn und der 7 goldenen Leuchter erklärt wird, als sich beziehend die letzteren auf die 7 Gemeinden, die ersteren auf deren ἀγγέλους. Es folgen jetzt K. 2. 3 sieben Briefe, welche der Herr dem Johannes an die einzelnen jener sieben Gemeinden zu schreiben befiehlt, oder eigentlich an deren ἀγγέλους, die aber nur als die Repräsentanten der Gemeinden zu betrachten sind. Die Briefe beziehen sich auf den Stand des christlichen Glaubens und Lebens in den einzelnen Gemeinden, und sind darnach theils lobend, theils strafend; ein Lob erhalten besonders die Gemeinden von Smyrna, Philadelphia, als welche den Namen des Herrn nicht verleugnet hätten unter Trübsalen, welche über die Gläubigen scheinen besonders von Seiten der ungläubigen Juden verhängt worden zu sein; gestraft werden besonders die Gemeinden von Sardes und Laodicea, die erstere weil sie glaubte zu leben und doch todt war, die letztere wegen ihrer grossen Lauheit; bei den drei anderen Gemeinden ist Lob und Tadel gemischt; der Ephesinischen Gemeinde wird vorgeworfen, dass sie die erste Liebe verlassen, der von Pergamus und Thyatira, dass sie solche unter sich duldeten, welche sich nicht frei hielten von der Theilnahme am Götzendienste und von Unzucht. Alle Briefe schliessen mit einer Ermahnung und Verheissung für die im Kampfe Ausharrenden und Siegenden, wobei im Briefe an Philadelphia der

Herr verheisst: ἔρχομαι ταχύ (3, 11). Aus mehreren dieser Briefe, besonders dem an Pergamus, geht hervor, dass die christlichen Gemeinden mancherlei und zwar auch selbst blutige Verfolgungen zu erdulden gehabt hatten; in diesem Briefe an Pergamus ist namentlich von einem daselbst ermordeten Märtyrer Antipas die Rede (2, 13), über dessen Person uns jedoch etwas Weiteres nicht bekannt ist.

II. K. 4, 1—22, 5 ist der Haupttheil, die prophetische Enthüllung der Zukunft enthaltend. Dazu bilden K. 4 u. 5 wieder die Vorbereitung. Der Seher erzählt, wie er durch jene Stimme (1, 10) aufgefordert sei, durch eine im Himmel geöffnete Thür in denselben hinaufzusteigen „καὶ δείξω σοι ἃ δεῖ γενέσθαι μετὰ ταῦτα". Alsbald gerieth der Seher in Entzückung (ἐν πνεύματι), und schaute im Himmel Gott in glanzvollster Herrlichkeit auf seinem Throne sitzend; um ihn herum stehen 24 Throne mit 24 Aeltesten in weissen Kleidern und mit goldenen Kronen; von dem göttlichen Throne gehen Blitz und Donner aus und vor demselben brennen 7 Fackeln (ἅ ἐστι τὰ ἑπτὰ πνεύματα τοῦ θεοῦ) und fliesset ein krystallenes Meer; innerhalb des Thrones und um denselben sind vier verschiedene Thiergestalten (die 4 Cherubim), mit je 6 Flügeln, hinten und vorne voller Augen, welche Tag und Nacht das dreimal heilig rufend Gott lobsingen, wobei die 24 Aeltesten vor ihm niederfallen und vor ihm, dem allein preiswürdigen Schöpfer aller Dinge, ihre Kronen niederlegen (K. 4). Der Seher schaut dann in der Rechten Gottes ein auf beiden Seiten beschriebenes, mit sieben Siegeln versiegeltes Buch. Als ein Engel laut frägt, wer würdig sei das Buch zu öffnen und seine Siegel zu lösen, zeigt sich, dass Niemand auf der ganzen Welt dazu im Stande ist. Wie der Seher darüber weint, wird er durch einen der Aeltesten beruhigt, indem derselbe den Löwen vom Stamme Juda, den Spross Davids als denjenigen bezeichnet, „der überwunden habe, das Buch zu öffnen und seine Siegel zu lösen. Diesen erblickt dann der Seher in der Gestalt eines inmitten des Thrones stehenden Lammes, das wie geschlachtet war, mit 7 Hörnern und mit 7 Augen, welche die in alle Welt ausgesandten Geister Gottes sind. Dieses Lamm nahm nun das Buch aus der Rechten Gottes, worauf die 4 Cherubim und die 24 Aeltesten vor dem Lamme niederfielen, mit Cithern und goldenen

Schaalen voll Weihrauch, „was die Gebete der Heiligen sind", und ihm ein neues Lied sangen als der würdig sei, das Buch zu öffnen und der durch seinen blutigen Tod [Menschen] aus allen Völkern Gott erkauft und sie zu Königen und Priestern gemacht habe. In diesen Lobgesang stimmen die zahllosen Schaaren von Engeln ein und alle Geschöpfe auf der ganzen Welt preisen Gott und das Lamm, und die 4 Cherubim sprechen: Amen!, und die Aeltesten fallen nieder und beten an.

Es beginnt jetzt von K. 6 an die Eröffnung des Buches, welches im Sinne der Apokalypse die ganze von Gott festgestellte Zukunft der Kirche in ihrem Verhältnisse zur Welt enthält; diese enthüllt sich vor den Augen des Sehers allmälig mit der allmäligen Eröffnung der sieben Siegel. Was bei Eröffnung der vier ersten Siegel zum Vorschein kommt, wird K. 6, 1—8 nur kurz angegeben; der Seher wird jedesmal, so wie eins der Siegel geöffnet wird, durch einen der vier Cherubim nach einander aufgefordert, herzuzutreten. Es kommen nach einander vier Rosse von verschiedener Farbe zum Vorschein, ein weisses, ein feuerrothes, ein schwarzes und ein fahles. Die drei letzteren deuten wie durch ihre Farbe, so durch andere Symbole auf grosse Plagen, die über die Erde kommen sollten, nach dem zweiten durch Krieg, nach dem dritten durch Theurung der nothwendigsten Lebensbedürfnisse; auf dem vierten sitzt der Tod, begleitet vom Hades, denen Macht gegeben wird, den vierten Theil der Erde auf verschiedene Weise zu tödten. Das erste, das weisse Ross, trägt einen gekrönten siegreichen und zum Siege ausziehenden mit einem Bogen bewaffneten Reiter, bei dem wir wohl gewiss nicht, wie vielfach geschieht, ebenfalls an einen Plagegeist zu denken haben, sondern ohne Zweifel an den Herrn selbst, als Andeutung des endlichen siegreichen Ausganges seines Kampfes mit den feindlichen Mächten. Bei Eröffnung des fünften Siegels (6, 9—11) sieht der Seher unterhalb des Altares [im Himmel] die Seelen der um ihres christlichen Glaubens willen geschlachteten Märtyrer, die mit lauter Stimme fragen, wann denn endlich der heilige und wahrhaftige Herr ihr Blut an den Erdbewohnern rächen werde; sie erhalten weisse Gewänder und werden angewiesen, noch eine Zeitlang zu ruhen, bis auch ihre Mitknechte und Brüder, die wie sie getödtet werden sollten, würden vollendet haben. —

Es wird damit also angedeutet, dass auch ferner noch blutige Verfolgungen über die Christenheit würden verhängt werden, bevor an der Welt das wegen ihrer Feindseligkeiten gegen das Reich Gottes und dessen Mitglieder gebührende Strafgericht würde vollzogen werden. — Bei Eröffnung des sechsten Siegels (V. 12—17) treten furchtbare Naturerscheinungen hervor, durch welche alle Menschen, gross und klein, in Schrecken und Angst versetzt werden und vergebens suchen, sich vor Gott und vor dem Zorne des Lammes zu bergen, da der grosse Tag seines Zornes gekommen sei, vor dem Niemand zu bestehen vermöge.

Vor der Eröffnung des siebenten Siegels tritt (Kap. 7) eine Art Zwischenakt ein. Vier Engel, welche die vier Winde der Erde halten und Macht empfangen haben, Land und Meer zu beschädigen, erhalten durch einen andern Engel die Weisung, dieses nicht zu thun, bis die Knechte Gottes an ihrer Stirne mit dem Siegel Gottes würden besiegelt und so als Angehörige Gottes bezeichnet sein. Als die Zahl der aus den zwölf Stämmen Israels Besiegelten hört der Seher 144000 nennen, 12000 aus jedem Stamme, und sieht dann eine unzählbare Schaar aus allen Völkern dastehen vor dem göttlichen Throne und vor dem Lamme, mit weissen Kleidern und mit Palmzweigen in den Händen, welche ihm durch einen der Aeltesten erklärt werden als Solche, die aus der grossen Trübsal kommen, die ihre Kleider im Blute des Lammes weiss gewaschen haben und jetzt unter dem unmittelbaren Schutze Gottes und unter der Leitung des Lammes ohne Hunger und Durst, ohne Pein und Kummer weiden werden an den Leben verleihenden Wasserquellen (bis K. 7 fin.).

Jetzt wird nun das siebente Siegel eröffnet (8, 1 sq.). Doch tritt nicht alsbald dessen gesammter Verschluss hervor — dazu ist er gleichsam zu umfassend und gewaltig — sondern nur allmälig und getheilt. Nachdem zuerst im Himmel eine Stille von einer halben Stunde stattgefunden, werden den sieben vor Gott stehenden Engeln Posaunen gegeben (V. 2). Ein anderer Engel bringt auf dem Rauchaltar [im Himmel] Rauchwerk für die Gebete aller Heiligen dar, füllt dann sein Rauchfass mit dem Feuer des Altars und wirft es auf die Erde, so dass Donner, Blitz und Erdbeben entsteht (V. 3—5). Dann rüsten sich die sieben Engel, ihre Posaunen ertönen zu lassen, bei denen jedesmal ein Theil des noch übrigen Inhaltes des Buches zum Vorschein kommt. Was bei den vier ersten Posaunen hervorkommt, wird ebenso wie bei der Eröffnung der vier ersten Siegel nur ganz kurz angegeben (8, 7—12); es sind gewaltige wunderbare Naturerscheinungen, welche sich hintereinander begeben a) an der Erde, b) am Meer, c) an den Flüssen und Wasserquellen, und d) an den Himmelskörpern, so dass jedesmal ein Drittheil dieser Elemente davon getroffen und beschädigt wird. Dann — als Vorbereitung auf die übrigen Posaunen — hört der Seher einen mitten am Himmel fliegenden Adler ein dreifaches Wehe ausrufen, als welches den Bewohnern der Erde von den noch übrigen drei Posaunenstimmen kommen werde (V. 13); worin angedeutet scheint, dass bei der siebenten Posaune das letzte und äusserste Wehe zum Vorschein kommen werde. —

Das erste dieser drei Wehe kommt auf die fünfte Posaune (Kap. 9, 1—12); der Seher sieht einen Stern vom Himmel auf die Erde fallen und den Abgrund aufschliessen; aus demselben steigt schwarzer, die Luft verfinsternder Rauch auf, und aus diesem kommen Heuschrecken hervor, welche die Weisung erhalten, auf Erden nur die nicht mit dem Siegel Gottes bezeichneten Menschen zu beschädigen, und diese auch nicht zu tödten, aber 5 Monate lang sie mit heftigen Skorpionen-Stichen zu quälen, so dass sie sich den Tod wünschen, ohne ihn zu finden (V. 1-6); diese Heuschrecken werden dann V. 7—10 von Seiten ihrer ausserordentlichen furchtbaren Gestalt und Wirkung näher geschildert; nach V. 11 haben sie über sich einen König Abaddon, Ἀπολλύων, Verderber. — V. 12: „Das eine Wehe ist vorüber; siehe es kommen hiernach noch 2 Wehe."

Ausführlicher und zusammengesetzter ist die Schilderung des zweiten Wehe's. K. 9, 13—11, 14, in mehrere Abschnitte zerfallend. Der erste derselben 9, 13-21 führt die Hauptplage dieses Wehe's vor. Beim Ertönen der sechsten Posaune werden vier am Eufrat gebundene Engel des Verderbens gelöst, und es kommt eine furchtbare Schaar von Reiterei zum Vorschein, als deren Zahl der Seher zwei Myriaden mal Myriaden (200 Millionen) nennen hört, Ross und Reiter von furchtbarer gräulicher Gestalt; aus den Mäulern der Rosse geht Feuer,

Rauch und Schwefel hervor, durch welche drei Plagen ein Drittheil der Menschen auf der Erde getödtet wird, während die bisherigen Plagen meistens nur dazu gedient hatten, die Menschen heftig zu quälen; aber auch durch diese gesteigerten Plagen lassen die übrigen Menschen sich nicht bewegen, sich zu bessern und weder von der Anbetung der Dämonen und Götzen noch von ihren Mordthaten, Zaubereien, Hurereien und Diebstählen abzulassen. — Das folgende, Kap. 10, gibt keinen Fortschritt in der Enthüllung der Zukunft, sondern enthält gleichsam wieder mehrere Zwischenhandlungen. Der Seher sieht wieder einen andern Engel vom Himmel herabsteigen, in glänzendster Gestalt, ein geöffnetes Büchlein in seiner Hand haltend; seine Füsse setzte er auf die Erde und das Meer, bei seinem Rufen reden zugleich die sieben Donner ihre Sprache. Als der Seher schreiben will, was sie reden, wird ihm das durch eine Stimme vom Himmel verboten, worauf jener Engel, seine Rechte gegen den Himmel erhebend bei dem ewigen Schöpfer schwört, dass **kein Verzug mehr sein werde** ($\chi\rho\acute{o}\nu o\varsigma$ $o\grave{u}\varkappa\acute{\varepsilon}\tau\iota$ $\check{\varepsilon}\sigma\tau\alpha\iota$), **sondern dass, so wie der siebente Engel posaunen werde, das Mysterium Gottes, wie er seinen Knechten, den Propheten, verkündet habe, vollendet sein werde.** Auf Befehl jener himmlischen Stimme muss der Seher jenes geöffnete Büchlein verschlingen, das seinem Munde süss ist wie Honig, aber, wie er es verschlungen, seinen Leib durchbittert; es wird ihm darauf angezeigt, dass er abermals weissagen solle über viele Könige und Völker. — Der Seher erhält jetzt ein Messrohr, mit dem Befehle auszumessen den Tempel Gottes, den Altar [Rauchaltar] und die dort Anbetenden, nicht aber den Vorhof ausserhalb des Tempels, da der den Heiden übergeben sei, welche die heilige Stadt 42 Monde lang zertreten würden (K. 11, 1—2). Dann verkündet die göttliche Rede dem Seher, dass Gott seine zwei Zeugen 1260 Tage lang (= 42 Monate) werde im Trauergewand weissagen lassen (V. 3); diese beiden Zeugen werden dann näher geschildert als von Gott erleuchtete und mit grosser Macht ausgerüstete Propheten, welche, nachdem sie ihr Zeugniss vollendet, durch das aus dem Abgrunde heraufsteigende Thier würden bekriegt und getödtet werden; ihre Leichname würden $3\frac{1}{2}$ Tage in den Strassen Jerusalems (der grossen Stadt, welche πνευματικῶς Sodom und Aegypten heisse, wo auch ihr Herr gekreuzigt war) unbegraben liegen bleiben, zur Verhöhnung und zur Freude der Völker der Erde, dann aber würden sie zum Schrecken derer, die es sehen, von Gott wieder erweckt werden und vor den Augen ihrer Feinde gen Himmel fahren; zugleich erfolgt ein grosses Erdbeben, ein Zehntheil der Stadt stürzt ein, 7000 Menschen kommen um, die Uebrigen aber erschrecken und geben dem Gotte des Himmels die Ehre (V. 4–13). In der Darstellung findet hier V. 11 gegen das Vorhergehende ein Wechsel statt, ein Uebergang von der Weissagung in der Rede Gottes an den Seher zu der Form der Vision, wesshalb, während im Vorhergehenden das Bevorstehende im Futuro angekündigt ist, in V. 11–13 der Aorist gebraucht ist, so dass der Seher sich in der Vision darstellend erscheint. — Dann heisst es V. 14: Das zweite Wehe ist vorüber! sieh das dritte Wehe kommt schnell.

Dem entsprechend ist, dass jetzt (11, 15) der siebente Engel seine Posaune ertönen lässt; dabei, heisst es, ward es durch laute Stimmen im Himmel verkündigt, dass das Reich der Welt für alle Ewigkeit Gottes und Christi geworden sei, und preisen die 24 Aeltesten niederfallend Gott, dass Er die Herrschaft an sich genommen habe und dass die Zeit seines Gerichtes für die Todten gekommen sei, um seinen Propheten, Heiligen und Verehrern gross und klein ihren Lohn zu geben und die Verderber der Erde zu verderben (V. 18). Dabei öffnet sich der Tempel Gottes im Himmel und die Bundeslade kommt in demselben zum Vorschein, und es geschehen Blitze, Donnerstimmen, Erdbeben und grosser Hagel (V. 19). — Eine nähere Schilderung aber des dritten und letzten Wehes in der Weise, wie man es nach dem Vorhergehenden erwartet, folgt wenigstens nicht unmittelbar. Es wird hier K. 12 von einem grossen Zeichen erzählt, welches im Himmel sich zeigte. Ein Weib, bekleidet mit der Sonne, den Mond unter ihren Füssen, auf ihrem Haupte eine Krone von 12 Sternen, war schwanger und schrie in Kindesnöthen; der Satan aber, als ein grosser feuerfarbener Drache, mit 7 Häuptern, 10 Hörnern und 7 Diademen, stellt sich vor das Weib, um das Kind, welches sie gebähren würde, zu verschlingen. Der Knabe aber, den sie gebiehrt — der bezeichnet wird als bestimmt, alle Völker mit eisernem

Scepter zu weiden, d. i. als der Messias — wird zu Gott und dessen Throne entrückt, während das Weib in die Wüste entflieht, an eine Stätte, welche Gott ihr bereitet hat, um dort 1260 Tage [42 Monde oder 7 halbe Jahre] ernährt zu werden (V. 1—6). Im Himmel entsteht jetzt ein Kampf zwischen dem Michael und dessen Engeln auf der einen Seite und dem Satan und dessen Engeln auf der andern Seite, wobei diese aus dem Himmel auf die Erde gestürzt werden, worauf eine Stimme im Himmel dieses als den Sieg Gottes und seines Gesalbten verkündigt, aber der Erde und dem Meere ein Wehe zuruft, weil der Teufel zu ihnen herabgestiegen sei, und mit grossem Zorne, da er wisse, dass er nur wenige Zeit habe (ὅτι ὀλίγον καιρὸν ἔχει. V. 7—12). Der auf die Erde gestürzte Satan verfolgt jenes Weib, die Mutter des Messias, die, mit Adlersflügeln versehen, an ihre Stätte in die Wüste fliegt, wo sie 3½ Zeiten (nach V. 6: 1260 Tage) in Sicherheit vor dem Satan ernährt wird, wobei die Erde selbst ihr Beistand leistet, indem sie den Wasserstrom, womit der Drache sie wegzuschwemmen trachtet, verschlingt; worauf der Satan voll Zorn über das Weib fortgeht, um die Uebrigen aus dessen Samen (die übrigen Kinder des Weibes) zu bekämpfen (V. 13—17).

Der Seher bezeichnet jetzt K. 12, 18 als seinen Standpunkt (in der Vision) den Sand des Meeres, das Meeresufer, und erzählt dann K. 13, 1 sq., was sich ihm dort darstellte. Er sieht (K. 13) nach einander zwei Thiere, das eine aus dem Meere, das andere aus der Erde aufsteigen. Das erstere (13, 1—10), welches im weiteren Verlaufe auch (schon V. 14 sq.) als das Thier katexochen (τὸ θηρίον) bezeichnet wird, wird seiner äusserlichen Gestalt nach ähnlich dem Satan geschildert, mit zehn Hörnern, sieben Häuptern und zehn Diademen auf den Hörnern, auf den Häuptern Namen der Lästerung; es gleicht einem Parder mit Bärenfüssen und mit einem Löwenmaule; ihm übergiebt der Satan seine Macht und seinen Thron (V. 1—2). Von den sieben Häuptern ist eines wie geschlachtet zum Tode (V. 3; s. V. 12; nach V. 14 mit einer Schwerdtwunde); doch wird die tödtliche Wunde zum Staunen der Welt geheilt; es erhält dieses Thier Macht auf 42 Monate lang, und die nicht im Lebensbuche des Lammes geschriebenen Bewohner der Erde beten das Thier und den Drachen, den Satan, an. Zuletzt (V. 9-10) wird nachdrücklich hervorgehoben, dass die Gewaltthat-Uebenden sicher der entsprechenden Strafe verfallen werden, dass aber hier von Seiten der Heiligen Ausdauer und Glauben gelten. — Das zweite, aus der Erde aufsteigende Thier hat Lammshörner, redet aber wie ein Drache; es wird später ausdrücklich als der Pseudo-Prophet bezeichnet (16, 13. 19, 20. 20, 10); es erscheint gegen das erste Thier in einer mehr untergeordneten dienenden Stellung, verschafft ihm Anbeter, führt die Menschen durch grosse Zeichen irre, bestimmt sie dem Thiere ein Bild zu machen und belebt dasselbe, indem Alle, die dieses Bild nicht anbeten, getödtet werden, und Alle, die nicht den Namen des Thieres oder die Zahl seines Namens als Maalzeichen auf der rechten Hand oder an der Stirne tragen, vom gemeinsamen bürgerlichen Verkehr ausgeschlossen werden (V. 11-17). „Hier — heisst es zuletzt — gilt es Weisheit; wer Verstand habe, solle die Zahl des Thieres berechnen; denn es sei Menschenzahl ($\dot{\alpha}\varrho\iota\vartheta\mu\grave{o}\varsigma\ \dot{\alpha}\nu\vartheta\varrho\dot{\omega}\pi o\nu$), und es sei die Zahl 666, $\chi\xi\varsigma$,

Das folgende, K. 14, enthält verschiedene einzelne Visionen, welche auf die Reinheit der Knechte Gottes, auf die Seligkeit der im Herrn Entschlafenen und auf das der Welt und namentlich dem Hauptsitze der feindlichen Macht auf Erden drohende Gericht hinweisen, ohne gerade einen besonderen Fortschritt in der Enthüllung der Zukunft zu enthalten; nämlich a) V. 1-5, wo der Seher das Lamm sieht auf dem Berge Sion stehen und mit ihm 144000 Verehrer, als Erstlinge Gott und dem Lamme von der Erde erkauft, die ohne Lüge sind und jungfräulich, die dem Lamme folgen, wohin es gehet, die allein im Stande sind, das neue Lied zu lernen, welches im Himmel gesungen wird vor dem Throne, vor den Cherubim und den Aeltesten. b) V. 6-12, wo nach einander drei Engel erscheinen, der erste, um den Menschen ein ewiges Evangelium zu verkündigen und sie zur Verehrung und Anbetung des Schöpfers der Welt auffordernd, da die Stunde seines Gerichtes gekommen sei; der zweite mit dem Rufe, dass die grosse Babel gefallen sei, die alle Völker mit dem Taumelweine ihrer Hurerei getränkt habe; der dritte mit der Androhung ewiger Feuerpein für alle Anhänger und Anbeter des Thieres und seines Bildes (— V. 11). „Hier gilt es Ausdauer der Heiligen, welche die Gebote Gottes und den Glauben an Jesum bewahren" (V. 12). c) V. 13, handelnd von einer himmlischen Stimme, welche dem Seher befiehlt, aufzuschreiben, dass selig zu preisen von nun an (schon jetzt) die im Herrn entschlafenen Todten seien, dass sie ruhen sollen von ihren Mühen, da ihre Werke ihnen nachfolgen. d) V. 14—20, Hinweisung auf die Vollstreckung des göttlichen Strafgerichtes an der Erde, dargestellt unter einem zwiefachen Bilde, dem der Erndte, welche Einer, der gleich einem Menschensohne auf einer weissen Wolke sitzet und auf seinem Haupte eine goldne Krone trägt, mit scharfer Sichel an der zur Erndte reifen Erde vollzieht, und unter dem einer Weinlese, welche ein anderer Engel hält, indem er seine scharfe Sichel an den Weinstock der Erde legt und ihn in die grosse Kelter des göttlichen Zornes wirft, die ausserhalb der Stadt getreten wird, und aus der Blut herauskommt bis ans Gebiss der Pferde, 1600 Stadien weit.

Es folgt K. 15. 16 eine neue Vision, von den sieben letzten Plagen für die Erde. Der Seher sieht auf einem mit Feuer gemischten gläsernen Meere die Ueberwinder an dem Thiere, an dessen Bilde und Namenszahl, die zu Zithern mit dem Gesange Mosis und des Lammes Gott preisen, als den Allmächtigen und den gerechten Richter, zu dessen Anbetung alle Völker der Erde herbeikommen werden (15, 1-4). Dann treten aus dem geöffneten Tempel im Himmel sieben Engel hervor, denen einer der Cherubim sieben goldene Schaalen voll des göttlichen Zornes gibt, worauf der Tempel voll Rauches von der Herrlichkeit Gottes wird, so dass Niemand hineinzugehen vermag, bis die sieben Plagen dieser Engel vorüber sind (V. 5 bis 8 fin.). Die sieben Engel giessen nun, nach Aufforderung einer lauten Stimme aus dem Tempel, ihre Schaalen mit dem göttlichen Zorne auf die Erde aus (16, 1). Die Ausgiessung der vier ersten Schaalen wird (V. 2—9) nur ganz kurz geschildert. Was dabei zum Vorschein kommt, ist ganz ähnlich dem, was bei dem Ertönen der vier ersten Posaunen (8, 7—12) sich zeigt. Der erste Engel giesst seine Schaale auf die Erde, worauf die Anbeter des Thieres mit einem bösen giftigen Geschwüre belegt werden; der zweite in das Meer, welches zu Blut wird, und wonach alle lebendigen Wesen im Meere sterben; der dritte auf die Flüsse und Wasserquellen, die ebenfalls zu Blut werden, worauf der Engel der Gewässer Gott wegen dieses gerechten Gerichtes preist, dass er denen, die das Blut der Heiligen und Propheten vergossen, Blut zu trinken gegeben, welchen Preis der Gerechtigkeit der göttlichen Gerichte der Altar bekräftigt; der vierte auf die Sonne, welche die Menschen auf's heftigste brennt, aber ohne dass diese deshalb ihren Sinn ändern, indem sie vielmehr den Namen Gottes, der über diese Plagen Gewalt hat, lästern. — Nicht andere Wirkung übt die fünfte Plageschaale (V. 10–11), die auf den Thron des Thieres ausgegossen wird; dessen Reich wird verfinstert; man zerbeisst sich vor Schmerz die Zunge, aber ohne sich zu bekehren, vielmehr Gott nur lästernd. — Mit der sechsten Plageschaale (V. 12–16) ist wieder die sechste Posaune zu vergleichen (K. 9, 13–21); sie wird ausgegossen auf den Eufrat, dessen Wasser vertrocknet, damit der Weg bereitet werde für die Könige von Aufgang der Sonne; der Seher sieht dann aus dem Munde des Drachen, des Thieres und des Pseudo-Propheten drei unreine Geister wie Frösche hervorgehen, welche Zeichen verrichtend die Könige der ganzen Welt zu dem Kampfe des grossen göttlichen Gerichtstages an den auf Hebräisch Harmagedon genannten Ort versammeln, wobei in einer (V. 15) eingestreuten Ermahnung auf das Plötzliche der bevorstehenden Erscheinung des Herrn hingewiesen wird. Endlich der siebente Engel giesst seine Schaale auf die Luft aus, worauf aus dem Tempel vom Throne her eine Stimme ruft: „es ist geschehen" (γέγονεν) und ein gewaltiger Donner, Blitz und ungeheures Erdbeben entsteht; „die grosse Stadt ward zu drei Theilen, die Städte der Heiden fielen und Babel die grosse kam bei Gott ins Andenken, ihr den Becher seines Zornweines zu reichen; Inseln und Berge verschwanden und ungeheurer Hagel fiel vom Himmel auf die Menschen, die aber wegen dieser gewaltigen Plage Gott nur lästerten (V. 17–21).

Das folgende Kapitel (17) enthält nun eine nähere Erklärung sowohl des Thieres, als auch seiner Häupter und Hörner, und der schon oben 14, 8. 16, 9. als Babel bezeichneten Stadt, und zwar wird diese Erklärung dem Seher durch einen der Plageengel gegeben, welcher ihn im Geiste in eine Wüste führt, wo er auf einem karmosinfarbenen Thiere voll Namen der

Lästerung, mit sieben Häuptern und zehn Hörnern (also ohne Zweifel dem K. 13 vorgeführten, dessen Zahl dort (V. 18) auf 666 angegeben ward) ein Weib sitzen sieht, die aufs glänzendste gekleidet, in ihrer Hand einen Becher voll von Gräueln und Unreinigkeiten ihrer Hurerei hat, und durch eine Inschrift auf der Stirne als die mystische grosse Babel bezeichnet wird, die trunken ist von dem Blute der Heiligen und der Zeugen Jesu, die auf vielen Wassern sitzet, mit der die Könige der Erde Unzucht treiben und die mit dem Wein ihrer Hurerei die Bewohner der Erde berauscht (V. 1-7); die Erklärung, welche der Engel gibt, ist diese. „Das Thier — sagt er zum Seher V. 8 — welches Du gesehen, war ($\tilde{\eta}\nu$, früher) und ist nicht ($\varkappa\alpha\grave{\iota}$ $o\vec{v}\varkappa$ $\check{\varepsilon}\sigma\tau\iota\nu$: in diesem Augenblicke ist es nicht) und wird aus dem Abgrunde heraufsteigen (wieder von neuem zum Vorschein kommen) und rennt ins Verderben, zum Staunen der nicht in das Lebensbuch geschriebenen Erdbewohner, wenn sie das Thier sehen, dass es war und nicht ist, und (wieder) da sein wird. (Vergl. damit 13, 3. 12. 14, wonach das Thier von der tödtlichen Schwertwunde eines seiner Häupter wieder auflebt). Ferner V. 9. 10: Die sieben Häupter (des Thieres) sind a) sieben Berge, auf denen das Weib (die grosse Babel) sitze, und b) (sind zugleich, von einer anderen Seite betrachtet) sieben Könige; die fünf (οἱ πέντε, ohne Zweifel: die fünf ersten derselben) sind [schon] gefallen; der eine [der sechste] ist (ὁ εἷς ἔστιν); der andere [der noch übrige siebente] ist noch nicht gekommen, und wenn er kommt, soll er [wieder nach göttlichem Rathschlusse; das liegt in δεῖ] nur kurze Zeit bleiben (ὀλίγον αὐτὸν δεῖ μεῖναι). Weiter heisst es V. 11: und das Thier, welches war und nicht ist, ist sowohl der achte selbst, als es auch ἐκ τῶν ἑπτά ἐστιν (einer von den sieben ist) und er rennt ins Verderben. Weiter werden dann V. 12–14 die zehn Hörner des Thieres erklärt, und zwar von zehn Königen, welche noch kein Königthum empfangen haben, welche aber Macht wie Könige auf kurze Zeit (μίαν ὥραν) mit dem Thiere empfangen; sie haben Einen Sinn und übergeben ihre Macht dem Thiere; sie werden das Lamm bekriegen, aber das Lamm, der Herr der Herren und König der Könige, in Verbindung mit seinen

Berufenen, Auserwählten, wird sie besiegen. Ferner wird das Wasser, worauf (nach V. 1) die Hure (Babel) sass, auf Völkerhaufen und Zungen gedeutet (V. 15); der Engel fügt dann hinzu (V. 16-17), dass jene zehn Hörner und das Thier die Hure (Babel) hassen, sie verheeren und todt machen, ihr Fleisch fressen und sie verbrennen werden, da Gott so sie bestimmen werde, seinen Rathschluss auszuführen. „Und das Weib — so schliesst der Engel seine Erklärung V. 18 — welches Du gesehen, ist die grosse Stadt, welche Herrschaft hat über die Könige der Erde.

Im folgenden Abschnitte, K. 18, 1—19, 10 wird jetzt der Sturz des Weibes, der grossen Babel, welcher vorläufig schon K. 13, 8 angekündigt war (vergl. auch 16, 10. 17, 16), weiter behandelt, in verschiedenen Absätzen. a) 18, 1-3: Ein anderer Engel, welchen der Seher mit grossem die Erde erleuchtenden Glanze vom Himmel herabsteigen sieht, ruft mit starker Stimme, dass sie gefallen sei und eine Wohnstätte von Dämonen und unreinen Vögeln geworden sei, weil sie Völker und Könige zur Hurerei (zum Götzendienste) verführt und ein arges schwelgerisches Leben geführt habe. b) V. 4-20: Eine andere Stimme vom Himmel befiehlt dem Volke Gottes, aus ihr herauszugehen, um nicht Theil zu nehmen an ihren Sünden und mitgetroffen zu werden von ihren Strafen, welche plötzlich und im reichlichsten Maasse über sie werden verhängt werden, so dass die Könige der Erde, welche mit ihr gehurt, aus Furcht vor ihrer Qual in der Ferne stehen bleiben und weinen, und die Kaufleute und Seefahrer, welche sich von ihr bereichert, über ihren Untergang wehklagen; freuen dagegen sollen sich darob der Himmel, die Heiligen, die Apostel und die Propheten, weil Gott nunmehr das Gericht für sie an Babel genommen. c) V. 21 bis 24. Hier wird der plötzliche gänzliche Untergang der Stadt noch mehr veranschaulicht durch die symbolische Handlung eines Engels, der einen Mühlstein ins Meer wirft, und durch dessen daran sich anknüpfende Rede; „deine Kaufleute — heisst es darin zuletzt — waren die Magnaten der Erde, durch deine Zauberei wurden alle Nationen irre geführt, und in ihr ward das Blut der Propheten und Heiligen und aller auf Erden Geschlachteten gefunden". d) K. 19, 1-10: Der Seher hört jetzt wiederholt Stimmen einer grossen Schaar im Himmel, worin anbetend die Cherubim und die Aeltesten einfallen, Lobpreisungen und Aufforderung zur Lobpreisung Gottes wegen der Gerechtigkeit seines Gerichtes an der grossen Babel, wodurch er das Blut seiner Knechte an ihr gerochen habe, und dass Er die Herrschaft an sich genommen habe, dass die Hochzeit des Lammes gekommen sei und sein Weib sich bereit gemacht habe und sie sich schmücken könne mit glänzendem reinen Byssus, d. i. mit der Unschuld oder den Tugenden der Heiligen (V. 1–8); dem Seher wird dann befohlen, niederzuschreiben, dass selig seien die zur Hochzeit des Lammes Geladenen, und wird ihm betheuert, dass das die wahrhaftigen Worte Gottes seien (V. 9); wie er aber (vor dem Engel) niederfallen und anbeten will, wird er zurückgehalten durch den Zuruf: ich bin Dein und Deiner Brüder, die das Zeugniss Jesu haben, Mitknecht; bete Gott an; denn Jesu Zeugniss ist der Geist der Weissagung.

Im folgenden Abschnitte K. 19, 11—20, 3 erzählt der Seher zuerst das Auftreten des Logos Gottes als Siegers, in dem geöffneten Himmel, auf einem weissen Rosse sitzend, in strahlender Gestalt, einen Namen tragend, den Niemand kennt ausser er selbst, sein Gewand in Blut getaucht, in seinem Gefolge die himmlischen Heerschaaren auf weissen Rossen, mit Kleidern von weisser reiner Leinewand; aus seinem Munde geht ein scharfes Schwert, um damit die Völker zu schlagen, die er mit eisernem Scepter weiden wird; er tritt die Weinkelter des göttlichen Zornes; auf seinem Kleide und seiner Hüfte führt er als Namen geschrieben König der Könige und Herr der Herren (19, 11–16). Ein in der Sonne stehender Engel ruft dann den Vögeln zu, sich zu versammeln zu dem Mahle Gottes, um das Fleisch der Könige und Herrscher und Aller gross und klein zu fressen — nämlich der im Kampfe mit dem Herrn unterliegenden Widersacher desselben (V. 17–18). Der Seher sieht dann, wie das Thier und die Könige der Erde mit ihren Heerschaaren sich versammeln, um mit dem auf dem Rosse Sitzenden (dem Logos) und dessen Heerschaar zu kriegen; aber das Thier und der Pseudoprophet werden beide ergriffen und lebendig in den brennenden Schwefelpfuhl geworfen, die Uebrigen aber (die mit dem Thiere verbündeten Könige und Heerschaaren) werden durch das aus dem

Munde des Logos ausgehende Schwert getödtet, und von ihrem Fleische sättigen sich alle Vögel (V. 19-21). — Dann sieht der Seher einen Engel vom Himmel herabsteigen, mit dem Schlüssel des Abgrundes und einer grossen Kette; er ergreift den Drachen oder Satan, bindet ihn auf 1000 Jahre, wirft ihn in den Abgrund und verschliesst und versiegelt [ihn] über demselben (dem Satan), damit er bis zum Ablaufe der 1000 Jahre die Völker nicht weiter irre führen könne; doch heisst es μετὰ ταῦτα δεῖ αὐτὸν λυθῆναι μικρὸν χρόνον (20, 1-3).

Während jenes Zeitraumes aber findet ein tausendjähriges Reich Christi auf Erden statt (20, 4-6). Der Seher sieht nämlich, dass das Gericht sich setzet, dass die Seelen der christlichen Märtyrer und überhaupt Derer, die sich nicht zur Verehrung des Thieres verstanden haben, wieder aufleben und mit **Christo tausend Jahre herrschen**, während die übrigen Todten bis nach Ablauf der tausend Jahre nicht aufleben. „**Das ist**, heisst es, **die erste Auferstehung, selig und heilig, wer an ihr theilnimmt; über diese hat der zweite Tod keine Gewalt**, sondern sie werden Priester Gottes und Christi sein und mit ihm tausend Jahre herrschen.

Die prophetische Rede setzt sich auch noch weiter fort V. 7-8, geht dann aber ohne weiteres V. 9-10 in erzählende Rede über, als Anzeige dessen, was dem Propheten sich in der Vision darstellte, wie auch vor V. 6 der Fall ist. Der Inhalt ist dieser: **nach Ablauf der 1000 Jahre werde der Satan aus seinem Kerker gelöst werden** und werde hingehen, die Völker an den vier Enden der Erde, den Gog und Magog, zu verleiten und sie in unzählbarer Schaar zu versammeln zum Kampfe; **sie ziehen auf die Breite der Erde, umzingeln das Lager der Heiligen, die geliebte Stadt**; aber sie werden durch Feuer vom Himmel verzehrt, und ihr Verführer, **der Teufel**, wird in den Feuer- und Schwefelpfuhl geworfen, wo auch das Thier und der Pseudoprophet, und werden in alle Ewigkeit Tag und Nacht gequält werden.

Jetzt sieht der Seher (K. 20, 11 sq.) einen grossen weissen Thron; vor dem, welcher darauf sitzet, verschwinden Himmel und Erde; vor dem Throne stehen die Todten gross und klein; Bücher werden geöffnet (nämlich worin der Wandel eines Jeden verzeichnet steht), und ein anderes Buch, das des Le-

2*

bens; die Todten allesammt werden nach der Aussage der Bücher über ihren Wandel gerichtet; Tod und Hades werden in den Feuerpfuhl geworfen; „das ist der zweite Tod, der Feuerpfuhl, in welchen Jeder geworfen wird, der sich nicht im Lebensbuche geschrieben findet" (V. 11—15).

Es folgt jetzt K. 21, 1—22, 5 der letzte Theil der Weissagung oder der letzte Abschnitt des Haupttheiles des Buches, welcher ausführlich die letzte Entwickelung des Reiches Gottes schildert, namentlich das neue Jerusalem als die Wohnstätte für die Seligen, und die Seligkeit, deren sie dort theilhaftig werden. Der Seher sieht einen neuen Himmel und eine neue Erde, indem der erste Himmel und die erste Erde verschwunden sind und das Meer nicht mehr ist, und die heilige Stadt Jerusalem sieht er nun aus dem Himmel von Gott herabsteigen, zubereitet wie eine für den Gemahl geschmückte Braut; sie wird ihm durch eine vom Himmel kommende Stimme bezeichnet als eine Hütte Gottes bei den Menschen, die seine Völker sein werden und er ihr Gott bei ihnen, der alle ihre Thränen abwischen wird, indem der Tod nicht mehr sein wird noch Trauer und Mühsal; denn das Frühere ist vergangen ($\tau\grave{\alpha}$ $\pi\varrho\tilde{\omega}\tau\alpha$ $\dot{\alpha}\pi\tilde{\eta}\lambda\vartheta\varepsilon\nu$) (21, 1—4). Der auf dem Throne Sitzende spricht: „Siehe, ich mache Alles neu"; er gebietet dem Seher zu schreiben, dass diese Verheissungen treu und wahr seien, sagt zum Seher: „es ist geschehen", und bezeichnet sich als den Ewigen, welcher dem Durstenden umsonst aus der Quelle des Lebenswassers darreichen, dem Ueberwinder als seinem Sohne das Erbe verleihen, den Ungläubigen, Lasterhaften und Götzendienern aber ihr Theil in dem brennenden Feuer- und Schwefelpfuhle anweisen werde, der der zweite Tod sei (V. 5—8). Jetzt wird der Seher durch einen jener sieben Engel mit der Plageschaale im Geiste auf einen hohen Berg geführt, und ihm die Braut des Lammes, die heilige Stadt Jerusalem gezeigt, wie sie von Gott aus dem Himmel herabsteigt, mit göttlicher Herrlichkeit und Pracht. Sie wird dann näher geschildert (zum Theil ähnlich wie Ezech. K. 48). Sie hat zwölf Thore, drei an jeder Himmelsgegend, und auf denselben zwölf Engel, und eingegraben die Namen der zwölf Stämme Israels; ihre Mauer hat zwölf Grundsäulen ($\vartheta\varepsilon\mu\varepsilon\lambda\acute{\iota}o\upsilon\varsigma$), worauf die Namen der zwölf

Apostel des Lammes stehen (V. 9-14). Beim Messen der Stadt durch den mit dem Seher redenden Engel ergibt sich, dass sie vierwinkelicht ist, ihre Länge und Breite von gleicher Ausdehnung und auch ihre Höhe, 12000 Stadien (was 300 deutsche Meilen sein würde); das Maass der Mauer beträgt 144 Ellen; Mauer, Stadt, Thore und Strassen sind Gold, Edelsteine und Perlen (V. 15-21). Einen Tempel erblickt der Seher nicht in der Stadt, denn ihr Tempel ist der allmächtige Gott selbst und das Lamm (V. 22); auch bedarf sie nicht der Sonne und des Mondes zur Erleuchtung, da die Herrlichkeit Gottes sie erleuchtet und das Lamm ihr Licht ist (V. 23); die Völker werden in ihrem Lichte wandeln, und die Könige ihre Herrlichkeit und Schätze zu ihr bringen, ihre Thore werden bei Tage nicht verschlossen sein, Nacht aber wird nicht sein; doch wird nichts Profanes noch wer Gräuel und Lüge übt in sie eingehen, sondern nur die im Lebensbuche des Lammes Geschriebenen (V. 24-27). — Weiter zeigt der Engel dem Seher einen Strom von Lebenswasser, der vom Throne Gottes und des Lammes ausgeht (K. 22, 1); mitten auf der Strasse der Stadt und auf beiden Seiten des Stromes ist ein Lebensbaum, der zwölfmal im Jahre Früchte trägt und dessen Blätter zur Heilung der Völker dienen (V. 2). Nichts Verbanntes — heisst es ferner — wird mehr sein; der Thron Gottes und des Lammes wird in ihr sein; seine Knechte werden ihm dienen und sein Antlitz schauen und seinen Namen auf ihrer Stirne führen; Gott selbst wird ihr Licht sein und sie werden in alle Ewigkeit herrschen (V. 3-5).

Hiermit ist der eigentlich prophetische Haupttheil des Buches, die Enthüllung der Zukunft des Reiches Gottes zu Ende. Es folgt nur noch

III. K. 22, 6-21 ein Epilog, worin besonders die Wahrhaftigkeit und Zuverlässigkeit dieser Aussprüche betheuert und wiederholt ausgesprochen wird, dass die Zeit der Erfüllung nahe sei. So zuerst V. 6-7, wo der Engel dem Seher betheuert, dass diese Enthüllungen wahrhaftig seien und von Gott ausgehen, dass der Herr schnell kommen werde und dass selig zu preisen sei, wer die Worte der Weissagung dieses Buches bewahre. — Johannes bezeichnet dann wieder sich als den, der dieses gehört und gesehen habe; er sei vor dem Engel niedergefallen, dieser habe ihn aber wieder abgehalten, und zugleich ihm befohlen, die weissagenden Aussprüche dieses Buches nicht zu versiegeln, da die Zeit der Erfüllung nahe sei (ὁ γὰρ καιρὸς ἐγγύς ἐστιν), so dass es für die Menschen nicht einmal mehr Zeit sei, ihren bisherigen Wandel zu ändern; der Herr werde schnell kommen und sein Lohn mit ihm für einen Jeden gemäss seinem Wandel; selig zu preisen seien, die sich rein bewahren; die werden Theil haben am Lebensbaum und durch die Thore in die Stadt eingehen, während die Götzendiener und Lasterhaften aller Art draussen bleiben sollen (V. 9—15). Jesus selbst bezeugt, dass er seinen Engel gesandt habe, den Gemeinden dieses kund zu thun (V. 16). „Und der Geist — heisst es weiter V. 17 — und die Braut sprechen: „Komme", und der Hörende spreche: „Komme", und der Durstende komme herbei; „wer will, nehme Lebenswasser umsonst". — Jetzt tritt der Schriftsteller wieder auf, der Allen, welche die Weissagungen dieses Buches hören werden, die schwerste göttliche Strafe androht, wenn sie sich unterfangen sollten, zu dem Inhalte Etwas hinzuzufügen oder davon wegzunehmen (V. 18—20). „Der dieses bezeugt, spricht: „ja ich komme schnell. Amen, komm Herr Jesu" (V. 20). Der Schluss des Buches lautet nach Weise einer neutestamentlichen Epistel, mit dem Wunsche der göttlichen Gnade für die Leser (V. 21).

II. Geschichte des Gebrauches der Apokalypse in der Kirche.

Ich werde suchen, hier eine geschichtliche Uebersicht der verschiedenen Hauptansichten und Urtheile zu geben, welche nach einander und auch zum Theil neben einander über das Buch geherrscht haben — sowohl a) über dessen Ursprung — den apostolischen oder nicht apostolischen, die Echtheit oder Unechtheit — als auch b) über sein Ansehen, die ihm zugeschriebene Autorität, im Zusammenhange mit der Ansicht, ob und in wie weit der Inhalt auf wirklicher unmittelbarer göttlicher Offenbarung beruhe, vermittelst deren dem Verfasser die Gesichte in der hier mitgetheilten Weise vorgeführt seien, oder ob der visionaire Charakter nur als schriftstellerische Einkleidung zu betrachten und das Ganze nur ein rein menschliches Erzeugniss sei, endlich auch c) über die Deutung des Buches, des ganzen und einzelner Haupttheile, an sich und in ihrem Verhältnisse zu einander, wobei namentlich in Betracht kommt, ob die verschiedenen Visionen in Beziehung auf ihren Sinn eine zusammenhängende Reihe bilden oder mehrere neben einander laufende Reihen, wie die verschiedenen Zahlen im Buche an sich zu fassen sind und in ihrem Verhältnisse zu einander; und insbesondere ob die 1000 Jahre und das tausendjährige Reich von einem Zeitraume und einem Zustande zu nehmen sei, der schon begonnen habe, vielleicht schon ganz verflossen sei, oder der auch jetzt noch ganz zukünftig sei, endlich auf welche Personen — einzelne oder moralische und collective — die in dem Buche auftretenden Widersacher und feindlichen Mächte zu beziehen seien, namentlich die beiden aus dem Meere und von der Erde aufsteigenden

Thiere, von denen das erstere meistens das Thier κατ' ἐξοχήν heisst und als dessen Namenszahl 666 angegeben wird. — Im Allgemeinen bemerke ich, dass in Beziehung auf kein anderes neutestamentliches Buch eine solche Mannigfaltigkeit der Erklärungen stattfindet, wie in Beziehung auf die Apokalypse, insbesondere bei solchen Auslegern, welche und je mehr sie dieselbe als reinen Abdruck unmittelbarer göttlicher Offenbarungen betrachten. Denn damit hängt zusammen, dass sie auch den Inhalt der einzelnen Visionen als bestimmte Vorhersagungen einzelner geschichtlicher Thatsachen oder Verhältnisse betrachten zu müssen meinten, die sich theils bereits in der bisherigen Geschichte der Kirche und der Welt erfüllt hätten, theils noch erfüllen würden; so forschten sie darüber nach, in Beziehung auf welche Theile des Buches und welche Visionen das Erstere der Fall sei, und in Beziehung auf welche das Letztere, und welcher Art nach Vergleichung des bereits Erschienenen das noch zu Erwartende sein werde; man sahe das Ganze wie eine Art von prophetischem Kalender an, worin man nur nachzuschlagen brauche, um zu wissen, welche Zeit es im Reiche Gottes sei. Dabei fand bei den Auslegern verschiedener Zeiten und verschiedener Partheien die natürliche Neigung statt, in dem Buche gerade auch ihre Zeiten und ihre Kämpfe, und in darin auftretenden feindlichen Mächten hauptsächlich ihre Widersacher und Verfolger geschildert zu finden. Die Auslegung der Apokalypse hat daher mehr als die eines andern neutestamentlichen Buches vielfach einen sehr subjectiven Charakter an sich getragen, und hat einen mehr objectiven Charakter fast nur angenommen in Verbindung mit einer freieren oder laxeren Ansicht über den prophetischen Charakter des Buches oder über den Charakter der Prophetie im Allgemeinen. — Ausführlicheres über die Geschichte der Apokalypse in der Kirche siehe besonders in Lücke's Versuch einer vollständigen Einleitung in die Offenbarung des Johannes (Aufl. 1. 1832) Aufl. 2. Bonn 1852. §. 34—43 S. 516—651. Die kirchliche Tradition über den Verfasser des Buches; und §. 68—85 S. 952—1070. Geschichte der Auslegung der Apokalypse*). — Für die letztere vergl. auch de Wette Kurze Erklärung der Apokalypse (des exege-

---

*) Vergl. über dieses Werk die ausführliche Recension von Bleek in den theol. Stud. u. Krit. 1854. 4. Hft. und 1855. 1. Hft.

tischen Handbuchs über das N. T. Bd. 3. Thl. 2) Leipz. 1848 (2. Aufl. mit einer Vorrede von Lücke 1855) S. 14—22. — Wir werden hier beide Gesichtspunkte in der Darstellung mit einander verbinden, müssen uns aber auf das Wichtigste, Epochemachende und die Hauptrepräsentanten der verschiedenen Ansichten beschränken.

Bestimmte sichere oder wahrscheinliche Spuren einer Benutzung der Apokalypse finden sich bei den sogenannten apostolischen Vätern in den uns erhaltenen Schriften derselben nicht. Zum Theil hat man zwar das Gegentheil behauptet, namentlich in Beziehung auf den Hermas und den Polycarp, in Beziehung auf den letzteren nach Hengstenberg (die Offenbarung des St. Johannes, für solche, die in der Schrift forschen, erläutert, 2 Bde., der 2. in 2 Abthl. Berlin 1849—1851. Bd. 2. Abthl. 2. S. 97 sq.); allein keine der aus diesen Schriftstellern angeführten Stellen macht bei näherer Betrachtung es wahrscheinlich, dass sie Aussprüche der Apokalypse dabei sollten vor Augen gehabt und nachgeahmt haben (siehe Lücke S. 518—524. S. 546 sq.)*). Eine viel besprochene Streitfrage aber ist, ob als Zeuge in dieser Beziehung Papias zu betrachten ist, Bischof von Hierapolis, in der ersten Hälfte des 2. Jahrhunderts, der nach Aussage des Irenäus noch den Johannes (ohne Zweifel den Apostel) gehört haben soll. Zwei Griechische Commentatoren der Apokalypse, beide Bischöfe von Cäsarea in Cappadocien, Andreas und Arethas, von denen der Erstere am Ende des 5. Jahrhunderts lebte, der Letztere nicht viel später, nennen den Papias mit unter denjenigen älteren Lehrern, welche die Glaubwürdigkeit und Inspiration der Apokalypse (τὸ θεόπνευστον, ἀξιόπιστον) bezeugen. Arethas folgt in dieser Angabe nur ganz dem Andreas, so dass bloss dieser hier in Betracht kommt; dessen Aussage kann sich nur auf die (uns verloren gegangene) Schrift des Papias λογίων κυριακῶν ἐξηγήσεις beziehen; denn ein anderes Werk des Papias kennt das Alterthum nicht, und es lässt sich auch nicht zweifeln, dass Andreas diese Schrift gekannt hat, da er ein paar Aussprüche des Papias ausdrücklich citirt. Doch ist nicht wahrscheinlich, wie man hiernach vielfach angenommen hat, dass Papias in

*) Siehe Bleek's Recension des Lücke'schen Werkes in den Stud. u. Krit. 1855. Hft. 1, pag. 181 ff.

jenem Werke die Apokalypse ausdrücklich als eine Johanneische und apostolische Schrift sollte angeführt haben; denn da würde sich das Stillschweigen des Eusebius in dieser Beziehung nicht begreifen lassen, der eigens die Zeugnisse des Papias über die Verfasser neutestamentlicher Schriften anführt (H. E. III., 39), und eben so auch anderswo die Aussagen und Urtheile der früheren Kirchenschriftsteller über die Apokalypse meldet, von einem Zeugnisse des Papias über die Apokalypse aber nichts erwähnt, was er gewiss nicht würde unterlassen haben, wenn Papias dieselbe irgendwie ausdrücklich als eine apostolische Schrift bezeichnet hätte. Es ist darnach auch das nicht einmal wahrscheinlich, dass Papias einen Ausspruch der Apokalypse sollte ausdrücklich citirt haben. Doch kann Andreas anderweitig sich berechtigt geglaubt haben vorauszusetzen, dass Papias auf die Apokalypse Werth gelegt habe. Papias war, wie die meisten Christen seiner Zeit, Chiliast und scheint die Vorstellung von einem bevorstehenden tausendjährigen Reiche Christi auf Erden besonders sinnlich aufgefasst und sich in diesem Sinne in seinem Werke ausgesprochen zu haben. Eusebius a. a. O. meint, Papias sei auf diese Ansicht wohl dadurch gekommen, dass er die $\dot{\alpha}\pi o\sigma\tau o\lambda\iota\varkappa\grave{\alpha}\varsigma$ $\delta\iota\eta\gamma\acute{\eta}\sigma\varepsilon\iota\varsigma$ missverstanden und was darin typisch und mystisch gesagt war, nicht recht eingesehen habe. Es ist nun zwar nicht wahrscheinlich, dass Eusebius hierbei jenen $\dot{\alpha}\pi o\sigma\tau o\lambda\iota\varkappa\alpha\grave{\iota}$ $\delta\iota\eta\gamma\acute{\eta}\sigma\varepsilon\iota\varsigma$ sollte bestimmt an eine Schrift wie die Apokalypse gedacht haben oder, wie noch Hengstenberg (II. a. p. 107), vor Allem gerade an dieses Buch (s. dagegen Lücke S. 533—537). Aber es ist doch allerdings sehr wahrscheinlich, dass Papias zu seiner Vorstellung nicht ohne Zusammenhang mit der Apokalypse gekommen war, und dass sich auch wirklich Spuren einer Bekanntschaft mit dieser Schrift und einer Benutzung derselben in seinem Werke gefunden haben und dadurch Andreas zu jener Behauptung veranlasst ist. Ueber ein von Cramer (in der Catena in epp. cathol. mit den Commentarien des Oecumenius und Arethas über die Apokal. Oxf. 1840) mitgetheiltes Scholion z. Apok. 12, 7-9, worin man zum Theil einen Beweis gefunden hat, dass Papias auf die Apokalypse ausdrückliche Beziehung genommen habe s. Stud. u. Krit. 1855. S. 182.

Dass Papias wirklich die Apokalypse gekannt und auch wohl werthgehalten hat, ist um so glaublicher, wenn wir das Zeugniss des Justinus Martyr beachten, in seiner Schrift Dialogus cum Tryphone Judaeo, deren Abfassung wohl um das Jahr 140 n. Ch. fällt, wohl ungefähr gleichzeitig mit dem Werke des Papias. Dieser beruft sich dort K. 81 für seinen Glauben an die einstige Auferstehung des Fleisches und ein tausendjähriges Leben in dem neuen Jerusalem ausdrücklich auf das Zeugniss der Apokalypse, und zwar als einer Weissagung des Apostels Johannes: καὶ ἐπειδὴ καὶ παρ' ἡμῖν ἀνήρ τις, ᾧ ὄνομα Ἰωάννης, εἷς τῶν ἀποστόλων τοῦ Χριστοῦ, ἐν ἀποκαλύψει γενομένῃ αὐτῷ χίλια ἔτη ποιήσειν ἐν Ἱερουσαλὴμ τοὺς τῷ ἡμετέρῳ Χριστῷ πιστεύσαντας προεφήτευσε, καὶ μετὰ ταῦτα τὴν καθολικὴν καὶ, συνελόντι φάναι, αἰωνίαν ὁμοθυμαδὸν ἅμα πάντων ἀνάστασιν γενήσεσθαι καὶ κρίσιν. Schon Eusebius H. E. IV, 18 sagt, dass Justin in diesem Dialoge der Johanneischen Apokalypse Erwähnung thue, σαφῶς τοῦ ἀποστόλου αὐτὴν εἶναι λέγων. So wie Justin sich hier — gegen den Juden Tryphon — ausspricht, sind wir berechtigt vorauszusetzen, dass was er über die Apokalypse aussagt, nicht bloss eine Privatmeinung von ihm war, sondern eine zu seiner Zeit, also um die Mitte des zweiten Jahrhunderts in der Kirche verbreitete Vorstellung, und findet alle Wahrscheinlichkeit statt, dass auch Papias dieselbe getheilt hat und dass die Apokalypse in einem solchen Ansehen als Johanneische apostolische Schrift auch schon in der ersten Hälfte des 2. Jahrhunderts gestanden hat. Eben so war es nach der Zeit des Justin's, während der zweiten Hälfte des 2. Jahrhunderts, wo die kirchliche Ansicht sich dem apostolischen Ursprunge der Apokalypse entschieden günstig zeigt; darüber finden wir bestimmte Zeugnisse a) in Beziehung auf den Melito B. v. Sardes circa 175, der nach Angabe des Eusebius (IV, 26) und Hieronymus (vir. illustr. 24) unter andern eine Schrift über die Apokalypse verfasst hat; dabei haben wir wohl an eine Erklärung wenn auch nicht des ganzen Buches, so doch wohl einiger Hauptpunkte zu denken; eine derartige Arbeit aber kann als Zeugniss für ein nicht unbedeutendes Ansehn der Schrift betrachtet werden; b) in Beziehung auf den Theophilus von Antiochien, von dem Eusebius (IV, 24) meldet, dass er in einer Schrift wider den Hermogenes Zeugnisse (μαρτυρίας) aus der Apokalypse des Johannes gebraucht habe; was dafür spricht, dass dieselbe damals in der Kirche von Antiochien und der Gegend in Ansehn stand. c) In dem Schreiben, welches um d. J. 177 die Gemeinde von Vienne und Lyon über die Verfolgungen, welche sie zu erdulden hatte, an die Gemeinden Asiens und Phrygiens erliess; Eusebius V, 1—3 hat daraus ein bedeutendes Stück mitgetheilt, und darin finden sich mehrere unverkennbare Anspielungen auf die Apokalypse; in einer derselben heisst es in Beziehung auf den Ausspruch K. 22, 11: ἵνα ἡ γραφὴ πληρωθῇ, wodurch sie entschieden als heilige kanonische Schrift vorausgesetzt wird. Nicht minder finden wir, dass die Hauptzeugen für den Bestand des neutestamentlichen Kanons am Ende des 2. und Anfange des 3. Jahrhunderts für die Kirchen in Gallien, im proconsularischen Africa und in Aegypten, Irenäus, Tertullian, Clemens Alexandrinus das Ansehn und den apostolischen Ursprung der Apokalypse ausdrücklich anerkennen oder ohne Weiteres voraussetzen. Eben so um dieselbe Zeit auch Apollonius, ein klein-asiatischer Schriftsteller, der nach Eusebius V, 18 in einer Schrift gegen die Montanisten auch Beweisstellen aus der Apokalypse des Johannes genommen hatte.

Was die Auslegung der Apokalypse in diesem Zeitraume betrifft, so wurden die 1000 Jahre K. 20, 4 sq. wohl allgemein auf einen noch ganz zukünftigen Zeitraum bezogen, der mit der glorreichen Zukunft Christi auf Erden beginnen werde. Aus dem Justinus M. a. a. O. (Dial. c. Tryph. 81) ersehen wir, dass man als Sitz des tausendjährigen Reiches — wenigstens theilweise — das neue Jerusalem (Apok. 21, 2 sq.) betrachtete. Das aus dem Meere aufsteigende Thier wurde wohl ziemlich allgemein auf die dem Christenthume feindliche damals herrschende Weltmacht, die Römische bezogen; vergl. Iren. adv. Haer. V, 26, wo er in Beziehung auf die zehn Hörner Apokalypse 17, 12 sq. sagt, dass das gegenwärtige Römische Reich in zehn Könige oder Königthümer getheilt und so durch innere Spaltung werde zerstört werden; und ib. c. 30, woraus wir ersehen, dass man sich damals vielfach mit der Entzifferung der Apok. 13, 18 angegebenen Namenszahl des Thieres beschäftigte, sowohl mit der richtigen Lesart — ob 616 oder 666 — als mit der Deutung derselben. Irenäus, der entschieden die letztere Zahl als die richtige ansieht, gibt mehrere mögliche Deutungen derselben an, unter andern die, dass Λατεῖνος zu verstehen sei; eine Deutung — in Beziehung auf das Römische Reich —, welche damals wohl ohne Zweifel in der Kirche weiter verbreitet war, obwohl Irenäus selbst dieselbe nich billigt oder vielleicht nur nicht offen zu billigen wagt, sondern eine allgemeinere abstractere, aber auch unklarere Erklärung geltend macht (vergl. Lücke S. 959 sq.).

Doch fehlte es um diese Zeit auch nicht an ungünstigen Urtheilen über die Apokalypse überhaupt. Von Marcion wissen wir, dass er in seinem Kanon die Apokalypse nicht hatte (Tertullian adv. Marc. IV, 5: nam etsi apocalypsin ejus (Johannis) Marcion respuit); aber er hatte darin eben so wenig die anderen Johanneischen Schriften, und es lässt sich daraus nicht folgern, dass er sie nicht für ein Werk des Apostels Johannes hielt; wie er den Johannes als einen Judaisirenden Apostel ansahe, so erkannte er das von ihm Ausgehende schon insofern nicht als echt Christlich und Kanonisch, und nach seiner ganzen dogmatisch-ethischen Richtung musste er sich ganz besonders von einem Buche wie die Apokalypse abgestossen finden.

Desto mehr Anklang musste das Buch bei den Montanisten finden, die gegen das Ende des 2. Jahrhunderts namentlich in Klein-Asien sich verbreiteten, die sich durch eine schwärmerische Richtung auszeichneten; sie haben ohne Zweifel für ihre enthusiastischen chiliastischen Hoffnungen sich unter den neutestamentlichen Schriften ganz besonders auf die Apokalypse gestützt und dabei deren Weissagungen wohl zum Theil auf eine grob-sinnliche fleischliche Weise geltend zu machen gesucht. In der übrigen Kirche aber trat theilweise eine Umänderung ein. Der Chiliasmus, die Erwartung eines tausendjährigen Reiches Christi auf Erden, war ursprünglich mit der Vorstellung verbunden, dass dasselbe in nächster Zukunft bevorstehe. Wie dieses nicht erfolgte, trat die chiliastische Erwartung mehr zurück oder nahm eine etwas andere Gestalt an, und so auch die Ansicht über die Apokalypse, über ihren Werth oder über ihre Bedeutung. Nicht ohne Einfluss darauf scheint gerade der Gegensatz gegen den schwärmerischen Montanismus gewesen und dadurch zumeist am Ende des 2. und Anfange des 3. Jahrhunderts an verschiedenen Punkten eine ungünstige Meinung in Beziehung auf die Apokalypse hervorgerufen zu sein. So

a) in Klein-Asien, bei einer kleinen kirchlichen Parthei, die ihren Sitz besonders zu Thyatira in Lydien hatte, von der Irenäus adv. Haer. III, 11 spricht, so wie Philastrius (Haer. 60) und Epiphanius (Haer. 51), welche Letzterer meint am passendsten Aloger nennen zu können; sie verwarfen — wie es scheint im Gegensatze gegen Montanistischen Missbrauch und aus einer gewissen nüchternen Verstandesrichtung, welche sie gegen die Lehre vom Logos einnahm, sowohl das Evangelium Johannis, als die Apokalypse — Sie behaupteten in Beziehung auf beide Schriften, sie seien nicht würdig in der Kirche zu sein (οὐκ ἄξια εἶναι ἐν ἐκκλησίᾳ) und dass sie Machwerke des Häretikers Cerinth seien. Geschichtliche oder traditionelle Gründe haben sie zu einer solchen Behauptung sicher nicht gehabt, sondern sie bloss aufgestellt, um die Schriften gehässiger zu machen. Bei beiden Schriften beriefen sie sich für die Unechtheit derselben auch nicht irgend auf die Ueberlieferung der älteren Kirche, sondern auf innere Gründe, bei der Apokalypse nach Angabe des Epiphanius unter andern besonders auf den Brief an den Engel der Gemeinde zu Thyatira K. 2, 18 sq. indem sie sagten, dass dort noch keine Gemeinde von Christen sei (καὶ οὐκ ἔνι ἐκεῖ ἐκκλησία Χριστιάνων ἐν Θυατείροις, πῶς οὖν ἐγράφη τῇ μὴ οὔσῃ). Wie dieses eigentlich von ihrer Seite gemeint war, tritt aus der Anführung des Epiphanius nicht deutlich hervor; am wahrscheinlichsten wohl so, dass dort keine Gemeinde sei, welche sich in Wahrheit als eine Gemeinde von Christen betrachten lasse, wiefern es eben ein Hauptsitz des Montanismus war (cf. Lücke p. 578 sq., cf. 424).

b) in Rom. Hier schrieb im Anfange des 3. Jahrhunderts der Presbyter Cajus ein Buch gegen den Montanisten Proclus, woraus Eusebius III, 28 Einiges mitgetheilt hat. Dort sagt er, Cerinth habe in Offenbarungen wie von einem grossen Apostel geschrieben, wundersame Dinge (τερατολογίας), als wie durch Engel ihm gezeigt, erdichtet; er habe ferner gesagt, nach der Auferstehung wird das Reich Christi irdisch sein (ἐπίγειον) und in Jerusalem wandelnd das Fleisch (die Menschen im Fleische) wieder den Lüsten und Begierden dienen; als Feind der göttlichen Schriften habe er, um irre zu führen, gelehrt, dass eine Zahl von 1000 Jahren in festlicher Hochzeit verstreichen werde (ἐν γάμῳ ἑορτῆς γίνεσθαι). Es ist nun freilich streitig, ob Cajus hier überhaupt von unserer Apokalypse redet, als einem von Cerinth untergeschobenen Werke, oder von anderen apokalyptischen Schriften, welche Cerinth wirklich — etwa als Nachahmung der Johanneischen Apokalypse — im Namen eines Apostels verfasst hatte. In älterer Zeit scheint man die Worte ziemlich allgemein auf die letztere Weise genommen zu haben, und so schon Theodoret, der es ohne Zweifel nur aus dieser Stelle bei Eusebius entnommen hat, wenn er Haeret. Tab. II, 3 von ἀποκαλύψεις spricht, welche Cerinth, als ob er selbst sie geschaut, gedichtet habe. Erst in späterer Zeit hat man die Worte des Cajus theilweise auf unsere Apokalypse bezogen; so zuerst Erasmus, dem Grotius (Spicileg. patr. 1 [1700] p. 312) und viele andere gefolgt sind. Diese Annahme ist von anderen Gelehrten wieder bestritten worden; am ausführlichsten von Hartwig (Apologie der Apok. Thl. I. S. 33—228), auch von Hug u. A. Allein wenn Cerinth wirklich andere apokalyptische Schriften unter apostolischen Namen geschrieben hätte, so würden sie ohne Zweifel dem Eusebius bekannt gewesen sein und sich bei ihm darüber eine bestimmte Notiz finden, wo er vom Cerinth handelt; dergleichen findet sich aber bei ihm durchaus nicht. Auch würde Cajus, wenn er nicht unsere unter dem Namen eines allgemein bekannten grossen Apostels in Umlauf befindliche Apokalypse meinte, sich gewiss nicht in dieser Weise ὡς ὑπὸ ἀποστόλου μεγάλου γεγραμμένων ausgedrückt, sondern den Namen des von ihm gemeinten Apostels genannt haben. Ich zweifle daher nicht, dass Cajus wirklich nur an unsere Apokalypse gedacht hat, so dass er — im Kampfe mit dem Montanisten Proclus — darüber dieselbe Vorstellung aufstellt, wie jene Aloger ebenfalls im Gegensatze gegen die Montanisten. Ungefähr derselben Zeit wie Cajus und ebenfalls der Römischen Kirche gehört ein zuerst von Muratori (1740) veröffentlichtes Verzeichniss der kanonischen Bücher des N. T. an. In demselben ist von der Apokalypse zweimal die Rede und in etwas verschiedener Weise; doch ist die Weise, wie sie das zweite Mal — an der Hauptstelle — erwähnt wird, unklar, bei offenbar corrumpirtem Texte. Am wahrscheinlichsten ist wohl die Ansicht von Wiseler (Theol. Stud. und Krit. 1847. S. 846 sq.), wonach sie bezeichnet wird als eine Schrift, welche — ähnlich wie die Salomonische Weisheit — nicht von Johannes selbst geschrieben sei, sondern von Anderen in seinem Namen. Auf keinen Fall aber spricht der Verfasser sich über den Ursprung des Buches in so gehässiger Weise aus wie Cajus.

c) Dionysius B. v. Alexandrien bei Euseb. H. E. VII, 25 spricht von solchen Männern vor seiner Zeit ($\tau\iota\nu\grave{\epsilon}\varsigma\ \tau\tilde{\omega}\nu\ \pi\varrho\grave{o}\ \dot{\eta}\mu\tilde{\omega}\nu$), welche die Apokalypse ganz und gar verwärfen, welche, dieselbe Kapitel für Kapitel durchgehend, sie als unverständlich nachwiesen; sie sei überhaupt keine Offenbarung, sondern verhüllt unter einer starken und dichten Decke von Unverstand, und nicht von Johannes oder einem der Apostel oder der kirchlichen Männer überhaupt verfasst, sondern dem Johannes von Cerinth untergeschoben. Die Männer, welche Dionysius hier vor Augen hat, machten also dieselbe Behauptung über den Ursprung des Buches geltend, wie die Klein-Asiatischen Antimontanisten und der Römische Presbyter Cajus, und es ist auch sehr wahrscheinlich, dass er hauptsächlich an diese, namentlich an die ersteren gedacht hat; wo wir denn annehmen müssen, dass dieselben sich in Schriften noch ausführlicher über die Sache und ihre Gründe müssen erklärt haben, als uns anderweitig bekannt ist. Doch ist auch möglich, dass Dionysius auch noch Andere in seiner Gegend vor Augen gehabt hat, welche in dem Urtheile über den Ursprung des Buches jenen Klein-Asiaten und dem Cajus folgten und dieses ausführlicher zu begründen gesucht hatten. So viel aber sieht man, dass auch sie sich auf eine alte Ueberlieferung in der Beziehung nicht können gestützt haben.

d) In der Syrischen Kirche. Die kirchliche Uebersetzung der Syrer, die Peschito, hat die Apokalypse nicht, so wenig wie vier unsrer Katholischen Briefe (2. Petr., Judä, 2. u. 3. Joh.), und es lässt sich auch mit Sicherheit annehmen, dass sie sich in derselben von Anfang an nicht befunden hat, und nicht etwa, wie Hug u. a.*) angenommen haben, erst später daraus ver-

---

*) Vor allen Thiersch Versuch zur Herstellung des historischen Standpunctes für die Kritik des neuen Testaments p. 428 sq.

drängt worden ist. Wir können daraus weiter mit ziemlicher Sicherheit folgern, dass zur Zeit der Anfertigung dieser Uebersetzung — die wohl gegen das Ende des zweiten, spätestens den Anfang des dritten Jahrhunderts fällt — die Apokalypse in der Syrischen National-Kirche, deren Hauptsitz Edessa und die Umgegend war, die Apokalypse kein kanonisches Ansehn gehabt hat und nicht als echte apostolische Schrift kann betrachtet worden sein. Doch lässt sich nicht wohl mit einiger Sicherheit ermitteln, ob sie dort ein solches Ansehn von Anfang an nicht gehabt hat, oder ob sie es erst, wie um dieselbe Zeit in einigen anderen Theilen der Kirche, durch den Gegensatz gegen den Montanismus oder den Chiliasmus überhaupt verloren hat.

Doch übte der Gegensatz gegen den Montanismus und gegen den Chiliasmus überhaupt nicht überall den Einfluss, das Ansehn der Apokalypse als einer kanonischen apostolischen Schrift herabzusetzen. Wie wir schon oben gesehn haben, dass Apollonius grade in einer Schrift gegen die Montanisten auch Beweisstellen aus der Apokalypse beigebracht hat und auch der Alexandrinische Kirchenlehrer Clemens sie öfters als apostolische Schrift anführt, so nimmt auch Origenes sie als echte Schrift des Apostels Johannes, Sohnes des Zebedäi, an, ohne gegen den Ursprung des Buches auch nur einen Zweifel zu äussern; siehe besonders die Stelle aus seinem Commentar über den Matthäus bei Euseb. H. E. VI, 25; ἔγραψα δὲ (der Ap. Johannes) καὶ τὴν Ἀποκάλυψιν, κελευσθεὶς σιωπῆσαι καὶ μὴ γράψαι τὰς τῶν ἑπτὰ βροντῶν φωνὰς κτλ. Origenes war ein entschiedener Gegner des gewöhnlichen Chiliasmus, und so wurde von ihm denn auch, was in der Apokalypse diese Vorstellung zu begünstigen schien, durch anderweitige pneumatische Deutung beseitigt, was ihm bei seiner ganzen mystischen und allegorischen Weise der Schrifterklärung nicht so sehr schwer fiel; siehe darüber Lücke S. 328 sqq. 968 sqq. In seinem Commentar z. Matth. 24, 29 verspricht er, auch die Apokalypse in einem besondern Commentar zu bearbeiten; doch scheint er dazu nicht gekommen zu sein; und so können wir seine Auffassungen bloss aus einzelnen Aeusserungen in andern Schriften ersehen; siehe darüber Lücke S. 968 sqq., desgl. S. 328 sqq.

Ein Zeitgenosse des Origenes war Hippolytus, ein Bischof, und zwar ein Novatianischer, wahrscheinlich in der Nähe von Rom; nach einer Angabe auf einer Statue zu Rom hatte er unter andern in einer Schrift auch das Evangelium des Johannes und die Apokalypse behandelt; diese Schrift hat sich uns nicht erhalten. Aber in seiner Schrift über den Antichrist wie in den neuentdeckten höchst wahrscheinlich dem Hippolyt angehörenden $\varphi\iota\lambda o\sigma o\varphi o\acute{u}\mu\varepsilon\nu\alpha$ wird die Apokalypse ausdrücklich als heilige und als Schrift des Apostels Johannes angeführt, und in der ersteren findet sich auch mehreres, was uns zeigt, wie Hippolyt theilweise die Apokalypse aufgefasst hat; z. B. die Zahl 666, wo er für das Wahrscheinlichste hält, dass $\Lambda\alpha\tau\varepsilon\tilde{\iota}\nu o\varsigma$ gemeint sei, wie er denn das erste, aus dem Meere aufsteigende Thier von dem dem Untergange nahen Römischen Reiche versteht (siehe Lücke S. 964—968). Vielen Gebrauch von der Apokalypse macht um die Mitte des dritten Jahrhunderts auch Cyprian, der sie in derselben Weise benutzt, wie andere anerkannte Schriften des N. T. und sie oft unter dem Namen des Johannes citirt, wobei er wohl ohne Zweifel an den Apostel denkt. — Aus etwas späterer Zeit ist Victorinus, B. von Petabio (Pettau) in Pannonien († als Märtyrer c. 303) zu nennen. Dieser hat, wie schon Hieronymus aussagt, einen Commentar über die Apokalypse geschrieben. Ein solcher und zwar scholienartiger ist auch jetzt noch unter dem Namen Victorins vorhanden. Doch ist streitig, ob dies der echte Commentar des Victorins sei. Das Wahrscheinlichste ist, dass es wirklich der Commentar des Victorins ist, aber schon ziemlich frühzeitig mannigfaltig interpolirt, wie die Schrift denn in der Gestalt, worin sie uns jetzt vorliegt, mehres enthält, was nicht recht zusammenstimmt. Nach Angabe des Hieronymus lässt sich vermuthen, dass die Auslegung des Victorinus ursprünglich durchgehender und entschiedener chiliastisch war, als wie jetzt der Fall ist, wo das Chiliastische zwar nicht ganz fehlt, aber doch sehr verwischt ist, namentlich in der Deutung der 1000 Jahre selbst und des himmlischen Jerusalems; er will dabei die 1000 Jahre, während welcher der Satan gebunden sei, rechnen von der Fleischwerdung Christi bis zum Ende der Welt und erklärt sich entschieden gegen die Cerinthische Vorstellung von einem tausendjährigen irdischen Reiche. Der Antichrist K. 13, 16 wird von dem wieder zu erweckenden Nero erklärt, was ohne Zweifel schon dem ursprünglichen Commentar angehört hat, wie eben so der geltend gemachte hermeneutische Grundsatz, dass die Visionen in der Apokalypse nicht überall eine kontinuirliche Reihe bilden und sich auf der Reihefolge nach einander aufnehmende Begebenheiten beziehen, sondern theilweise neben einander herlaufende Reihen bilden, wie er namentlich den Inhalt der 7 Plageschaalen auf dasselbe bezieht, wie das bei den 7 Posaunen zum Vorschein kommende.

Aus der Griechischen Kirche ist schon aus etwas früherer Zeit in Beziehung auf sein Urtheil über die Apokalypse Dionysius zu nennen, Bischof von Alexandrien seit 248 † c. 265. Er war Schüler und Gesinnungsgenosse des Origenes und entschiedener Gegner der chiliastischen Denkweise. Er fand diese besonders verbreitet in der Gegend von Arsinoë, wo man sich dafür namentlich stützte auf die Schrift eines Bischofes Nepos: $\check{\epsilon}\lambda \epsilon \gamma \chi o \varsigma\ \dot{\alpha} \lambda \lambda \eta \gamma o \rho \iota \sigma \tau \tilde{\omega} \nu$, worin derselbe den Chiliasmus vertheidigt hatte, wohl im Gegensatze gegen die allegorische Auslegungsweise des Origenes, und besonders wohl in Beziehung auf die Apokalypse. Diese Schrift fand in der Gegend vielen Beifall und erhielt sich dort eine chiliastische Parthei. Durch die hierdurch erregten Streitigkeiten ward Dionysius veranlasst (c. 255) sich selbst in die dortige Gegend zu begeben, wo es ihm nach einer dreitägigen Disputation gelang, selbst den Korakion, das damalige Haupt der chiliastischen Parthei, dahin zu vermögen, dass er seine Meinung aufgab. Darnach schrieb Dionysius eine Schrift in zwei Büchern $\pi \epsilon \rho \grave{\iota}$ $\dot{\epsilon}\pi \alpha \gamma \gamma \epsilon \lambda \iota \tilde{\omega} \nu$, von denen das zweite von der Apokalypse handelte. Seine Aeusserungen über dieses Buch theilt uns Eusebius VII, 25 ziemlich ausführlich mit; Dionysius erweist sich darnach als einen sehr scharfsinnigen und besonnenen Kritiker. Er vergleicht die Apokalypse mit dem Evangelium und den Briefen des Johannes, und glaubt sich darnach berechtigt zu dem Urtheile, dass die erstere nicht von demselben Verfasser sei wie die letzteren; er macht in der Beziehung geltend a) die Gewohnheit des Apostels Johannes, in seinen Schriften sich nicht zu nennen, weder im Evangelium noch in den Briefen, wogegen der Verfasser der Apokalypse recht geflissentlich darauf ausgehe, seinen Namen Johannes wiederholt vorzubringen. b) Die Verschiedenheit der Darstellung, der Gedanken und der Ausdrücke, in welcher Beziehung das Evangelium und der erste Brief so sehr gleichmässig seien, während die Apokalypse so manche Begriffe und Ausdrücke, die in jenen Schriften wiederholt vorkommen — die er im Einzelnen aufführt — gar nicht enthalte; wobei er noch bemerkt, dass weder in den Briefen der Apokalypse, noch in dieser der Briefe erwähnt werde, wie man, wenn beide von demselben Verfasser wären, wohl würde erwarten können. c) Die Verschiedenheit der Sprache, da das Evangelium und der Brief gut Griechisch geschrieben seien, in gewandter und korrekter Sprache, die Sprache der Apokalypse aber voll von Barbarismen und Solöcismen. — Auf der andern Seite will Dionysius nicht leugnen, dass die Apokalypse das Werk eines heiligen gottbegeisterten Mannes sei, und zwar eines Johannes, wie sie selbst behaupte, nur nicht des Apostels Johannes, des vom Herrn geliebten Jüngers, des Bruders des Jacobus, wofür sie sich auch nicht ausgebe, auch nicht des Johannes Marcus, des Reisegefährten des Paulus und Barnabas, sondern eines andern in Asien lebenden Johannes; wobei er daran erinnert, dass in Ephesus zwei Grabmäler von zwei verschiedenen Johannes sich finden sollten. — In derselben Schrift war, wie Eusebius sagt, Dionysius die ganze Apokalypse prüfend durchgegangen und hatte zu zeigen gesucht, dass sie nicht buchstäblich könne verstanden werden ($\varkappa\alpha\tau\grave{\alpha}$ $\tau\grave{\eta}\nu$ $\pi\varrho\acute{o}\chi\varepsilon\iota\varrho o\nu$ $\delta\iota\acute{\alpha}\nu o\iota\alpha\nu$); er legt ihr also einen pneumatischen Sinn unter in der Weise des Origenes, wenn er auch, wie er sagt, den tiefern Sinn derselben nicht zu fassen vermöge. — Eine einzelne, jedoch nicht grade pneumatische Deutung von ihm hat sich uns aus einer andern Schrift, dem Briefe an den Hermannon erhalten, bei Euseb. H. E. VII, 10, wo er Apok. 13, 5 auf den Kaiser Valerian und dessen Christenverfolgung bezieht.

Was aber das Urtheil über den Ursprung des Buches betrifft, so wie über seinen kanonischen Werth, so findet in der Beziehung in der Kirche im Ganzen betrachtet auch nach dem dritten Jahrhundert keine Sicherheit und Gleichmässigkeit statt. Deutlich zeigen uns dieses für die erste Hälfte des vierten Jahrhunderts die Aeusserungen des Eusebius von Cäsarea, der in seiner (c. 326 geschriebenen) Kirchengeschichte der Hauptzeuge für den neutest. Kanon ist. B. III, 424 sagt er über die Apokalypse, dass das Urtheil über dieselbe auch noch damals nach beiden Seiten hin gehe (τῆς δὲ ἀποκαλύψεως ἐφ᾿ ἑκάτερον ἐπὶ νῦν παρὰ τοῖς πολλοῖς περιέλκεται ἡ δόξα). Er verheisst dort, dass er zur gelegenen Zeit auch über dieses Buch nach dem Zeugniss der Alten sein Urtheil fällen werde. Doch geschieht das auch im Folgenden nirgends auf bestimmte Weise. In der Hauptstelle über den Kanon, ib. K. 25, wo er die Bücher, die zum neutest. Kanon gehören oder Anspruch darauf machen dazu gerechnet zu werden, in mehrere Klassen sondert, spricht er sich sehr unsicher darüber aus, ob er die Apokalypse zur ersten Klasse zählen soll, den Homologumenen, oder zur zweiten, den Antilegomenen, die er auch selbst als νόθα bezeichnet; er überlässt das dem Gutdünken der Einzelnen (εἴγε φανείη), indem er sagt, dass Einige diese Schrift ἀτεθοῦσι, Andere aber sie ἐγκρίνουσι τοῖς ὁμολογουμένοις. Im B. III, 39 macht er darauf aufmerksam, dass Papias ausser dem Apostel und Evangelisten noch von einem zweiten Johannes rede, dem Presbyter Johannes, und befiehlt dieses zu beachten, da es wahrscheinlich sei, τὸν δεύτερον, εἰ μή τις ἐθέλοι τὸν πρῶτον, τὴν ἐπ᾿ ὀνόματος φερομένην Ἰωάννου ἀποκάλυψιν ἑωρακέναι. Zu dieser vom Dionysius vorgetragenen Vermuthung, dass die Apokalypse das Werk eines anderen vom Apostel und Evangelisten verschiedenen Johannes sei, neigt Eusebius selbst offenbar am meisten hin, wenn gleich er sich nicht bestimmt für dieselbe zu erklären wagt, wohl weil er sie in der älteren kirchlichen Ueberlieferung, so weit sie bekannt war, nicht hinreichend begründet fand. Eusebius selbst citirt öfters das Buch gradezu als „Offenbarung Johannis"; doch H. E. III, 18: ἐν τῇ Ἰωάννου λεγομένῃ ἀποκαλύψει; und nicht unwichtig ist, dass er in seinen Auslegungen des Jesaia und der Psalmen die Apokalypse nicht ein einziges Mal anführt, obwohl es, grade Stellen aus diesem Buche anzuführen, nicht an Gelegenheit fehlte und er auch Aussprüche aus fast allen anderen neutest. Schriften citirt. Es kann diese Erscheinung ihren Grund wohl nur darin haben, dass Eusebius theils selbst unsicher war, ob der Apokalypse ein volles kanonisches Ansehn gebühre, theils wusste, dass ihr von Manchen ein solches abgesprochen ward und ihr Zeugniss daher nicht würde anerkannt werden. — Dies war denn auch noch für die Zeit nach dem Eusebius theilweise der Fall, jedoch in verschiedenen Theilen der Kirche auf verschiedene Weise, worüber ich hier Folgendes bemerke.

a) In der Lateinischen Kirche hatte das ungünstige Urtheil, welches namentlich der Presbyter Cajus im Kampfe mit den Montanisten über die Apokalypse gefällt hatte, keine anhaltende Wirkung. Zwar finden wir, dass Philastrius, Bischof von Brescia in Oberitalien (sec. 4 fin). Haeres. 88, wo er die Bücher aufzählt, welche nach den Vorschriften der Apostel in den Gemeinden vorgelesen werden sollten, die Apokalypse nicht mit nennt; doch hat das seinen Grund nur darin, weil er dieselbe wegen der Dunkelheit ihres Inhaltes zum Vorlesen in den Gemeinden nicht für geeignet hielt, nicht aber aus Zweifel gegen ihren Ursprung oder ihr Ansehn; wie er denn schon an einer frühern Stelle (Haer. 60) diejenigen unter die Häretiker rechnet, welche des Johannes Evangelium und die Apokalypse nicht für Schriften des Apostels Johannes hielten. Wir finden sie in der Lateinischen Kirche auch von den angesehensten Lehrern überall und ohne Bedenklichkeit als eine echte apostolische Schrift mit allem kanonischen Ansehn benutzt, wie von Hilarius Pictaviensis, Ambrosius, Augustin, Hieronymus u. a. Hieronymus Ep. 129 ad Dardanum erwähnt von den Kirchen der Griechen, dass sie die Apokalypse nicht annähmen, im Gegensatze gegen die Lateiner, und so dass deutlich seine Meinung ist, dass diese letzteren, so weit ihm bekannt war, dieselbe annähmen. Und de vir. illustr. c. 9, wo er vom Apostel Johannes und dessen Schriften spricht, nennt er unter diesen auch die Apokalypse, ohne einmal abweichende Ansichten in Beziehung auf den Ursprung dieses Buches zu erwähnen, wie er dergleichen doch in Beziehung auf den 2. und 3. Brief des Johannes erwähnt. Wir finden denn auch die Apokalypse in den verschiedenen Verzeichnissen des neutestamentlichen Kanons, die sich uns aus der Lateinischen Kirche seit dem Ende des vierten Jahrhunderts erhalten haben — das erste ist das des Conzils von Hippo Rhegius vom J. 393 — ohne weiteres als kirchliche kanonische apostolische Schrift mit aufgeführt. Nur Junilius, ein Afrikanischer

Bischof um die Mitte des sechsten Jahrhunderts, in seiner Schrift De partibus legis divinae I, 4 führt die Apokalypse nicht mit unter den eigentlich kanonischen Büchern auf, welche perfectae sunt auctoritatis, und sagt, dass bei den Morgenländern hinsichtlich derselben noch sehr gezweifelt werde. Doch dient eben diese Aeusserung zum Beweise, dass ihm dergleichen Bedenklichkeiten aus der Lateinischen Kirche seiner Zeit nicht bekannt waren. So bezieht sich auch wohl nicht auf die occidentalische Kirche der Zeit, wenn die vierte Synode zu Toledo (v. J. 633) von plurimis spricht, welche das Ansehn der Apokalypse nicht annähmen und welche verschmähen, sie in der Kirche Gottes zu predigen (praedicare). Doch mag die öffentliche Lesung in der Kirche wegen der Dunkelheit des Inhaltes wohl auch im Occidente nicht regelmässig stattgefunden haben. Die genannte Synode selbst bezeichnet die Apokalypse als eine Schrift, welche durch viele Concilien und synodalische Decrete der Römischen Päpste für ein Werk des Evangelisten Johannes und eins der göttlichen Bücher erklärt sei, und spricht den Bann über alle diejenigen aus, welche unterliessen sie a pascha ad pentecostarum tempus in ecclesia praedicare. Das Ansehn des Buches hat denn auch in der abendländischen Kirche während des Mittelalters bis zur Reformation keine Anfechtung erfahren, weder von Seiten der grösseren Kirche noch von kleineren kirchlichen Partheien, obwohl beide das Buch zur gegenseitigen Bekämpfung gebrauchten *).

b) Mit der Lateinischen Kirche stimmt in dem Urtheile über den apostolischen Ursprung und kanonischen Werth der Apokalypse auch die Alexandrinische Kirche seit dem vierten Jahrhundert völlig überein, ohne dass die Kritik des Dionysius darauf scheint Einfluss geübt zu haben. Sie wird von den Alexandrinischen Kirchenlehrern ohne weiteres als eine Schrift des Apostels Johannes benutzt, wie von Athanasius sec. 4 med., der sie auch in seinem Verzeichniss des neutestamentlichen Kanons in seiner Epistola festalis ohne weiteres mit unter den kanonischen Büchern, den alleinigen Quellen des

---

*) Ueber Carl's des Grossen Capitulare Aquisgranense v. J. 789 cap. 20, wo verordnet wird, dass in der Kirche nur die von der Synode von Laodicea festgestellten Briefe gelesen werden sollten, siehe Lücke 640 sq.

Heils aufführt, wie eben so die gleichfalls der Alexandrinischen Kirche angehörende σύνοψις τῆς θείας γραφῆς, ferner von den beiden Aegyptischen Mönchen Makarius und Didymus, aus dem Ende des vierten Jahrhunderts, und später vom Bischof Cyrill von Alexandrien († 444), Isidorus von Pelusium u. a. Abweichende Ansichten finden wir aus dieser und der folgenden Zeit aus der Alexandrinischen Kirche nicht mehr. Nur dass Kosmos Indikopleustes, der in seinen spätern Jahren Mönch in Aegypten war, in seiner Topographia Christiana die Apokalypse durchaus nicht erwähnt, auch wo er Veranlassung gehabt hätte sie zu nennen.

c) Nicht so gleichmässig erscheint das Verfahren der übrigen Griechischen Kirche in diesem Zeitalter. Was die Verzeichnisse des neutestamentlichen Kanons aus der Griechischen Kirche betrifft, so führt das des Epiphanius Haeres. 76 die Apokalypse ohne weiteres als kanonische Schrift mit auf, und Haer. 77 sagt er, dass παρὰ πλείστοις ἡ βίβλος πεπιστευμένη καὶ παρὰ τοῖς θεοσεβέσι sei. Dabei ist zu bemerken, dass Epiphanius sich in früheren Jahren lange Zeit in Aegypten aufgehalten hatte. Dagegen wird sie in anderen Verzeichnissen aus der Griechischen Kirche dieser Zeit unter der Zahl der kanonischen Bücher des N. T. gar nicht mit aufgeführt, obwohl alle andre Bücher unsres N. T., nämlich 1) in dem des Cyrill Bischof von Jerusalem († 386) Catech. IV; anderswo in seiner Katechisation nimmt er auf die Apokalypse wohl Rücksicht, aber ohne sie zu nennen und zu citiren, auch wo der Inhalt ihm wohl Gelegenheit dazu gab, z. B. Catech. XV, wo er vom Antichrist redet, aber sich dafür nicht auf die Apokalypse beruft, sondern auf den Daniel, auf Matth. 25 und 2. Thess. 2, ja das Zeugniss der Apokalypse gradezu als das einer apokryphischen Schrift zu verwerfen scheint: βασιλεύσει δὲ ὁ Ἀντίχριστος τρία καὶ ἥμισυ ἔτη μόνα· οὐκ ἐξ ἀποκρύφων λέγομεν (Apok. 14, 14), ἀλλὰ ἐκ τοῦ Δανιήλ· φησὶ γαρ κ. τ. λ. (Dan. 7, 25). 2) In dem des Gregor von Nazianz, in Cappadocien († 389), in seinen carminibus no. 32, wo er, nachdem er alle anderen Bücher des N. T. aufgeführt hat, schliesst: εἴ τι τούτων ἔκτος, οὐκ ἐν γνησίοις; doch führt er anderswo in seinen Schriften unser Buch mitunter an, auch als Johanneische Schrift. 3) In den Jambis ad Seleucum, wohl von einem Zeitgenossen des Gregor von Nazianz, dem Bischof Amphilochius von Iconium, der jedoch am Schlusse des Verzeichnisses hinzufügt: τὴν δ' ἀποκάλυψιν τὴν Ἰωάννου πάλιν τινὲς μὲν ἐγκρίνουσιν, οἱ πλείους δέ γε νόθον λέγουσιν. 4) im 60. Canon des Conzils von Laodicea (circa 362), wo bei Aufzählung der kanonischen Bücher des A. und N. T. die Apokalypse gar nicht erwähnt wird. Eben so 5) im 85. Kanon der sogenannten Canones apostolici, der wohl auch aus dem vierten oder fünften Jahrhundert ist. Nicht unwichtig ist auch, dass Chrysostomus, Bischof von Constantinopel († 407), Theodor von Mopsveste in Cilicien († 429) und Theodoret, Bischof von Cyrus in Syrien († 457) die Apokalypse wenigstens niemals ausdrücklich anführen, so mannigfaltige Veranlassung sie dazu in ihren exegetischen und andern Schriften auch hatten. Zwei andere angesehene Griechische Kirchenlehrer dieser Zeit, die beiden Brüder Basilius der Grosse und Gregor von Nyssa, führen zwar die Apokalypse als Schrift des Evangelisten Johannes an, aber beide nur ein oder zweimal, dabei der letztere so: der Evangelist sage ἐν ἀποκρύφοις, was jedoch wahrscheinlich nicht in dem Sinne des Unechten gemeint ist, sondern nur in dem des Verborgenen, Mystischen. Aus dem hier Beigebrachten ergibt sich, dass, wenn wir die Alexandrinische Kirche ausnehmen, Hieronymus sich nur ein wenig zu stark ausdrückt, wenn er a. a. O. (Ep. ad Dard.) im Allgemeinen sagt, dass die ecclesiae Graecorum die Apokalypse nicht annehmen. — Nach der Zeit gestaltete sich das Urtheil über das Buch auch in der Griechischen Kirche günstiger und verlor sich der Widerspruch gegen dieselbe immer mehr, wozu wohl das Beispiel der Alexandrinischen wie der Einfluss der Lateinischen Kirche wesentlich beigetragen haben. Aus der letzten Zeit des fünften und der ersten Hälfte des sechsten Jahrhunderts sind die Commentare der beiden Bischöfe von Cäsarea in Cappadocien, des Andreas und des Arethas über die Apokalypse, welche sie als eine inspirirte apostolische Schrift betrachten und geltend zu machen suchen. Ungefähr derselben Zeit gehören wohl die untergeschobenen Schriften des Dionysius Areopagita an, in deren einer „über die kirchliche Hierarchie" sich ein schwülstiges Verzeichniss der biblischen Bücher findet und unter welchen der Verfasser die Apokalypse

aufführt, als τὴν κρυφίαν καὶ μυστικὴν ἐποψίαν τοῦ τῶν μα-
θητῶν ἀγαπητοῦ καὶ θεσπεσίου. Vom Leontius Byzan-
tinus, der zuletzt als Mönch in Paläslina lebte (sec. 6—7),
in einem Verzeichnisse der Bücher A. und N. T. und von Johannes Damascenus († 755 in einem Kloster bei Jerusalem
[De fide ortod. 4, 17]) wird die Apokalypse mit zu den kanonischen Büchern gezählt. Zwar in der Stichometrie des Nicephorus (Patriarch von Constantinopel, † 828), einem Verzeichniss der kanonischen und apokryphischen Bücher, welches sich
am Ende seiner Chronographie findet, wird die Apokalypse zu
den Antilegomenen des N. T. gezählt; aber dieses, wenn anders
das Verzeichniss wirklich vom Nicephorus ist und nicht von
ihm schon vorgefunden, wohl nur in Beziehung auf frühere
Zweifel gegen dieselbe, die der Verfasser wohl besonders aus
dem Eusebius kennen gelernt hatte, nicht in Beziehung auf
noch damals in der Griechischen Kirche herrschende Bedenklichkeiten. So hat auch, dass Theophylakt die Apokalypse
niemals anführt, seinen Grund wohl hauptsächlich nur darin,
weil er sie auch bei Chrysostomus, an den er sich meistens
anschliesst, nicht angeführt fand. Im Allgemeinen wurde in
dieser Zeit die Apokalypse hinsichtlich ihres apostolischen Ur-
sprungs und ihrer kanonischen Dignität in der Griechischen
Kirche wohl eben so wenig mehr angefochten als in der Lateinischen.

d) Anders war es auch in der späteren Zeit in der Syrischen National-Kirche. Hier finden wir zwar, dass Ephraim
Syrus († 378) die Apokalypse gebraucht, als eine apostolische
Schrift. Doch kam er dazu wohl nur durch seinen Verkehr
mit den rechtgläubigen Lehrern anderer Kirchen, deren Griechische Schriften, wie die Bibel in Griechischer Sprache ihm
wohl nicht unbekannt waren, wenn gleich wir wissen, dass
ihm das Griechische nicht so geläufig war, um ohne Dolmet-
scher sich mit Griechischen Kirchenlehrern unterhalten zu können. Auf die allgemeine Praxis der Syrischen Kirche hatte
dieses keinen wesentlichen Einfluss. Der Umstand, dass die
kirchliche Uebersetzung, die Peschito, die Apokalypse nicht enthielt, bewirkte, dass man mit dieser Schrift auch im Ganzen
wenig bekannt war und im Allgemeinen keinen kirchlichen Gebrauch von derselben machte. Etwas später kann bei den

Nestorianern, die eine gelehrte Schule zu Nisibis hatten, auch das Ansehn, worin Theodor von Mopsveste, dessen Anhänger Nestorius war, bei ihnen stand, darauf eingewirkt haben, da auch dieser die Apokalypse nicht scheint anerkannt zu haben. Aber auch die Syrisch-Monophysitische Kirche stimmt im Ganzen damit überein. Die Monophysiten kamen zwar mehr namentlich mit den Alexandrischen Theologen und deren Theologie in Berührung, und so konnte deren Schriftkanon auf sie Einfluss üben. So finden wir, dass ein Monophysitischer Bischof, Jakob von Edessa — dessen Zeitalter jedoch unsicher ist (siehe Lücke S. 646 Anm.) — die Apokalypse als Offenbarung eines der Heiligen, Johannis des Theologen, anführt (die Stelle K. 17, 3—6), indem er sich auf den Hippolytus beruft, und wir wissen, dass am Ende des elften Jahrhunderts ein Monophysitischer Bischof Dionysius Bar Salibi zu Amida eine Erklärung, wie über die anderen Bücher des N. T., so auch über die Apokalypse geschrieben hat. Aber im Allgemeinen stand die Apokalypse auch bei den Monophysitischen Syrern nicht in dem Ansehn einer kanonischen Schrift. Die zweite Syrische Uebersetzung des N. T., die Philoxenianische, angefertigt im Auftrag des Monophysitischen Bischofes Philoxenus oder Xenajas im J. 508, enthält die Apokalypse eben so wenig wie die Peschito. Die uns bekannte, zuerst von L. de Dieu (1627) veröffentlichte Syrische Uebersetzung dieses Buches ist nicht unwahrscheinlich von dem Thomas von Charkel angefertigt, welcher c. 616 in einem Kloster zu Alexandrien die Philoxenianische Uebersetzung revidirte und nun selbst eine Uebersetzung der Apokalypse dazu angefertigt hat, veranlasst durch das Ansehn, worin er dieses Buch in Aegypten fand. Einen Bestandtheil aber der kirchlichen Syrischen Uebersetzung hat die Apokalypse niemals gebildet, weder bei den Nestorianern (oder Chaldäischen Christen, besonders in Persien und Armenien), noch auch bei den Monophysiten (oder Jakobiten, im Patriarchat von Antiochien). Zu den Ersteren gehört Ebed Jesu (Metropolitan zu Nisibis, † 1318), der in einem gereimten Verzeichnisse Syrischer Schriftsteller unter den neutestamentlichen Büchern (c. 2) die Apokalypse nicht mit nennt. Zu den Monophysiten gehörte Abulpharagius oder Gregorius Barhebräus, Monophysitischer

Bischof zu Haleb († 1286), der die Apokalypse dem Apostel Johannes gradezu abspricht und sie für ein Werk des Cerinth's erklärt. Von den Handschriften der Peschito enthält keine einzige die Apokalypse, und so findet sich dieselbe auch nicht in den ersten gedruckten Ausgaben dieser Uebersetzung, auch nicht in der allerersten, die in Wien 1555 durch den Moses, Priester zu Merdin, besorgt ward, welche durch den damaligen Jakobitischen (Monophysitischen) Patriarchen Ignatius an Papst Julius III. abgesandt war. Die späteren Ausgaben der Peschito aber — zuerst in der Pariser und der Londoner Polyglotte — haben die Apokalypse nach jener späteren von L. de Dieu veröffentlichten Uebersetzung mit aufgenommen.

So hat denn in der Syrischen National-Kirche die Apokalypse eigentlich niemals kanonisches Ansehn gehabt, weder bei den Nestorianern noch bei den Monophysiten, während sie in der übrigen Kirche, nicht bloss der Lateinischen, sondern auch der Griechischen während des ganzen Mittelalters bis zur Reformation unangefochten dieses Ansehn behauptete.

Ueber die Auslegung aber des Buches in diesem Zeitraume bemerke ich hier kürzlich folgendes. Nachdem Rom und die Römischen Kaiser zum Christenthume bekehrt waren, übte das auf die Auffassung der Apokalypse den Einfluss, dass man die feindlichen Mächte, namentlich das aus dem Meere aufsteigende Thier, die 7 Könige, und das Weib nicht mehr auf das heidnische Rom und die Römischen Kaiser als solche bezog, sondern ihnen eine allgemeinere Deutung gab, auf die Weltreiche überhaupt und deren Hauptstädte oder auf ein noch zukünftiges antichristliches Reich und dessen Hauptstadt, oder auf den Weltstaat im Allgemeinen im Gegensatze gegen die Kirche. Die chiliastische Erklärungsweise trat ganz zurück; wie schon Victorin von Petabio, liess man das tausendjährige Reich mit der ersten Erscheinung Christi bei seiner Fleischwerdung oder mit seinem Tode beginnen, und betrachtete theilweise auch die 1000 Jahre nur als eine symbolische Zahl im allgemeineren Sinne; die erste Auferstehung wurde zum Theil auf die Erstehung der Welt zum geistigen Leben oder auf die Stiftung der christlichen Kirche bezogen. In Beziehung auf das Verhältniss der verschiedenen Visionen oder Reihen von Visionen zu einander wurde eben so, wie schon von Victorin, die synchronistische Fassungsweise befolgt, dass vielfach die späteren auf die gleichen Thatsachen und Verhältnisse bezogen wurden, wie die früheren, wobei aber, wie in der ganzen Behandlungsweise des Buches, viel Willkühr getrieben und nicht irgend nach einer festen Regel verfahren ward. — Was die uns erhaltenen und bekannten Commentarien selbst betrifft, so ist aus der Griechischen Kirche der erste und eigentlich fast allein in Betracht kommende der schon erwähnte des Andreas, Bischofs von Cäsarea und Cappadocien, aus dem Ende des fünften Jahrhunderts; er verfährt in der Weise des Origenes, unterscheidet einen mehrfachen Sinn und bemüht sich überall die Erfüllung des Geweissagten nachzuweisen, wobei er aber das Concrete meistens sehr verallgemeinert. — Viel weniger kommt noch in Betracht der Commentar des Arethas sec. 6, so wie was wir unter dem Namen des Oekumenius besitzen, dessen Verhältniss zu dem Commentar des Arethas auch sehr unsicher ist; (siehe Lücke S. 472 Anm. 991 sq). — Aus der Lateinischen Kirche hat sich uns aus dieser Zeit zuerst eine Expositio in Apocalypsin unter dem Namen des Donatisten Tichonius erhalten. Es ist auch sicher, dass dieser, ein Zeitgenosse des Augustin und Hieronymus, einen Commentar über das Buch geschrieben hat. Doch kann das anerkannt nicht die uns vorliegende Bearbeitung sein, sondern diese nur aus jenem als Auszug und mit Ausscheidung des Donatistischen hervorgegangen sein. Augustin selbst und Hieronymus haben keinen Commentar über das Buch geschrieben; doch finden sich in ihren Schriften Andeutungen, wie sie Einzelnes gefasst haben, besonders bei Augustin de Civ. D. 20, 7—17 über Apok. 20. 21. — Einen ausführlichen Commentar dagegen besitzen wir bei Primasius, einem Africanischen Bischofe um die Mitte des sechsten Jahrhunderts, und kürzere Erläuterungen von seinem Zeitgenossen Cassiodorus (Complexiones Actuum apostolorum et Apocalypsis S. Joannis). Beide entfernen sich nicht sehr von der damals gewöhnlichen Erklärungsweise, wie eben so zwei Erklärungen aus dem achten Jahrhundert, eine kürzere des Beda Venerabilis († 738) und die des Gallischen Presbyters Ambrosius Ansbertus (nach der Mitte des achten Jahrhunderts). Auch in der späteren Zeit des Mittelalters ist in der abendländischen Kirche die Apokalypse vielfach exegetisch behandelt worden, aber ohne dass eine dieser Bearbeitungen irgend wissenschaftlichen Werth hätte.

Bei der gewöhnlichen Ansicht der Zeit, dass das tausendjährige Reich schon mit der Fleischwerdung oder dem Tode Christi begonnen habe, lag die Erwartung nahe, dass mit dem Ablaufe von 1000 Jahren nach Christo das Ende der Welt eintreten werde. Dadurch wurden denn gegen das Ende des zehnten und den Anfang des elften Jahrhunderts die Gemüther der Christenheit im Abendlande sehr aufgeregt, in gespannter banger Erwartung. Als aber um diese Zeit eine besondere Katastrophe nicht eintrat, beruhigten sich allmälig die Gemüther und es ward nur noch allgemeiner die Ansicht, dass die 1000 Jahre nicht von so vielen eigentlichen Jahren nach unserer Berechnungsweise zu verstehen seien, sondern in allgemeinem Sinne und als irgend eine symbolische apokalyptische Zeitangabe. Auf die bestimmte Deutung aber der feindlichen Mächte übten die jedesmaligen Zeitverhältnisse und Partheirücksichten einen grossen Einfluss. — Seit der Ausbreitung des Muhamedanismus ward es üblich, das Thier mit dem Pseudopropheten K. 13 sq. von Muhamed und dem Muhamedanismus zu verstehen; so besonders zur Zeit der Kreuzzüge, wie denn Papst Innocenz III., als er 1215 zu einem neuen Kreuzzuge aufforderte, diese Deutung ausdrücklich geltend machte und zugleich verkündigte, dass die feindliche Macht der Saracenen bald werde vernichtet sein, indem er die Zahl 666 auf so viele Jahre nach dem Auftreten des Muhamed und die Dauer des Muhamedanismus bezog. Doch gab es daneben auch andere Deutungen, die durch Zeitverhältnisse an die Hand gegeben wurden. So bei den Kämpfen der Römischen Kirche mit den Hohenstaufen wurde von Seiten der Anhänger der ersteren das Thier wohl auch von dieser weltlichen Macht gedeutet, so wie bei dem Kampfe der Kirche mit den Secten und Häresien, die sich auch besonders seit dem Ende des zwölften Jahrhunderts ausbreiteten, der Pseudoprophet der Apokalypse wohl auf diese letzteren bezogen ward. Dagegen solche Gegner der Römischen Hierarchie grade auf diese und den Papst das Thier voll Namen der Lästerung und den Pseudopropheten bezogen; so Friedrich II. und eben so die häretischen Partheien dieser Zeit. Ganz besonders geschah das im dreizehnten Jahrhundert durch die strengeren Franziskaner, welche sich dazu vornehmlich an die Erklärung der Apokalypse anschlossen*), welche der Cistercienser Abt Joachim von Flora in Calabrien († c. 1201) herausgegeben hatte. Ob dessen Deutung schon ursprünglich antipapistisch war, ist nicht sicher (siehe Engelhardt, der Abt Joachim und das ewige Evangelium, in seinen kirchengeschichtlichen Abhandlungen [1832] S. 1 — 150); sicher aber hatte sie schon von Anfang an einen chiliastischen Charakter, und von jenen strengeren Franziskanern ward sie wohl durch Interpolation weiter in dem antirömischen Sinne ausgebildet. Eben so haben dann auch andere anti-römische Partheien, wie die Katharer, Waldenser, Wiklefiten und Hussiten, sich, obwohl die Einzelnen auf sehr verschiedene Weise, der Apokalypse zu ihrer Polemik gegen die Römische Kirche bedient, indem sie darin das Papstthum als das Antichristenthum geweissagt glaubten und theilweise auch meinten nachweisen zu können, dass der Sturz desselben nahe sei, ja selbst das Jahr, wo derselbe erfolgen werde. In der Anerkennung aber des Buches als einer apostolischen und wahrhaft prophetischen Schrift waren damals in der abendländischen Kirche alle Partheien ohne weiteres einverstanden.

Erst im Zeitalter der Reformation wurden wieder kritische Bedenklichkeiten, wie über mehrere andere Bücher des N. T., so auch über den Ursprung der Apokalypse laut. Erasmus von Rotterdam gerieth über die Apokalypse in Streit mit den Pariser Theologen, weil er behauptete, man sei über dieselbe lange Zeit zweifelhaft gewesen, und zwar nicht bloss Häretiker, sondern auch orthodoxe Theologen, nämlich hinsichtlich des Verfassers derselben, wenn sie es auch als ein vom heiligen Geiste geschriebenes Buch annahmen; er selbst deutet mehrerlei Zweifelsgründe an, ohne sich zu entscheiden, aber so dass er ziemlich deutlich zu der Ansicht hinzuneigen scheint, dass die Apokalypse nicht ein Werk des Apostels und Evangelisten Johannes sei und an Werth den übrigen kanonischen Büchern nicht ganz gleich sei. — In demselben Sinne spricht sich Carlstadt aus, in zwei Schriften vom J. 1520, einer lateinischen und einer kürzeren deutschen, welche Bücher kanonisch, oder heilig und

---

*) Siehe über die Erklärung Lücke S. 1066 sq. de Wette, Commentar zur Offenbarung Johannes S. 15.

biblisch seien; er macht drei verschiedene Classen der biblischen Bücher, setzt die Apokalypse in die dritte und niedrigste, bezeichnet sie als das geringste der Bücher dieser Ordnung und deutet an, dass sie nicht vom Evangelisten Johannes sei. — Zwingli, auf dem Religionsgespräch zu Bern 1528 zwischen Römisch-Katholisch und Reformatorisch gesinnten Theologen, Schweizerischen und Süd-Deutschen, als man von Römisch-Katholischer Seite für die Lehre von der Fürbitte der Heiligen sich auf Apok. 5, 8 berief, verwarf das Zeugniss, da die Apokalypse kein biblisch Buch sei, noch auch ein Werk des Evangelisten Johannes, sondern eines andern Johannes. — Viel härter und schroffer hatte sich über die Apokalypse schon früher Luther ausgesprochen in seiner Deutschen Uebersetzung. Er macht unter den neutestamentlichen Büchern einen Unterschied geltend zwischen den anerkannt kanonischen oder den rechten Hauptbüchern und denen, deren Ansehn nicht so gesichert sei; die letzteren sind ihm der Brief an die Hebräer, die Briefe des Jacobus und Judas und die Apokalypse. Diesen vier Büchern weist er in seiner Uebersetzung den letzten Platz an und scheidet sie von den anderen dadurch, dass er in dem vorgesetzten Verzeichnisse der Bücher nur die letzteren numerirt, von 1—23, und dann nach einem kleinen Absatze jene 4 folgen lässt, ohne Nummern, gleich als ob sie zur Zahl der neutestamentlichen Bücher gar nicht mitzunehmen wären. Zur Apokalypse aber schrieb Luther in der ersten Ausgabe des Deutschen N. T. (1522) eine Vorrede, worin er sich sehr stark gegen das Buch ausspricht; er sagt, er lasse hinsichtlich desselben jedermann seines Sinnes walten, wolle niemand sein Urtheil aufdrängen; er könne es aber weder für apostolisch noch für prophetisch halten und könne nicht spüren, dass es vom heiligen Geiste gestaltet sei; er halte es fast gleich dem vierten Buche Esra, da es gegen die Weise der apostolischen und anderen prophetischen Bücher, so durch und durch mit Gesichten umgehe, nicht mit klaren dürren Worten weissage. Er nimmt auch Anstoss an den Aussprüchen des Buches K. 22 (V. 7—9. V. 18 sq.), wo diejenigen selig gepriesen werden, die die Worte dieses Buches halten, und denen die Seligkeit abgesprochen wird, die von seinem Inhalte etwas abthun, da bei seiner Dunkelheit niemand wisse, was es eigentlich sei, es auch wohl viel edlere Bücher gebe, die zu halten seien; er beruft sich auch darauf, dass viele der alten Väter das Buch verworfen hätten; er schliesst, „jedermann möge von dem Buch halten, was ihm sein Geist gebe; sein Geist könne sich in das Buch nicht schicken, und könne er es nicht hochachten, schon weil Christus darin weder gelehret noch erkannt werde". Statt dieser Vorrede, die wohl vielfältigen Anstoss mag erregt haben und die auch, wenigstens was die letzte Behauptung betrifft (dass Christus in dem Buche nicht gelehrt noch erkannt werde) offenbar ungerecht ist, hat Luther später — nicht, wie vielfach angegeben wird, auch noch von Lücke S. 898. 1014, erst 1534, sondern schon in der Wittenb. Ausgabe des N. T. vom Jahre 1530 — eine andere Vorrede vorgesetzt, die gelinder lautet, obwohl er im Grunde dieselben Zweifel äussert. Er sagt, dass das Buch, bei seiner bisherigen Dunkelheit und Unsicherheit der Auslegung, noch eine verborgene stumme Weissagung sei und ohne den beabsichtigten Nutzen für die Christenheit, es hätten sich wohl viele daran versucht, aber bis auf den heutigen Tag nichts Gewisses aufgebracht, Etliche viel ungeschicktes Zeug aus ihrem Kopfe hineingebräut; um solcher ungewissen Auslegung und verborgenen Verstandes willen habe er es bisher auch liegen lassen, zumal da, wie aus dem Eusebius zu ersehen sei, etliche alte Väter das Buch nicht für St. Johannis, des Apostels, Schrift gehalten hätten; in diesem Zweifel lasse er es auch für sich noch bleiben, ohne dass er Jemanden wehren wolle, es für St. Johannis, des Apostels, zu halten oder wie er wolle. — Doch macht Luther einen Versuch, den Inhalt der Apokalypse nach den einzelnen Gesichten anzugeben, wobei er die einzelnen Bilder auf einzelne Ereignisse und Epochen der Geschichte der Christlichen Kirche der Reihefolge nach bezieht; das bittersüsse Buch K. 10, 10 bezieht er auf das Papstthum mit seinem grossen geistlichen Scheine, die 1000 Jahre rechnet er von der Zeit der Abfassung des Buches an bis auf Gregor VII. und fasst die Zahl 666 K. 13, 18 von so vielen Jahren von dem genannten Papste an, als der Zeit des antichristlichen Papstthums. Doch gibt sich leicht zu erkennen, dass Luther selbst auf diese seine Deutungen nicht viel gibt. — Schon zwei Jahre früher hatte er einen aus Polen oder Liefland ihm im Manuscript zugesandten älteren lateinischen Commentar, von unbekanntem Verfasser, aber vor dem Costnitzer Conzil geschrieben, herausgegeben (Commentarius in Apocalypsin ante centum annos editus. Wittenb. 1528. 8.) und mit einer Vorrede begleitet, worin er sich zwar über die Apokalypse selbst nicht ausspricht, aber es billigt, dass in der Schrift der Antichrist auf das Römische Papstthum bezogen wird. Luther's ungünstiges Urtheil über die Apokalypse übte auf längere Zeit auch Einfluss auf das der Lutherischen Kirche. Man blieb hier dabei, nach dem Vorgange Luther's, jene vier Bücher von den eigentlichen Hauptbüchern des N. T. zu sondern, ja etwas später — zuerst Martin Chemnitz in seinem Examen Concilii Tridentini (1565) — diese vier Schriften, zu denen wohl noch die drei andern Antilegomena des Eusebius, der 2. Petr., der 2. u. 3. Joh. hinzugefügt wurden, als Apokryphen des N. T. zu bezeichnen d. i. als Schriften, deren Ursprung nicht hinreichend gesichert sei und die daher, wenn auch nützlich zum Lesen und zur Erbauung, für sich nicht dürften zur Feststellung der Glaubenslehren angewandt werden, als welchen eigentlich kanonische Autorität nicht zukomme (s. darüber Gesch. des Kanons in meiner Einl. i. N. T. pg. 669 sq., und meine Einl. z. Hebr.-Br. S. 449 sq.). — An diesem Verfahren nehmen im Allgemeinen wie die Katholischen, so auch die Reformirten Theologen nicht Theil*), so wie auch namentlich in Beziehung auf die Apokalypse Zwingli's verwerfendes Urtheil in der Reformirten Kirche keine Nachfolge fand. Schon Calvin bedient sich des Buches ohne Bedenken wie einer kanonischen Schrift, auch zu dogmatischen Beweisen; dasselbe in einem fortlaufenden Commentare exegetisch zu behandeln, hielt ihn wohl eine gewisse Scheu ab. Beza in seinem N. T. bemüht sich mit Nachdruck die Einwendungen gegen die Authentie der Apokalypse zu widerlegen; in seinen Anmerkungen beschränkt er sich fast nur auf Erörterungen des Wortsinnes, indem er sich der eigentlich prophetischen Deutungen so gut wie ganz enthält. — Auch in der Lutherischen Kirche kam

---

*) Doch siehe über Musculus bei Lücke 907; die Berner Regierung stand auch an, den Druck eines Werkes von Bullinger über die Apokalypse (1557) zu gestatten, weil eben im Widerspruch gegen Zwingli und gegen die Kirchl. Bibelausgabe die Apokal. zu den kanonischen Büchern gezählt sei.

man seit der ersten Hälfte des 17. Jahrhunderts allmälig ganz davon zurück, unter den neutestamentlichen Schriften zwei Klassen von gradweise verschiedenem kanonischem Ansehn zu unterscheiden und so auch die Apokalypse hinsichtlich ihres apostolischen Ursprunges zu bezweifeln und sie gegen andere Schriften herabzusetzen. Die Auslegung des Buches in der Protestantischen Kirche war im Allgemeinen gegen das Papstthum und die Römische Kirche gerichtet, indem darauf die Schilderungen des Thieres, des Pseudo-Propheten und Babels bezogen wurden; dabei nahm man meistens in den verschiedenen Visionen keine kontinuirliche Fortschreitung an, sondern neben einander fortlaufende Parallelen und Recapitulationen, so unter andern Collado (Lausann. 1551), der einen vollständigen Parallelismus zwischen den Siegeln, Posaunen und Zornschaalen annahm; theilweise auch Paräus (1618), der jedoch nur die sieben Siegel und die sieben Posaunen als parallel laufend ansieht, sich beziehend auf die Zeiten zwischen Constantin dem Grossen auf der einen Seite und Bonifaz III. und Muhamed auf der andern Seite, die sieben Zornschaalen aber auf die folgenden Zeiten, bis auf Luther und von da bis zum Ende; ferner der Engländer Josef Mede, dessen Clavis apocalyptica zugleich mit seinem Commentar über die Apostelgeschichte erschien, zuerst 1627 u. a.; der in dem ersten Theil des Buches bis zur sechsten Posaune, K. 9 incl. die Schicksale des Reiches geweissagt findet, in dem zweiten Theile die der Kirche, mit jenen parallellaufend, in dem zweiten Theile aber eine Anzahl von Synchronismen annimmt; das tausendjährige Reich aber setzt er erst ans Ende, abweichend von der gewöhnlichen Erklärung, welche dasselbe schon mit der ersten Erscheinung Christi beginnen lässt, welche auch von den meisten Protestantischen Auslegern — im Gegensatz gegen den schwärmerischen Chiliasmus der Anabaptisten u. a. — festgehalten ward. — Im Einzelnen waren die Erklärungen dieser Ausleger sehr mannigfaltig, durchaus der Sicherheit ermangelnd und für die wissenschaftliche Auslegung wenig förderndes darbietend. — Am meisten von der gewöhnlichen Auslegungsweise entfernt sich Hugo Grotius († 1645). Er nimmt in dem Buche verschiedene und zu verschiedenen Zeiten empfangene Visionen an, von denen die im ersten Theile, bis K. 11 incl.

4*

sich auf die Verhältnisse der Juden, die folgenden bis K. 20 incl.
auf die Verhältnisse der Römer von Claudius bis Vespasian beziehen sollen, die übrigen Kapitel auf die späteren Verhältnisse der Kirche bis ans Ende; die tausend Jahre rechnet er von Constantin dem Grossen an bis zum Anfange des 14. Jahrhunderts, wo die Türken und der Muhamedanismus nach Asien und Griechenland vordrangen. — Grotius, an den auch Hammond und Clericus sich anschlossen, hat also ganz den in der Protestantischen Kirche gewöhnlichen Weg verlassen, die Apokalypse zur Polemik gegen die Römische Kirche zu verwenden und deren Verderben darin geschildert zu finden; doch macht die einfache Vergleichung des Inhaltes des Buches es nicht irgend wahrscheinlich, dass er mit seiner Deutung den eigentlichen Zweck und wesentlichen Sinn desselben erreicht habe, in dessen Tiefe eingedrungen sei.

Von Katholischen Auslegern dieses Zeitraumes nenne ich hier nur folgende drei: a) aus dem Ende des 16. Jahrhunderts: Franz Ribeira, Prof. in Salamanca (1591), der das Buch möglichst aus Zeitverhältnissen zu erklären sucht, und z. B. die Babylonische Hure — im Gegensatze gegen die Protestanten der Zeit — von dem heidnischen Rom versteht; b) aus dem Anfange des 17. Jahrhunderts ein anderer Spanier, der Jesuit Ludwig ab Alcassar, dessen ausführlicher Commentar (1614) in der Römischen Kirche zu grossem Ansehn gelangte; er kann in der Auffassung der Oekonomie des Buches gewissermassen als der Vorgänger des Hugo Grotius betrachtet werden; er deutet K. 5—11 auf den Kampf der Kirche Christi mit der Jüdischen Synagoge, K. 12—19 mit dem Römischen Heidenthum, sowohl der weltlichen Macht als der fleischlichen Weisheit, K. 20—22 auf den Sieg, die Ruhe und glorreiche Verherrlichung der Kirche; c) der französische Bischof Jacob Benignus Bossuet († 1701), der sich auch als Ausleger der Apokalypse (Commentaire sur l'apocalypse. Paris 1689. 8.) in der Katholischen Kirche ein grosses Ansehn erwarb, theilweise auch selbst ausserhalb der Katholischen Kirche. Seine Deutung ist verwandt mit der des Alcassar und Grotius; natürlich im Gegensatz gegen die bei den Protestantischen Auslegern übliche Deutung gegen das Papstthum und dessen Feindschaft gegen die wahre Kirche Gottes. Die tausend Jahre K. 20, 1—10 bezieht er auf die Zeit der Herrschaft der Kirche auf Erden, die vorhergehenden Visionen K. 4—19 auf den Kampf des Judenthums und den des Römischen Heidenthums (besonders unter dem Diocletian) wider die Kirche; auf den Diocletian deutet er auch die Zahl 666; die Entfesselung des Satans am Ende der tausend Jahre bezieht er auf die Ausbreitung der Türken in Europa und auf das Lutherthum; die letzten Kapitel auf den bevorstehenden letzten Angriff des Satans auf die Kirche und die daran sich alsbald anschliessende allgemeine Auferstehung und das jüngste Gericht *).

Im Gegensatze gegen Bossuet erschien Protestantischer Seits der Commentar eines holländischen Theologen Campegius Vitringa (Prof. zu Francker † 1722) Ἀνάκρισις apocalypseos Joannis apostoli etc. 1705 (1719 u. 1721); ein Werk ausgezeichnet durch philologische Gelehrsamkeit und Genauigkeit, so wie durch sonstigen litterärischen und historischen Apparat. In der Auslegung schliesst er sich im Allgemeinen an die in der Protestantischen Kirche gewöhnliche Erklärungsweise gegen die Römische Kirche an, die er besonders gegen Grotius und Bossuet zu rechtfertigen sucht. Wie manche Ausleger dieser Zeit, fasst er auch schon die apokalyptischen Briefe K. 2. 3 als Prophetie, als prophetisch den inneren Zustand der Christlichen Kirche vorführend, und zwar nach der Reihenfolge der Briefe in den verschiedenen Zeiträumen von der Zeit der Abfassung des Buches an bis auf die damalige Zeit; das folgende dagegen, von K. 4 an als Weissagung der den inneren Zuständen parallel laufenden äusseren Schicksale der Kirche, in verschiedenen zum Theil wieder einander parallel laufenden Abtheilungen; die sieben Siegel K. 4—8, 1 bezieht er auf die Schicksale der Kirche im Allgemeinen, von Trajan bis ans Ende der Welt; K. 8—11 nimmt er als Weissagung über Rom, sowohl das heidnische als das unter dem Bilde Jerusalems dargestellte päpstliche; K. 12—19 werde der Kampf der wahren Kirche Christi mit dem Römischen Antichristenthume bis zu dessen Untergange genauer geschildert; K. 20 der Zustand der Kirche in Europa nach dem Untergange des antichristlichen Roms und ihre Triumphe über neue Feinde, die am Ende des tausendjährigen Reiches aufstehen würden; so dass er also das

*) Ueber Noel Aubert de Versé s. Lücke 1081 ff.

tausendjährige Reich, welches er mystisch fasst, ganz als ein noch zukünftiges ansieht; K. 21—22 die ewige Seligkeit der über die ganze Welt triumphirenden Kirche.

Genauerer chronologischer Berechnungen über die Zukunft, über die Zeit des Sturzes des Antichristenthums u. s. w. enthält Vitringa sich. Dergleichen wurden aber seit dem Anfange des 18. Jahrhunderts von anderen Seiten her verschiedene versucht, indem man darauf ausging, das chronologische System der Apokalypse zu ermitteln und darnach die Zeit für die entscheidenden Hauptpunkte der Zukunft, auch des damals noch als zukünftig Betrachteten nach Jahr und Tag zu bestimmen, wobei man die Zahlen in der Apokalypse auch mit alttestamentlichen, besonders denen im Buche Daniel verglich. — Ich erwähne hier nur den berühmtesten und einflussreichsten Versuch der Art, von

Joh. Albrecht Bengel († 1762): Erklärte Offenbarung Johannes oder vielmehr Jesu Christi... übersetzt und durch die prophetischen Zahlen aufgeschlossen. Stuttgart 1740. 8., zuletzt wieder abgedruckt 1834. 8. (wie auch in anderen Schriften Bengels; s. Lücke S. 1039f. Anm. a). Durch verschiedene — freilich sehr complicirte und künstliche Combinationen glaubte er ermitteln zu können, dass ein prophetischer Monat $15\frac{5}{9}$ Jahre betrage (nämlich $\frac{1000}{64}$, nach K. 13, 18 vergl. mit V. 5); hiernach ein prophetischer Tag beinahe $\frac{1}{2}$ Jahr; ein apokalyptischer $\chi\varrho\acuteo\nu o\varsigma$ $1111\frac{1}{9}$ Jahre ($\frac{10000}{9}$), der $\acute\o\lambda\iota\gamma o\varsigma$ $\kappa\alpha\iota\varrho\acuteo\varsigma$ K. 12, 12 = $888\frac{8}{9}$ Jahre ($\frac{8000}{9}$); der apokalyptische $\alpha\acute\iota\acute\omega\nu$ (K. 14, 6) = $2222\frac{2}{9}$ Jahre u. s. w. Auch nach Bengel beschäftigt die Apokalypse sich einem grossen Theile nach mit der prophetischen Schilderung des Kampfes der wahren Kirche Christi mit dem Papstthum und mit der Welt. Als das Datum der Erscheinung Christi nach dem letzten Wüthen des Antichrists glaubte er den 18. Juni 1836 gefunden zu haben; von da an werde der Satan 1000 Jahre gebunden sein bis 2836; das tausendjährige Reich der Heiligen im Himmel werde erst 2836 beginnen und bis 3836 dauern; und mit dem Jahre 3836 das Ende der Welt und das jüngste Gericht erfolgen.

Dieses Bengel'sche apokalyptische System hat in einem nicht unbedeutenden Theile der Evangelischen Kirche vielen Beifall, ja Bewunderung und Nachfolge gefunden, in Würtemberg nicht bloss, sondern auch in England und anderswo, und ist in seinen wesentlichen Zügen selbst bis in die neueren Zeiten festgehalten worden, bis es durch den geschichtlichen Verlauf der Begebenheiten wenigstens theilweise seine Widerlegung gefunden hat; wie denn Bengel selbst, bei aller Zuversicht auf die Richtigkeit seiner Deutungsweise, sich dahin ausgesprochen hat, dass wenn das Jahr 1836 ohne merkliche Veränderung vorübergehen sollte, dann allerdings in seinem Systeme ein Hauptfehler sein müsse; doch meint er, dass wenn auch die von ihm angegebene Aufschliessung der Zahlen unrichtig sein sollte, was er jedoch nicht zuzugeben geneigt ist, so doch die Auseinandersetzung der Sachen nebst ihrer praktischen Anwendung ihre Richtigkeit behalten würde.

Die ganze Bengel'sche und ähnliche Behandlungsweisen der Apokalypse aber beruht auf der Voraussetzung nicht bloss der Echtheit und apostolischen Abfassung des Buches, sondern auch der Inspiration desselben im strengsten Sinne, dass es seinem ganzen Inhalte nach dem Apostel durch unmittelbare göttliche Offenbarung mitgetheilt und daher auch in allen seinen prophetischen Angaben durchaus zuverlässig sei, wenn es nur auf richtige Weise gedeutet werde. Doch war diese Ansicht über das Buch zur Zeit Bengel's, um die Mitte des 18. Jahrhunderts in der Protestantischen Kirche nicht die allgemein herrschende. Auf der einen Seite fand theilweise über den Charakter der Prophetie im Allgemeinen eine freiere, weniger strenge Ansicht statt, und davon ging schon die Neigung aus die Apokalypse auf einfachere Weise und mehr aus den Verhältnissen heraus, denen das Buch angehört, zu erklären, theils regten sich auch wieder die Bedenklichkeiten gegen den apostolischen Ursprung des Buches und wurden die Angriffe darauf bald mit lebhaftem Eifer geführt. Die letzteren Angriffe und Streitigkeiten begannen schon c. 1730, und zwar in England; zuerst in dem anonymen und von einem unbekannten Verfasser herausgegebenen Griechisch-Englischen N. T. (The New Testament in Greek and English etc.) London 1729; der Herausgeber greift in seinen Anmerkungen die Echtheit der Apokalypse auf sehr entschiedene Weise an, indem er sich besonders auf die Kritik des Dionysius von Alexandrien stützt. Ferner in einer ebenfalls anonym erschienenen Abhandlung Discourse historical and critical on the revelation ascribed to St. John. Lond. 1730. Der Verfasser ist der durch mannigfaltige Gelehrsamkeit sich auszeichnende Genfer Bibliothekar Firmin Abauzit, der eindringend zu zeigen sucht, wie die Gründe gegen den apostolischen Ursprung des Buches überwiegend seien; er hat die Abhandlung ursprünglich französisch geschrieben — und zwar auf Veranlassung eines Englischen Freundes, um der emsigen Beschäftigung mit der apokalyptischen Chronologie entgegenzuwirken; doch ist sie zuerst in dieser Englischen Uebersetzung veröflentlicht. Gegen diese beiden Angriffe erschien eine Widerlegung von dem Englischen Theologen Leonhard Twells (im dritten Theile seiner Kritik jener Griechisch-Englischen Ausgabe des N. T.) 1732; die betreffende Abhandlung über die Apokalypse ist etwas abgekürzt in Lateinischer Uebersetzung von Wolf aufgenommen in seinem Curis philol. et criticis zum N. T. und den Anmerkungen über die Apokalypse vorgesetzt; Twells weiss hier mit Gelehrsamkeit und Scharfsinn sowohl die äusseren als inneren Gründe für die Abfassung des Buches durch den Apostel Johannes geltend zu machen, und seine Vertheidigung fand viele Anerkennung.

Derselbe Abauzit aber hat auch noch eine andere Schrift verfasst, die hierhin gehört: Essay sur l'Apocalypse (1730) worin er geltend macht, dass das Buch unter Nero geschrieben sei, und dass es in seiner Prophetie nur eine Entfaltung der Aussprüche Christi über den Sturz Jerusalems sei, dass Alles sich auf die Zerstörung dieser Jüdischen Hauptstadt und den Römisch-Jüdischen Krieg, so wie (K. 21 u. 22) auf die grössere Ausbreitung der Christlichen Kirche nach jener Katastrophe beziehe.

Aehnlich ist die Erklärung von Wetstein: De interpretatione libri Apocalypseos (in seinem N. T. II, 889 sq. 1752), der den Hauptinhalt auf den Römisch-Jüdischen Krieg und den gleichzeitigen bürgerlichen Krieg in Italien bezieht, die tausend Jahre aber K. 20 von den 50 Jahren seit dem Tode des Domitians bis auf den Aufstand der Juden unter dem Bar Cochba versteht, und das himmlische Jerusalem als ein Bild der grösseren Ausbreitung und Ruhe der Christlichen Kirche nach der völligen Unterdrückung der Juden fasst. Ferner von

Joh. Christoph Harenberg (Prof. und Propst zu Braunschweig † 1774): „Erklärung der Offenbarung Johannis. Es entwickelt sich zugleich die Frage, wo wir jetzt in der Zeit der Anzeigen solcher Offenbarung leben." Braunschw. 1759. 4.) der bis K. 18 Alles auf Jerusalem, welches er auch unter Babel versteht, bezieht, die folgenden Kapitel aber auf die weitere Entwickelung der christlichen Kirche bis zum jüngsten Tage. —

Semler dagegen in seiner Ausgabe von Wetstein's libell. ad crisin et interpretationem N. T. (1766), wo er p. 217—246 Observationes breves de interpretatione Apocalypseos gibt, lässt das Buch hauptsächlich gegen die Römer, die Beschützer des Götzendienstes und Feinde der Christlichen Kirche gerichtet sein, betrachtet aber die prophetischen Bilder nur als aus der Jüdischen Apokalyptik entlehnt, ohne ihnen einen besonderen Werth beizulegen.

In demselben Aufsatze äussert Semler auch schon Zweifel gegen den apostolischen Ursprung der Apokalypse. Weit lebhafter aber entbrannte darüber in der Deutschen protestantischen Kirche der Streit einige Jahre später, als Semler die Schrift eines verstorbenen Theologen (Georg Ludwig Oeder, Dechant zu Feuchtwangen im Ansbach'schen † 1760) herausgab: „Christlich freie Untersuchung über die sogenannte Offenbarung Johannis, aus der nachgelassenen Handschrift eines fränkischen Gelehrten", herausgegeben mit einigen Anmerk. von J. S. Semler. Halle 1769. 8. Die Schrift zerfällt in zwei Theile; im ersten bekämpft Oeder die Echtheit der Apokalypse aus historischen Gründen, durch Betrachtung der Zeugnisse der Alten, im zweiten aus dogmatischen Gründen, durch Betrachtung ihres Inhaltes; er stimmt der Meinung der Aloger und des Cajus bei, dass sie ein Werk des Cerinth's sei; Semler in seinen Anmerkungen pflichtet dem Oeder'schen Urtheile fast überall bei. Später hat Semler denselben Gegenstand noch mehrfach weiter behandelt, mit Rücksichtnahme auf inzwischen erschienene Gegenschriften: a) in seiner „Abhandlung von freier Untersuchung des Kanons Thl. I; nebst Antwort auf die Tübingische Vertheidigung der Apokalypse" (von Beust). Halle 1771. 8. b) in seinen neuen Untersuchungen über die Apokalypse. Halle 1776, wo er nachzuweisen sucht, dass dieselbe vor der Mitte des zweiten Jahrhunderts in der Kirche gar nicht bekannt gewesen und dass sie zuerst durch Montanisten nach Italien und Gallien gebracht sei (gegen Knittel); und c) in seinen theologischen Briefen, 2 Sammlungen. Leipzig 1781. 8. (gegen Hartwig). Nicht minder wurde die Unechtheit der Apokalypse zu erweisen gesucht a) von F. A. Stroth: „Freymüthige Untersuchungen, die Offenbarung Johannis betreffend", wider C. F. Schmid, mit Vorrede von Semler. Halle 1771. 8; die Schrift erschien anonym; der Verfasser studirte damals in Halle, ward später Rector in Gotha († 1785) und b) von Michael Merkel, Candidaten der Theologie, in 2 Schriften, Frankf. u. Leipzig 1782 u. 85 — gegen Hartwig und Storr.

Die Deutschen Theologen, welche gegen diese Angriffe Semler's und seiner Freunde den apostolischen Ursprung der Apokalypse zu rechtfertigen gesucht haben, sind meistens schon beiläufig genannt. Es gehören dahin a) der Würtembergische Kanzler Jeremias Reuss (1767 u. 1772). b) der Leipziger — später Wittenberger Theologe Christian Friedr. Schmid (1771 u. 75); c) der Braunschweigische General-Superintendent Franz Anton Knittel (1773); d) der Würtemberger Theologe Gottlob Christian Storr (1782 u. 1786). — Eine der schätzbarsten aber unter den apologetischen Schriften für die Apokalypse aus dieser Zeit ist folgende: Apologie der Apokalypse wider falschen Tadel und falsches Lob. Chemnitz. 4 Thle. 1780/83. Der Verfasser ist Friedrich Gotthold Hartwig, Pfarrer zu Grosshartmannsdorf bei Freiberg. Der erste Theil dieses mit vieler Umsicht und Ruhe, nur zu grosser Breite geschriebenen Werkes beschäftigt sich besonders mit der Untersuchung über das Zeugniss des Presbyters Cajus und mit der Widerlegung der Ansicht, dass die Apokalypse ein irdisches Reich Christi lehre; der 2. Theil unter andern mit der Untersuchung über das Zeugniss des Dionysius von Alexandrien; der 3. Theil beantwortet Semler's Erwiederung auf die beiden ersten Theile (in s. Theolog. Briefen) und sucht dann den Plan des Buches zu entwickeln, und zwar als eines symbolisch-dramatischen Gedichtes, in verschiedenen Acten und Auftritten; der 4. Theil behandelt 1) die apostolische Echtheit der Apokalypse aus inneren Merkmalen, und zwar a) aus den sieben Briefen K. 2 u. 3, und b) aus der genauen Uebereinstimmung des Buches mit den übrigen Schriften und dem ganzen Charakter des Johannes, und gibt 2) eine Beantwortung der noch übrigen historischen Zweifelsgründe nebst dem historischen Beweise der Echtheit des Buches.

Schon vor diesem Hartwig'schen Werke aber war eine exegetische Bearbeitung der Apokalypse von J. G. Herder erschienen: „MAPAN AΘA", das Buch von der Zukunft des Herrn, des neuen Testamentes Siegel. Riga 1779. (in Herder's Werken zur Religion u. Theologie. Thl. 12). Er betrachtet das Buch als eine Schrift des Apostels Johannes, bezieht aber den ganzen Inhalt, wie Abauzit u. a., auf die Zerstörung Jerusalems, welches er auch unter Babel versteht, und auf die dieser Katastrophe vorhergehenden Unruhen und Kriege in Palästina. In seinen Briefen über das Studium der Theologie (1780) Thl. 2. Br. 21 spricht er sich zwar dahin aus, dass er die ganze Zerstörung Jerusalems nur als Zeichen, Unterpfand, Vorbild des letzten grösseren Ausganges der Dinge angesehen habe, und als den eigentlichen Zweck der Weissagung, eben diesen Ausgang in jenem Zeichen und Unterpfande zu entwickeln. Doch tritt in der Erklärung selbst dieser Gesichtspunkt nicht bestimmt hervor. Aber er hebt doch die praktischen Momente hervor, wodurch die Apokalypse ein Buch für alle Herzen und alle Zeiten sei, und durch die ganze warme begeisterte Darstellung gewann die Herder'sche Behandlung der Apokalypse zu ihrer Zeit vielen Beifall und wusste auch dem behandelten Buche selbst manche neue Freunde zu erwecken, wenigstens auf die formalen und ästhetischen Schönheiten desselben den Blick zu richten. In der geschichtlichen Beziehung der Apokalypse hat sich auch Hartwig a. a. O. besonders an Herder angeschlossen.

Reichlich ein Jahrzehend später erschien die Eichhornsche Bearbeitung: Joh. Gottfr. Eichhorn, Commentarius in Apocalypsin Joannis. 2 voll. Gött. 1791. 8. Auch er hält die Apokalypse für eine echte Schrift des Apostels Johannes, lässt aber den prophetischen Charakter derselben sehr wenig hervortreten. In Beziehung auf die Auffassung des Sinnes stimmt er wesentlich überein mit dem Strassburger Theologen Joh. Sam. Herrenschneider (in dessen Inaugural-Dissertation: Tentamen Apocalypseos a capite 4 usque ad finem illustrandae.

Strassb. 1786. 4.). **Eichhorn** fasst das Ganze als eine allgemeine **poetische** Schilderung des Sieges des Christenthums über das Judenthum, welches durch Jerusalem, und über das Heidenthum, welches durch das als Babel bezeichnete Rom symbolisirt werde; wobei er die Erscheinungen bei der fünften und sechsten Posaune eben so, wie **Herder**, auf bestimmte geschichtliche Verhältnisse aus dem Römisch-Jüdischen Kriege bezieht, die der Zerstörung Jerusalems vorhergingen. In formeller Hinsicht aber betrachtet er, wie **Hartwig** und schon **David Paräus** (1628) die Apokalypse als ein Drama, mit verschiedenen Acten und Scenen.

Diese **Eichhorn**'sche Behandlungsweise fand zu ihrer Zeit zwar auch wohl Widerspruch — z. B. von **Joh. Friedr. Kleuker**: Ueber den „Ursprung und Zweck der Offenbarung Johannis". Hamb. 1800, der ihr vorwarf, dass dadurch der eigentlich prophetische Charakter des Buches aufgehoben werde — aber im Allgemeinen grossen Beifall. Sie wirkte darauf ein, dass man mehr geneigt ward, die Echtheit und den apostolischen Ursprung des Buches anzuerkennen, auch ohne Rücksicht auf dessen prophetischen Werth, und hat auch für die Deutung des Buches im Hauptpunkte und dem ganzen wesentlichen Charakter nach vielfache Nachfolge gefunden. — So schliesst sich an die **Eichhorn**'sche Auffassung meistens auch **Joh. Heinrich Heinrichs** an, in seiner lateinischen Bearbeitung der Apokalypse, im **Koppe**'schen N. T. Vol. X. 2 Thle. 1818/21, der jedoch als Verfasser des Buches den Presbyter Johannes geltend zu machen sucht. — Ein anderer Theologe **Paul Joachim Sigismund Vogel** in Erlangen († 1834) hatte in 7 Programmen (1811/16. 4.) nachzuweisen gesucht, dass die Apokalypse das Werk zweier verschiedener Verfasser sei, dass vom Apostel Johannes K. 1, 9—11, 29 sei, das Uebrige aber wahrscheinlich vom Presbyter Johannes.

Zunächst auf die beiden letzten genannten Schriften, nämlich den ersten Theil von **Heinrichs'** Commentar und **Vogel's** Programme, bezieht sich ein Aufsatz von mir in der von **Schleiermacher, de Wette** und **Lücke** herausgegebenen theolog. Zeitschr. H. 2. (Berl. 1820) S. 240—315: „Beiträge zur Kritik und Deutung der Offenbarung Johannis". Einige weitere Beiträge von mir für diesen Gegenstand finden sich

in meinen Beiträgen zur Evangelien-Kritik (1846), besonders
S. 182—200. 267 fl. 81; so wie in der schon früher erwähnten
ausführlichen Recension der zweiten Aufl. von Lücke's Einl.
in die Apok. (Theol. Stud. u. Krit. 1854. 4. 1855, 1.) In dem
erstgenannten Aufsatze hatte ich mich dafür ausgesprochen,
dass die ganze Apokalypse zwar von einem und demselben
Verfasser sei, aber theils vor der Zerstörung Jerusalems geschrieben, theils (von K. 12 an) nach derselben. Dieses habe
ich nachher (in den Beiträgen) ausdrücklich zurückgenommen
und mich für die Einheit des Buches und die Abfassung des
Ganzen nicht lange vor der Zerstörung Jerusalems erklärt.
Dagegen ich andere Hauptpunkte, welche ich in dem ersten
Aufsatze geltend zu machen gesucht, auch später festgehalten
habe, nämlich a) dass die Apokalypse kein Werk des Apostels
und Evangelisten Johannes sei, noch auch diesem von einem
späteren Schriftsteller untergeschoben, sondern von einem andern
Johannes, dem Presbyter des Papias verfasst; b) dass sie nicht
— der Eichhornschen Ansicht gemäss, nur eine allgemeine poetische Schilderung des Sieges des Christenthums über das Judenthum und Heidenthum sei, sondern bestimmt den Zweck
habe, die bedrängte Christenheit der Zeit durch die Hinweisung
auf die Nähe der Wiederkunft des Herrn auf Erden und durch
die Belehrung darüber zu trösten und aufzurichten; c) dass
diese Parusie Christi an den Sturz des antichristlichen Heiden-
thumes und namentlich Roms als des Hauptsitzes desselben angeknüpft werde, dass dagegen die Zerstörung Jerusalems kein
besonderes Moment in der prophetischen Schilderung der Schrift
bilde, und dass auch die Visionen im ersten Theil, namentlich
K. 9, keine Beziehung auf bestimmte geschichtliche Ereignisse
zur Zeit des Römisch-Jüdischen Krieges, die der Verfasser vor
Augen gehabt hätte, enthalten.

In diesen Punkten stimmen unter den noch folgenden Auslegern der Apokalypse im Wesentlichen ganz mit mir zusammen Ewald und de Wette.

Ewald in seiner Lateinischen Bearbeitung, durch welche
die Deutung des Einzelnen sehr gefördert ist: Commentarius
in Apocalypsin Joannis exegeticus et criticus. Gott.
1828. 8.

de Wette, in seiner Einl. i. N. T. und seiner Kurzen

Erklärung der Offenbarung Johannis (Kurzgefasstes exeget. Handb. über das N. T. Bd. III. Thl. 2. Leipz. 1848. 8.; 2. Ausg. mit Vorrede von Lücke. 1853. Dieser Commentar ist das letzte Werk de Wette's († 1849 d. 16. Juni) und schliesst dessen litterarische und theologische Laufbahn auf eine höchst würdige und — namentlich auch durch das unter schweren politischen und socialen Zeitverhältnissen geschriebene Vorwort — erbauliche Weise ab; der Commentar selbst ist bei aller Kürze inhaltsreich und lehrreich sowohl für die Erklärung des Einzelnen als auch für das richtige Verständniss des Zweckes und Geistes des ganzen Buches*).

Ein sehr bedeutendes und wichtiges Werk ist das schon früher erwähnte in seiner ersten Auflage wenige Jahre nach dem Ewald'schen Commentar erschienene von Lücke: Versuch einer vollständigen Einleitung in die Offenbarung Johannes und in die gesammte apokalyptische Litteratur, Bonn 1832. 8.; zweite Ausg. (Versuch einer vollständigen Einl. in die Offenb. Joh., oder allgemeine Untersuchungen über die apokalyptische Litteratur überhaupt und die Apokalypse des Johannes insbesondere.) Bonn 1852. Diese zweite Auflage ist fast doppelt so stark als die erste, um reichlich 30 Bogen stärker, und dabei so gut wie ganz umgearbeitet; es zerfällt hier das Werk in drei Bücher: 1) Begriff und Geschichte der apokalyptischen Litteratur. 2) Betrachtung der Joh. Apokalypse. 3) Theorie und Geschichte der Auslegung des Buches. — Hinsichtlich der Deutung der Apokalypse hatte Lücke schon in einem früheren Aufsatze Theol. Stud. u. Kritiken, 1829. Hft. 2. (Apokalyptische Studien, in Beziehung auf Ewald's Commentar) sich insofern näher an Eichhorn angeschlossen, als er hier, wie das Römische Heidenthum, so auch das Judenthum als das zu überwindende Antichristenthum betrachtet glaubt, jedoch ohne gerade eine bestimmte Beziehung auf die Zerstörung Jerusalems anzunehmen; und wesentlich dasselbe hat er auch in dem genannten Werke, auch noch in der zweiten Auflage festgehalten, obwohl er anerkennt, dass Jerusalem nicht in einem so absoluten Gegensatze gegen das Reich Christi gedacht werde, wie

*) de Wette hat zu seinem Commentar das Bleeki'sche Heft über die Offenbarung Johannis, das ihm dieser vollständig überlassen hatte, vielfach benutzt.

Rom, das neue Babylon (dagegen siehe meine Bemerkk. in den
Beitr. z. Ev. Krit. S. 187 sq. und Stud. u. Krit. 1855. S. 163).
— Hinsichtlich des Ursprunges des Buches ist Lücke entschieden, dass es nicht von dem Evangelisten und Apostel Johannes geschrieben sein könne; in der ersten Auflage aber hatte er die Vermuthung geltend zu machen gesucht; dass es in des Apostels Namen von einem andern Schriftsteller geschrieben sei, nur nicht grade in der Absicht, um zu täuschen, sondern so, dass er eine dem Apostel zu Theil gewordene Offenbarung nach dem, was derselbe darüber wohl mündlich mitgetheilt, zu Grunde gelegt und diese auf seine Weise weiter ausgeführt hätte. (Eine ähnliche Ansicht hatte früher schon Schott Isagoge in N. T. §. 116. Not. 5. vorgetragen, dass dem Buche einige von dem Apostel Johannes zu seinem Privatgebrauche verfertigte Aramäische Aufzeichnungen über ihm zu Theil gewordene Visionen zu Grunde liegen, die ein Schüler von ihm weiter ausgearbeitet hätte.) Doch hat Lücke diese Ansicht später — schon Theol. Stud. u. Krit. 1836. 3. S. 654 ff. — zurückgenommen und ist der Ansicht beigetreten, dass das Buch das Werk eines andern Johannes sei, der es auch in seinem eigenen Namen verfasst und ausgegeben habe. Und noch bestimmter hat er sich in demselben Sinne in der zweiten Auflage der Einleitung ausgesprochen und hält es für das wahrscheinlichste, dass der Verfasser der Presbyter des Papias sei. Auf die Nachweisung aber, dass die Apokalypse nicht von demselben Verfasser geschrieben sein könne wie das Evangelium, ist hier sehr grosse Sorgfalt und Fleiss gewandt.

Andre Gelehrte neuerer Zeit, die sich gleichfalls überzeugt halten, dass das vierte Evangelium und die Apokalypse nicht einem und demselben Verfasser angehören können, haben sich dahin entschieden, dass die Apokalypse von dem Apostel Johannes sei, nicht aber das Evangelium. So schon Dr. Christ. Friedr. Jak. Züllig, Die Offenbarung Johannis vollständig erklärt. 2 Thle. 1834. 41. 8. Der erste Theil ist ganz populär gehalten, für nicht gelehrte Leser, welche Form der Darstellung aber für den zweiten Theil aufgegeben ist. Der Verfasser bezieht wieder, wie Herder u. a., auch den zweiten Theil des Buches auf Jerusalem und das Judenthum und deutet darauf auch Babel; auch ausserdem trägt er manche seltsame unnatürliche Erklärungen vor; doch findet sich darunter auch manches Schätzbare, namentlich in dem, was er über die Unterscheidung des Wesentlichen im prophetischen Inhalte des Buches von dem Unwesentlichen, der poetischen Form und Einkleidung Angehörenden bemerkt. Die Abfassung der Apokalypse setzt er früher als irgend ein anderer der neueren Ausleger des Buches, in die Zeit 44—47 n. Chr., und zwar schreibt er dieselbe dem Apostel Johannes zu, wenn dieser auch nicht das vierte Evangelium verfasst habe. Noch bestimmter wird die Sache in diesem Sinne von der ganzen neueren Tübinger oder Baur'schen Schule angesehen, für die es fast wie ein Glaubensartikel erscheint, dass der Apostel Johannes die Apokalypse verfasst habe; so hat sich zuerst Schwegler in seiner Schrift über den Montanismus (1841) ausgesprochen und auch in seinem Nachapostolischen Zeitalter, Bd. 2. (1846) pag. 249 sq., wiederholt, so wie Baur selbst (Kritische Untersuchung über die 4 kanonischen Evangelien, S. 345 sq.), Schnitzer, Zeller u. a. Diese Gelehrten finden in der Apokalypse ganz den noch Judaisirenden Standpunkt, den sie glauben beim Apostel Johannes voraussetzen zu müssen, und meinen deshalb auch berechtigt zu sein, ihm das 4. Evangelium abzusprechen.

Eine andere Ansicht über den Verfasser der Apokalypse hat Ferd. Hitzig geltend gemacht: „Ueber Johannes Marcus und seine Schriften, oder welcher Johannes hat die Offenbarung verfasst? Zürich 1843. 8. Schon Dionysius Al. halte Johannes Marcus, den Evangelisten, mit genannt als einen, an den man bei dem Verfasser der Apokalypse wohl denken könne, und Beza eine solche Annahme kurz berührt. Hitzig aber erklärt mit Entschiedenheit, dass dieser die Apokalypse verfasst habe, und weiss seiner Annahme in seiner gewohnten scharfsinnigen und zuversichtlichen Weise einigen Schein zu geben. Ihm ist auch beigetreten Weisse, in der Recension dieses Buches Neue Jen. A. L. Z. 1843. No. 225 sq. Zurückgewiesen wird eine solche Vermuthung von Lücke S. 778—796, und früher schon von Ebrard in seiner Schrift: Das Evangelium Johannis und die neueste Hypothese über seine Entstehung (1845) S. 137—217.

Ebrard selbst erklärt sich entschieden für Einheit des Verfassers des vierten Evangeliums und der Apokalypse und für die Abfassung beider Schriften durch den Apostel Johannes, und eben so auch in seiner Erklärung der Offenbarung Johannis (in der Fortsetzung von Olshausen's bibl. Commentar, Bd. 7.) Königsb. 1853. Die gleiche Ansicht ist denn aber auch anderweitig in den letzten Jahrzehenden wieder geltend gemacht, wie z. B. von Kalthoff (Apocalypsis Joanni apostolo vindicata. Kopenh. 1834), von Dannemann (Wer ist der Verfasser der Offenb. Johannis? mit einem Vorwort von Lücke. Hannov. 1841), von Guerike (zuletzt in der 2. Aufl. seiner Einl. i. N. T.), von Hengstenberg (die Offenbarung des h. Johannes, für Solche, die in der Schrift forschen, erläutert. Berl. 1849/51, 2 Bände, der zweite in 2 Abtheilungen [2. Aufl. 1861 ohne wesentliche Veränderungen]) u. a. — Es hängt das zusammen mit einem Umschwunge in der Deutung des Buches und der Schätzung seines Werthes als prophetische Schrift, indem man, mit Verwerfung der Annahme einer poetischen Einkleidung, das Ganze und die einzelnen Visionen und Bilder als absolut inspirirte Vorherverkündigungen der Schicksale der Kirche in ihren Kämpfen mit der Welt fasste. Einen besonderen Einfluss übten darauf die politischen Zeitverhältnisse, zur Zeit der Befreiungskriege wie vorher zur Zeit des schweren Druckes, der auf Europa, namentlich auf Deutschland lastete, und auch nachher, wo die Gemüther in gespannter Erwartung auf die weitere Entwicklung der Dinge gerichtet und dabei auch darauf geführt wurden, Aufschluss darüber in den prophetischen Theilen der heiligen Schrift und insbesondere in der Apokalypse zu suchen. Dieses führte denn theilweise darauf, sich viel mit diesem Buche zu beschäftigen, aber auch zu der Neigung, den Inhalt ganz besonders auf die damaligen Zeitverhältnisse als wie in derselben vorhergesagt, zu beziehen. So entstanden denn manche Erklärungen des Buches, aber längere Zeit nur populärer Art, ohne gehörige philologische und historische Begründung und ohne bei den wissenschaftlichen Theologen besondere Beachtung zu finden. Ich nenne davon nur die Schrift von Friedr. Sander: Versuch einer Erklärung der Offenbarung Johannis. Stuttg. 1829. 8, der sich besonders an Bengel hält, in Manchem grade die damaligen Verhältnisse und Begebenheiten geschildert findet, und als das entscheidende Jahr, wo das tausendjährige Reich beginnen werde, das Jahr

1847 betrachtete, jedoch ohne sich die Unsicherheit der Berechnung zu verhehlen, und so dass er es nicht als gewisse Zeitbestimmung wollte angesehen wissen.

Erst etwas später hat sich die gleiche strengere Vorstellung über den prophetischen Charakter der Apokalypse im Allgemeinen auch bei wissenschaftlichen Theologen und protestantischen Theologen mehr geltend gemacht, und sind in diesem Sinne auch verschiedene Erklärungsversuche erschienen, die jedoch nicht grade alle einzelnen Visionen dergestalt auf einzelne Ereignisse der Welt- und Kirchengeschichte beziehen, wie manche früheren Auslegungen, die auch in der Deutung nicht unbedeutend von einander abweichen. Ich erwähne davon namentlich folgende.

1) J. Chr. A. Hofmann, Weissagung und Erfüllung. 2. Hälfte (1844). S. 300—378. Er vindicirt die Apokalypse dem Apostel und Evangelisten Johannes und dem Zeitalter des Domitian, und glaubt, von diesem Standpunkte des Sehers aus, wornach die Zerstörung Jerusalems schon geraume Zeit vorhergegangen war, lasse sich das Buch am besten erklären. Er nimmt nicht eine kontinuirliche Reihe von Weissagungen an, sondern verschiedene zum Theil neben einander herlaufende Reihen; so dass er es z. B. als falsche Voraussetzung bezeichnet, dass die durch die 7 Posaunen herbeigeführt werdenden Vorgänge sich in zeitlicher Folge an die Eröffnung der 7 Siegel anreihen sollten. Das Weib K. 12 deutet er auf die Israelitische Gemeinde, die Wüste, in welche es flieht, auf das Land Israel, aber so, dass er den Inhalt dieses Kapitels auf die letzte Zeit bezieht — die letzte halbe Jahrwoche — und darnach annimmt, dass dann das Land Israel wirklich wieder die Stätte der heiligen Geschichte sein werde. Babel versteht er von Rom, aber die 7 Könige K. 17 nicht von einzelnen Römischen Kaisern, sondern von sieben verschiedenen Gestaltungen der Weltmacht 1) Assur mit Ninive, 2) Chaldäa mit Babel, 3) Perser mit Susa, 4) Griechen, 5) Antiochus Epiphanes, dieses die fünfe, welche gefallen seien, 6) Roms Cäsar, die siebente sei damals noch nicht erschienen, was er von der Germanischen nimmt, und dabei das $\partial\lambda\iota\gamma o\nu$ $\mu\varepsilon\tilde{\iota}\nu\alpha\iota$ von einem Bleiben auf geraume Zeit deutet, das aus dem Abgrund (wieder) heraufsteigende Thier bezieht er auf Antiochus Epiphanes. Man-

ches ist nicht recht klar, wie Hofmann es sich eigentlich denkt.

2) Hengstenberg. Die Abfassung des Buches setzt auch er unter den Domitian, gegen das Ende seiner Regierung. Er unterscheidet sich in seinem Werk, nach der Vorrede einem Product schwerer Krankheit, von Hofmann im Allgemeinen dadurch, dass er die Apokalypse im Ganzen und in den einzelnen Visionen weit mehr aus der bisherigen Geschichte der Welt und der Kirche erklärt, sie dem grössten Theile nach als darin schon erfüllt betrachtet, womit denn zusammenhängt, dass er die Deutung mancher einzelnen Visionen sehr verallgemeinert, während er den Inhalt anderswo im Einzelnen sehr presst, wie es ihm für seinen Zweck dienlich ist. Er bezieht den Inhalt der Weissagungen des Buches auf die ganze Zeit, von der Gegenwart des Sehers bis zum neuen Jerusalem, und zwar neben den äusseren Schicksalen auch auf die inneren Zustände der Kirche, und dieses namentlich in dem Kampfe der Kirche mit dem Heidenthume; er nimmt in dem Buche eine Anzahl (7) je selbständiger und abgeschlossener Gruppen an, deren jede eigenthümliche Momente hervorheben und die einander ergänzen; wobei er von diesen 7 Gruppen den ersten (bis K. 11 incl.), den Erscheinungen bei der Eröffnung der 7 Siegel und bei den 7 Trompetenstimmen, nur einen allgemeineren vorbereitenden Charakter beilegt. — Das aus dem Meere aufsteigende Thier mit den 7 Häuptern versteht er von der gottesfeindlichen Weltmacht im Allgemeinen mit 7 Phasen; und zwar bezieht er die fünf als gefallen bezeichneten Häupter auf fünf frühere Weltmonarchien, 1) die Aegyptische, 2) Assyrische, 3) Chaldäische, 4) Medo-Persische, 5) Griechische. Als das zum Tode verwundete Haupt nimmt er das sechste an, nämlich die Römische Weltmacht; die scheinbar tödtliche Wunde derselben betrachtet er als ihr beigebracht durch Christi Versöhnung; das siebente Haupt und die 10 Hörner bezieht er auf die Germanen, deren Könige und Stämme in runder Zahl, deren Christianisirung K. 19 unter dem Bilde ihrer Besiegung durch Christum in der Feldschlacht dargestellt werde; das tausendjährige Reich betrachtet er schon als verlaufen, indem er es auf den Zeitraum bezieht von der Christianisirung der Germanischen Völker bis zum Ablaufe des Deutschen Reichs, als

während welchen Zeitraumes der Teufel gebunden sei, — so dass er also darunter den Zeitraum vor und nach der Reformation auf ganz gleichmässige Weise befasst, wie er denn eine Beziehung auf die Römische Kirche als feindliche Macht nicht annimmt, aber auch nicht auf das Judenthum als eine solche, und selbst nicht auf den Götzendienst, sondern als das hier geschilderte Wesen des Heidenthums nur die fleischliche Gesinnung mit dem entschiedenen Hasse gegen Gott, gegen Christum und seine Kirche ansieht; die Erscheinung eines persönlichen Antichristes nimmt er nicht an; die erste Auferstehung nimmt er nicht im eigentlichen Sinne, sondern bezieht sie auf die Seligkeit, welche für die Gläubigen gleich mit dem Ausgange aus diesem Leben beginne; das Wiederloswerden des Satans bezieht er auf unsere gegenwärtige Zeit, besonders seit 1848, als die Periode des Gog und Magog, wie denn überhaupt bei Hengstenberg der Hinblick auf die Erscheinungen der neueren Zeit in sittlich-religiöser Beziehung auf die Deutung der Apokalypse einen unverkennbaren Einfluss geübt hat.

3) Ebrard. Dieser Ausleger will nach seiner Erklärung (S. 29) — anders als alle bisherigen Erklärer des Buches — einen ersten Versuch machen, die Auslegung der Weissagung von der Frage nach ihrer Erfüllung scharf und durchgängig zu sondern. Doch macht der ganze Charakter seiner Auslegung nicht grade den Eindruck, dass er dieses Ziel überall mit rechtem Ernste vor Augen gehabt habe. So schon die Art und Weise, wie er die 7 Sendschreiben (K. 2—3) ausdeutet; er glaubt, dass in den hier geschilderten Zuständen der Asiatischen Gemeinden sich die Vorbilder der Kirche der späteren Zeit finden, und zwar in den vier ersten in konsekutiver Reihefolge von der apostolischen Zeit an bis zur Kirche des Mittelalters. Mit Hengstenberg und Hofmann hat er Manches gemein, weicht aber auch in vielen Punkten von ihnen ab, so unter andern dadurch, dass er eine bestimmte Beziehung auch auf die Römische Kirche und das Papstthum annimmt. Die sieben Häupter des Thieres deutet auch er auf sieben Monarchien, von denen die erste Assyrien sei, die sechste — dargestellt durch das zum Tode verwundete Haupt — die Römische; und diese ist das aus dem Meere aufsteigende Thier K. 13 und dasselbe ist die Hure oder Babel K. 17; die zehn Hörner sind ihm

die Germanischen und Slavischen Völker der Völkerwanderung, welche der Römischen Weltmacht die Wunde beibringen, sie dem Untergange nahe bringen, die sich aber davon wieder erholt und so sich zu dem neuen Römischen Reiche mit Rom als dem geistlichen Mittelpunkte gestaltet, welches, gemischt aus Römischen und Germanischen Elementen, noch fortexistirt, worin aber — seit dem 13. Jahrhundert — statt des Kaisers immer mehr der Papst als der reale und ideale Träger der Macht erscheint. Auf das Papstthum selbst, den Römischen Stuhl als geistliche Macht, deutet er das aus der Erde steigende Thier (den Pseudo-Propheten). — Das siebente Haupt bezieht er darauf, dass jene zehn Königreiche, die zuerst bei der Völkerwanderung auftreten, dereinst als selbständige Macht an Stelle der Römischen auftreten werden, in der letzten Zeit, der des Antichrists, jedoch nur auf kurze Zeit, worauf das 3½jährige Reich des persönlichen Antichristes und Babels fürchterlicher Untergang und Christi sichtbare Wiederkunft erfolgen wird (K. 17 sq.). Die 42 Monate oder 1260 Tage (K. 11, 2.3. 12, 6. 13, 5) fasst er als eine mystische Bezeichnung für den ganzen Zeitraum von der Zerstörung Jerusalems durch den Titus bis zur Bekehrung und Wiederherstellung des Jüdischen Volkes oder bis zum Untergange der Römischen Macht in ihrer zweiten Phase, nach dem Wiederheilen der tödtlich scheinenden Wunde — bis zum Auftreten des Antichrists, während welcher Zeit auch das leibliche Israel, trotz seines jetzigen Unglaubens, wunderbar erhalten werde; die beiden Zeugen K. 11 versteht er vom Gesetze und Evangelium. — Die 3½ Tage K. 11, 9. 11 berechnet er, wie die 3½ Zeiten K. 12, 14, auf 3½ Jahre.

4) Carl August Auberlen: der Prophet Daniel und die Offenbarung Johannis, in ihrem gegenseitigen Verhältniss betrachtet und in ihren Hauptstellen erläutert. Basel 1854. 2. Aufl. 1857. Auberlen hat es hauptsächlich mit dem Buche Daniel zu thun, geht von diesem aus und deutet auf dessen Grundlage die Apokalypse (von K. 12 an), wie das aber auch mit den vorher betrachteten Auslegern der Fall ist. [2. Aufl. S. 266 sq.] — Das aus dem Meere aufsteigende Thier versteht auch er von der Weltmacht im Ganzen und bezieht die 7 Häupter des Thieres auch auf 7 Universalmonarchien, von denen die 5 ge-

fallenen nach ihm, wie bei Hengstenberg, sind: die Aegyptische, die Assyrische, Babel, Medo-Persien, Griechenland, die sechste das Römische Reich, die siebente das Germanisch-Slavische Reich, als das noch jetzt fortdauernde. Eigenthümlich ist ihm besonders die Deutung des Weibes K. 17, 3 sq., welches er für dasselbe hält mit dem gebährenden Weibe K. 12; dieses letztere versteht er von der Gottesgemeinde in ihrer alttestamentlichen und in ihrer neutestamentlichen Gestalt, und die Wüste, wohin sie vor dem Drachen flieht (12, 14), bezieht er auf die Hinwegnahme des Reiches Gottes von den Juden und Versetzung unter die Heiden und zwar nach Rom, für die Zeit von der Zerstörung Jerusalems bis zur Wiederkunft Christi; für dasselbe Weib aber hält er die grosse Hure K. 17, welche auf dem Thiere sitzt, indem er es so fasst, dass die Gemeinde Gottes in der Welt zur Hure geworden sei durch Abfall, und zwar die ganze Christenheit allenthalben in der Welt, wenn gleich die Katholische Kirche (die Römische und Griechische) noch in einem viel tieferen Sinne wie die Evangelische, doch nicht jene oder überhaupt irgend eine einzelne Kirche oder kirchliche Parthei allein; bei den 7 Bergen 17, 9, meint er, finde höchstens nur eine beiläufige Anspielung auf Rom statt, die nicht zum eigentlichen Sinne der Stelle gemacht werden dürfe; durch die Berge würden vielmehr grosse Könige, die grossen Weltmächte bezeichnet; dass das Thier wie geschlachtet zum Tode heisse (13, 3), führe auf eine Aehnlichceit mit Christo (5, 6) und bedeute eine äusserliche Christianisirung desselben, die Todeswunde sei am siebenten Haupte zu denken, am siebenten Reiche, welches ein Christliches Weltreich geworden sei, wie das Weib, die Hure, sich von dem Thiere tragen lasse; dem Gegensatze zwischen Welt und Kirche werde die Spitze abgebrochen, beide machen sich gegenseitig Concessionen; verweltlichtes Christenthum und verchristlichte Welt sei der Grundtypus der christlichen Jahrhunderte, bis die Wunde des Thieres geheilt werde, dasselbe wieder auflebe und wieder zurückkehre und zwar aus dem Abgrunde, was bedeutet, dass die Christlich-Germanische Welt wieder vom Christenthum abfalle (modernes Heidenthum); diese Heilung der Wunde des Thieres habe in unserer Zeit bereits begonnen — in den bestialischen Ausbrüchen der französischen Revolution u. a.; der achte (17, 11) sei das Reich des Antichristes, welches das ganze Thierwesen in sich zur vollendeten Erscheinung bringen werde; das tausendjährige Reich nimmt Auberlen, wie die erste Auferstehung, in eigentlichem chiliastischem Sinne, als noch ganz zukünftig; doch lässt er es dahin gestellt, ob jene Zahl mit chronologischer Genauigkeit die Dauer des Reiches bezeichnen solle; zunächst sei sie in ihrer symbolischen Bedeutung zu fassen, zehn als die Zahl der Weltvollständigkeit potenzirt mit der Gotteszahl drei = dass die Welt jetzt wirklich vom Göttlichen durchdrungen sei.

Ich übergehe hier die Auslegungen der neueren Katholischen Theologen, so wie der ausserdeutschen Protestantischen; über zwei der letzteren, den Engländer Elliot (Horae apocalypticae etc. 4. Aufl. Lond. 1851. 4 Bde.) und den Genfer Gaussen (Daniel le prophète edit. 1850, in mehreren Bänden), siehe Auberlen S. 381. sq. Beide erklären anti-Römisch (besonders Elliot) und nehmen weit mehrere und bestimmtere Beziehungen auf Chronologie und geschichtliche Verhältnisse der Kirche bis auf unsere Zeit an, als auch die zuletzt genannten Deutschen Ausleger.

[Anmerkung des Herausgebers: Nach Bleek's Tode erschien als würdiger Abschluss des Meyer'schen Commentars zum neuen Testamente von Dr. Fr. Düsterdieck, kritisch-exegetisches Handbuch über die Offenbarung Johannis (des Meyer'schen Commentars 16. Abtheilung). Düsterdieck kehrt auf den von Bleek, de Wette und Lücke angebahnten Weg zurück, indem er auf der einen Seite die von Eichhorn hauptsächlich ausgebildete Auffassung der Apokalypse als einer poetischen Schilderung des Sieges des Christenthums über Judenthum und Heidenthum verwirft, auf der andern Seite den Auslegern entgegentritt, welche in der Apokalypse die speciellsten Vorhersagungen über die Zeit von der Gegenwart des Johannes bis zur endlichen Parusie des Herrn finden, mögen sie die Apokalypse als ein prophetisches Compendium der Kirchengeschichte (wie Bengel) ansehen, oder (wie Hofmann, Ebrard, Hengstenberg, Auberlen) „die grossen Epochen und die leitenden Potenzen der Entwicklung des Reiches Gottes in seinem Verhältniss zum Weltreich dargestellt finden." Wie Bleek, findet er den Zweck der Apokalypse darin, die bedrängte Christenheit zu trösten durch die Belehrung über die Parusie des Herren, wobei dem Verfasser die gegenwärtige Gestalt des Römischen Weltreiches als die letzte durch den bald kommenden Herren zu überwindende Erscheinung der Art erscheine. Düsterdieck stellt dem „rationalistischen Inspirationsbegriff" Eichhorn's gleicherweise wie dem „magischen" Hengstenberg's etc. entgegen den „ethischen" Inspirationsbegriff, wonach die prophetische Vision, welche sich durch göttliche Inspiration im Geist des Propheten gestaltet, durch die ganze Subjectivität des Menschen bedingt ist (S. 45), was ziemlich dieselbe Anschauung ist, die Bleek also ausdrückt (S. Abschnitt III.): „dass die Visionen und Weissagungen nicht ein durchaus reines Erzeugniss des göttlichen Geistes sind, sondern dass auf ihre Gestaltung die menschliche Schwachheit die weltliche oder persönliche Individualität mehr oder weniger eingewirkt hat." Während es aber Bleek nicht zweifellos ist, ob nicht die Form der Darstellung in Visionen blosse Einkleidung sei (siehe Abschnitt III, 4), hält Düsterdieck fest, dass sich die Visionen dem Verfasser so dargestellt haben, wie er sie wirklich beschreibt, nur „dass die geschauten Gegenstände sich sittlicher Weise nach Maassgabe der menschlichen Subjectivität des Propheten gestaltet haben." Aber auch Düsterdieck bestreitet entschieden, wie de Wette, Ewald, Lücke, Bleek, die Abfassung der Apokalypse durch den Apostel Johannes, und spricht gleich ihnen als wahrscheinliche Vermuthung aus, dass der Apokalyptiker mit dem Presbyter Johannes identisch sei, der dies Buch kurz vor der Zerstörung Jerusalems geschrieben habe.]

III. Allgemeine Untersuchungen über die Apokalypse.

In ihnen werden wir der Reihe nach handeln: 1. Ueber ihren Hauptsinn und Zweck. 2. Ueber ihre Einheit und Abfassungszeit. 3. Ueber ihren Verfasser. 4. Ueber ihre schriftstellerische Einkleidung, namentlich über die hier vorgeführten Visionen im Allgemeinen. 5. Ueber die Kanonicität des Buches.

1. Ueber den Hauptsinn und Zweck des Buches.

Wir haben gesehen, wie mannigfaltig die Erklärungen des Buches selbst in Beziehung auf Hauptpunkte sind, bis auf die neueste Zeit, und zwar nicht bloss nach den verschiedenen theologischen Richtungen der Ausleger, sondern auch unter denjenigen, die im Allgemeinen derselben Richtung angehören, namentlich der strengeren. Doch werden diese letzteren darin übereinstimmen, dass sie voraussetzen, dass das Buch wahrhafte Enthüllungen der Zukunft enthalte, solche, welche in der Geschichte der Kirche ihre wirkliche Erfüllung gefunden haben oder noch finden werden. Doch dürfen wir von dieser Voraussetzung nicht ohne weiteres ausgehn, schon nach dem Charakter der Prophetie im Allgemeinen [worüber Bleek, alttest. Einl. S. 409—447], und hier zumal, da für uns wenigstens das Urtheil über den Ursprung des Buchs noch nicht feststeht; wir müssen daher von vorne herein die Möglichkeit setzen, dass die in dem Buche niedergelegte Weissagung oder manches darin Vorhergesagte sich nicht erfüllt hat und in der Weise, wie es angekündigt ist, auch wohl nicht erfüllen wird. Wir müssen daher redlich bemüht sein, was auch Ebrard mit Recht als Forderung für die Auslegung aufstellt, für die Ermittelung des Sinnes der Apokalypse im Ganzen uud im Einzelnen der Rücksicht auf die spätere Geschichte der Kirche keinen Einfluss zu gestatten, und dürfen erst, wenn wir den Sinn aus dem Buche selbst so weit wie möglich ermittelt haben, unser Augenmerk darauf richten, ob und wie weit sich dasselbe schon im bisherigen Verlaufe der Kirche bewährt habe und wiefern wir darnach berechtigt sind, die weitere Bewährung und Erfüllung von der Zukunft zu erwarten. — Ein Anderes, was ich hier vorläufig berühren will, ist dieses. Der Schlüssel zum Verständnisse der Apokalypse wird vielfach in den Weissagungen des A. T. gesucht, besonders des Daniel. Dieses scheint auch nahe zu liegen, da so manche prophetische Schilderungen der Apokalypse unverkennbar an alttestamentliche Schilderungen, besonders wie Ezechiel und Daniel erinnern. Allein theils ist die Erklärung namentlich der Daniel'schen Visionen selbst vielfach noch so streitig; dann kommt es aber für deren Benutzung zur Erklärung der Apokalypse auch nicht bloss auf den eigentlichen ursprünglichen Sinn z. B. der Daniel'schen Visionen an, sondern auch und noch mehr auf die Art und Weise, wie dieselben zur Zeit der Abfassung der Apokalypse bei den Juden und in der Christlichen Kirche aufgefasst wurden; und als möglich ist wenigstens zu setzen, dass auch wo die Apokalypse gewisse Bilder und Schilderungen aus dem A. T., z. B. aus dem Daniel entlehnt hat, dieselben in ihr eine andere Beziehung und einen etwas anderen Sinn haben als in der alttestamentlichen Schrift. — Von Wichtigkeit aber für das rechte Verständniss der Apokalypse ist es, überall die bei den späteren Juden und in der ersten Christlichen Kirche herrschenden religiösen Vorstellungen und prophetischen Erwartungen, wie wir sie in anderen Schriften aus der ersten Zeit der Christlichen Kirche, namentlich dem N. T., und auch aus solchen der spätern Jüdischen Litteratur kennen lernen, zu vergleichen, da nicht zu bezweifeln ist, dass dem Schriftsteller diese Vorstellungen bekannt waren und er sie mannigfaltig berücksichtigt hat.

Gehen wir nun jetzt zu der Untersuchung selbst über den eigentlichen Hauptsinn und Zweck der Apokalypse, so wird uns nach der früher gegebenen Uebersicht des Inhalts des Buches darüber kein Zweifel sein, dass dasselbe eine prophetische Hinweisung auf die Zukunft der Kirche des Herrn ist bis zu ihrer Vollendung. Was im Allgemeinen die Oekonomie des Buches betrifft, so geben zuvörderst K. 1—5 sich leicht als Einleitung zu den im Folgenden ertheilten prophetischen Aufschlüssen über die Zukunft zu erkennen; es wird darin der Seher bezeichnet, dem die Offenbarung zu Theil geworden, die Gemeinden, denen er sie zunächst mittheilen solle, die Entrückung des Sehers in den Himmel vor den göttlichen Thron, das mit sieben Siegeln verschlossene Buch, welches die Zukunft in sich enthält, so wie derjenige, der allein fähig und würdig ist, dieses Buch zu öffnen und seine Siegel zu lösen. Im Folgenden werden nun nacheinander die sieben Siegel gelöst und geschildert, was dabei zum Vorschein gekommen sei; welche Schilderung in einer Reihe ununterbrochen bis K. 11 hin fortgeht. Die sieben Siegel theilen sich in 4 + 3 oder 4 + 2 + 1, die Eröffnung der vier ersten wird nur ganz kurz geschildert 6, 1—8; ausführlicher die der beiden folgenden ib. V. 9—17. Die Eröffnung des siebenten Siegels wird zuerst etwas verschoben durch die vorhergehende Bezeichnung der Knechte Christi mit dem göttlichen Siegel K. 7; auch nach der Eröffnung desselben entsteht erst eine Stille, wie um die Aufmerksamkeit noch mehr auf den gewaltigen Inhalt zu spannen, der aber auch dann nicht mit einem Mal hervortritt, sondern in allmäliger Entwickelung, welche sich an das Posaunen von sieben Engeln anknüpft. Bei diesem siebenmaligen Posaunen findet wieder ähnlich wie bei der Eröffnung der sieben Siegel eine Vertheilung in 4 + 3 oder 4 + 2 + 1 statt. Was bei den vier ersten Posaunenstimmen hervortritt, wird abermals ganz kurz und symmetrisch angegeben (K. 8, 7—12); das bei den drei letzten zu Erwartende wird dann ib. V. 13 als ein dreifaches Wehe für die Erde bezeichnet; die beiden ersten Wehe, welche bei der fünften und sechsten Posaunenstimme zum Vorschein kommen, werden dann etwas ausführlicher geschildert, das erstere K. 9, 1—12; noch ausführlicher und in mehreren Absätzen das zweite von K. 9, 13 an bis 11, 14. Dabei wird dann auch schon wieder darauf hingewiesen, dass das dritte (also letzte) Wehe schnell kommen und mit dem Posaunen des siebenten Engels das Mysterium Gottes sich erfüllen werde (10, 6 sq., 11, 14); doch findet sich zugleich 10, 11 eine Andeutung, dass der Seher noch weiter die Aufgabe habe, über viele Völker und Könige zu weissagen. Es wird dann 11, 15 sq. erzählt, dass der siebente Engel seine Posaune habe erschallen lassen. Nach dem Vorhergehenden erwartet man jetzt eigentlich, dass unmittelbar die Schilderung des dritten und letzten Wehes erfolgen werde, und auch was über den Eindruck dieser Posaunenstimme im Himmel V. 15—19 gemeldet wird, stimmt dazu. Doch werden wir davon durch die folgenden Visionen von K. 12 an abgeführt, die mit dem Vorhergehenden dem Inhalte und der Einkleidung nach offenbar nicht in einem so engen Verhältniss stehen, wie die vorhergehenden Kapitel unter einander. Dagegen hängt das Folgende wieder bis zum Schlusse ganz genau in sich zusammen, indem die einzelnen Visionen sich eng an einander anschliessen und den Kampf der Kirche des Herrn mit den Mächten der Welt und der Finsterniss schildern bis zu ihrem völligen Siege. Der letzte Kampf, welchen der Satan erhebt und der mit seiner völligen Besiegung für immer endigt, wird K. 20, 7—10 geschildert; und daran schliesst sich die Schilderung der allgemeinen Auferstehung, des jüngsten Gerichtes und der ewigen Herrlichkeit der Gläubigen und Frommen, so wie der ihnen nach Erneuerung des Himmels und der Erde bereiteten Stätte. Diese Schilderungen haben hier unverkennbar einen sehr poetischen Charakter, und klar ist, dass sie nicht buchstäblich, sondern meistens bildlich symbolisch gemeint sein können; doch kann darüber allerdings Zweifel stattfinden, bis zu welchem Grade dies der Fall sei, und so sind denn diese Schilderungen, namentlich der ewigen Herrlichkeit, nach der eigenthümlichen Richtung der Zeiten und der Ausleger bald ganz geistig aufgefasst, bald auch mehr sinnlich und materiell. Weit mehr Streit aber ist von jeher in der Kirche über den Sinn der vorhergehenden Visionen gewesen, womit denn zusammenhängt, wann nach dem Sinne unseres Buches jene ewige Vollendung des Reiches Gottes eintreten und welcherlei Katastrophen ihr vorhergehen werden.

Hier betrachten wir nun zunächst den unmittelbar vorhergehenden Abschnitt K. 20, 1-6. Der Seher sieht dort, dass der Teufel auf 1000 Jahre gebunden und in den Abgrund geworfen und so seines verderblichen Einflusses auf das Reich Gottes und dessen Glieder beraubt wird. Ferner, dass die Seelen der Gläubigen, die im Bekenntnisse des Herrn den Tod erlitten und überhaupt sich nicht dem Bösen ergeben haben, wieder aufleben, um mit Christo, dessen siegreiche Erscheinung schon 19, 11-21 geschildert war, während 1000 Jahre zu herrschen, als Priester Gottes und Christi und als Solche, die nicht mehr sterben werden. Hier frägt es sich a) ob die 1000 Jahre als eigentliche Jahre nach der gewöhnlichen menschlichen Berechnungsweise gemeint sind, oder blos als eine symbolische Zählungsweise und in welchem Sinne; und b) von wo an dieser Zeitraum beginnt. In letzterer Beziehung haben wir gesehen, dass viele Ausleger, im Gegensatze gegen den Chiliasmus, der Meinung gewesen sind, es sei unter dem hier geschilderten 1000jährigen Reiche Christi eben kein anderes zu verstehen, als dasjenige, welches Er bei seiner Fleischwerdung auf Erden gegründet habe, welches also schon damals als die Apokalypse verfasst war, begonnen hatte. Es ist das die in der Katholischen Kirche seit dem vierten Jahrhundert herrschende Annahme, die sich auch schon bei Victorinus von Petabio findet; eben so auch die meisten protestantischen Ausleger, so wie Bossuet u. a. Andere datiren zwar den Anfang des tausendjährigen Reiches von einem späteren Zeitpunkte an, sehen es aber doch so an, dass es jetzt nicht blos längst angefangen habe, sondern auch schon abgelaufen sei. So Grotius (und die ihm folgen), der die 1000 Jahre rechnet von Constantin d. Gr. an bis in den Anfang des 14. Jahrhunderts, und neuerdings Hengstenberg, der sie auf den Zeitraum bezieht von der Christianisirung der Germanischen Völker bis zum Ablaufe des Deutschen Kaiserreiches. Allein hier ist zuvörderst die erstere Annahme, dass die 1000 Jahre mit der Fleischwerdung Christi beginnen, unverkennbar gegen den Sinn unseres Buches. Deutlich wird hier eine Zeit des ungestörten Friedens des Reiches Gottes geschildert im Gegensatze gegen die vorhergegangene der Trübsal und des Kampfes, eine Zeit, wo der Teufel und dessen Werkzeuge gar keinen störenden Einfluss und keine Macht auf dasselbe würden haben können, weder im Allgemeinen, noch auf die einzelnen Mitglieder. Auf solche Weise aber konnte nicht wohl die damalige Zeit, wo das Buch geschrieben ist, wie früh oder spät man auch dessen Abfassung setzen mag, bezeichnet werden, im Gegensatze gegen irgend eine frühere Zeit. Darüber kann kein Zweifel sein, dass dieses tausendjährige Reich von einer Zeit gemeint ist, welche zur Zeit der Abfassung des Buches noch nicht begonnen hatte, und zwar von der Zeit, wo der Herr wiederkehren werde, um die Seinigen mit sich in seinem Reiche zu vereinigen. So finden wir diese Hoffnung im Allgemeinen fast in der ganzen christlichen Kirche der ersten Zeit, die Hoffnung, dass der Herr und zwar bald wiederkehren werde, nicht mehr in der niedrigen Knechtsgestalt, welche er bei seiner ersten Erscheinung auf Erden angenommen hatte, sondern in der ganzen Herrlichkeit und Majestät, welche ihm eigen ist, und dass er dann die Seinigen mit sich zu einem Reiche des Friedens und der ungetrübten Seligkeit vereinigen und sie an seiner Herrlichkeit und Macht werde theilnehmen lassen. Es ist in dem Wesen der geschichtlichen Erscheinung Christi bei seiner Fleischwerdung gegründet, dass in seiner Gemeinde die Prophetie sich mit neuer Kraft regte, und zwar hinweisend auf die Vollendung des Reiches Gottes und den vollständigen Sieg desselben über die Welt. Darauf hatte auch schon die alttestamentliche Prophetie hingewiesen. Da aber das hiernach erwartete messianische Heil bei der ersten Erscheinung Christi auf Erden durch seine und seiner Jünger Thätigkeit noch nicht vollständig realisirt war, so richtete sich die christliche Prophetie sehr bald ganz besonders auf eine zweite Zukunft des Menschensohnes, seine glorreiche Wiederkunft. Es findet sich dieses schon in Reden Christi selbst, wie dieselben von den Jüngern aufgefasst und mitgetheilt sind, besonders in den drei ersten Evangelien, vornehmlich Matth. K. 24. 25, und nicht minder findet sich dieselbe Hoffnung in den meisten neutestamentlichen Schriften, wenn auch nicht immer ausdrücklich ausgesprochen, so doch deutlich zu Grunde liegend.

Auch die Auferweckung der entschlafenen Gläubigen zur Theilnahme an diesem mit der Wiederkunft des Herrn beginnenden Reiche ist der Apokalypse nicht eigenthümlich. Schon Dan. 12, 2 findet sich die Verheissung, dass zur Zeit der Erlösung des Volkes (des messianischen Heiles) eine Auferstehung der Todten sein werde, der Frommen zum ewigen Leben, der Gottlosen zur ewigen Schmach und Verstossung. In der späteren Jüdischen Theologie ward dieses weiter entwickelt zu der

Vorstellung einer zwiefachen Auferstehung a) der Frommen, der treuen Glieder des Volkes Gottes bei der Erscheinung des Messias, wo dieselben von ihm würden aufwerweckt werden, um an seinem Reich mit Theil zu nehmen; b) einer späteren allgemeinen, am jüngsten Tage zum allgemeinen Gerichte. Eine solche Unterscheidung einer zwiefachen der Zeit nach aus einander liegenden Auferstehung der Todten finden wir nun zwar in Reden Christi nicht bestimmt ausgesprochen. Doch scheinen schon die Gläubigen der ersten Zeit sich zum Theil jener Darstellung angeschlossen zu haben, so nämlich, dass sie die erste Auferstehung, die der Gläubigen, in die Zeit der glorreichen Wiederkunft des Herrn setzten. So finden wir es namentlich beim Apostel Paulus 1. Thess. 4, 14 sq. und 1. Cor. 15, bes. V. 22 sq., 51 sq. Von der zweiten Auferstehung, der allgemeinen, spricht Paulus zwar nicht ausdrücklich, da er nach dem Zwecke, den er dort verfolgt, dazu keine besondere Veranlassung hatte. Doch wird dieselbe 1. Cor. l. c. unverkennbar vorausgesetzt. Auf bestimmtere Weise aber findet sich die Vorstellung hier in der Apokalypse, wornach die treuen Gläubigen zur Theilnahme an dem 1000jährigen Reiche aufleben, was ausdrücklich als die erste Auferstehung bezeichnet wird, während das allgemeine Gericht über die sämmtlichen Todten erst nach Ablauf dieser 1000 Jahre gesetzt wird. Und darnach finden wir denn auf gleiche Weise und noch bestimmter eine doppelte Auferstehung, die der Gläubigen bei der Wiederkunft des Herrn und die zweite allgemeine zum jüngsten Gerichte, von verschiedenen Kirchenlehrern der ersten Jahrhunderte unterschieden, wie namentlich von Tertullian, Methodius, Laktanz u. a. Doch war allerdings schon in der Mitte des 2. Jahrhunderts diese Vorstellung nicht ganz allgemein, wie wir am bestimmtesten aus Justin dem Märtyrer Dial. c. Tryph. 80 ersehen, wo er zwar diejenigen nicht als Christen gelten lassen will, welche überhaupt die Auferstehung leugneten und annahmen, dass sogleich nach dem Tode die Seelen in den Himmel aufgenommen würden, aber bemerkt, dass manche fromme und gläubige Christen ein 1000jähriges Reich vor der allgemeinen Auferstehung leugneten, denen er jedoch auch nicht beistimmt.

Was aber die 1000 Jahre betrifft, so finden wir die Vorstellungen über die Dauer des messianischen Reiches bei den späteren Juden verschiedenartig. Am meisten scheint bei ihnen zur Zeit Christi die Vorstellung herrschend gewesen zu sein, dass dieses von ewiger Dauer sein werde, vergl. Joh. 12, 34, und Eisenmenger, Entd. Judenth. (Königsberg 1711. 4.) II. S. 813 sq.; diese Vorstellung konnte sich auch auf ausdrückliche Aussprüche der heiligen Schrift stützen. Doch herrschen daneben auch andere Vorstellungen, welche den Messias der Sterblichkeit unterworfen sein liessen und so auch seiner Herrschaft bei allem Glanze nur eine endliche Dauer beilegten; wie wir in späterer Zeit dergleichen ausdrücklich finden, unter andern die einer Dauer von 40 Jahren, von 70 Jahren, von 400 Jahren, (so auch schon 4. Esr. 7, 28), von mehreren tausend Jahren, und auch bestimmt von 1000 Jahren (siehe Eisenmenger l. c. S. 809 sq). Die letztere Dauer soll nach der Angabe mehrerer spätern Jüd. Schriften (siehe Eisenmenger, Wetstein ad Apoc. 20, 2) ein Rabbi Elieser, Sohn Rabbi Jose's des Galiläers, angegeben haben, wofür er sich stützt auf Jes. 63, 4: „ein Tag der Rache war von mir beschlossen" (יוֹם נָקָם בְּלִבִּי), indem er diese Stelle kombinirt mit Ps. 90, 3: „1000 Jahre sind in deinen Augen wie der gestrige Tag," welche letztere Stelle in Beziehung auf die Zukunft des Herrn auch 2. Petr. 3, 8 angewandt ist. Es lässt sich nun zwar nicht bestimmt behaupten, ist aber nicht unwahrscheinlich, dass die Vorstellung in dieser Gestalt auch schon im apostolischen Zeitalter bei den Juden nicht unbekannt war und von daher in der christlichen Kirche auf die Dauer des mit der Wiederkunft des Herrn beginnenden Reiches übertragen ist. Doch ist auch möglich, dass sie sich in dieser Gestalt zuerst in der Christlichen Kirche selbst gebildet hat. Es konnte darauf auch die Kombinirung jener Psalmstelle mit der Erzählung von der Schöpfung der Welt von Einfluss sein, indem man diese als einen Typus auf die Schicksale der Welt betrachtete und daher folgerte, dass, wie Gott die Welt in 6 Tagen erschaffen und darnach den siebenten Tag geruht habe, so die Welt in 6 Tagen d. i. 6000 Jahren zur Vollendung werde gebracht werden, der siebente Tag aber, d. i. das siebente Jahrtausend die Zeit der ungestörten Ruhe und messianischen Glückseligkeit sein werde. So heisst es ausdrücklich Ep. Barnab. c. 15, dass Gott die Welt in 6 Tagen vollendet habe, bedeute, dass er in 6000

Jahren Alles zur Vollendung bringen werde, da bei ihm nach Ps. 1. c. Ein Tag tausend Jahre sei; und dass er am 7ten Tage geruhet habe, bedeute, dass der Sohn Gottes bei seiner Erscheinung nach Aufhebung der bisherigen Weltordnung am 7ten Tage einen herrlichen Ruhetag halten werde (καλῶς καταπαύσεται); an diesem seinem Sabbathe werde Gott Alles zur Ruhe bringen und dann den Anfang des 8ten Tages, d. h. den Anfang einer neuen Welt machen." Offenbar findet sich hier im Wesentlichen dieselbe Vorstellung wie in der Apokalypse, dass das Reich des Messias nach der Wiederkunft des Herrn 1000 Jahre dauern und daran sich die Erneuerung der Welt anschliessen werde. Wann dieser Brief geschrieben sei, lässt sich nicht mit Sicherheit bestimmen, jedenfalls aber wohl später als die Apokalypse. Doch ist das Verhältniss beider Schriften in diesem Punkte nicht der Art, dass wahrscheinlich wäre, der Verfasser jenes Briefes habe die ganze Darstellung aus der Apokalypse entnommen. Auch die kurze Art selbst, wie dieselbe in der Apokalypse ausgesprochen ist, macht an sich wahrscheinlich, dass sie hier nicht als eine neue ausgesprochen ist, sondern als eine solche, die der Verfasser schon vorfand und bei den Lesern als nicht ganz unbekannt voraussetzen konnte, sei es nun, wie gesagt, dass sie sich eben in dieser Gestalt in der christlichen Kirche selbst erst gebildet hatte, oder auch von ihr schon in der jüdischen Kirche vorgefunden war. Was aber die reale Bedeutung der 1000 Jahre betrifft, so ist freilich schon nach der ganzen wahrscheinlichen Bildung dieser Vorstellung durchaus unwahrscheinlich, dass hier unter den Jahren irgend ein anderer bestimmter — sei es kürzerer oder längerer — Zeitraum gemeint sein, als welcher nach dem herrschenden Sprachgebrauche dadurch bezeichnet wird. Doch ist auf der anderen Seite nicht gerade wahrscheinlich, dass nach dem Sinne unsres Buches diese Zahl überhaupt sollte strenge zu urgiren sein, als ein gemessener Zeitraum von gerade 1000 Sonnen- oder Mondjahren; sondern zumal wenn die Vorstellung schon gebildet war, lässt sich mit Wahrscheinlichkeit annehmen, wenigstens also wohl denken, dass die Zahl hier nur als ein gegebener Ausdruck im allgemeineren Sinne beibehalten ist, um eine sehr lange Zeit der Dauer der mit der

Wiederkunft des Herrn anhebenden ungetrübten Ruhe und Glückseligkeit der Gläubigen zu bezeichnen.

Wir fragen weiter: was lehrt unser Buch über die Zeit, zu der die glorreiche Erscheinung des Herrn stattfinden und das 1000jährige Reich anheben wird, sowie über die Verhältnisse, unter denen dieses geschehen wird und die dieser Katastrophe vorhergehen werden, und wie verhält die Apokalypse sich in der Beziehung zu den anderen Schriften des Neuen Testaments? Der Herr hatte es ausdrücklich ausgesprochen Matth. 24, 26. Marc. 13, 32, und nach Act. 1, 7 sogar nach seiner Auferstehung darauf hingewiesen, dass Zeit und Umstände zu wissen, nämlich in Bezug auf die Erscheinung des Reiches Gottes in seiner Vollendung, der Vater sich allein vorbehalten habe; und Matth. 24, 14. Marc. 13, 10 wird von ihm die Verkündigung des Evangeliums auf der ganzen Welt als Etwas bezeichnet, was vorhergehen müsse. Auf der andern Seite aber hatte er die Jünger ermahnt, dass sie alle Zeit bereit sein sollten, ihn würdiglich zu empfangen. Darauf haben denn auch die Apostel vor Allem ihr Augenmerk gerichtet und das der anderen Gläubigen zu richten gesucht, dass nämlich der Hinblick auf die Zukunft des Herrn ihnen allen nur dienen möchte zu einem stets lebendigen Sporn, alle ihre Kräfte dem Herrn und der Förderung Seines Reiches zu widmen, um von Ihm als treue Verwalter der ihnen von Ihm anvertrauten Gaben erfunden zu werden; doch lässt sich nicht verkennen, dass sie im Allgemeinen die Hoffnung gehegt haben, die glorreiche Erscheinung des Herrn stehe nahe bevor, so dass sie selbst oder manche ihrer Zeitgenossen dieselbe noch wohl erleben würden. Es gibt sich das schon in der Art und Weise zu erkennen, wie in den synoptischen Evangelien verschiedene auf die Zukunft bezügliche Reden des Herrn wiedergegeben und in Zusammenhang mit einander gebracht sind. Beim Apostel Paulus lässt sich nicht verkennen, besonders in mehreren seiner frühesten Briefe, dass seinem Gemüthe sich dieser Zeitpunkt als ziemlich nahe hinstellte, so dass er wohl hoffte die Zukunft des Herrn noch erleben zu können; vergl. 1. Thess. 4, 15-17. 1. Cor. 15, 51. 52; doch scheint diese Erwartung ihm später mehr zurückgetreten zu sein. Eben so wird Jacob. 5, 7-11 die Zukunft des Herrn, ή παρουσία τοῦ κυρίου, als nahe bezeichnet; so auch im Briefe an die Hebräer, s. besonders 10, 37. . Dieselbe Hoffnung gibt sich nun auch in unserem Buche schon im ersten Theile desselben zu erkennen. Denn wenn der Herr 3, 11 dem ἄγγελος der Gemeinde von Laodikea sagt: ἔρχομαι ταχύ, so kann nach dem neutestamentlichen Sprachgebrauch überhaupt wie nach dem unseres Buches insbesondere kein Zweifel sein, dass dieses von der glorreichen Wiederkunft des Herrn gemeint ist; s. auch 1, 7; und ebenso, wenn es gleich am Anfange 1, 3 heisst: ὁ καιρὸς ἐγγύς, so kann auch kein Zweifel sein, dass sich das auf die Nähe der Zeit bezieht, worauf die Hoffnung der Gläubigen gerichtet war, wo mit der Wiederkunft des Herrn die vollständige Inauguration des Reiches Gottes beginnen werde; vergl. Luc. 21, 8. Marc. 13, 33; cf. auch noch Apokal. 10, 6 sq: ὅτι χρόνος οὐκέτι ἔσται κ. λ.

Es scheint indessen, dass unser Buch diese Katastrophe nicht bloss im Allgemeinen als nahe bezeichnet, sondern auch den Zeitpunkt des Eintrittes derselben noch auf bestimmtere Weise anzudeuten gesucht hat. Auf welche Weise indessen das der Fall sei, ist sehr streitig und hängt von der Auffassung der der Ankündigung des 1000jährigen Reiches vorhergehenden Visionen ab. Im Allgemeinen gibt sich hier — zunächst in den eng zusammenhängenden Visionen Kap. 12—19 — als der Sinn leicht der zu erkennen, dass vor dem Eintritte dieses Reiches die Widersacher Christi und seines Reiches, der Teufel und seine Genossen, durch den Christ besiegt und für die Dauer jenes Reiches ohnmächtig gemacht und aller Macht, dessen Frieden und Seligkeit zu stören, werden beraubt werden, nachdem sie zuvor gegen dasselbe die heftigsten Anstrengungen gemacht. Es liegt dabei die allgemeine Idee zum Grunde, welche sich durch die ganze Geschichte bewährt, dass überhaupt jeder bedeutenderen Entwicklung des Guten und des Reiches Christi, des Reiches der Wahrheit, des Lichtes und des Friedens, eine äusserste Anstrengung des entgegengesetzten Geistes des Bösen, der Lüge und der Finsterniss, vorhergehe, und so denn auch um so mehr der Vollendung des Reiches Christi vorhergehen werde. So finden wir schon in den Propheten des Alten Testaments, dass die Verkündigung des messianischen Heils meistens an den trübseligsten Zustand des Volkes Gottes und die heftigsten Bedrückungen desselben durch seine Feinde anknüpfet. Ebenso machen die in den synoptischen Evangelien mitgetheilten Reden des Erlösers über seine Zukunft bemerklich, dass dieselbe nicht erfolgen werde, wenn nicht vorher das grösste Maass der Leiden aller Art für das Volk Gottes werde erfüllt sein. — Es fragt sich aber, auf welche Weise individualisirt, in welcher besondern Gestalt ausgesprochen diese allgemeine Idee sich hier in der Apokalypse findet; und dabei kommt es zunächst besonders auf die Betrachtung der Mächte an, welche hier als die Widersacher und Bekämpfer des Messias und des Reiches Gottes aufgeführt werden. Es sind dieselben von Kap. 12 an als verschiedene Thiere bezeichnet, die sich dem Auge des Sehers darstellen, so dass es sich also fragt, an wen wir bei diesen Thieren zu denken haben.

Zuerst erscheint Kap. 12 ein grosser feuerfarbener Drache mit sieben Häuptern und sieben Diademen auf denselben so wie mit zehn Hörnern. Dessen Deutung ist nicht zweifelhaft, da er schon ib. V. 9 ausdrücklich als der Teufel und Satan bezeichnet wird. — Dann treten aber Kap. 13 zwei andere Thiere auf, das eine aus dem Meere, das andere aus der Erde aufsteigend. Das erstere ist seiner äusserlichen Gestalt nach ganz ähnlich der des Satans geschildert, gleichfalls mit zehn Hörnern und sieben Köpfen, aber mit zehn Diademen; von ihm heisst es, dass der Satan ihm seine Macht, seinen Thron und grosse Gewalt übergeben habe; dieses wird V. 12 zur Unterscheidung von dem andern aus der Erde aufsteigenden Thiere, als das erste Thier bezeichnet, τὸ πρῶτον θηρίον, aber meistens als das Thier (τὸ θηρίον) ohne weiteres. Dieses ist nun unverkennbar (was mit Unrecht von Züllig, Hofmann Weissagung und Erfüllung II, 369, Ebrard, geleugnet wird) dasselbe Thier, welches 17, 3 wieder aufgeführt wird, und wo es gleichfalls bezeichnet wird als mit sieben Häuptern und zehn Hörnern versehen, wo aber auf demselben ein unzüchtiges als Babel bezeichnetes Weib sitzt. — Das andere, aus der Erde aufsteigende Thier (13, 11 sq.) hat zwei Lammshörner, aber redet wie ein Drache; dieses wird im Folgenden ausdrücklich als der Pseudo-Prophet bezeichnet (16, 13. 19, 20. 20, 10) und sein Geschäft als das, dem ersten Thiere Anbeter zu verschaffen und dafür selbst durch Zeichen und Wunder zu wirken. Ueberhaupt erscheint das zweite Thier nur mehr als dem ersteren dienend; das erstere aber erscheint nach der ganzen Schilderung als das wahre Widerspiel des Christs, als vom Teufel mit aller Macht ausgerüstet, um die äussersten Anstrengungen zur Bekämpfung des Christs und des Reiches Gottes zu machen. Die Schilderung dieses Thieres lehnt sich unverkennbar an die Schilderungen an, welche das Buch Daniel über einen Widersacher des Volkes Gottes gibt, der auf alle Weise dahin trachtet, dasselbe zu bedrücken und den Dienst des wahren lebendigen Gottes zu vernichten, ja der sich selbst an Gottes Stelle setzen möchte; s. Dan. 7, 8. 20. 21. 8, 23—25 und besonders 11, 21—45. Diese Schilderungen beziehen sich im Buche Daniel zunächst auf den Syrischen König Antiochus Epiphanes, von dem das Jüdische Volk, und namentlich Diejenigen, welche am Jehovah-Dienste und am väterlichen Gesetze festhielten, so Vieles zu leiden hatten. Da nun aber im Buch Daniel an die Darstellung der feindseligen Unternehmungen jenes Widersachers wider den Dienst und das Volk Jehovah's und seines endlichen Verderbens unmittelbar die Ankündigung des Eintrittes des messianischen Heiles anknüpft, verbunden auch mit der Auferweckung der Todten, so lag nahe, diesen Fürsten hier als den Typus eines noch zukünftigen, der Erscheinung des Messias unmittelbar vorhergehenden Widersachers des Volkes Gottes zu betrachten und einzelne Züge in den Schilderungen seines Wesens und Wirkens selbst geradezu als Weissagung auf einen solchen zu fassen. Wiefern das bei den Juden schon zur Zeit Christi und der Apostel geschehen sei, lässt sich nicht wohl ermitteln. Etwas später, nach der Zerstörung Jerusalems, findet sich bei ihnen die Vorstellung eines solchen Widerchrists unter dem Namen Armillus, dessen Ursprung und Bedeutung unsicher ist; dessen Erscheinung wird von ihnen auf eine sehr fabelhafte Weise geschildert, dass er zu Rom aus einer steinernen Bildsäule werde geboren werden, für sich göttliche Ehre in Anspruch nehmen, nach Jerusalem ziehen und dort den ersten Messias, den Sohn Josefs oder Efraims, tödten, zuletzt aber durch den zweiten Messias, den Sohn Davids, werde getilgt werden. Diese Ausbildung der Vorstellung gehört wohl sicher erst einer späteren Zeit an; die Idee selbst aber von einem der Erscheinung des Messias vorhergehenden und durch diesen zu bekämpfenden Antichrist können die Juden gar wohl schon früher, schon zur Zeit Christi gekannt haben. So viel lässt sich als sicher betrachten, dass in der christlichen Kirche diese Vorstellung und zwar in Beziehung auf die als nahe bevorstehend erwartete Zeit der glorreichen Parusie des Herrn sich schon ziemlich frühzeitig gebildet und eben besonders an jene Stellen des Buches Daniel sich angelehnt hat. So finden wir dieselben beim Apostel Paulus in einem seiner frühesten Briefe, 2. Thess. 2, 3 sq., wo er die Leser darüber belehrt, dass sie den Tag des Herrn nicht als zu nahe bevorstehend sich denken müssten, als jetzt sicher unmittelbar eintretend; denn zuvor müsse erscheinen ὁ ἄνθρωπος τῆς ἁμαρτίας, ὁ υἱὸς τῆς ἀπωλείας, ὁ ἀντικείμενος κ. ὑπεραιρόμενος ἐπὶ πάντα λεγόμενον θεὸν ἢ σέβασμα, ὥστε αὐτὸν εἰς τὸν ναὸν τοῦ θεοῦ καθίσαι ἀποδεικνύντα ἑαυτὸν ὅτι ἐστὶν θεὸς (V. 3. 4), der ἄνομος, ὃν Κύριος Ἰησοῦς ἀνελεῖ τῷ πνεύματι τοῦ στόματος αὐτοῦ καὶ καταργήσει τῇ ἐπιφανείᾳ τῆς παρουσίας αὐτοῦ (V. 8)', οὗ ἐστιν ἡ παρουσία κατ' ἐνέργειαν τοῦ σατανᾶ ἐν πάσῃ δυνάμει καὶ σημείοις καὶ τέρασι ψεύδους κ. λ. Unverkennbar liegt auch bei dieser Schilderung die Danielische zu Grunde. Wie verbreitet diese Erwartung eines solchen Antichrists, der vor dem Tage des Herrn auftreten werde, unter den Christen wenigstens in der letzteren Zeit des apostolischen Zeitalters war, ergibt sich besonders aus 1. Joh. 2, 18 sq., 4, 3, wo der Apostel Johannes mit unverkennbarer Rücksicht auf diese Vorstellung seinen Lesern zu verstehen gibt, sie möchten zum Zeichen: dass die ἐσχάτη ὥρα da sei, nicht erst auf eine solche einzelne Person, die als Antichrist auftreten werde, harren, da schon Viele, die als Antichristen zu betrachten, aufgetreten seien; denn als solcher sei jeglicher anzusehen, der da leugne, dass Jesus der Christ sei. Unverkennbar ist nun aber das in der Apokalypse zum Theil mit den Danielischen Zügen geschilderte erste Thier, welches in der Vision aus dem Meere aufsteigt, dieser Antichrist, entweder als einzelne Person oder das Antichristenthum als Macht und Collectiv-Person, wie denn die Erscheinung des Antichrists der Parusie des Herrn auch nach jener Paulinischen Darstellung vorhergehen sollte.

Diese Idee des Antichrists erscheint aber in der Apokalypse

1. Hauptsinn und Zweck des Buches.

auf besondere Weise modificirt und bestimmter ausgebildet als zum Beispiel bei Paulus der Fall ist, und zwar auf solche Weise, dass wir veranlasst werden, dabei unsern Blick auf eine bestimmte historische — sei es einzelne oder Collectiv- — Person zu richten; da fragt es sich denn, an welche Person wir dabei nach dem Sinne des Buches zu denken haben. — Da ausser diesem den Antichrist vorstellenden Thiere noch ein davon verschiedenes als Pseudo-Prophet aufgeführt wird, welches durch seine Zeichen und Künste ihm Anhänger und Verehrer verschafft, so werden wir schon veranlasst zu vermuthen, dass der Antichrist selbst nicht als eine vorzugsweise geistige, sondern mehr als eine äusserliche weltliche Macht gemeint ist, deren der Satan sich zur Unterdrückung der Kirche des Herrn bedienen werde. Eben darauf führen die (10) Diademe, mit denen es geschmückt ist (13, 1. 17, 3), und besonders, dass 17, 10 sq. die 7 Häupter und 10 Hörner desselben ausdrücklich von Königen erklärt werden. Es frägt sich aber, an welche weltliche Macht dabei zu denken ist. Ein Fingerzeig dafür hat offenbar 13, 17 sq. gegeben werden sollen, wenn dort die Zahl des Namens des Thieres auf 666 angegeben wird. Hier würde, da von dem Namen des Thieres die Rede ist, durchaus unnatürlich sein, mit manchen frühern Auslegern die 666 von einer Zahl von Jahren zu verstehen, während dessen etwa die Herrschaft des Thieres dauern werde. Vielmehr können wir wohl mit der grössten Wahrscheinlichkeit annehmen, dass es so gemeint sei, dass die einzelnen Buchstaben, womit der Name des Thieres geschrieben wird, als Ziffern zusammen diese Summe geben. Hier ist nun aber selbst noch streitig, welche Sprache, ob die hebräische oder griechische, und ob die Bestimmung des Buchstabenwerthes nach der einen oder der andern zu Grunde gelegt sei; dazu kommt, wie wir schon gesehen haben, eine gewisse Unsicherheit des Textes, indem er neben 666 eine andere auch schon sehr alte Lesart 616 gibt. Doch hat die gewöhnliche Lesart überwiegende Zeugnisse für sich. Was aber die erstere Frage betrifft, so haben zwar mehrere der neuesten Ausleger, die sich in der Entzifferung der Zahl versucht, geglaubt den Zahlenwerth der hebräischen Buchstaben zu Grunde legen zu müssen. Allein das ist von vorne herein unwahrscheinlich bei einem Buche, welches in griechischer Sprache geschrieben ist, und bei dem wir keine Veranlassung haben vorauszusetzen, dass es blosse Uebersetzung aus einem hebräischen oder aramäischen Original sei, und das zunächst gerichtet ist an christliche Gemeinden im proconsularischen Asien, wo das Griechische allein herrschende Sprache war selbst unter den dortigen Juden. Auch die Weise, wie der Unendliche, Ewige durch $\alpha\lambda\varphi\alpha$ und $\omega\mu\varepsilon\gamma\alpha$ bezeichnet wird (1, 8. 21, 6. 22, 13) lässt uns nicht zweifeln, dass wenn hier ein Name durch eine Zahl angegeben wird, ohne ausdrückliche Andeutung, in welcher Sprache, dieser nach der Zahlen-Bedeutung der griechischen Buchstaben gemeint ist. — Doch wird es, auch wenn wir von dieser Voraussetzung ausgehen, immer schwierig und misslich sein, zu errathen, welcher (griechische) Name denn eigentlich unter jener Zahl verhüllt sei; und auch die Entdeckung, dass ein bestimmter Name in dem Werthe seiner Buchstaben im Griechischen diese Zahl enthalte, würde uns für die Richtigkeit der Deutung keine Gewähr geben, wenn nicht die anderweitigen Andeutungen des Buches über das Thier dazu stimmen. Hier werden wir nun am sichersten auf den rechten Weg geleitet durch die Vision Kap. 17. Dort sitzt auf dem Thiere, wie schon bemerkt, ein unzüchtiges (götzendienerisches) Weib, welche als die mystische grosse Babel bezeichnet wird, was nur von einer Stadt gemeint sein kann, welche, gleich dem alten Babel zur Zeit der Herrschaft der Chaldäer, sich gegen das Volk und den Dienst Gottes besonders feindselig erwies; dieselbe wird V. 6 bezeichnet als trunken von dem Blute der Heiligen und der Zeugen Jesu, was darauf führt, dass sie über die Bekenner des Herrn auch schon blutige Verfolgungen verhängt hatte. Bis dahin würde die Bezeichnung allenfalls noch erlauben, mit Abauzit, Harenberg, Hartwig, Herder, Züllig u. A. an Jerusalem zu denken, in Beziehung auf die feindliche Stellung, welche diese gegen den Herrn und seine Bekenner genommen hatte, in welcher Beziehung es 11, 8 davon heisst, dass es $\varkappa\alpha\lambda\varepsilon\tilde{\iota}\tau\alpha\iota\ \pi\nu\varepsilon\nu\mu\alpha\tau\iota\varkappa\tilde{\omega}\varsigma\ \Sigma\acute{o}\delta o\mu\alpha\ \varkappa\alpha\grave{\iota}\ A\check{\iota}\gamma\nu\pi\tau o\varsigma$. Doch würde auf Jerusalem nicht passen, dass die Stadt V. 18 (K. 17) bezeichnet wird als $\beta\alpha\sigma\iota\lambda\varepsilon\acute{\iota}\alpha\nu\ \check{\varepsilon}\chi o\nu\sigma\alpha\ \grave{\varepsilon}\pi\grave{\iota}\ \tau\tilde{\omega}\nu\ \beta\alpha\sigma\iota\lambda\acute{\varepsilon}\omega\nu\ \tau\tilde{\eta}\varsigma\ \gamma\tilde{\eta}\varsigma$, wobei wir weit eher veranlasst werden, an Rom zu denken; und noch entscheidender ist V. 9, wonach die 7 Häupter des Thieres sich auf 7 Berge beziehen, auf denen das Weib sitze. Hier ist es durchaus unnatürlich, wenn einige Ausleger, wie Hengstenberg und Auberlen, die Berge in bildlichem Sinne fassen wollen von Reichen, grossen Königen oder Weltmächten. Mit Recht bemerkt Ebrard, dass, da die Berge in der Deutung des Gesichts vorkommen, sie nur im eigentlichen Sinne gemeint sein können, von wirklichen Bergen, nämlich sieben Bergen, auf denen jenes Babel liege. Man hat zwar gesucht, auch in Beziehung auf Jerusalem sieben Hügel in der Stadt nachzuweisen; so schon Lakemacher Observat. sacr. P. III. p. 288 (opp. Wolf.), der als solche nennt: Zion, Akra, Moria, Bezetha und die drei Spitzen des Oelberges. Aber diese Bestimmung ist höchst willkührlich; der Oelberg lag schon ausserhalb Jerusalems und am wenigsten lässt sich denken, dass er als drei verschiedene Berge sollte gezählt sein. Ueberhaupt aber erscheinen hier die sieben Berge offenbar als etwas recht Charakteristisches und Bezeichnendes; auf solche Weise aber erscheinen sie von allen Städten des Alterthums, so weit uns bekannt ist, nur in Bezug auf Rom, so dass, wenn eine Stadt ohne Weiteres als eine siebenhügelige, auf 7 Bergen liegende bezeichnet ward, Alle bestimmt und ohne weiteres an Rom dachten; wie gewöhnlich diese Bezeichnung Roms war, zeigen die von Wetstein ad l. c. gesammelten Stellen.

Können wir nun hiernach nicht zweifeln, dass unter Babel, dem auf dem Thiere sitzenden Weibe, Rom zu verstehen ist, so muss das Thier, worauf sie sitzt, nach dem Sinne unseres Buches als mit Rom in besonders naher Verbindung stehend gedacht werden; wir können darnach, wenn wir das Bisherige hinzunehmen, vermuthen, dass als dieses Thier nicht die Weltmacht im Allgemeinen gemeint ist, wie Manche es fassen (z. B. Hofmann, Hengstenberg, Auberlen, Ebrard u. A.), sondern bestimmter, die damalige Weltmacht, die Römische Monarchie, das Römerthum. Wir können darnach auch schliessen, dass der unter der Zahl 666 verhüllte Name auf Rom und das Römerthum eine besondere Beziehung haben müsse. Die frühesten der uns erhaltenen Erklärungen dieser Zahl finden wir bei Irenaeus adv. Haer. V, 30. Er sagt, man könne in der 666 nach griechischer Zahlendeutung mehrere Namen finden und führt als Beispiele drei an, bei denen die Buchstaben zusammen auch 666 geben. 1) Εὐανθάς (5 + 400 + 1 + 50 + 9 + 1 + 200). 2) Λατεῖνος (30 + 1 + 300 + 5 + 10 + 50 + 70 + 200). 3) Τειτάν (300 + 5 + 10 + 300 + 1 + 50). Von den beiden letzten Namen sagt Irenäus, sie hätten etwas Wahrscheinliches. Doch kann hier der letzte, Τειτάν, auch nicht in Betracht kommen, noch weniger freilich der erste Εὐανθάς. Die mittlere Erklärung dagegen, Λατεῖνος, muss uns nach dem Bisherigen als sehr angemessen erscheinen, und auch Irenäus würde ihr wohl entschiedener den Vorzug gegeben haben, wenn ihn nicht eine gewisse Scheu vor der Macht des damals noch heidnischen Roms abgehalten hätte, sich bestimmter auszusprechen. Auch Hippolytus hält diese Deutung für die wahrscheinlichste (siehe Lücke p. 967). Es lässt sich, glaube ich, mit grosser Wahrscheinlichkeit annehmen, dass diese Erklärung, die auch später von manchen Auslegern gebilligt ist (auch von Hävernik und Elliot, Lücke ed. 2. p. 834 sq.) nicht bloss wirklich die richtige, dem Sinne des Buches gemässe ist, sondern dass sie sich auch durch eine Art Tradition von der Zeit der Abfassung her bis auf das Zeitalter des Irenäus fortgepflanzt hatte.

Durch die vier Häupter des Thieres werden nun nach Kap. 17, 10 ausser den 7 Bergen der Stadt auch 7 Könige symbolisirt. Wir haben gesehn, dass viele Ausleger — und so auch wieder Hofmann, Hengstenberg, Ebrard, Auberlen u. A. — dieses von Königreichen verstehen, von der Zeit nach auf einander folgenden Weltmonarchien, wobei als die erste entweder die Aegyptische oder die Assyrische angesehen wird, als die sechste die damals seiende Römische. Allein diese Deutung ist entschieden nicht im Sinne des Buches, indem nach den bisherigen die Römische Macht das Thier selbst ist, nicht aber ein einzelnes seiner Häupter. Darnach werden wir vielmehr veranlasst, die sieben Könige von sieben Römischen Herrschern zu verstehen. Und zwar können dann nur sieben Kaiser Roms gemeint sein. Denn wenn es ib. heisst, dass die fünfe gefallen seien (οἱ πέντε ἔπεσαν) und der Eine sei (ὁ εἷς ἐστιν), der Andere aber sei noch nicht gekommen (ὁ ἄλλος οὔπω ἦλθεν), so kann das nur so gemeint sein, dass eben damals, zur Zeit der Abfassung der Apokalypse oder der Empfangung der darin mitgetheilten Offenbarung der sechste der durch die sieben Häupter symbolisirten Könige an der Regierung war, was dann nur von einem Römischen Kaiser gemeint sein kann; unter den fünfen aber, welche im Gegensatz gegen diesen noch seienden sechsten als οἱ πέντε bezeichnet werden, und als solche, welche ἔπεσαν, können wir dann nur gleichfalls fünf Römische Kaiser verstehen und zwar diejenigen, welche dem sechsten eben an der Regierung befindlichen in unmittelbarer Reihe vorhergegangen waren; wir können auch nicht wohl zweifeln, dass wir die Reihe dieser Könige überhaupt mit demjenigen zu beginnen haben, welcher als der Erste der Römischen Kaiser betrachtet ward, nämlich mit dem Augustus. Es wäre zwar möglich, die Reihe schon mit dem Cäsar zu beginnen, und da würde der sechste Nero sein. Doch ist, wie gesagt, schon an sich wahrscheinlicher, dass die Reihe mit demjenigen zu beginnen ist, der wirklich anerkannt auf gleiche Weise wie die folgenden als Selbstherrscher, als König oder Kaiser dastand, mit Augustus; und dass das im Sinne unseres Buches ist, lässt sich aus andern bald hervortretenden Gründen noch weniger bezweifeln. Dann sind die fünf ersten, welche, gefallen, nicht mehr am Leben und an der Regierung waren, folgende: 1) Augustus, 2) Tiberius, 3) Caligula, 4) Claudius, 5) Nero. Der εἷς, von welchem es heisst, dass er sei (ἔστιν) d. h. eben damals am Leben und an der Regierung sei, würde dann der Nachfolger des 68 p. Ch. am 11. Juni gestorbenen Nero sei. Dem Nero folgte Galba, und an ihn als damals regierenden Kaiser zu denken, werden wir jedenfalls zunächst veranlasst. Da er indessen nur ein so kurzes Regiment geführt hat († 69 den 15./7. Januar) und auch nicht einmal im ganzen Gebiete des Römischen Reiches anerkannt war und noch weniger Otho († 69 den 16. April) und Vitellius († 69 den 20. December), so liesse sich wenigstens denken, dass diese drei bei der Zählung hier nicht mitgerechnet und erst Vespasian, wenn dieser damals regierte, als der sechste gerechnet wäre. Dieses lassen wir hier indessen vorläufig liegen, da wir später darauf wieder zurückkommen müssen. — Von dem siebenten Könige heisst es ib., dass er (ὁ ἄλλος, d. i. der von den sieben noch übrige) noch nicht gekommen sei, und dass er, wenn er komme, nur kurze Zeit bleiben werde. Mit ihm würde dann die Siebenzahl der durch die Häupter des Thieres symbolisirten Könige vollendet sein. Dann ist aber ib. V. 11 noch von einem achten die Rede. Von diesem lässt sich schon von vorn herein, weil er über jene Siebenzahl hinausgeht, vermuthen, dass es mit ihm eine besondere Bedeutung habe. Eben darauf werden wir geführt, wenn es dort heisst: das Thier, welches war und nicht ist (ὃ ἦν καὶ οὐκ ἔστιν), ist sowohl selbst der achte, als es auch von den sieben ist, ἐκ τῶν ἑπτά ἐστιν, was hier nach dem Gegensatze nicht wohl etwas anderes heissen kann, als dass es auch schon einer der sieben gewesen sei. Es scheint dadurch zunächst das angedeutet zu werden, dass der Charakter des Thieres, das götzendienerische Römerthum und Antichristenthum, in einem einzelnen der Kaiser auf solche Weise sich manifestiren werde, dass in ihm dasselbe wie concentrirt und personificirt erscheine, so dass er als das leibhaftige Antichristenthum betrachtet werden könne. Dabei wird dieser auf der einen Seite als ein zukünftiger bezeichnet, als der achte, also als der zweite Nachfolger des damals regierenden Herrschers, auf der andern Seite als schon dagewesen, in der Person eines der sieben, und zwar ohne Zweifel eines der fünf ersten, die schon ἔπεσαν. Dieses liesse sich auf zwiefache Weise verstehen, entweder so, dass in dem achten sich die Bosheit und der ganze antichristliche Sinn des Thieres, der schon in einem der früheren Könige ganz besonders hervorgetreten war, wiederholen werde, so dass es insofern als eine Wiederkehr jenes früheren betrachtet werden könne, oder so, dass nach dem siebenten wirklich jener frühere persönlich wiederkehren werde. Dass diese letztere Erklärung aber die richtige sei, zeigen zuvörderst andere Stellen des Buches selbst, namentlich Kap. 13, 3. Dort heisst es nämlich schon bei der ersten Erscheinung des Thieres, der Seher habe eins seiner Häupter gesehen wie zum Tode geschlachtet (ὡς ἐσφαγμένην εἰς θάνατον); doch sei seine, des Thieres, tödtliche Wunde zum Staunen der ganzen Welt wieder geheilt; damit vergl. ib. V. 12: τὸ θηρίον τὸ πρῶτον, οὗ ἐθεραπεύθη ἡ πληγὴ τοῦ θανάτου αὐτοῦ, V. 14: .. τῷ θηρίῳ, ὃ ἔχει τὴν πληγὴν τῆς μαχαίρας καὶ ἔζησεν. Diese Stellen lassen sich nur so verstehen, dass das Thier in einem seiner Häupter tödtlich verwundet, ohnmächtig und vernichtet schien, aber sich noch einmal wieder erholte. Dem entsprechend ist auch 17, 8, wo es von dem Thiere heisst, dass es ἦν καὶ οὐκ ἔστιν καὶ μέλλει ἀναβαίνειν ἐκ τῆς ἀβύσσου; und ib.: βλεπόντων τὸ θηρίον ὅτι ἦν καὶ οὐκ ἔστι καὶ παρέσται. V. 11: τὸ θηρίον, ὃ ἦν καὶ οὐκ ἔστι. Es wird also das Thier bezeichnet als eben damals anscheinend vernichtet, das aber wieder zum Vorschein kommen werde, um nämlich mit neuer Kraft und neuem Ingrimm den Kampf mit den Bekennern des Herrn zu beginnen. So wie es nun aber hier besonders in der ersten Stelle heisst, dass eins der sieben Häupter wie zum Tode geschlachtet erschienen sei, scheint doch deutlich darin zu liegen, dass derjenige der sieben Herrscher, durch dessen tödtliche Wunde das Thier ohnmächtig gemacht, vernichtet schien, nicht wirklich gestorben sei, sondern noch lebe und als der leibhaftige Antichrist wieder zum Vorschein kommen werde, und zwar, nach der andern Stelle, 17, 11, als der achte der Könige, also nach dem Tode des Nachfolgers des damals regierenden Kaisers. Auch die Bezeichnung der Wunde, wodurch das Thier getödtet schien, als eine Schwertwunde (13, 1) erklärt sich leichter bei der Voraussetzung, dass es nicht bloss von einem Collectiv- oder einem abstracten Begriffe, dem des Römerthums oder Heidenthums, der Römischen Monarchie u. dergl. gemeint ist; es ist im höchsten Grade unwahrscheinlich, dass eine solche Ausdrucksweise werde angewandt sein, wenn ein solches Verhältniss gemeint wäre, wie die Schwächung der Römischen Macht durch andere Völker, worauf es vielfach bezogen wird, oder gar, wie Hengstenberg, Auberlen, durch Christianisirung, äusserliche Bekehrung derselben zum Christenthum. Die Ausdrücke erscheinen nur dann natürlich, wenn sie zugleich oder zunächst in Beziehung auf eine bestimmte Person gemeint sind.

Da fragt es sich denn, an welche Person wir dabei nach dem Sinne unseres Buches zu denken haben, d. i. wer unter den sieben ersten Römischen Kaisern, oder vielmehr unter den fünf ersten, die schon als gefallen gelten, derjenige ist, an welchen wir hier zu denken haben als denjenigen, der obwohl für getödtet gehalten noch lebe oder wieder aufleben und von neuem ans Licht kommen werde. Dieses geht aus den Angaben unseres Buches an sich unmittelbar nicht hervor, wohl aber wenn wir die hier gegebenen Andeutungen mit den uns anderweitig bekannten Vorstellungen und Erwartungen der Zeit vergleichen. Darnach können wir nicht zweifeln, dass Nero gemeint ist, der fünfte der Römischen Kaiser und der letzte derjenigen, die als damals schon gefallen bezeichnet werden. Nero hatte, als der Senat sich gegen ihn und für den Galba erklärte, sich aus Rom geflüchtet, und als seine Verfolger im Begriffe waren ihn einzuholen, mit Hülfe seines Freigelassenen Epaphroditus sich selbst durchs Schwert entleibt (Sueton. Nero 49). Sein Leichnam wurde feierlich bestattet. Gleichwohl entstand bald darauf ziemlich allgemein der Glaube, er sei nicht wirklich gestorben, sondern lebe noch und halte sich jenseits des Eufrats bei den Parthern auf, zu denen er sich geflüchtet habe und bei denen er sich Hülfstruppen sammele, um mit ihnen wieder zurückzukehren und Rom zu erobern und zu zerstören. Sueton (Nero 57) erzählt, man habe bald nach seinem Tode Edicte zum Vorschein gebracht wie von dem noch Lebenden, der binnen kurzer Zeit zum Verderben seiner Feinde zurückkehren werde. Dieser Volksglaube veranlasste selbst mehrmals Abentheurer, sich für den Nero auszugeben, wo sie denn auch immer einigen Anhang fanden. So trat ein solcher schon gleich nach dem Tode des Nero auf und wusste in Griechenland und Asien einen bedeutenden Anhang um sich zu versammeln, bis er zuletzt auf Cythnus von Calpurnius Asprenas gefangen genommen und getödtet ward (Tacit. Histor. II, 8. 9, wo er zugleich andeutet, dass später noch Mehrere der Art aufgetreten seien; cf. I, 2. Dio Cass. LXIV, 9 und Reimar. ad h. l.). Nach Zonaras Annal. XI, 18 erschien auch unter dem Titus ein Pseudo-Nero, der sich in Klein-Asien einigen Anhang verschaffte, gegen den Eufrat zog, dort seine Parthei noch vergrösserte und sich zuletzt zum Parthischen Könige flüchtete, welcher ihn aus Feindschaft gegen den Titus bei sich aufnahm und selbst in Begriff war gegen Rom zu ziehen. Dies ist höchst wahrscheinlich derselbe Abentheurer, dessen Sueton (l. c. Nero c. 57) erwähnt, obwohl er sagt, dass er 20 Jahre nach dem Tode des Nero aufgetreten sei, was erst unter dem Domitian würde gewesen sein; er sagt von ihm, dass er bei den Parthern sich in ein solches Ansehn zu setzen gewusst habe, ut vehementer adjutus et vix redditus sit (vergl. Dio Chrysost. [unter Domitian, Nerva, Trajan] Orat. 20 de pulchritudine p. 371 D, der in Bezug auf den Nero sagt: καὶ νῦν ἔτι πάντες ἐπιθυμοῦσι ζῆν, οἱ δὲ πλεῖστοι καὶ οἴονται). — Denselben Glauben finden wir nun aber auch bei den Christen noch ziemlich lange nach dem Tode des Nero verbreitet, dass derselbe noch lebe und wiederkehren werde, und zwar so, dass sich bei ihnen damit die Erwartung des Antichrists verband. Nero hatte als der erste unter den Römischen Kaisern, der nach dem wahrscheinlich durch ihn selbst veranstalteten grossen Brande der Stadt Rom im Juli 64, welcher 8 Tage dauerte und gegen zwei Drittheile der Stadt zerstörte, blutige Verfolgungen über die Christen verhängt, indem er sie als die Urheber dieses Brandes bezeichnete und so den Verdacht von sich abzuwälzen suchte. Er liess die Christen zu Rom auf die empörendste und frevelhafteste Weise martern und hinrichten, so dass der Eindruck der dabei geübten Grausamkeiten auch noch in späterer Zeit unauslöschlich blieb. Diese Verfolgung, welche in der ungünstigen Stimmung des heidnischen Volkes gegen die Christen Nahrung fand, scheint auch nicht so vorübergehend noch so partiell und bloss auf Rom beschränkt gewesen zu sein, als man gegenwärtig sich dieselbe meistens denkt. Sie scheint mehrere Jahre gedauert und an manchen Punkten die aufblühende christliche Kirche für längere Zeit wieder ganz heruntergebracht zu haben. Auch selbst ohne ausdrückliche Befehle vom Kaiser war es natürlich, dass die Statthalter dem von oben und in der Hauptstadt gegebenen Beispiele auch in den Provinzen mehr oder weniger folgten. In Rom wurden Opfer dieser Verfolgung unter andern die Apostel Paulus und Petrus. Auf diese Verfolgung, die dabei in Rom gegen die Bekenner des Herrn bewiesene Grausamkeit finden sich auch in unserm Buche mehrfache Beziehungen, wie namentlich 17, 6, wo das auf dem Thiere sitzende Weib, die mystische Babel, also Rom, bezeichnet wird als trunken von dem Blute der Heiligen und von dem Blute der Zeugen Jesu; 18, 20, wo der Himmel und die Heiligen und die Apostel und die Propheten aufgefordert werden, über den Sturz Babels zu frohlocken, weil Gott sie an ihr gerächt habe; vergl. ib. V. 24 (καὶ ἐν αὐτῇ αἷμα προφητῶν καὶ ἁγίων εὑρέθη καὶ πάντων τῶν ἐσφαγμένων ἐπὶ τῆς γῆς.).

Nicht unwahrscheinlich ist nun, dass die Christen schon während dieser Verfolgung selbst die Zeit gekommen glaubten, wo nach göttlichem Rathschlusse das Reich des Bösen und der Finsterniss den letzten und äussersten zu seiner Vernichtung führenden Kampf wider das Reich Gottes führen sollte, und dass sie in dem grausamen Urheber dieser Leiden schon bei seinen Lebzeiten den Antichrist erblickten, nach dessen Untergange sie hofften, dass die Vollendung des Reiches Christi stattfinden werde. Um so leichter konnte es geschehen, dass als nach dem Verschwinden des Nero auf der einen Seite eine wesentliche Veränderung in den äusseren Verhältnissen der christlichen Kirche zur Welt nicht gerade eintrat und auf der andern Seite der Volksglaube ihn als noch lebend betrachtete und erwartete, dass er bald mit verstärkter Kraft wiederkehren werde, sich bei den Christen diese Vorstellung dahin gestaltete, dass er sich alsdann in seinem Wesen als der leibhaftige Antichrist noch mehr manifestiren werde. So findet sich diese Vorstellung häufigst wiederkehrend in den Sibyllinischen Orakeln, und schon in den nach deutlichen Anzeichen c. 79—80 p. Ch. geschriebenen 4. Buche. Hier heisst es zuerst V. 116 sq. in Beziehung auf den Nero, dass er nach der Ermordung der Mutter und Vollbringung vieler anderer scheusslicher Thaten wie ein Ueberläufer aus Italien unsichtbar jenseit des Eufrats fliehen werde. Nachdem darauf von der Zerstörung des Tempels und Verheerung des Jüdischen Landes die Rede gewesen und das Erdbeben in Italien (unter Titus 79 p. Ch.) geschildert ist, heisst es V. 132 sq.: „Dann werden sie den Zorn Gottes erkennen, weil sie das unschuldige Geschlecht der Frommen (Christen) tödteten; es werde sich nach Abend hin Krieg erheben und der grosse Flüchtling Roms (Nero) das Schwert erheben und mit vielen Myriaden Männern den Eufrat durchschreiten (über den Eufrat zurückkehren)." Zwar will Thiersch (Versuch zur Wiederherstellung des historischen Standpunktes für die Kritik der neutestamentlichen Schriften. 1845. S. 334 fl. 410 fl.) meine Auffassung dieser Stelle der Sibyllinen nicht gelten lassen; er will sie (und so auch Hengstenberg Apok. II, 1. S. 107 fl.) auf eine vergangene geschichtliche Thatsache beziehen, auf die geschichtliche Erscheinung jenes Pseudo-Nero unter dem Titus und die Abfassung dieser 42 Bücher der Sibyllinen erst später setzen, in das zweite Jahrhundert, nach dem Trajan (siehe auch Lücke Nachträge S. 1071). Allein jene Fassung der Sibyllinischen Stelle in Beziehung auf eine schon vor längerer Zeit vergangene Begebenheit ist sicher falsch und die von mir geltend gemachte Ansicht über die Zeit der Abfassung des Buches höchst wahrscheinlich die richtige (s. Stud. u. Krit. 1854. 4. S. 977 ff.). Häufiger kehrt dieselbe Vorstellung über den Nero in anderen etwas später verfassten Theilen dieser Sibyllinen wieder, so besonders im 5. und im 8. Buche, von denen das erstere in seiner jetzigen Gestalt und Umfange von einem am Anfange der Regierung des Hadrians in Aegypten lebenden Juden-Christen verfasst ist, das letztere aber dem grössten Theile nach gegen das Ende der Regierung des Marc. Aurels gegen 170—180 p. Ch. verfasst scheint. So I. V, 28 sq., wo es von Nero heisst, dass er, $\delta\epsilon\iota\nu\grave{o}\varsigma\ \breve{o}\varphi\iota\varsigma$, obwohl aus den Augen der Menschen verschwunden, doch Verderben bringend sei und zurückkehren werde, sich für einen Gott ausgebend, aber erfahren werde, dass er es nicht sei V. 93 sq., 130 sq., 214 sq., 361 sq., 408 sq. VIII, 68 sq., 145 sq. Nicht minder findet sich diese Vorstellung in der apokryphischen Schrift des Jesaias, $\dot{\alpha}\nu\alpha\beta\alpha\tau\iota\kappa\grave{o}\nu$, welche ursprünglich in griechischer Sprache von einem christlichen Schriftsteller wahrscheinlich im zweiten Jahrhundert verfasst noch in einer Aethiopischen Uebersetzung und in ihrem zweiten Theile (von Kap. 6 an), der Visio Jesaiae, auch in einer alten Lateinischen Uebersetzung vorhanden ist. Hier wird Kap. 4 V. 2 dem Jesaias unter andern die Weissagung in den Mund gelegt, dass wenn nach der Himmelfahrt Christi das sittliche Verderben in den Gemeinden herrsche, man sich von der Lehre der Apostel entfernen und über des Herrn Wiederkunft streiten werde, dann der Fürst dieser Welt, Belial, aus seinem Firmamente herabsteigen werde in der Gestalt eines gottlosen Königs, des Mörders seiner Mutter; die Heiligen würden in seine Hand gegeben werden; man werde ihm opfern, ihn Gott nennen, sein Bild in allen Städten aufrichten; die Dauer seiner Herrschaft werde aber nur 3 Jahre 7 Monate 27 Tage sein (= 1335 Tage Dan. 12, 2); dann werde der Herr mit seinen Engeln kommen und den Belial in die Gehenna werfen, woran sich dann die Auferstehung der Frommen und daran die Weltzerstörung, das jüngste Gericht und die Vernichtung der Gottlosen anschliessen. So wie es hier in dem Apokryphon des Jesaias lautet, Belial werde in der Gestalt des Nero herabkommen, ist nicht gerade ganz bestimmt ausgesprochen, dass Nero persönlich wiederkehren werde; doch ist es wahrscheinlich auch hier so gemeint wie überall in den Sibyllinen ganz deutlich. Und in dieser Gestalt erhielt die Vorstellung sich bei Manchen noch bis zum vierten Jahrhundert und später. Lactanz de mortibus persequutorum 42 sagt ausdrücklich, Manche glaubten, Nero sei noch am Leben als ein flüchtiger Muttermörder, a finibus venturum, ut qui primus persequutus est idem etiam novissimus persequatur. — Sulpitius Severus (im 4—5. Jahrhundert) sagt ausdrücklich, dass es opinione plerorumque receptum sei, dass Nero, dessen Wunde nicht tödtlich gewesen, als Antichrist auftreten werde. Histor. sacr. II, 28, 1. 29, 6; cf. Id. Dialog. II, cap. 14, wo er in dieser Hinsicht die Meinung des Martin von Tours anführt, welcher den Nero noch vom Antichrist unterschied und beide mit einander auftreten lässt, jenen sich des Occidents bemächtigen, diesen des Orients. Vgl. ferner Hieronymus in Daniel XI, 28, wo er auch sagt, dass manche der Christen den Nero als Antichrist erwarteten. Id. (in Jes. 17, 13) ad Algas. quaest. II. Augustin de Civitate Dei XX, 19. Berücksichtigen wir nun diese Vorstellung, welche sich über den Nero in der Kirche so lange Zeit erhielt und die wir dort schon sobald nach dem Tode dieses Tyrannen antreffen, und vergleichen damit die fraglichen Stellen in der Apokalypse, so lässt sich schwerlich verkennen, dass diese Vorstellung auch hier zu Grunde liegt, dass wir an den Nero zu denken haben bei demjenigen Haupt des Thieres, welches wie zu Tode geschlachtet erscheint mit einer Schwertwunde, von der es sich zum Staunen der Welt wieder erholt, so wie bei demjenigen der sieben oder der ersten fünf Römischen Könige, welcher als der achte wiederkehren werde und zwar als mit dem Thiere selbst zusammenfallend, als der persönliche Antichrist, um mit aller Macht des Satans das Reich Gottes und die Bekenner des Herrn zu bekämpfen, bis er selbst vom Christ werde besiegt und in den Feuerpfuhl gestürzt werden.

Nach dem Bisherigen ist nun auch nicht wahrscheinlich, dass diese Vorstellung über den als Antichrist wiederkehren-

1. Hauptsinn und Zweck des Buches. 99

den Nero hier in der Apokalypse zuerst vorgetragen ist, sondern vielmehr dass dieses Buch sich in der Beziehung an eine Vorstellung, wie sie sich schon im Volke und in der christlichen Kirche selbst gebildet hatte, angeschlossen hat, wenn sie hier auch auf besondere Weise modificirt erscheint, wohin namentlich die nähere Bestimmung gehört, dass er als der achte wiederkehren werde. Davon noch später. Aber manche auch der speciellen Züge, mit denen hier die zukünftige Erscheinung des Antichrists geschildert wird oder die damit in Verbindung gesetzt erscheinen, finden ihre Erklärung gleichfalls in der Vergleichung der uns auch anderweitig bekannten und namentlich in den Sibyllinen sich findenden Vorstellungen und Erwartungen der Zeit. Dahin gehört zunächst das ganze Verhältniss des Thieres zu dem auf demselben sitzenden Weibe, also des Antichrists zur Stadt Rom, dem neuen Babel. Es könnte leicht befremden, dass es 17, 16. heisst, es werde das Thier (sammt den 10 Hörnern) das Weib bekriegen, verheeren und verbrennen. Aber es ist das ganz der Vorstellung entsprechend, die wir namentlich in den Sibyllinen wiederholt finden, dass Nero bei seiner Rückkehr aus dem Orient mit seinen Bundesgenossen die Stadt Rom, welche ihn von sich ausgestossen, verwüsten und zerstören werde. So l. V, 342—369. Hier werden die schrecklichen Zeichen geschildert, welche zur letzten Zeit sich ereignen sollen, und dabei besonders Italien mit Trübsalen bedroht; von den äussersten Enden der Erde werde ein unsinniger Muttermörder kommen (Nero von jenseit des Eufrats), werde sich der ganzen Erde bemächtigen, alsbald die Stadt einnehmen, um derentwillen er selbst früher umkam (Rom), viele Menschen und selbst grosse Fürsten tödten und Alle verbrennen, wie er schon früher gethan. Cf. l. VIII, 70 sq., wo angedeutet ist, dass der flüchtige Muttermörder unter dem Markus Aurelius (unter dem dieses Orakel wahrscheinlich verfasst ist) von den Gränzen der Erde zurückkehren, und Rom fallen werde. Cf. ib. 145 sq., wo gleichfalls vom Nero die Rede ist, als Einem, der zu Roms Zerstörung aus Asien übers Meer kommen werde.

Ebenso erläutert sich uns auf demselben Wege, wie nach dem Sinne unseres Buches die 10 Hörner des Thieres mit

7*

den 10 Diademen gemeint sind. Nach 17, 12 sind auch sie 10 Könige. Aber schon weil sie durch ein anderes Bild symbolisirt werden als die durch die 7 Häupter bezeichneten Römischen Kaiser, lässt sich vermuthen, dass sie nicht als von derselbigen Art gemeint seien, nicht etwa als 10 folgende Römische Kaiser, welche sich an jene sieben der Zeit nach anschliessen würden. Sie erscheinen nach der in der Erklärung des Engels gegebenen Andeutung überhaupt nicht wie 10 auf einander folgende Könige, sondern als solche, die neben einander und zu gleicher Zeit mit dem Thiere Macht erhalten würden gleich wie Könige; sie werden einmüthig handelnd sich ganz und gar dem Thiere dienstbar beweisen, ihm alle ihre Macht übertragen, vergeblich das Lamm bekriegen, aber in Gemeinschaft mit dem Thiere das von ihnen gehasste Weib (Rom) zertreten und verbrennen (17, 12—17). Sie erscheinen demnach als untergeordnete Verbündete des Antichrists, welche mit dem Nero bei seiner Wiederkunft zum Kampfe sowohl wider Rom als wider das Reich Gottes heranziehen würden. Dieses erwartete man aber von Asiatischen und namentlich Parthischen Fürsten, wie schon aus den früher angeführten Stellen Römischer Schriftsteller hervorgeht. Dasselbe findet sich dann wieder in verschiedenen Stellen der Sibyllinen; so heisst es schon in der frühesten der früher angeführten (l. IV, 135) vom Nero, er werde mit vielen Myriaden von Männern über den Eufrat zurückkehren; ferner V. 100, wo von Einem die Rede ist, der als Anführer der Perser die ganze Welt bekriegen und Alles verheeren werde; was höchst wahrscheinlich von Nero gemeint ist; ib. V. 143 sq., wo auch von Nero's Flucht aus Babel, d. i. Rom, die Rede ist und daran seine Verbindung mit den Königen der Meder und Perser, so wie Roms Untergang angeknüpft wird; l. VIII, 9 sq., wo sonder Zweifel Nero gemeint ist, wenn es von Einem heisst, dass er zur letzten Zeit den Menschen schreckliche Uebel bringen werde und furchtbare heidnische Könige nach Abend führen (also aus dem Oriente). Diese Vorstellung liegt nun höchst wahrscheinlich auch in der Apokalypse bei den durch die Hörner des Thieres symbolisirten Königen als Bundesgenossen des Antichrists zu Grunde, wobei die Zehnzahl nicht besonders zu urgiren ist, sondern nur als aus der Danielischen Schilderung des mit zehn

Hörnern versehenen (4ten) Thieres (Dan. 7, 7) entlehnt zu betrachten ist.

Von hier aus erklärt sich nun auch, was eine andere Stelle unseres Buches sagen will, Kap. 16, 12, wo es heisst, dass als der 6te der Plageengel seine Schaale auf den Eufrat ausgegossen, das Wasser des Stromes vertrocknet sei, damit der Weg bereitet würde für die Könige von Aufgang der Sonne ($\mathit{\text{ἵνα ἑτοιμασθῇ ἡ ὁδὸς τῶν βασιλέων τῶν ἀπὸ ἀνατολῶν ἡλίου}}$). Bei diesen Königen des Orients haben wir wohl ohne Zweifel an jene Asiatischen Fürsten zu denken, von denen man erwartete, dass sie als Verbündete den bei ihnen verborgenen Nero zurückführen würden. Damit diese frei und ungehindert heranziehen könnten, nun, obwohl im Dienste des Antichrists, das zu vollführen, was die göttliche Absicht in Ansehung ihrer sei (wie es auch 17, 17 heisst, dass Gott $\mathit{\text{ἔδωκεν εἰς τὰς καρδίας αὐτῶν ποιῆσαι τὴν γνώμην αὐτοῦ}}$), wird es hier in der Vision vorgeführt, dass das Wasser des Eufrats, den sie auf dem Zuge gegen Rom überschreiten mussten, vertrocknet sei.

Was den Pseudopropheten betrifft, so finden wir schon in der Rede des Erlösers Matth. 24, 11. 24, Marc. 13, 22, dass vor seiner Zukunft viele, wie Pseudo-Messias, so auch Pseudopropheten aufstehen, Zeichen und Wunder verrichten, Viele irre leiten und trachten würden selbst die Auserwählten zu verführen. Vergl. damit 1. Tim. 4, 1 sq. In der Apokalypse wird dafür ein einzelner Pseudoprophet als Gehülfe des Antichrists aufgeführt, in welchem das Wesen des durch allerhand Künste der Lüge, selbst durch Zeichen und Wunder auf die Förderung des Götzendienstes und Antichristenthums gerichteten Pseudoprophetenthums concentrirt und personificirt erscheint. In dieser Ausbildung erscheint die Vorstellung von einem zweiten in Gemeinschaft mit dem Antichristen auftretenden und für denselben wirkenden Einzelwesen als der Apokalypse eigenthümlich; wenigstens kann sie nicht so allgemein gewesen sein, wie die Vorstellung des Antichrists selbst; zum Theil wurden auch wohl die Kräfte und Eigenschaften, mit denen dasselbe hier geschildert wird, ohne Weiteres mit auf den Antichrist selbst übertragen. Keine Ursache aber haben wir zu vermuthen, dass bei der Schilderung unseres Buches die Anschauung irgend einer einzelnen Person, welche damals schon sich thätig bewiesen hätte, zu Grunde liege. Vielmehr erscheint es ganz als eine prophetische auf die Zukunft sich beziehende Schilderung eben so wie die der Rückkehr des Nero als Antichrists und die der Zukunft des Herrn selbst.

Dieses gilt im Allgemeinen auch von den mit der Verkündigung der Erscheinung des Antichrists wie des Christs in enger Verbindung stehenden Plagen, welche namentlich Kap. 16 vorgeführt werden, als zum Vorschein kommend über die Erde, so wie die sieben Plageengel der Reihe nach ihre Schaalen ausgiessen. Hier können wir im Allgemeinen wohl das mit Sicherheit annehmen, dass es nicht einzelne Begebenheiten der damaligen Vergangenheit oder Gegenwart sind, welche hier vorgeführt werden, sondern dass es eine prophetische Schilderung der Zukunft ist, desjenigen was bei oder unmittelbar vor der Wiederkunft des Herrn sich begeben werde, und nur das wäre allenfalls möglich, dass vielleicht dieses oder jenes, was sich grade zu der Zeit, der das Buch und dessen Visionen angehören, begab, bei diesen Schilderungen im Einzelnen als Substrat zu Grunde gelegt wäre.

Es frägt sich aber, wie sich diese prophetischen Schilderungen zu unserer jetzigen Vergangenheit, Gegenwart und Zukunft verhalten. Darüber bemerke ich hier kürzlich Folgendes.

a) In Beziehung auf das tausendjährige Reich. Dieses erscheint in der Apokalypse nicht als die Vollendung des Reiches Gottes — die findet nach unserem Buche erst in dem neuen Jerusalem statt —, aber doch wie ein vorläufiger Abschluss der Kämpfe des Reiches Gottes mit der Welt und ihren Mächten, als ein auf tausend Jahre angegebener Zeitraum, wo die Gläubigen und Frommen und namentlich auch die früher Entschlafenen derselben, die dazu werden auferweckt werden, mit Christus auf Erden nach Vernichtung der irdischen feindlichen Mächte und nach Fesselung des Satans in ungestörtem Frieden und Seligkeit herrschen werden. Als eine theilweise Erfüllung der Aussprüche der Schrift überhaupt über die Zukunft des Herrn können wir nun zwar jegliche Epoche der christlichen Kirche betrachten, worin sich ein bedeutender Fortschritt des Reiches Gottes, mit Besiegung der feindlichen Mächte, nachweisen lässt; aber in Allem, was die bisherige

Geschichte der Kirche darbietet, lässt sich doch nur allenfalls eine theilweise und vorläufige Erfüllung erkennen, nicht aber die vollständige. Wie es entschieden gegen den Sinn der Apokalypse ist, das tausendjährige Reich mit der Fleischwerdung Christi beginnen zu lassen, so dass der Verfasser es schon als gegenwärtig angesehen hätte, so ist auch unstatthaft jede Ansicht, welche das tausendjährige Reich im Sinne unsers Buches als jetzt schon abgelaufen oder auch nur begonnen ansieht, wohin aus der neueren Zeit namentlich die Erklärung Hengstenbergs gehört, der dasselbe sich von der Christianisirung der Germanischen Völker bis zum Ablaufe des Deutschen Kaiserreiches erstrecken lässt. Es werden daher die Zeiten des Mittelalters mit der höchsten Blüthe des Papstthums und des Reformationszeitalter wie die Zeit nach der Reformation unterschiedslos unter dem tausendjährigen Reiche begriffen, und dabei Zeiten, wo von Seiten der Römischen Kirche und anderer herrschenden Mächte gegen treue Bekenner des Herrn die ärgsten Gräuelthaten begangen wurden, wie in den Kriegen gegen die Albigenser und Waldenser, gegen die Hugenotten, in der Inquisition und der Bartholomäusnacht, und in so vielen Anderen; treffend weist gegen Hengstenberg auf dergleichen Auberlen hin S. 415 sq. Mit Sicherheit lässt sich behaupten, dass der Seher selbst in diesen Zeiten nicht die Erfüllung seiner Weissagung über ein Reich würde gefunden haben, vor dessen Eintritt die irdischen feindlichen Mächte würden vernichtet und während dessen der Satan selbst würde gefesselt und aller Macht dem Reiche des Herrn und den Gläubigen zu schaden beraubt sein. Sicher ist, dass wir im Sinne unseres Buches selbst urtheilen, wenn wir das tausendjährige Reich als einen Entwickelungszustand der Kirche, des Reiches Gottes betrachten, der bis jetzt noch nicht erschienen ist, so wenig wie die damit in enger Verbindung stehende glorreiche Wiederkunft des Herrn und die erste Auferstehung, die der entschlafenen Gläubigen und Frommen zur Theilnahme an jenem Reiche, welche nach dem Sinne unseres Buches sicher eigentlich zu fassen ist, nicht, wie Hengstenberg bloss in Beziehung auf die für die Gläubigen schon bei ihrem Tode beginnende Seligkeit.

b) In Beziehung auf den Antichrist. Schon in der bisherigen Geschichte der Kirche lässt sich nachweisen, dass jeder Epoche, die einen besonderen Fortschritt des Reiches Gottes offenbart, eine Zeit vorhergeht, worin das Antichristliche mit besonderer Macht hervortritt, und jegliche Zeit der Art lässt sich als eine theilweise und vorläufige Erfüllung der Weissagungen der Schrift über das Verderben und Unheil in der letzten Zeit betrachten, und so denn auch über die Erscheinung und Wirksamkeit des Antichrists. Aber auf der andern Seite ist auch hier zu sagen, dass diese Weissagungen ihre vollständige Erfüllung noch nicht gefunden, und dass auch der Verfasser der Apokalypse selbst in keiner der bisherigen Erscheinungen seit der Gründung der christlichen Kirche eine volle Erfüllung der betreffenden Visionen würde gefunden haben. Vielmehr, wenn wir dieselben nach ihrem wesentlichen Sinne betrachten, so werden wir veranlasst, an eine persönliche Erscheinung vor der glorreichen Parusie des Herrn zu denken, als Werkzeug des Satans und der Art mit satanischen Kräften ausgerüstet, wie bisher noch in keinem der Widersacher des Reiches Gottes sich kund gegeben hat, also an eine auch jetzt noch zukünftige Erscheinung.

c) Hierbei ist nun nicht ausser Acht zu lassen, dass in allen prophetischen Elementen der biblischen Lehre das eigentlich Dogmatische der Vorstellung und wesentlichen Idee sich von dem bewusst oder unbewusst Poetischen und Bildlichen der Einkleidung vor der vollständigen Erfüllung nicht strenge sondern lässt; wie bei den Propheten des Alten Bundes ihre Weissagungen und Visionen nicht ein durchaus reines Erzeugniss des göttlichen Geistes sind, sondern auf ihre Gestaltung die menschliche Schwachheit, die volkliche oder persönliche Individualität jedesmal mehr oder weniger eingewirkt hat, so ist dasselbe auch in Beziehung auf die prophetischen Anschauungen der Apostel und neutestamentlichen Schriftsteller zuzugeben, und auch in Beziehung auf die Visionen der Apokalypse, auch wenn wir dieselbe als eine unmittelbar apostolische Schrift und die Gesichte als dem Apostel thatsächlich in unmittelbarer Offenbarung vorgeführt betrachten; noch mehr, wenn das wenigstens nicht als feststehend betrachtet wird. So viel aber können wir schon jetzt erkennen, dass die Apokalypse sowohl die glorreiche Parusie des Herrn als auch die Erscheinung des Antichrists als ziemlich nahe betrachtet und hinstellt. Dieses ist im Allgemeinen nicht Etwas, was der Apokalypse eigenthümlich wäre. Wie schon früher bemerkt, lässt sich nicht in Abrede stellen, dass die Christen der ersten Zeit überhaupt und so auch die neutestamentlichen Schriftsteller im Allgemeinen die Hoffnung gehegt haben, die glorreiche Parusie des Herrn werde in nicht ferner Zeit, werde vielleicht noch zu ihren Lebzeiten erfolgen. Diese Gestaltung der Hoffnung war für die Gläubigen der Zeit nothwendig, um sie in den so mannigfaltigen Trübsalen und Anfechtungen, mit denen sie zu kämpfen hatten, äusseren und inneren, aufrecht zu erhalten; und auch wir thun wohl, wenn wir nach ihrem Beispiele uns in unserem Gemüthe diese Zukunft stets als nahe hinstellen und darin gleich ihnen eine Aufforderung finden, all' unser Trachten darauf zu richten, von dem Herrn zu jeder Zeit, wann er kommen möge, als wachsam und treu erfunden zu werden. Darauf verweisen uns so manche Ermahnungen des Herrn selbst wie seiner Jünger, darauf auch so entschieden die Apokalypse. Mit dieser Anschauung aber von der Nähe der glorreichen Zukunft des Herrn hängt die Voraussetzung zusammen, dass auch die äusserste Anstrengung der feindlichen Mächte oder die Erscheinung des Antichrists nahe bevorstehe, und in solcher Weise ist sowohl bei Paulus von dem Erscheinen des $\mathring{α}νϑρωπος\ τῆς\ \mathring{α}μαρτίας$ als in der Apokalypse von der letzten Offenbarung des Thieres die Rede. Aber beide Schriftsteller halten sich in der Beziehung nicht in solcher Allgemeinheit, sondern verfahren in ihrer Ankündigung noch bestimmter, beide jedoch auf etwas verschiedene Weise. Paulus spricht 2. Thess. 2, 6 sq. von etwas oder von einem Aufhaltenden, Hemmenden ($τὸ\ κατέχον$ und $\mathring{o}\ κατέχων$), was vorher weichen müsse, ehe der Antichrist, der Mensch der Sünde, zum Vorschein kommen könne; was er meint, deutet er nur an, setzt es aber als seinen Lesern bekannt voraus; was dieses sei, ist unter den Auslegern im höchsten Grade streitig. Mit grosser Wahrscheinlichkeit aber lässt sich annehmen, dass die Römische Monarchie und deren damaliges Oberhaupt gemeint ist, und zwar dass diese Vorstellung sich an die damals in der Jüdischen wie in der Christlichen Kirche gewöhnliche Auslegung der Danielischen Weissagungen ohne Weiteres anschliesst, so dass sie mit dem eigenthümlich christlichen Bewusstsein des Paulus gar nicht wesentlich zusammenhängt und er selbst auch für seine Andeutungen darüber gewiss nicht unbedingte Autorität würde in Anspruch genommen haben. Auch spricht er nicht ausdrücklich aus, wie kurze oder lange Zeit nach der Entfernung jenes κατέχων der Antichrist erscheinen werde, wenn gleich allerdings die Erwartung zu Grunde zu liegen scheint, sie werde in nicht gar langer Zeit erfolgen. Noch mehr positiv aber verfährt in der Beziehung die Apokalypse. Sie bezeichnet als den persönlichen Antichrist nicht bloss deutlich den zurückkehrenden Nero, sondern gibt auch bestimmt an, dass derselbe als solcher erscheinen werde nach dem Ablaufe der Regierung der 7 (ersten) Römischen Kaiser, die durch die 7 Köpfe des Thieres symbolisirt werden, und von denen der sechste nach 17, 10, eben damals regierte, also nach dem Tode oder der Entfernung des nur kurze Zeit bleibenden Nachfolgers des eben damals regierenden Fürsten. In der ersteren Beziehung hat sie sich, wie wir gesehen haben, auch nur ohne Weiteres an die zu der Zeit nach dem Tode des Nero im Römischen Reiche und besonders in der Christenheit ziemlich allgemein verbreiteten Vorstellungen angeschlossen; wiefern dieses auch mit der letzteren Bestimmung der Fall ist, oder ob dieses der Apokalypse ganz eigenthümlich ist, lässt sich nicht bestimmt ermitteln. Wiefern nun aber mit der Erscheinung des Antichrists wieder die des Christs zusammenhängt, müssen wir sagen, dass in dieser Beziehung die Apokalypse allerdings über die Zukunft des Herrn und die vollendete Erscheinung seines Reiches Zeit und Umstände zu bestimmen gesucht hat, gegen den Ausspruch des Herrn, wonach dieses der Vater sich allein vorbehalten hat. In dieser Beziehung kann denn natürlich die Apokalypse, abgesehen von ihrer sonstigen Bedeutung, auch auf keine Weise für uns normative Autorität haben. Ganz unangemessen aber ist es und zeigt sich in dem Bisherigen auch gegen den Sinn unseres Buches, dessen Angaben nun doch nach einer anderweitigen Berechnung zur Ermittelung des bestimmten Zeitpunktes oder gar Jahres zu benutzen, wo die Wiederkunft des Herrn und andere damit in Verbindung stehende Katastrophen der Zukunft erfolgen werden. Was aber die Plagen Kap. 16 betrifft, so werden dieselben ausdrücklich schon 15, 1 als die letzten Plagen bezeichnet ($\pi\lambda\eta\gamma\grave{\alpha}\varsigma$ $\grave{\epsilon}\pi\tau\grave{\alpha}$ $\tau\grave{\alpha}\varsigma$ $\grave{\epsilon}\sigma\chi\acute{\alpha}\tau\alpha\varsigma$); es sind solche, welche mit der Erscheinung des Antichrists und der Parusie des Herrn in naher Verbindung stehen. Schon deshalb ist es unzulässig, sie auf specielle Ereignisse in der bisherigen Geschichte der Kirche, sei es in den ersten Jahrhunderten oder in der späteren Zeit zu deuten; in keinem derselben würde der Seher selbst seine Vision erfüllt betrachten. Ueberhaupt aber sind die Bilder, worin diese Plagen vorgeführt werden, der Art, dass es durchaus nicht wahrscheinlich ist, sie seien überhaupt als Ankündigungen von einzelnen Ereignissen gemeint, welche sich in dieser Reihefolge begeben würden, sondern nur mehr als allgemeine Bilder zur Bezeichnung der schwersten Zeiten für die Welt, welche der Zukunft des Herrn und der Vollendung der Gläubigen vorhergehen würden.

Auf ähnliche Weise verhält es sich nun auch mit den Visionen des ersten Theiles bis Kap. 11 fin., wo von Kap. 6 an die 7 Siegel des Buches der Zukunft geöffnet werden, und von Kap. 8 an, was im Inhalte des 7ten Siegels beschlossen ist, allmälig bei dem Posaunen der 7 Engel an's Licht geführt wird. Auch dieses sind meistentheils Plagen, welche über die Erde ausgegossen werden; und dabei lässt sich schon nach dem Bisherigen nicht anders erwarten, als dass auch sie von solchen Plagen gemeint seien, welche der Parusie des Herrn vorhergehen und welche daher — nach dem Sinne des Buches — in kurzer Zeit eintreten würden. Es frägt sich aber, wer nach dem Sinne unseres Buches durch diese Plagen solle getroffen werden und wie sich dieselben zu den Zeitverhältnissen des Sehers verhalten. Hier sind nun manche Ausleger der Meinung, dass diese Visionen sich alle auf das Judenthum und Jerusalem beziehen, und zwar nicht bloss solche Ausleger, welche wie Abauzit, Hartwig, Herder u. A., auch im zweiten Theile unter Babel Jerusalem verstehen, sondern auch solche, welche dieses richtig von Rom deuten, wie namentlich Eichhorn; man bezieht dann den Inhalt dieser Visionen zum Theil auf Ereignisse und Verhältnisse, welche der Zerstörung Jerusalems unmittelbar vorhergingen, zur Zeit des Jüdisch-Römischen Krieges stattfanden, sei es nun, dass man es als prophetische Andeutungen derselben fasst oder, wie Eichhorn, als poetische Schilderungen von Ereignissen, welche der Seher schon erlebt hatte. Allein zuvörderst das letztere ist entschieden falsch. Veranlassung überhaupt, das Ganze auf das Unheil des Jüdischen Landes und namentlich Jerusalems zu beziehen, hat Kap. 11 gegeben. Hier ist auch allerdings von Jerusalem und einer über dasselbe zu verhängenden göttlichen Strafe ausdrücklich die Rede. Aber zuvörderst zeigt die Art und Weise, wie davon die Rede ist, deutlich, dass zur Zeit der Vision Tempel und Stadt noch bestanden. Denn

a) V. 1. 2 wird nur verkündigt, dass die heilige Stadt von den Heiden werde 42 Monate lang zertreten und ihnen auch der Vorhof des Tempels übergeben werden; von einer Zerstörung der Stadt ist hier nicht die Rede, und vom Tempel selbst wird sogar unverkennbar angedeutet, dass er unter Gottes unmittelbaren Schutz werde gestellt werden;

b) nachdem von zwei Märtyrern die Rede gewesen, welche in dieser Stadt, worin auch der Herr gekreuzigt ward, würden getödtet, aber nachmals wieder auferweckt werden und vor den Augen ihrer Feinde gen Himmel fahren, heisst es, dass durch ein grosses Erdbeben ein Zehntheil der Stadt einstürzen und 7000 Menschen umkommen, die Uebrigen aber erschrecken und dem Gotte des Himmels die Ehre geben würden (V. 13). Auf diese Weise hätte die Darstellung unmöglich lauten können, wenn damals die Zerstörung der Stadt schon geschehen wäre, nicht durch ein Erdbeben, sondern durch heidnische Völker, und nicht eine partielle, sondern eine gänzliche der Stadt sammt dem Tempel. Hier in der Apokalypse ist von einer totalen Zerstörung der Stadt und des Tempels offenbar gar nicht die Rede; vielmehr spricht sich darin unverkennbar die Hoffnung aus, dass durch das Verderben, welches Gott durch Erdbeben über einen Theil der Stadt und ihrer Bewohner verhängen werde, die übrigen zur Besserung würden geführt werden und so von dem göttlichen Strafgerichte verschont bleiben, und dass auch der Tempel unversehrt und von Heiden nicht entheiligt bleiben werde. Schon deshalb ist auch nicht annehmbar, dass eben wie Eichhorn meint, die Zerstörung Jerusalems sollte in den unmittelbar folgenden Versen andeutend geschildert sein, V. 15-19, wo es heisst, dass beim Posaunen des siebenten Engels laute Stimmen im Himmel es verkündigt hätten, dass das Reich der Welt unseres Herrn und seines Gesalbten geworden sei, der in alle Ewigkeit regieren werde, und dass die 24 Aeltesten im Himmel Gott gepriesen hätten, dass Er die Herrschaft an sich genommen habe, dass sein Gericht für die Todten gekommen sei, um seinen Propheten, Heiligen und Verehrern gross und klein ihren Lohn zu geben und die Verderber der Erde zu verderben, endlich, dass unter Blitz, Donner und Erdbeben der Tempel Gottes im Himmel sich geöffnet habe und die Bundeslade in demselben zum Vorschein gekommen sei. Von einer Zerstörung der Stadt Jerusalem findet sich hier nicht das Mindeste. Zu der Vermuthung, dass auf diese Katastrophe sich Etwas in diesen Ausdrücken beziehe, würde nur dann irgend eine Berechtigung stattfinden, wenn im Vorhergehenden schon Andeutungen enthalten wären, dass von derselben die Rede sein müsse; das ist aber, was den vorhergehenden Theil des Kapitels betrifft, nicht der Fall, vielmehr das Gegentheil.

Eben so ist aber auch in den vorhergehenden Kap. 6—10 durchaus keine Andeutung, dass die dort geschilderten Plagen besonders über das Jüdische Land und Volk oder dessen Hauptstadt sollten verhängt werden. Von dem Reiter auf dem feuerrothen Rosse beim zweiten Siegel heisst es, dass ihm Macht gegeben sei, den Frieden von der Erde zu nehmen, dass sie einander schlachten (6, 4), und von dem Tode und Hades des fahlen Rosses beim vierten Siegel, dass ihnen Macht gegeben sei über den vierten Theil der Erde, um durch Schwert, Hunger, Pest und wilde Thiere zu tödten (ib. V. 8); aber dass besonders Judäa sollte verheert werden, wird nicht gesagt, und sehr unnatürlich und durch nichts gerechtfertigt ist, wenn z. B. Herder schon dieses auf einzelne historische Begebenheiten am Anfange des Jüdisch-Römischen Krieges beziehen will. Der Inhalt des fünften Siegels 6, 9-11 deutet auf die göttliche Rache, welche zwar noch nicht jetzt gleich, aber bald diejenigen treffen werde, welche die Bekenner des Herrn um ihres Glaubens willen tödteten; als diese werden aber nicht etwa die Juden bezeichnet, sondern die Bewohner der Erde überhaupt, die $\varkappa\alpha\tau o\iota\varkappa o\tilde{\upsilon}\nu\tau\varepsilon\varsigma\ \dot{\varepsilon}\pi\grave{\iota}\ \tau\tilde{\eta}\varsigma\ \gamma\tilde{\eta}\varsigma$, bei welcher Formel wir vielmehr veranlasst werden, an die heidnischen Völker zu denken; so dass also hierin am wenigsten eine Andeutung liegt, die uns berechtigte zu vermuthen, es solle im Folgenden die Zerstörung Jerusalems und die Vernichtung des Jüdischen

110 III. Allgemeine Untersuchungen über die Apokalypse.

Volkes als Strafe wegen ihres Unglaubens und ihrer Feindseligkeiten wider die Bekenner des Herrn geschildert werden. Ebenso wenig findet sich in der Schilderung der grossen, furchtbaren Naturerscheinungen, die bei der Eröffnung des sechsten Siegels zum Vorschein kommen (6, 12-17), eine Andeutung, dass durch dieselben besonders die Bewohner des Jüdischen Landes sollen betroffen oder erschreckt werden; vielmehr werden wir V. 15 weit mehr veranlasst namentlich bei den: βασιλεῖς τῆς γῆς an heidnische Könige zu denken. Bei den gleichfalls furchtbaren Naturerscheinungen, welche bei den vier ersten Posaunen sich zeigen (8, 7-12), wobei nach einander ein Drittheil der Erde, des Meeres, der Flüsse und Wasserquellen, endlich der Sonne, des Mondes und der Sterne getroffen und beschädigt wird, ist auch durchaus keine Andeutung und würde sehr unnatürlich sein anzunehmen, dass speciel grade das Jüdische Land als dadurch betroffen gemeint sei. Nach der vierten Posaunenstimme wird (8, 13) durch eine Stimme vom Himmel ein dreifaches Wehe ausgerufen, welches den Bewohnern der Erde (τοῖς κατοικοῦσιν ἐπὶ τῆς γῆς) von den noch übrigen drei Posaunenstimmen bevorstehe; wo diese Bezeichnung der Menschen auch schon wieder deutlich zeigt, dass die Plagen, die noch bevorstehen und die jetzt aufgeführt werden, nicht für die Juden insbesondere bestimmt sein können. Es ist schon deshalb im höchsten Grade unwahrscheinlich, dass wir nach der Absicht unseres Buches bei der furchtbaren Heuschreckenschaar, welche — als das erste der noch übrigen Wehe — bei der fünften Posaune zum Vorschein kommt (9, 1-12), wie Herder, Eichhorn u. A. wollen, an die Zeloten und Räuber sollten zu denken haben, von denen Judäa unmittelbar vor dem Jüdisch-Römischen Kriege und während desselben so furchtbar geplagt und verheert ward, und so bei den Myriaden von Reitern, welche (ib. 13-21) als das zweite Wehe bei der sechsten Posaunenstimme zum Vorschein kommen, an das Römische Kriegsheer unter Vespasian, wie schon Grotius, und am wenigsten ist denkbar, dass beides, das wüthende Treiben der Zeloten und das Heranrücken und die Verheerungen des Römischen Kriegsheeres auf diese Weise sollten erst nach der geschehenen Zerstörung Jerusalems geschildert sein. Wenn unter den Heuschrecken bei dem ersten Wehe

die Zeloten gemeint wären, so würden ohne Zweifel vor allem
auch diese selbst als Gegenstände, nicht bloss als Werkzeuge
des göttlichen Strafgerichtes aufgeführt sein; das Wüthen der
Zeloten würde auch sicher nicht ausdrücklich als ein solches
bezeichnet sein, wodurch die Menschen nicht getödtet, sondern
nur 5 Monate lang sollten furchtbar gequält werden, so dass
sie ihren Tod sich wünschen würden ohne ihn zu finden; und
eben so wenig würde es auf die Zeloten irgend passen, dass
von dieser Plage nur diejenigen, aber auch alle diejenigen verschont bleiben sollten, welche als Knechte Gottes und Bekenner
des Herrn (nach Kap. 7) mit dem Siegel Gottes bezeichnet
waren. Ebenso wenig lässt sich denken, dass das zwar ziemlich
zahlreiche, aber doch nur etwa 60000 Mann betragende Römische Kriegsheer unter Vespasian, welches von Galiläa und von
der Meeresküste her gegen Judäa und Jerusalem heranrückte,
hätte auf so furchtbar hyperbolische Weise geschildert sein
können, wie der Fall sein würde, wenn auf dasselbe sich die
Plage der sechsten Posaune bezöge, wo die Zahl der und zwar
vom Eufrat heranziehenden Reiterei auf 200 Millionen angegeben wird, und die Rosse bezeichnet werden als Thiere, welche
tödten mit ihren schlangenartigen Schwänzen und mit ihrem
Munde, aus denen Rauch und Schwefel herausgehe. Nach
V. 18 soll durch diese Plage ein Drittheil der Menschen überhaupt umkommen, und aus der V. 20. 21 sich findenden Bezeichnung der Laster, von denen die noch übrig bleibenden Menschen, durch diese Plage ungebessert, nicht ablassen, ergibt
sich deutlich, dass vornehmlich die heidnischen und götzendienerischen Völker gemeint sind. — So werden wir also in
dieser ganzen Reihe von Visionen Kap. 6—10 durch nichts
darauf geführt, dass die hier vorgeführten Plagen besonders
gegen das Jüdische Volk oder dessen Hauptstadt bestimmt
seien; und so werden wir von daher auf keine Weise berechtigt zu vermuthen, dass im Folgenden die Zerstörung Jerusalems selbst sollte prophetisch oder poetisch geschildert sein,
was sich auch, wie wir gesehen haben, durchaus nicht erwarten lässt, nach der Weise wie Kap. 11 von einem über einen
kleinen Theil Jerusalems zu verhängenden Strafgerichte die
Rede ist, wonach die übrigen Bewohner sich reuevoll zu Gott
wenden würden.

Was aber die eigentliche Bedeutung dieser Bilder betrifft, so lässt sich, wie ich glaube, dass dieselbe zu beurtheilen sei, schon aus dem Bisherigen entnehmen. Zuvörderst ist es sicher falsch, wenn man die hier geschilderten Plagen im Einzelnen auf dieses oder jenes bezieht, was sich während des Römisch-Jüdischen Krieges oder vor demselben begeben habe. Es sind Plagen, welche vor der Zukunft des Herrn über die Welt wegen ihrer Feindschaft wider das Reich Gottes sollen verhängt werden; und dass dieselben hier aufgeführt werden vor dem Strafgerichte, welches nach Kap. 11 über einen Theil der Stadt Jerusalem und der Bewohner derselben sollte verhängt werden, und darnach ohne Zweifel wie dieses als etwas nahe Bevorstehendes gedacht ward, hängt nur wieder damit zusammen, dass auch die Zukunft des Herrn selbst als nahe erwartet ward. Ebenso ist aber auch nicht zulässig, die bestimmte Erfüllung der einzelnen Bilder in einzelnen Ereignissen und Verhältnissen der späteren Zeit nachweisen zu wollen. Nach der ganzen Beschaffenheit der Bilder ist schon nicht wahrscheinlich, dass sie auch nach dem Sinne unseres Buches selbst als bestimmte Vorherverkündigungen einzelner geschichtlicher Ereignisse gemeint seien, sondern nur in ihrer Vereinigung als allgemein symbolische Bilder zur Andeutung der mannigfaltigen göttlichen Strafgerichte, welche, auch noch vor dem mit der Zukunft des Herrn zu erwartenden Endgerichte, über die Welt wegen ihrer Sündhaftigkeit und Feindschaft wider das Reich Gottes werden verhängt werden. Dabei kann man zwar sagen, dass theilweise Erfüllungen auch schon im bisherigen Verlaufe der Geschichte der Kirche und der Welt vorgekommen sind und noch wiederholt vorkommen; aber das ist mehr auf den allgemeinen Gedanken zu beziehen, welcher diesen Bildern zu Grunde liegt, als auf den Inhalt dieses oder jenes einzelnen Bildes selbst.

Die Gestaltung dieser Bilder selbst in unserem Buche betreffend, so sind dieselben hier zum Theil allerdings auf eigenthümliche Weise ausgeführt. Aber im Ganzen schliessen sie sich sehr an die Schilderungen der alttestamentlichen Propheten an, so wie an die der späteren Juden über das messianische Reich und die demselben vorhergehenden Trübsale und Katastrophen, und sind zum Theil unverkennbar aus diesen mehr oder weniger entlehnt, wie z. B. bei der Schilderung des bei der fünften Posaune hervortretenden Heuschreckenschwarmes 9, 1-11 unverkennbar die Schilderung des Buches Joel zu Grunde liegt, wo eine solche Heuschreckenplage als Zeichen der Nähe des göttlichen Gerichtstages dargestellt und daran unmittelbar die göttliche Verheissung des messianischen Heiles angeknüpft ist. — Als anderweitig entlehnt ist auch im Wesentlichen die Schilderung der beiden Zeugen Kap. 11, ihres Märtyrerthums wie ihrer Verherrlichung, zu betrachten. Nach der Weise, wie von ihnen die Rede ist, in der einen wie in der anderen Beziehung, ist es im höchsten Grade unnatürlich, wenn z. B. Ebrard darunter Gesetz und Evangelium oder deren Repräsentanten verstehen will. Nach dem Sinne des Buches sind ohne Zweifel zwei in ganz gleichem Verhältnisse zum Evangelium stehende menschliche Individuen gemeint. Da es von ihnen heisst, dass sie in Jerusalem auftreten werden und an ihr Märtyrerthum sich die Verkündigung des wenigstens über einen Theil dieser Stadt zu verhängenden Strafgerichtes anschliesst, so haben besonders Herder, Eichhorn, Hinrichs und schon Wetstein u. A. dabei an zwei Jüdische Hohepriester gedacht, Ananus und Jesus, welche während der Bedrohung der Stadt durch die Römer sich durch Besonnenheit auszeichneten, fortwährend die blinde Wuth der Zeloten zu zügeln suchten und das Volk gegen diese leiteten. Die Zeloten riefen deshalb die Idumäer zu Hülfe; jene suchten ihnen den Eingang zu wehren, aber vergebens. Die Idumäer drangen in die Stadt und es wurde in dieser Nacht unter der gemässigteren Parthei der Juden ein Blutbad angerichtet, worin über 8000 derselben umkamen; am folgenden Tage dauerte das Morden fort und da wurden auch die beiden Hohenpriester ergriffen und gemordet und ihre Leichname unbeerdigt hingeworfen, während doch, wie Josephus sagt, „die Juden sonst um die Beerdigung so besorgt sind, dass sie auch die Hingerichteten vor Sonnenuntergang abnehmen und begraben" (B. J. IV, 5, 2). Josephus sagt ausdrücklich, dass der Tod des Ananus gewissermaassen den Grund zur Eroberung Jerusalems gelegt habe; dass mit ihm die Mauern dahingesunken, der Staat zu Grunde gegangen sei. — Allein dass diese beiden Männer unter den beiden Zeugen der Apokalypse könnten gemeint sein, ist ganz unmöglich. So sehr jene beiden Hohenpriester sich vor den Zeloten durch Besonnenheit mögen ausgezeichnet haben, so konnten sie unmöglich in einem Buche wie die Apokalypse als Zeugen des Herrn für das Reich Gottes bezeichnet werden, zumal da namentlich vom Ananus bekannt ist, dass er ein entschiedener Gegner des Christenthums war und selbst den Jakobus, den Bruder des Herrn, hatte hinrichten lassen. Auch darüber kann kein Zweifel sein, dass was wir hier lesen nicht eine historische oder poetische Darstellung einer Thatsache, welche damals bereits vorlag, sondern eine prophetische Vision ist, von zwei Glaubenszeugen, welche vor der Parusie des Herrn im Jüdischen Volke auftreten würden, die bei ihrem Leben zwar mit ihrer Predigt bei dem Geschlechte der Zeit keinen Eingang finden werden, die aber Gott auch nach ihrem Tode verherrlichen und so auch noch auf die Bekehrung der Menschen werde wirken lassen. Offenbar liegt hierbei eine allgemeine und tröstliche Idee zu Grunde, welche wir durch die Geschichte der Kirche in verschiedenen Perioden bestätigt finden, dass solchen Männern, durch welche die Kirche des Herrn mit bedeutendem Erfolge gefördert worden ist, wie z. B. Luther, in grösserer oder geringerer Zeitferne die Bestrebungen Anderer vorhergehen, welche schon dasselbe Bedürfniss erkannt, auf dasselbe hingearbeitet haben, aber ohne in ihren Bestrebungen gleich günstige Erfolge zu haben, ja vielmehr darin scheinbar ganz unterliegend, dass aber dennoch ihr Bemühen keineswegs als verloren zu achten ist, vielmehr für die Herbeiführung dessen, worauf ihr Streben gerichtet war, noch wesentlich fördernd sein und sie selbst auch grade nach ihrem Untergange Anerkennung und Verherrlichung finden können. So steht z. B. Johannes Huss da im Verhältniss zu Luther. In solchen Männern kann man dann auch theilweise Erfüllungen der Vision sehen, ohne dass man aber sie bestimmt grade auf sie beziehen darf. Es sind hier vielmehr Zeugen gemeint, welche der letzten Offenbarung des Herrn selbst bei seiner Wiederkunft vorhergehen werden als Vorläufer, wie der Täufer Johannes der ersten Erscheinung des Herrn. Diese Vorstellung ist auch der Apokalypse nicht eigenthümlich, sondern ohne Zweifel schon vorgefunden, theils schon in der Jüdischen Kirche, wo namentlich Elias, auch wohl Jeremiah und Mose als Vorläufer des Messias erwartet wurden, was dann in der christlichen Kirche auf die Zeit der glorreichen Zukunft des Herrn übertragen ward. Dass auch hier an zwei Propheten des Alten Bundes, Elias der eine, der andere vielleicht Mose, gedacht sei, lässt sich mit grosser Wahrscheinlichkeit, wie wir sehen werden, annehmen. Doch ist auf eigenthümliche Weise die Schilderung ihrer Wirksamkeit ausgeführt und so namentlich dieselbe auch mit dem Schicksale Jerusalems in Zusammenhang gebracht. Dieses hängt aber wenigstens theilweise mit der Stellung zusammen, welche unser Buch gegen Jerusalem und das Judenthum überhaupt nimmt.

Diese zeigt sich nämlich bei genauerer Betrachtung offenbar als eine ganz andere als wie die gegen Rom und das Römerthum. Rom ist das gänzlich zu zerstörende Babel, und das Römerthum fällt mit dem Antichristenthume zusammen. Nicht so das Judenthum. Das Buch kennt zwar Juden, welche die Wahrheit lästern und die Synagoge des Satans bilden, 2, 9. 3, 9; aber es bezeichnet Diese als Solche, die nicht wahrhaft Juden seien, sondern sich diesen Namen nur fälschlicher Weise zueigneten, ganz anders als z. B. im Johannes Evangelio, wo so häufig οἱ Ἰουδαῖοι ohne weiteres gerade als Bezeichnung der dem Herrn feindlich Widerstrebenden, namentlich der Oberen des Volkes gesetzt ist. Und Jerusalem wird zwar Apok. 11, 8 als die Stadt bezeichnet, ἥτις καλεῖται πνευματικῶς Σόδομα κ. Αἴγυπτος und es wird ein göttliches Strafgericht über sie verhängt. Aber sie wird auch, im Verhältnis zu den Heiden, gradezu als die heilige Stadt (τὴν πόλιν τὴν ἁγίαν 11, 2) und als die geliebte Stadt (20, 9) bezeichnet, und durch das Strafgericht wird nur ein kleiner Theil der Stadt und ihrer Bewohner vernichtet, während es von den Uebrigen heisst, dass sie voll Schrecken dem Gotte des Himmels die Ehre gegeben hätten (11, 13), worin in diesem Zusammenhange die Andeutung liegt, dass sie in sich gehen und mit der übrigen Stadt würden errettet werden, sammt dem Tempel in derselben (11, 1). Dagegen von andern Menschen, den Götzendienern, wiederholt hervorgehoben wird, dass sie sich durch die göttlichen Gerichte nicht hätten zur Busse bekehren lassen, sondern sich nur noch mehr verstockt und Gott gelästert hätten (9, 20. 21, 16, 9. 11. 21). Unverkennbar hängt die Hervorkehrung der einen wie der andern Seite mit der menschlichen Individualität des Sehers zusammen. Wie er selbst ohne alle Frage der Abstammung nach dem Jüdischen Volke angehörte, so scheint er auch mit treuer Liebe seinem Volke angehangen und, obwohl betrübt über ihren Unglauben, doch die Hoffnung gehegt zu haben, dass sie sich bald im Grossen bekehren und auch ferner den Stamm des Volkes Gottes bilden würden, was sich auch in der Weise zu erkennen gibt, wie sich ihm in dem Gesichte Kap. 7 die Gläubigen darstellen, welche mit dem Siegel Gottes bezeichnet werden; und ebenso die Hoffnung, dass Jerusalem und dessen Tempel auch ferner der Mittelpunkt des Volkes und des Dienstes des wahren lebendigen Gottes sein werde. Es erscheint daher falsch, nicht im Sinne unseres Buches, wenn man es so ansieht, wie namentlich Herder, Eichhorn und zum Theil auch Lücke, in beiden Ausgaben, dass darin wie das Römerthum so auch das Judenthum als zu überwindendes Antichristenthum betrachtet werden.

So viel mag denn vorläufig über den Sinn und Zweck des Buches im Allgemeinen genügen. Daran schliessen sich die Fragen

2. Ueber die Einheit des Buches und die Zeit der Abfassung (Lücke §. 58—60).

Beides ist in Verbindung mit einander zu behandeln; denn es ist bei der Frage über die Zeit der Abfassung des Buches oder der Empfangung der darin vorgeführten Visionen mit die Frage in Betracht zu ziehen, ob das Buch, so wie es uns vorliegt, eine Einheit bildet, ein zusammenhängendes Ganzes, welches unmittelbar hinter einander fortgeschrieben ist, oder ob es aus mehreren Theilen besteht, deren Abfassung so wie die Empfangung der berichteten Visionen auch etwas verschiedenen Zeiten angehört. Es lässt sich nicht verkennen, dass der zweite Theil Kap. 12 mit der Reihe der vorhergehenden Visionen nicht auf solche Weise zusammenhängt, wie man nach dem ganzen Gange der Darstellung eigentlich erwartet. Kap. 4—11 bilden eine eng zusammenhängende Reihe von Visionen, welche die Erscheinungen vorführen, die bei Eröffnung der 7 Siegel des

Schicksalsbuches ans Licht treten, und beim siebenten Siegel die Enthüllung des dadurch verschlossenen stufenweise an die Posaunen der 7 Engel anknüpfen. Dasjenige, was bei den drei letzten Posaunen hervortreten werde, wird 8, 13 als ein dreifaches Wehe bezeichnet, welches den Bewohnern der Erde noch bevorstehe; dann heisst es 9, 12, dass mit der fünften Posaune das eine dieser drei Wehe vorüber sei und noch zwei Wehe kommen werden; vergl. 10, 7, wonach ein Engel schwört, dass kein Verzug mehr sein, sondern so wie der siebente Engel posaunen werde, so werde das Mysterium Gottes, seiner Weissagung an die Propheten gemäss, vollendet sein; und 11, 14, dass das zweite Wehe vorüber sei und das dritte Wehe schnell kommen werde. So wie es nun ib. V. 15 heisst, dass der siebente Engel posaunt habe, erwartet man eigentlich, dass unmittelbar das letzte Wehe werde vorgeführt werden, die Schilderung der letzten Plagen, welche vor der Wiederkunft des Herrn und der Inauguration seines Reiches über die Erde werden verhängt werden. Dazu stimmt auch das Nächstfolgende, dass bei dem Posaunen des siebenten Engels laute Stimmen im Himmel es verkündigt hätten, dass das Reich der Welt unseres Gottes und seines Gesalbten geworden sei, der in alle Ewigkeit regieren werde, und dass die 24 Aeltesten im Himmel Gott gepriesen hätten, dass Er die Herrschaft an sich genommen habe und dass sein Gericht für die Todten gekommen sei, um seinen Propheten, Heiligen und Verehrern gross und klein ihren Lohn zu geben und die Verderber der Erde zu verderben (V. 15—18). Es kann das nur gemeint sein von dem letzten, das dritte Wehe bildenden Gerichte bei der Wiederkunft des Herrn. Damit im Zusammenhange erscheint auch noch ib. V. 19. Wenn es dort zuerst heisst, dass in dem geöffneten Tempel Gottes im Himmel die Bundeslade sich gezeigt habe, so schliesst sich das an die Vorstellung der späteren Juden an, dass die Bundeslade, welche bei der Zerstörung des Tempels durch die Chaldäer mit verloren gegangen war, und die sich seitdem nicht mehr im Allerheiligsten befand, weder im Tempel des Serubabel noch in dem des Herodes, bei der Erscheinung des Messias oder dem Eintritte des Reiches Gottes wieder zum Vorschein kommen werde; es liegt hier also darin eine Andeutung, dass jetzt der Tag des Herrn, die Zeit der Inauguration seines

Reiches da sei, und wenn es dann in demselben Verse noch weiter heisst: καὶ ἐγένοντο ἀστραπαὶ καὶ φωναὶ καὶ βρονταὶ καὶ σεισμὸς καὶ χάλαζα μεγάλη, so kann dieses nach dem Zusammenhange mit dem Vorhergehenden wohl nur als Andeutung oder Vorzeichen jenes eben angekündigten göttlichen Gerichtes gemeint sein. Darnach erwartet man, dass dieses Gericht als das dritte und letzte Wehe, dessen Erscheinung mehrfach ausdrücklich und feierlich angekündigt ist, jetzt unmittelbar näher werde geschildert werden. Allein statt dessen werden wir Kap. 12 in eine andere Reihe von Anschauungen geführt, welche deutlich mit der Geburt des Messias und seiner bald darauf erfolgten Entrückung in den Himmel beginnen, welche also auf einen früheren Zeitpunkt in der Geschichte des Reiches Gottes zurückgehen, als von welchem in den vorhergehenden Gesichten überall die Rede war, die alle Christum in seinem gegenwärtigen Zustande nach der Rückkehr zum himmlischen Vater voraussetzen und sich auf Verhältnisse der Zukunft beziehen. Schon Vitringa hat gefühlt, dass der Inhalt von Kap. 12 an mit den vorhergehenden Visionen nicht in einem fortschreitenden Verhältnisse stehe. Er lässt hier eine neue Reihe von Gesichten anheben, und zwar meint er, dass dieselben Demjenigen, was bei der sechsten und siebenten Posaune zum Vorschein kam, parallel laufen, so dass die dort schon angekündigten Katastrophen hier nur specieller ausgeführt würden. Allein diese Erklärungsweise ist ungenügend, sowohl weil mit dem Ende des 11. Kap. die vorhergehende Reihe von Visionen gar nicht irgend abgeschlossen erscheint, wie man erwarten würde, wenn das folgende nur als eine Wiederholung und speciellere Ausführung des bei den beiden letzten Posaunenstimmen Erscheinenden gemeint wäre, als auch weil das Folgende (Kap. 12), wie bemerkt, sich unverkennbar auf eine frühere Periode des Reiches Gottes bezieht, als der ganze Inhalt des siebenten Siegels, ja überhaupt auf eine frühere, als welche in allem Vorhergehenden als der Standpunkt erscheint, von dem die Weissagung ausgeht. Auf der anderen Seite ist aber freilich noch weniger statthaft, mit Vogel l. c. anzunehmen, dass der zweite Theil, Kap. 12—22, ursprünglich ganz unabhängig von dem vorhergehenden Theile als eine Schrift für sich verfasst sei und selbst von einem anderen Verfasser.

Abgesehen von der grossen Gleichheit der Sprache und Anschauungsweise in beiden Theilen, welche schon an sich die Identität des Verfassers nicht zweifelhaft lassen würde, finden sich im letzten Theile unverkennbare Zurückbeziehungen auf den ersten Theil, welche nicht erlauben anzunehmen, dass jener ursprünglich ohne Beziehung auf diesen geschrieben sei; so z. B. wird 14, 3, 15, 7 es als bekannt vorausgesetzt, dass die 4 ζῶα (Cherubim) und die 24 πρεσβύτεροι den göttlichen Thron umgeben, was nur in Bezug auf die Kap. 4, 4. 6 gegebene Beschreibung geschehen konnte; eben so lässt sich wohl nicht verkennen, dass die 144 Tausend, welche 14, 1 sq. mit dem Lamme auf dem Berge Zion auftreten als die den Namen des Lammes und seines Vaters an der Stirne geschrieben haben, eine Beziehung haben auf Kap. 4, 7, wo dieselbe Zahl genannt wird als Solcher, die als Knechte Gottes mit dem Siegel Gottes an der Stirne bezeichnet werden. Auch hätte eine selbständige prophetische Schrift nicht wohl so beginnen können, wie 12, 1: καὶ σημεῖον μέγα ὤφθη ἐν τῷ οὐρανῷ, selbst auch nicht ohne das καὶ. Darüber kann wohl kein Zweifel sein, dass der zweite Theil schon ursprünglich in Beziehung auf den ersten Theil und von demselben Verfasser geschrieben ist. — Ich habe in der Abhandlung in der Theologischen Zeitschrift etc. die Vermuthung aufgestellt, dass die Apokalypse nach dem ursprünglichen Entwurfe einen andern Schluss möge gehabt haben, worin die Weissagung nach Kap. 11 auf solche Weise zum Ziele fortgeführt worden, wie es dem bisherigen Gange gemäss war, dass aber der Verfasser selbst später jenen ursprünglichen Schluss mit dem gegenwärtigen zweiten Theile Kap. 12—22 vertauscht hätte, worin die Weissagung wieder wie von vorne anhebt und nach einem etwas andern Plane bis zu ihrem Ziele, der Vollendung des Reiches Gottes, fortgeführt wird. Statt dessen könnte man sich die Sache auch so denken, dass der Schriftsteller sein prophetisches Gemälde ursprünglich selbst nur bis Kap. 11 fin. ausgeführt hätte und vielleicht durch irgend einen Zufall abgehalten worden wäre, sogleich den Schluss hinzuzufügen; auch da würde sich wohl begreifen lassen, dass als er später wieder dazu kam, er sein Werk auf eine von dem ursprünglichen Plane etwas abweichende Weise fortgesetzt und vollendet hätte. Eine Bestätigung für eine solche Annahme habe ich in dem genannten Aufsatze in den Indicien der Abfassungszeit gefunden, welche beide Theile darbieten, wonach der erste Theil vor der Zerstörung Jerusalems geschrieben sein müsse, der zweite Theil aber wahrscheinlich später und nach dieser Katastrophe. Doch habe ich diese Annahme einer verschiedenen Zeit der Abfassung beider Theile später selbst zurückgenommen (Beitr. z. Evangel. Krit. S. 81); und ich glaube auch, dass zu derselben wenigstens kein hinreichender Grund vorhanden ist. Was den ersten Theil betrifft, so kann nach meinem Erachten darüber freilich kein Zweifel sein, was auch jetzt von vielen Auslegern und Kritikern anerkannt wird, dass derselbe noch vor der Zerstörung Jerusalems geschrieben ist; denn Kap. 11 wird nicht bloss das Bestehen der Stadt und des Tempels vorausgesetzt, sondern es gibt sich auch selbst die Hoffnung zu erkennen, dass der letztere werde unentweiht und unverletzt bleiben und auch die Bewohner der ersteren nach dem über einen Theil derselben verhängten Strafgerichte in sich gehen und so dem Verderben entgehen werden. Aus anderen Stellen, besonders Kap. 6, 9-11, geht hervor, dass die Christenheit damals schon von Seiten der Welt und zwar ohne Zweifel der heidnischen Welt, blutige Verfolgungen erlitten hatte und dass schon eine nicht geringe Zahl derselben als Märtyrer für ihren Glauben gestorben waren. Dieses wird am wahrscheinlichsten auf die Neronische Verfolgung (seit 64 n. Ch.) bezogen; und darnach würde dann die Abfassung dieses ersten Theiles zwischen 64—70 fallen, wahrscheinlich, da die Verfolgung schon seit einiger Zeit scheint begonnen zu haben, einige Jahre nach 64, und auch wohl wenigstens einige Zeit vor der Zerstörung der Stadt, also etwa zwischen 66—70, zwischen den letzten Jahren des Nero und dem Anfange der Regierung des Vespasian. — Was den zweiten Theil betrifft, so setzt dieser zuvörderst noch bestimmter voraus, dass damals Rom die Christen auf blutige Weise verfolgt hatte; Rom wird bezeichnet als trunken von dem Blute der Heiligen und der Zeugen Jesu Kap. 17, 6; hierzu vergl. 18, 24 wo es heisst, dass darin das Blut der Propheten und Heiligen und aller auf Erden Geschlachteten gefunden worden; und ib. V. 20, wo die Heiligen, die Apostel und die Propheten als Himmelsbewohner angeredet werden, als deren Blut Gott durch den Sturz Babels gerochen habe; was voraussetzt, dass auch schon mehrere Apostel in oder durch Rom ihren Tod gefunden hatten oder wenigstens, nachdem sie früher durch dasselbe verfolgt waren, jetzt nicht mehr am Leben waren. Doch führen diese Stellen nicht gerade auf eine spätere Zeit als die des Nero oder die nächstfolgende, da in der Neronischen Verfolgung wenigstens die Apostel Paulus und Petrus zu Rom umgekommen sind. Die Hauptstelle aber für die Bestimmung der Abfassung des zweiten Theiles ist Kap. 17, 10 in Zusammenhang mit dem Vorhergehenden und Folgenden. Darnach kann nach meinem Ermessen das als sicher angenommen werden, wie wir schon früher gesehen, dass derselbe nach dem Tode oder dem Verschwinden des Nero verfasst ist unter dessen Nachfolger, als dem sechsten der Römischen Kaiser. Wir haben es dabei nur als zweifelhaft gelassen, ob als dieser Nachfolger des Nero Galba zu betrachten sei oder Vespasian. Für die letztere Annahme habe ich mich in der Abhandlung erklärt, für die erstere sind unter den neueren Auslegern Ewald, Lücke ed. 1, de Wette, Credner, Guerike Einl. 2. Ausg. Etwas ganz Entscheidendes glaube ich lässt sich weder für noch gegen die eine oder die andere Annahme aufstellen. Doch hat die erstere auch jetzt noch für mich überwiegende Wahrscheinlichkeit, und auch Lücke Ausg. 2. urtheilt so, dass die Abfassung am wahrscheinlichsten in die erste Zeit des Vespasian falle, wie auch Lic. E. Böhmer (Ueber den Verfasser und die Abfassungszeit der Johann. Apokalypse, und zur bibl. Typik. Halle 1855). Zuvörderst glaube ich, dass es sich gar wohl denken lässt, dass ein in Klein-Asien lebender Schriftsteller zur Zeit des Vespasian diesen als den sechsten der Römischen Kaiser als den Nachfolger des Nero ansehen und bezeichnen konnte, ohne den Galba, Otho und Vitellius mitzurechnen, von denen der Erste im Ganzen kaum 7 Monate regierte und für noch kürzere Zeit als allgemein anerkannter Kaiser, die beiden Anderen aber überhaupt gar nicht allgemeine Anerkennung gefunden haben, am wenigsten im Oriente. Auch Sueton (Vespas. 1) spricht von der Regierung dieser Dreie nur als von einer rebellio trium principum. Was aber besonders dafür spricht, die Abfassung nicht schon unter den Galba zu setzen, ist der Umstand, dass die Vorstellung vom Nero, der als Antichrist wiederkehren werde, hier wie eine schon allgemeiner bekannte und verbreitete behandelt erscheint, so dass wenigstens wahrscheinlich ist, dass seit dem Tode schon ein gewisser Zeitraum verflossen war. Auch kann man sagen, dass wenn die Abfassung so unmittelbar nach dem Verschwinden des Nero fiele, dann derselbe wohl überhaupt gar nicht als gefallen würde bezeichnet sein (17, 10), sondern als noch lebend, und auch wohl der Nachfolger desselben gar nicht würde mitgezählt sein. Wenn nun aber die Abfassung wirklich auch erst unter dem Vespasian geschehen ist und dieser unter dem sechsten damals regierenden Römischen Könige gemeint ist, so kann damit doch bestehen, dass es vor der Einnahme und Zerstörung Jerusalems und des Tempels geschrieben ist. Und dieses, dass Jerusalem auch zur Zeit der Abfassung des zweiten Theiles noch bestand, hat überwiegende Wahrscheinlichkeit wegen der Weise, wie Kap. 20, 9 auch noch nach Ablauf der 1000 Jahre die Stätte der Heiligen, welche die Schaaren des Antichrists angreifen werden, ohne weiteres als die geliebte Stadt bezeichnet wird, während von dem neuen Jerusalem, das vom Himmel herabkommt, erst später, nach der Erneuerung des Himmels und der Erde, die Rede ist (21, 9 sq.), so dass wenigstens sehr wahrscheinlich ist, dass der Verfasser bei jenem Ausdruck das noch bestehende irdische Jerusalem vor Augen gehabt hat; und wo denn auch hier, wie Kap. 11, die Hoffnung zu Grunde zu liegen scheint, dass dies bis zur Parusie des Herrn werde erhalten werden und den örtlichen Mittelpunkt des Reiches Gottes bilden. S. auch 14, 20: καὶ ἐπατήθη ἡ ληνὸς ἔξωθεν τῆς πόλεως. Darnach findet sich nun in diesen Datis nichts, was der Annahme entgegen wäre, dass beide Theile zu gleicher Zeit abgefasst seien, sei es in den letzten Monaten des Galba oder im ersten Jahre des Vespasians. Dafür ist auch das nicht ausser Acht zu lassen a) dass die apokalyptischen Briefe Kap. 2. 3 mehrfache Anspielungen auf Gegenstände und Vorstellungen enthalten, welche im zweiten Theile ausführlicher behandelt werden, namentlich in der Schilderung der ewigen Seligkeit; cf. 2, 11 mit 20, 6. 14. 21, 8; 3, 12 mit 21, 2. 10 und 19, 12. 16; 2, 7 mit 22, 2. 14. 19; 3, 5 mit 20, 12. 15; so dass darnach wahrscheinlich ist, dass der Verfasser schon bei der Abfassung jener Briefe diese ausführliche Schilderung in Gedanken concipirt hatte; und b) dass am

Schlusse des 10. Kap. (V. 11) sich die ausdrückliche Ankündigung findet, dass der Seher auch darnach noch in Beziehung auf viele Völker und Könige weissagen solle. Wir können wohl nicht zweifeln, dass dieses von Weissagungen gemeint ist, welche auch noch in diesem Buche sollten mitgetheilt werden. Dann liegt aber darin eine unverkennbare Andeutung, dass der Verfasser schon hier beabsichtigte, die Weissagung noch weiter auszuführen, als man eigentlich nach dem Punkte, zu welchem sie schon gelangt war, erwarten würde; auf den Inhalt von Kap. 11 würde jene Andeutung gar nicht passen (obwohl Ewald sie darauf bezieht), wohl aber auf die Weissagungen im zweiten Theile, namentlich Kap. 17. Allerdings scheint mir lässt sich nicht leugnen, dass die Weissagung nach Kap. 11 auf eine andere Art fortgeführt ist, als wir nach dem bisherigen Gange derselben erwarten würden. Aber es lässt sich doch wohl denken, dass der Seher, nachdem er hier zu dem entscheidenden Punkte gekommen war, wo unmittelbar die Schilderung des letzten Wehes und der Parusie des Herrn folgen sollte, er seinen Blick auf die bisherige Vergangenheit der Kirche in ihrem Verhältniss zur Welt geworfen und so seine Schilderung wie von vorne begonnen und auf eine andere Weise als wie der bisherigen Einkleidung gemäss war, fortgesetzt habe, wo denn, was eigentlich das dritte Wehe bildet, erst später und ohne grade ausdrücklich als solches bezeichnet zu werden, vorgeführt wird, in den Plagen, welche bei den Posaunen der 7 Engel hervorkommen, Kap. 15 sq., so wie in den daran sich noch anschliessenden Schilderungen.

Der hier geltend gemachten Ansicht über die Zeit der Abfassung der Apokalypse steht zwar die schon bei Irenäus sich findende Angabe entgegen, dass dieselbe erst der Zeit des Domitian angehöre. Allein nach innern Gründen ist diese sicher als falsch zu betrachten, und lässt sich auch wohl erklären, wie eine solche Annahme, auch ohne auf einer authentischen eigentlichen Ueberlieferung von der Abfassung selbst zu beruhen, sich in der Kirche schon ziemlich früh bilden konnte, bei Voraussetzung dass der Apostel Johannes der Verfasser sei; siehe Stud. u. Krit. 1855. S. 219 fl. Nur kurz erwähne ich hier die Ansicht von Grotius, dass die Apokalypse, obwohl das Werk eines und desselben Verfassers, aus mehreren Visionen zusammengesetzt sei, die zu verschiedenen Zeiten und an verschiedenen Orten, vor und nach der Zerstörung Jerusalems, geschrieben seien; und die ähnliche Schleiermachers (Einl. i. N. T.), dass in dem Buche eine Menge einzelner Visionen zusammengestellt seien, die, wohl von demselben Verfasser, ursprünglich gar nicht als Eins gedacht waren, wobei er denn aber glaubt, auf eine Erklärung des Buches ganz verzichten zu müssen.

3. Verfasser.

Als Verfasser des Buches, als derjenige, dem diese Gesichte zu Theil geworden und der sie dem erhaltenen Befehle gemäss niedergeschrieben habe, wird in der Schrift selbst wiederholt ein Johannes genannt; so am Anfange Kap. 1, 1. 4. 9, und so am Ende Kap. 22, 8. Hier frägt sich nun einmal, welcher Johannes gemeint sei, ob der Apostel oder irgend ein Anderer, und zweitens, ob namentlich im ersteren Falle die Angaben zuverlässig seien oder nur als schriftstellerische Einkleidung zu betrachten, so dass irgend ein Anderer im Namen des Apostels Johannes die Schrift verfasst und ausgegeben hätte. Die letztere Annahme findet sich, wie wir gesehen haben, schon ziemlich zeitig, und zwar in der Gestalt, dass ein Häretiker (namentlich Cerinth) dem Apostel das Buch böslicher Weise untergeschoben habe; und auch in späterer Zeit ist sie auf diese Weise geltend gemacht. Aber eine solche Annahme ist schon deshalb unstatthaft, weil, wie wir gesehen, das Buch nach den deutlichsten Anzeichen schon vor der Zerstörung Jerusalems verfasst ist, zu einer Zeit, wo der Apostel Johannes sicher noch am Leben war, und ohne Zweifel noch vor der Abfassung seines Evangeliums; da würde nicht leicht Jemand gewagt haben, ein solches Werk als wie von Johannes geschrieben zu verfassen; und wenn es dennoch geschehen wäre, würde es ohne Zweifel bald Widerspruch gefunden haben, von Seiten des Apostels selbst und seiner Freunde, zumal da der Apostel Johannes nach allen Nachrichten der Alten in seinen späteren Jahren grade in den Gegenden gelebt hat, wohin die Apokalypse addressirt ist, im proconsularischen Asien, und wo sie auch oder in der Nähe ohne Zweifel verfasst ist. Gewiss würde die Apokalypse, wenn sie einen solchen Ursprung genommen hätte, nicht zu einem solchen Ansehn haben gelangen können, wie sie es schon frühzeitig in dem grössten Theile der Kirche sich erworben und behauptet hat, bis man anfing an den chiliastischen Vorstellungen Anstoss zu nehmen. Auch selbst in der Gestalt, welche Lücke dieser Ansicht in der ersten Auflage seiner Einleitung zu geben gesucht hat, ist dies nicht wohl haltbar; er meint nämlich, dass hierbei Anschauungen zu Grunde liegen, welche der Apostel Johannes wirklich gehabt hätte und welche ein Anderer nach der mündlichen Erzählung desselben weiter ausgeführt hätte; ähnlich schon früher Schott in seiner Isagoge §. 116, der sich nur denkt, dass der Apostel selbst schon Einzelnes fragmentarisch aufgezeichnet hätte (in Aramäischer Sprache), was später ein Anderer benutzt, erweitert und zu diesem Buche ausgearbeitet hätte. Bei der Gleichheit des Charakters wie der Sprache des ganzen Buches müsste ein solcher Redacteur doch das etwa vorgefundene Johanneische mit der grössten Freiheit bearbeitet haben, so dass es ganz sein Werk wäre, und zwar in der angegebenen frühen Zeit, da die darauf führenden Anzeichen mit dem ganzen Buche so verwachsen sind, dass sie nicht als etwas bloss Vorgefundenes könnten betrachtet werden, was der spätere Redacteur ohne Rücksicht auf die Verhältnisse seiner Zeit nur beibehalten hätte. Schwerlich aber würde da, zu Lebzeiten des Apostels, ein Anderer gewagt haben, ein solches Werk, welches doch von Anfang bis zu Ende sich als Johanneisch geltend macht, zum Vorschein zu bringen und mit demselben Eingang gefunden haben. Darnach scheint denn bloss das in Frage gestellt werden zu können, ob wir bei dem Johannes, welcher sich als Verfasser bezeichnet und dem das Werk angehört, an den Apostel zu denken haben oder an irgend einen Andern.

Hier meint man nun meistens, dass die Andeutungen des Buchs über seinen Verfasser entschieden darauf ausgehen, ihn als den Apostel und Evangelisten Johannes zu bezeichnen. Allein es frägt sich, ob dieses gegründet ist. Der Verfasser nennt sich zwar Johannes (1, 1. 4. 9. 22, 8) aber nirgends einen Apostel, sondern nur: Johannes, Knecht Jesu Christi (1, 1);

diese Bezeichnung kann zwar nicht gegen seine apostolische Würde entscheiden, aber eben so wenig dafür; sie erscheint gleich passend für jeglichen Lehrer und Arbeiter im Dienste des Herrn, ja schon für den Christen als solchen. Bestimmter hat man gemeint, dass die Stellen ib. V. 2. 9 grade nur an den Apostel und Evangelisten denken liessen. Aber die erstere Stelle ist gar nicht entscheidend, wie man sie auch fassen mag. Gewöhnlich bezieht man sie auf ein Zeugniss, welches der Seher und Verfasser früher über das Evangelium abgelegt habe. Aber auch dann würde keine Beziehung grade auf den Apostel und Evangelisten Johannes darin liegen, sondern es würde eben so wohl auf einen andern Jünger Christi passen, der im Dienste des Herrn thätig gewesen war. Aber höchst wahrscheinlich, wie wir sehen werden, bezieht sich dort das $\overset{.}{o}_{\varsigma}$ $\dot{\epsilon}\mu\alpha\varrho\tau\acute{v}\varrho\eta\sigma\epsilon\ \tau\grave{o}\nu\ \lambda\acute{o}\gamma o\nu\ \tau o\tilde{v}\ \vartheta\epsilon o\tilde{v}\ \varkappa.\ \tau\grave{\eta}\nu\ \mu\alpha\varrho\tau\upsilon\varrho\acute{\iota}\alpha\nu\ \text{'}I\eta\sigma o\tilde{v}\ X\varrho\iota\sigma\tau o\tilde{v}$, $\ddot{o}\sigma\alpha\ \epsilon\tilde{\iota}\delta\epsilon$ überhaupt nicht auf eine frühere Wirksamkeit des Verfassers als Augenzeugen Christi in der Verbreitung des Evangeliums durch Lehre oder Schrift, sondern auf die Bezeugung des folgenden Inhaltes der Apokalypse selbst. Scheinbarer ist aber allerdings V. 9, wo der Seher sagt, er, Johannes, sei um des Wortes Gottes und des Zeugnisses Jesu willen auf der Insel Patmos gewesen und habe dort die Offenbarung empfangen. Es stimmt das nämlich zu einer alten Ueberlieferung über den Apostel Johannes, welche wir bei den Kirchenschriftstellern seit dem Ende des zweiten Jahrhunderts antreffen, dass dieser durch den Römischen Kaiser wegen seines Bekenntnisses nach dieser wüsten Insel verbannt worden sei. Allein die genauere Betrachtung der Angaben der Alten selbst zeigt deutlich, dass ihnen etwas Bestimmteres und Sicheres über diese Verbannung nicht bekannt war; ihre Angaben haben namentlich hinsichtlich des Kaisers, unter dem und durch den dies geschehen sein soll, etwas sehr Schwankendes, und mit grosser Wahrscheinlichkeit lässt sich darnach annehmen, dass die ganze Tradition bloss auf dieser Stelle der Apokalypse selbst beruht; so wie diese lautet, konnte sie allerdings leicht zu der Annahme veranlassen, dass der Seher Johannes wegen seines christlichen Bekenntnisses nach Patmos verwiesen sei, und so war natürlich, wenn einmal dieser Johannes für den Apostel gehalten ward, dass dies sich bald als Tradition über ihn festsetzte, wenn es sich auch ursprünglich auf einen anderen gleichnamigen Zeugen bezog; es konnte da leicht, was dem einen Johannes begegnet war, auf den anderen als Apostel angeseheneren und bekannteren übertragen werden. Ob aber die Stelle selbst an sich betrachtet und unabhängig von jener spätern Tradition, wirklich bestimmt eine Verbannung des Sehers auf jene Insel oder wenigstens einen Aufenthalt auf derselben zur Zeit der Empfängniss der Visionen und der Abfassung des Buches nothwendig macht, s. ad h. l.

Was aber im Buche selbst gegen einen Apostel als Verfasser zu sprechen scheint, ist die Stelle 21, 14: *x. τὸ τεῖχος τῆς πόλεως ἔχον θεμελίους δώδεκα καὶ ἐπ' αὐτῶν δώδεκα ὀνόματα τῶν δώδεκα ἀποστόλων τοῦ ἀρνίου.* Diese Stelle macht es wenigstens viel wahrscheinlicher, dass der Seher und Verfasser selbst der Zahl der 12 Apostel nicht angehört habe, als dass er einer derselben gewesen sei; wie auf der anderen Seite, wenn wir beachten, wie in dieser Stelle auf die Würde der Apostel ein so specifischer Werth gelegt wird, wir wohl zu vermuthen berechtigt werden, dass wenn der Verfasser diesem Kreise angehört hätte oder für einen solchen gehalten werden wollte, er namentlich 1, 1 nicht unterlassen haben würde, sich ausdrücklich als solchen zu bezeichnen. — Nicht minder spricht aber auch gegen den Apostel Johannes die Vergleichung der anderen Schriften, die von ihm sich uns erhalten haben, namentlich des Evangeliums und des ersten Briefes. Wir gehen hierbei von der Voraussetzung aus, dass diese Schriften echte Werke des Apostels Johannes, Sohnes des Zebedäus, des „geliebten" Jüngers des Herrn sind; wozu ich glaube, dass wir auf's entschiedenste berechtigt sind; s. meine Beitr. z. Ev. Krit. u. Vorles. über neutestam. Einl. Da aber lässt sich mit der grössten Wahrscheinlichkeit behaupten, dass nicht derselbe Jünger der Verfasser der Apokalypse sein könne. Allerdings lässt sich nicht in Abrede stellen, dass die Apokalypse mit den andern Johanneischen Schriften auch manche Verwandtschaft darbietet, sowohl in Vorstellung, als auch im Style und Sprachgebrauche; und es darf dieses, um das Verhältniss der Schriften zu einander richtig zu beurtheilen, nicht ausser Acht gelassen werden. Es kann zugegeben werden, dass die Apokalypse auf der einen Seite und die anderen Johanneischen Schriften auf der anderen Seite mit keinen anderen neutestamentlichen Schriften so viel Verwandtes im Einzelnen haben, als jene beiden unter einander, und dass nicht unwahrscheinlich dieses seinen Grund in einer gewissen Abhängigkeit des einen Schriftstellers von dem andern hat, in einer Benutzung der früher geschriebenen Schrift oder Schriften durch den Verfasser der später geschriebenen. Aber der Art ist es nicht, dass es für die Einheit des Verfassers beweisend wäre, so wenig als das mannigfaltige Verwandte, was z. B. der Brief an die Hebräer und auch der 1. Petrinische Brief mit Paulinischen darbietet, beweisend dafür ist, dass der Apostel Paulus jene Briefe geschrieben habe. In unserem Falle ist doch noch viel bedeutender als die Verwandtschaft die Verschiedenartigkeit, welche die betreffenden Schriften in ihrem ganzen Charakter darbieten; sie ist eine solche, welche sich bei der Annahme der Identität des Verfassers nicht leicht würde erklären lassen. Zuvörderst a) was den Styl betrifft, so ist in der Apokalypse der ganze Bau der Sprache ohne Vergleich rauher, härter, unverbundener, hebraisirender; es herrscht darin eine grössere grammatikalische Incorrectheit, als in irgend einem anderen Buche des N. B.; dagegen die Sprache des Evangeliums zwar auch nicht rein Griechisch ist, aber doch in grammatischer Hinsicht ohne Vergleich correcter. Schon Dionysius Alexandrinus l. c. (Euseb. VII, 25) hat diese Differenz mit Recht bemerklich gemacht; er sagt, dass während das Evangelium und der (erste) Brief in Bezug auf die Griechische Sprache fehlerfrei geschrieben seien, dagegen die Sprache der Apokalypse keineswegs $\dot{\alpha}\varkappa\varrho\iota\beta\tilde{\omega}\varsigma$ $\dot{\epsilon}\lambda\lambda\eta\nu\iota\zeta\upsilon\upsilon\sigma\alpha$ sei, sondern dass der Verfasser derselben mannigfaltig barbarische Idiotismen und auch Solöcismen gebrauche. Einzelne solcher grammatischen Incorrectheiten sind z. B. K. 1, 4: $\dot{\alpha}\pi\dot{o}$ $\dot{o}$ $\ddot{\omega}\nu$ $\varkappa\alpha\dot{\iota}$ $\dot{o}$ $\tilde{\eta}\nu$ $\varkappa\alpha\dot{\iota}$ $\dot{o}$ $\dot{\epsilon}\varrho\chi\acute{o}\mu\epsilon\nu o\varsigma$, 2, 20: $\tau\dot{\eta}\nu$ $\gamma\upsilon\nu\alpha\tilde{\iota}\varkappa\dot{\alpha}$ $\sigma o\upsilon$ $\text{'}I\epsilon\zeta\alpha\beta\dot{\eta}\lambda$, $\dot{\eta}$ $\lambda\acute{\epsilon}\gamma o\upsilon\sigma\alpha$ $\varkappa.$ $\lambda.$, 3, 12: $\tau\tilde{\eta}\varsigma$ $\varkappa\alpha\iota\nu\tilde{\eta}\varsigma$ $\text{'}I\epsilon\varrho o\upsilon\sigma\alpha\lambda\acute{\eta}\mu$, $\dot{\eta}$ $\varkappa\alpha\tau\alpha\beta\alpha\acute{\iota}\nu o\upsilon\sigma\alpha$, und der Art vieles Andere, dergleichen sich in den anderen Johanneischen Schriften nicht nachweisen lässt. Auch abgesehen von solchen Incorrectheiten bietet die Apokalypse im Sprachgebrauche manches Eigenthümliche dar, was sich in den anderen Johanneischen Schriften nicht findet, während in ihr manche eigenthümliche Ausdrucksweisen des Evangeliums und der Briefe vermisst werden. Auch auf dergleichen hat schon Dionysius Alexandrinus hingewiesen; s. darüber Ewald pag. 66—74, de Wette §. 189, Credner §. 266, Lücke ed. 2. S. 662—680. Die in dieser Beziehung stattfindende Verschiedenheit wird jetzt auch von den meisten Derjenigen anerkannt, welche diese Schriften alle einem und demselben Verfasser beilegen, dem Apostel Johannes; sie glauben, diese Verschiedenheit habe ihren Grund entweder in einer Verschiedenheit der Zeit der Abfassung, oder in dem erhabenen und poetischen Charakter der prophetischen Rede der Apokalypse. Auf die letztere Weise sehen es namentlich Ebrard und Hengstenberg an. Der Letztere meint, Johannes habe das Evangelium und die Briefe im Zustande des gewöhnlichen Bewusstseins geschrieben, die Offenbarung dagegen, als er im Geiste war und dieser durch ihn redete; daher sei es zu erklären, dass er hier Ausdrücke vermeide, welche in dem christlichen Sprachgebrauche seiner Zeit einen stehenden Charakter angenommen hatten, auch selbst solche, welche zu den charakteristischen Eigenthümlichkeiten seines eigenen gewöhnlichen Sprachgebrauches gehörten wie z. B. $\zeta\omega\dot\eta$ $\alpha i\omega\nu\iota o\varsigma$ und das im Evangelium so häufige $\pi\iota\sigma\tau\epsilon\dot\upsilon\epsilon\iota\nu$; ebenso, dass die Sprache der Apokalypse — gemäss dem poetischen Charakter der prophetischen Rede — das Volltönende, Emphatische liebe — wohin er sogar rechnet, dass sie gewöhnlich $i\delta o\dot\upsilon$ setze, das Evangelium dagegen $i\delta\epsilon$ — so wie das Hebraisirende, Rauhe und Abgerissene. Hengstenberg hat dieses in einer Weise ausgeführt und ausgedehnt, dass es an's Absurde grenzt und einer Widerlegung nicht bedarf und auch nicht fähig ist. Gleicher Art ist aber, wenn Ebrard sagt, Johannes habe im Evangelium, frei über seinem Stoffe stehend, sich bemüht, für seine Leser so gut Griechisch als möglich zu schreiben und daher besser geschrieben, als es ihm Gewohnheit war, während er in der Apokalypse durch die Erinnerung an die eben gehabten Visionen überwältigt sei und keine andere Sprache finde, dies Ungeheure auszudrücken, als die der alten Propheten; daher er hier recht mit Willen sich einem prophetisch antiken, stark hebraisirenden Sprachcolorit hingebe und absichtlich Härten anwende, wie 1, 4. 2, 20. — Wie man auch über die Visionen in der Apokalypse urtheilen mag (s. später), so lässt sich doch nicht wohl die Sache so ansehen, dass der Seher dieselben in der uns vorliegenden Gestalt und das ganze Buch in dem Augenblicke der Entzückung selbst niedergeschrieben habe, sondern erst später, wie denn auch das ἐγενόμην .. ἐν Πάτμῳ K. 1, 9 mit grosser Wahrscheinlichkeit darauf führt, dass er beim Schreiben sich nicht mehr auf Patmos befand; die Niederschreibung geschah daher — und dasselbe findet auch bei den Visionen und anderen Weissagungen der alttestamentlichen Propheten statt — nicht im Zustande der Entzückung, sondern des besonnenen Bewusstseins. Wenn nun auch zugegeben werden kann, dass die Erinnerung an das in der Entzückung Gesehene und Geschaute, und der Gegenstand überhaupt einigen Einfluss auch auf den sprachlichen Charakter des Buches üben konnte, so doch gewiss nicht in dem Grade, namentlich in grammatischer Beziehung, um auf diesem Wege den Abstand der Apokalypse gegen das Evangelium zu begreifen. — Was aber die andere Erklärungsweise betrifft, aus der Verschiedenheit der Zeit der Abfassung, so ist allerdings im höchsten Grade wahrscheinlich, dass das Evangelium und der erste Brief des Johannes erst nach der Zerstörung Jerusalems geschrieben sind, und somit später als die Apokalypse, und so könnte man sich denken, dass der Apostel Johannes in der Zwischenzeit bei längerem Verkehr mit den Hellenen in Asia sich eine grössere Fertigkeit und Correctheit im Griechisch - Schreiben erworben hätte. Diese Erklärungsweise fällt natürlich ganz fort, wenn man, wie Ebrard, Hengstenberg u. A. auf Grund des Zeugnisses des Irenäus die Abfassung der Apokalypse erst unter den Domitian setzt. Aber auch bei unserer Annahme müsste doch der Apostel Johannes zur Zeit der Abfassung der Apokalypse schon zu ziemlichen Jahren gekommen sein, zu einem Alter von wenigstens 60 Jahren oder darüber: und da ist kaum wahrscheinlich, dass sich sein ganzer Griechischer Styl nach der Zeit noch so wesentlich sollte umgestaltet haben, wie der Fall sein müsste, wenn er, der Verfasser des Evangeliums und der Briefe, zugleich auch der der Apokalypse wäre. Es kommt noch dazu, was treffend Lücke bemerkt (Ausg. 2. S. 664), dass die Sprache der Apokalypse in der That gar nichts von der Stümperei und Zufälligkeit eines Anfängers an sich trägt, sondern etwas sehr Constantes, ja Absichtliches, Abgeschlossenes und Gewohntes, kurz einen bestimmten Typus, der die Verwandlung und den Fortschritt zu dem Sprachtypus des Evangeliums und der Briefe kaum gestattet.

b) Schon Dionysius Alexandrinus a. a. O. macht darauf aufmerksam, dass die Apokalypse wiederholt den Johannes als Seher und Verfasser namentlich nenne, während der Apostel sich weder im Evangelium noch im ersten Briefe ausdrücklich nenne. Dagegen hat man geltend gemacht, wie schon Eichhorn, dass die ausdrückliche Nennung des Namens der prophetischen Sitte gemäss sei. Dieses ist zwar nicht ohne weiteres richtig, da sich ziemlich sicher annehmen lässt, dass auch von den alttestamentlichen Propheten manche Weissagungen ohne Nennung ihres Namens ausgegeben und daher später auch wohl anderen Propheten beigelegt sind, als denen sie angehörten; und ganz unwichtig ist jene Erscheinung nicht, um in Verbindung mit anderen Erscheinungen uns vermuthen zu lassen, dass der apokalyptische Johannes ein anderer ist als der Apostel, der Verfasser des Evangeliums und des Briefes oder der Briefe. Nur kann man sie nicht als entscheidend ansehen, da sich doch denken lässt, dass der Apostel in einer zu einer andern — frühern — Zeit geschriebenen Schrift in der Beziehung ein anderes Verfahren beobachtet habe, als später im Evangelium und in den Briefen.

c) Von grösserer Wichtigkeit aber und als entscheidend zu betrachten ist die Verschiedenartigkeit der beiderseitigen Schriften in Beziehung auf die sich darin kund gebenden Vorstellungen, in Beziehung auf den ganzen Geist und Charakter, das ganze Bild, welches uns aus dem Lesen derselben über ihren Verfasser und dessen Stellung entgegentritt. Beide, der Verfasser der Apokalypse und der Evangelist Johannes erscheinen als Angehörige des Jüdischen Volkes, und zwar als Hebräische und wohl Palästinenser, da sie beide die heiligen Schriften ihres Volkes auch in der Originalsprache kennen, indem sie Aussprüche aus dem A. T. gewöhnlich nicht nach der LXX anführen, sondern nach eigener Uebersetzung aus dem Hebräischen Texte selbst. Allein die innerliche Stellung Beider zum Judenthume und zum Jüdischen Volke erscheint als eine sehr verschiedene, wie wir schon früher gesehen haben (p. 115); der Verfasser der Apokalypse hängt mit dem Judenthum, dem Jüdischen Kultus und dem Jüdischen Volke fortwährend auch

innerlich sehr zusammen, so dass er die Hoffnung zu hegen
scheint, dass Jerusalem — die heilige, die geliebte Stadt (11, 2.
20, 9) — zwar eine göttliche Heimsuchung erfahren, aber doch
mit seinem Heiligthume bis zur Parusie des Herrn bestehen
und dann — während des tausendjährigen Reiches — der
Mittelpunkt des Volkes und des Dienstes des wahren lebendigen Gottes sein werde, und dass er diejenigen Mitglieder des
Jüdischen Volkes, die das Evangelium hartnäckig verwarfen
oder verfolgten, als Solche bezeichnet, die nicht in Wahrheit
Juden seien, sondern sich diesen Namen nur fälschlich zueigneten (2, 9. 3, 9); dagegen das Johanneische Evangelium
sich der Benennung οἱ Ἰουδαῖοι ohne weiteres zur Bezeichnung der der Wahrheit widerstrebenden Juden, namentlich der
dem Erlöser feindlichen Oberen des Jüdischen Volkes bedient.
Man könnte sich nun allenfalls denken, dass der Apostel Johannes durch die Zerstörung Jerusalems selbst dazu gekommen
wäre, die Hoffnung fahren zu lassen, dass diese Stadt auch
für das zukünftige messianische Reich der Mittelpunkt sein
werde; aber nicht wohl dass sich auf Veranlassung dieses Er-
eignisses, welches sicher sein ganzes Mitgefühl in Anspruch
genommen hat, seine innerliche (gemüthliche) Stellung gegen
das Jüdische Volk dermaassen sollte umgestaltet haben, wie
wir voraussetzen müssten, wenn der Verfasser der Apokalypse
später — doch höchstens ein bis zwei Jahrzehende später —
auch das Evangelium geschrieben hätte.

d) Den Mittel- und Hauptpunkt im Inhalte der Apokalypse
bildet die Hinweisung auf die Nähe der glorreichen Zukunft
des Herrn, als Siegers über die feindlichen Mächte und zur Inauguration des Reiches Gottes auf Erden. Wenn dieses Reich
selbst — das tausendjährige — auch nur kurz geschildert wird,
so dient doch alles Vorhergehende nur als Vorbereitung darauf, so wie das Folgende als weitere Vollendung desselben erscheint. Diese Erwartung finden wir nun zwar auch in anderen neutestamentlichen Schriften, und auch dem Apostel
Johannes ist sie nicht fremd; so ist von dieser Vorstellung aus
ohne Zweifel 1. Joh. 2, 18. 28 zu erklären. Aber in dem Evangelium finden sich — abgesehen von K. 21, 22 in dem An-
hange — ausdrückliche und ganz bestimmte Aussagen darüber
nicht, und das ist immer nicht unbedeutend. Wenn der Apostel

Johannes noch gegen 40 Jahre nach dem Tode und der Himmelfahrt Christi diese Erwartung in solcher energischen Lebendigkeit und Ausbildung gehegt hätte, wie wir in der Apokalypse finden, so sind wir berechtigt anzunehmen, dass er dieselbe in dieser Weise im Allgemeinen auch später würde festgehalten haben, und dass sie auch durch seine geschichtliche Darstellung des Lebens des Herrn hindurchblicken würde. Setzen wir ihn als Verfasser der Apokalypse, so könnten wir uns denken entweder, dass er diese Erwartungen in der vorliegenden Gestalt erst in Folge der Offenbarungen gefasst hätte, welche die Apokalypse selbst uns vorführt; oder, dass er dieselben im Wesentlichen auch schon vor dem Empfangen dieser Visionen gehegt hätte, und zwar in Folge der Art und Weise, wie er Reden Christi über die zukünftige Entwicklung des Reiches Gottes, über das Endgericht, über seine Verbindung mit den Seinigen nach seiner Hinwegnahme von der Erde u. s. w. aufgefasst hätte. Im letzteren Falle würden wir aber erwarten, dass er solche Reden des Herrn auch in seinem Evangelium mitgetheilt hätte, zumal wenn er diese Erwartungen in solcher Weise und Energie auch noch gegen 40 Jahre festgehalten hätte, als wie die Apokalypse beweisen würde. Aber Reden solcher Art finden sich zwar in den drei ersten Evangelien, nicht aber, wie schon gesagt, im Johanneischen, wo die auf die Zukunft sich beziehenden Aussprüche Christi alle entweder einen allgemeineren oder entschieden einen geistigen Charakter an sich tragen. Wenn der Apostel aber zu den Erwartungen in der apokalyptischen Gestalt erst durch die ihm nach unserem Buche zu Theil gewordenen Visionen gekommen wäre, so würden wir doch auch erwarten, dass sie ihm in etwas späterer Zeit nicht so sehr sich verallgemeint haben und in den Hintergrund getreten sein würden. Die inzwischen erfolgte Zerstörung Jerusalems konnte wohl dazu beitragen, die Beschaffenheit dieser Erwartungen etwas zu modificiren, aber nicht in dem Grade wie der Fall gewesen sein würde, wenn der Verfasser der Apokalypse auch der des Evangeliums wäre, wie wir ja sonst auch die eschatologischen Vorstellungen später noch wesentlich in derselben Gestalt festgehalten finden, als worin sie in der Apokalypse sind.

e) Von dem Antichrist als dem Vorläufer des jüngsten

Tages (der ἐσχάτη ἡμέρα) ist zwar auch 1. Joh. die Rede, K. 2, 18 fl., 4, 1 fl. Aber hier wird, wie schon früher bemerkt, dieses nur als eine damals in der Christenheit verbreitete Vorstellung berücksichtigt, der der Apostel eine allgemeinere Wendung gibt, als worin sie im Allgemeinen herrschend war und namentlich worin wir sie in der Apokalypse finden. Der Apostel ermahnt seine Leser ausdrücklich, sie sollten nicht auf eine einzelne zukünftige Person als Antichrist warten, denn es seien schon viele Antichristen in die Welt ausgegangen, da als solcher Jeglicher zu achten sei, der da leugne, dass Jesus der Christ sei. Es scheint dort gegen eine solche Vorstellung vom Antichrist, wie wir in der Apokalypse finden und auch 2. Thessal., als einer bestimmten einzelnen zukünftigen Person, worin sich die Summe alles Unheils und Verderbens gleichsam concentriren werde, vielmehr eine leise Polemik stattzufinden. Auch dieses ist kein unbedeutender Grund dagegen, dass die Apokalypse von dem Apostel Johannes, dem Verfasser des Briefes, verfasst sein sollte, da es nicht wahrscheinlich ist, dass dieser jene Vorstellung vom Antichrist, wie sie grade in der Apokalypse auf so entschiedene Weise geltend gemacht ist, nach der Zeit würde aufgegeben und so verallgemeint haben, wie wir es in dem Briefe finden, zumal wir sie von andern Seiten in der Kirche noch lange nach der Zerstörung Jerusalems und nach dem völligen Ablauf des apostolischen Zeitalters im Allgemeinen in der apokalyptischen Form und Gestalt festgehalten finden.

f) Noch manche andere einzelne Differenzen in der Vorstellung sowohl auf dem eschatologischen als auch auf anderen damit nicht unmittelbar zusammenhangenden Gebieten lassen sich zwischen der Apokalypse auf der einen und den anderen Johanneischen Schriften auf der anderen Seite nachweisen, welche mehr oder weniger zu der Annahme verschiedener Schriftsteller führen; vergl. Lücke ed. 2. §. 48. 49. Von noch grösserer Wichtigkeit hierfür ist aber dieses, dass die Apokalypse eine ganz andersartige Bildung des Verfassers verräth als das Evangelium und die Briefe; der Verfasser der Apokalypse verräth eine ungleich grössere Gelehrsamkeit wie der Evangelist und eine nicht bloss gradweise verschiedene, sondern eine ganz andere Art von Bildung sowohl auf theologischem als auch auf anderem Gebiete, so dass er als ein Mann erscheint, der sich von früh an mit anderen Zweigen der Wissenschaft beschäftigt hatte und auf ganz andere Weise, als der Evangelist, und der dabei Neigung hat zu einer gewissen Künstlichkeit der Darstellung und zu rabbinisch-kabbalistischen Studien. Nach Apostelgeschichte 4, 13, wo erzählt wird, die Synedristen hätten gehört, dass Petrus und Johannes ἄνθρωποι ἀγράμματοι καὶ ἰδιῶται seien, ist auch nicht wahrscheinlich, dass der Apostel Johannes im Besitze grade einer solchen Bildung und Gelehrsamkeit sollte gewesen sein, wie die Apokalypse bekundet und dergleichen sich auch in den anderen Johanneischen Schriften nicht irgendwie findet. Hengstenberg zwar will dieses nicht gelten lassen; er behauptet, dass was die Apokalypse Gelehrtes und Künstliches haben solle, sich theils in derselben gar nicht finde, theils sich ebenso und in gleichem Grade auch in den anderen Johanneischen Schriften finde, wobei er aber in dieselben mancherlei tiefsinnige Beziehungen auf eine höchst willkührliche Weise hineinträgt; siehe darüber die gründliche Zurechtweisung bei Lücke ed. 2. §. 48.

Wenn wir nun nach allem diesen uns berechtigt halten dürfen zu urtheilen, dass die Apokalypse nicht ein Werk des Verfassers des Evangeliums und der Johanneischen Briefe sein kann, also nicht des Apostels Johannes, und wenn auf der andern Seite nach dem früher geltend Gemachten dieselbe nicht dem Apostel Johannes untergeschoben, in dessen Namen durch einen späteren Schriftsteller abgefasst sein kann, so bleibt nur übrig, mit Dionysius Alexandrinus u. A. anzunehmen, dass sie das Werk eines andern vom Apostel verschiedenen Johannes sei. Wir haben gesehen, dass insbesondere Hitzig als Verfasser den Johannes Marcus, den Verfasser des zweiten Evangeliums, geltend machen will. Allein weder sind die dafür geltend gemachten Gründe irgend stichhaltig, noch ist die Vermuthung an sich irgend wahrscheinlich, wie schon von Ebrard und besonders von Lücke a. a. O. hinreichend nachgewiesen ist, so dass ich nicht für nöthig halte, hier weiter darauf einzugehen, zumal diese Ansicht mit Ausnahme von Weisse nirgends Beifall und Eingang gefunden hat. Es ist schon nicht wahrscheinlich, dass dieser Evangelist, der in der späteren Zeit constant mit dem Namen Marcus bezeichnet wird, sich in der für Klein-Asiatische Gemeinden geschriebenen Apokalypse ohne Weiteres sollte als Johannes bezeichnet haben, da er auch ihnen ohne Zweifel als Marcus bekannt war. Auch weiss die kirchliche Ueberlieferung durchaus nichts davon, dass Marcus in späteren Jahren seinen Wirkungskreis in Klein-Asien, und zwar im proconsularischen Asien gehabt habe. Denn das müssen wir von dem Johannes der Apokalypse annehmen, dass er zur Zeit der Abfassung des Buches sich in Klein-Asien aufhielt und bei den Asiatischen Gemeinden, an welche die sieben Briefe gerichtet und für welche zunächst das Buch geschrieben ist, als Lehrer in einem bedeutenden Ansehn stand, so dass dieselben bei der Weise, wie er sich bezeichnet und zu ihnen redet, grade an ihn und nur an ihn zu denken veranlasst wurden.

Die Existenz eines solchen von dem Apostel verschiedenen Johannes in diesen Gegenden ist uns auch durch unverdächtige Zeugen bekannt. Papias in seinen ἐξηγήσεις λογίων κυριακῶν (bei Eusebius III, 39) redet ausdrücklich von einem zweiten Johannes — ausser dem Apostel — den er zum Unterschiede von diesem als den Presbyter bezeichnet (ὁ πρεσβύτερος), und den er neben einem gewissen Aristion nennt, so dass er diese beiden zwar von der Zahl der Apostel trennt, aber sie doch als solche bezeichnet, die selbst den Herrn gehört hätten (als μαθητὰς τοῦ κυρίου). Zwar hat Guerike in seiner Schrift: Hypothese vom Presbyter Johannes (1831) nachzuweisen gesucht, dass Papias nicht von zweien verschiedenen Johannes rede, sondern nur von dem einen, dem Apostel; dasselbe hat er auch, wiewohl mit geringerer Sicherheit, in der ersten Auflage seiner Einl. i. N. T. S. 262 Anm. 4 wiederholt, und in demselben Sinne hat sich Hengstenberg II, 2. S. 112sq. 2. Aufl. II. 387 ausgesprochen. Aber Guerike selbst in der 2. Ausg. S. 147 sq. beweiset und bekennt, dass für die besondere Existenz des Presbyters Johannes doch noch mehr spreche als für das Gegentheil. Eine irgend unbefangene Betrachtung der Worte des Papias lässt auch zunächst darüber gar keinen Zweifel, dass er wirklich von einem zweiten vom Apostel verschiedenen Johannes, als dem Presbyter, redet; und zwar nennt er ihn ohne alle Beziehung auf den etwaigen Verfasser der Apokalypse, wodurch sein Zeugniss hinsichtlich der wirklichen Existenz desselben um so unverdächtiger wird. Dabei können wir aus der Erwähnung selbst auch das mit grosser Wahrscheinlichkeit vermuthen, dass dieser Presbyter Johannes und der neben ihm genannte Aristion in den Gegenden gelebt und gewirkt hatten, wo Papias sich aufhielt, also in Klein-Asien; Hierapolis, wo Papias Bischof war, lag nahe (nur 6 Römische Meilen nördlich) von Laodicea, einer der 7 Gemeinden, an welche die Apokalypse gerichtet ist. Diesem Presbyter Johannes ist nun auch schon — zwar nicht, wie man gewöhnlich fälschlich annimmt, Dionysius Alexandrinus, der ihn auf ausdrückliche Weise gar nicht erwähnt, aber — Eusebius a. a. O. geneigt, die Apokalypse beizulegen; wobei er zugleich bemerkt, dass Einige erzählten, es hätten in Asia zwei mit Namen Johannes gelebt, nämlich christliche Lehrer des apostolischen Zeitalters, und, was auch schon Dionysius Alexandrinus anführt, man zeige auch noch damals zu Ephesus zwei Grabmäler, die beide einem Johannes zugeeignet würden. War dieses nun der Fall, dass der andere Johannes als Presbyter in denselben Gegenden lebte und lehrte, wo in seinen späteren Jahren der Apostel Johannes wirksam war, so können wir es wohl begreifen, dass schon frühzeitig diese beiden Johannes mit einander verwechselt werden, dieses oder jenes von dem Presbyter auf den in der Kirche bekannten Apostel übertragen und so auch ein schriftstellerisches Werk, was jenem angehörte, diesem beigelegt werden konnte, was mit der Apokalypse allerdings schon um die Mitte des zweiten Jahrhunderts der Fall war, wie wir aus dem Justinus Martyr ersehen. Doch würde allerdings die Annahme dieses Presbyters Johannes als Verfassers unseres Buches nicht ohne Schwierigkeit sein, wenn schon zur Zeit der Abfassung der Apostel Johannes neben ihm in diesen Gegenden gelebt hätte; denn in diesem Falle hätte sich der Presbyter nicht leicht in der Weise, wie hier geschieht, einfach als Johannes, Knecht Jesu Christi, ohne bestimmte Unterscheidung von dem Apostel des Namens bezeichnen können. Allein es hindert auch nichts anzunehmen, vielmehr ist auch aus anderen Gründen nicht unwahrscheinlich, dass die Uebersiedelung des Apostels Johannes in diese Gegenden erst nach der Abfassung der Apokalypse fällt (siehe meine Beiträge zur Evangelien-Kritik S. 194 fl.). Dann aber konnte der Presbyter Johannes sich gar wohl gegen die mit ihm in näherer Verbindung stehenden Gemeinden dieser Landschaft, in deren Mitte oder unmittelbarer Nähe er lebte, einfach als ὁ Ἰωάννης bezeichnen, da er wissen konnte, dass dieselben auch so über seine Person keinen Augenblick zweifelhaft bleiben würden. — Wenn aber die Apokalypse und das vierte Evangelium sich zu einander auf die aus dem hier Vorgetragenen ergebenden Weise verhalten, was die Personen ihrer Verfasser betrifft, so wie Zeit und Ort der Abfassung, so muss von vorne herein sich als sehr unwahrscheinlich hinstellen, dass dem Apostel Johannes, als er das Evangelium schrieb, die Apokalypse sollte unbekannt gewesen sein, und da nun bei aller grundwesentlichen Verschiedenheit des Standpunktes beider Schriften, welche nicht gestattet, sie einem und demselben Verfasser beizulegen, dennoch auch wieder, wie schon früher angedeutet ist, zwischen ihnen eine gewisse Analogie und Verwandtschaft stattfindet, in einzelnen Vorstellungen und Redeweisen, so kann dieses seinen Grund nicht in einer Nachahmung des Evangeliums durch den Verfasser der Apokalypse haben, wie wohl Manche es sich gedacht haben, sondern würde vielmehr eher auf eine Benutzung der Apokalypse durch den Evangelisten zurückzuführen sein; und dass eine solche stattgefunden und im Einzelnen für die Darstellung einigen Einfluss geübt hat, können wir uns nach meinem Ermessen auch wohl denken, wenn auch die Annahme nicht grade nothwendig ist.

4. Ueber die schriftstellerische Einkleidung des Buches, namentlich die Darstellung in Visionen.

Die Apokalypse besteht gleich nach dem Anfange, von K. 1, 9 an, in der Erzählung von Visionen, die dem Seher zu Theil geworden seien, und auch der Inhalt der apokalyptischen Briefe an die 7 Gemeinden K. 2. 3 wird ihm von dem in der Vision erschienenen Herrn mitgetheilt, dictirt. Hier kann man aber fragen, wie wir dieses anzusehen haben, ob bloss als schriftstellerische Einkleidung, als eine von dem Verfasser mit poetischer Freiheit gewählte Form, um den Inhalt seiner prophetischen Hoffnungen auf anschauliche lebendige Weise den christlichen Lesern vorzuführen, oder als geschichtlichen Bericht über Visionen, welche ihm wirklich in der hier aufgeführten Weise und Reihefolge zu Theil geworden sind. Die gleiche Frage ist auch in Beziehung auf die Visionen der alttestamentlichen Propheten, wie sie in deren Schriften vorgeführt werden. In Beziehung auf einzelne lässt sie sich dort nicht mit einiger Sicherheit entscheiden; im Allgemeinen ist nicht unwahrscheinlich, dass es bei den späteren Propheten zum Theil allerdings nur schriftstellerische Einkleidung ist, eine schriftstellerische Form, deren sie sich als Nachahmung der Darstellung älterer Propheten zur Einkleidung, zur anschaulicheren Vorführung dessen, was sie weissagen wollen, bedienen, während im Allgemeinen namentlich bei den älteren Propheten, wenn sie solche Visionen als von ihnen geschaut berichten, kein Grund ist zu zweifeln, dass ihnen dieselben thatsächlich zu Theil geworden sind, die prophetischen Anschauungen sich ihnen in Visionen — meistens mit einem symbolischen Charakter — dargestellt haben; s. Einl. i. A. T. pag. 422 sq. Aus der christlichen Kirche des apostolischen Zeitalters wissen wir nun durch beglaubigte neutestamentliche Zeugnisse, dass namentlich den Aposteln Petrus und Paulus Visionen zu Theil geworden sind, indem sie in einen ekstatischen Zustand versetzt wurden, in welchem ihrem geistigen Auge zur Offenbarung religiöser Wahrheiten symbolische Bilder vorgeführt wurden (s. Apostelgesch. 10, 10 fl. K. 16, 9. 2. Kor. 12, 1 fl.), und dasselbe kann mit ihnen und anderen christlichen Lehrern der Zeit auch noch häufiger der Fall gewesen sein, als wir es ausdrücklich angegeben finden. So hat es an sich auch kein Bedenken, anzunehmen, dass dergleichen auch dem Verfasser der Apokalypse zu Theil geworden, wenn er auch nicht grade der Zahl der Apostel angehörte. Doch ist hier Folgendes in Betracht zu ziehen. Zuvörderst könnten wir uns die Sache nicht so denken, dass der Verfasser das ganze Buch und alle Visionen, wie sie darin vorliegen, während der Entzückung selbst niedergeschrieben hätte; das lässt sich auch in Beziehung auf die Visionen in den prophetischen Schriften des A. T. nicht annehmen, noch weniger in Beziehung auf eine so umfangreiche Reihe zusammenhängender Visionen, wie die Apokalypse sie darbietet; wie denn hier auch schon die einleitende geschicht-

liche Erzählung K. 1 ganz deutlich zeigt, dass das Ganze in
der vorliegenden Gestalt erst nachher niedergeschrieben sein
kann und nach V. 9 höchst wahrscheinlich, als der Seher sich
nicht mehr auf der Insel Patmos befand. Es wäre also jedenfalls anzunehmen, dass der Verfasser die ihm früher zu Theil
gewordenen Visionen erst später so aufgezeichnet hätte, und
zwar wie sie sich ihm in der Erinnerung darstellten. Da würde
nun aber auch schon bei der Menge und dem Umfange der
Visionen und der darin sich darstellenden Bilder sich nicht wohl
denken lassen, dass der Verfasser sie alle auf's Genaueste und
das in der Entzückung zu ihm Geredete Alles auf's Wörtlichste
könnte wiedergegeben haben; wir könnten vielmehr wohl als
sicher setzen, dass bei der späteren Reproduction auf die Gestaltung und Verbindung des Einzelnen die Reflexion des Schriftstellers auch unwillkürlich einigen Einfluss geübt hätte, ohne
dass sich würde bestimmen lassen, bis wie weit. Wir können
aber wohl noch etwas weiter gehen. Es hält überhaupt schwer,
sich zu denken, dass eine solche Menge von Visionen und Bildern unmittelbar hintereinander, wie es nach der Darstellung
des Buches erscheinen würde, sollten vor dem Seher vorüber
gegangen sein; und bei manchen einzelnen dieser Bilder ist es
nach ihrer ganzen Beschaffenheit, nach der Weise wie sie ausgeführt sind, nicht wahrscheinlich, dass sie als wirkliche Erscheinungen sich könnten in Gesichten dargestellt haben; sie
würden da statt erhaben und wohlthuend vielmehr ungeheuer-
lich und abstossend erscheinen, z. B. das Bild des Menschensohnes K. 1, 13 fl. u. a. Dazu kommt, abgesehen davon, dass
die meisten Bilder hier mehr oder weniger genau an alttestamentliche Schilderungen, besonders des Daniel und Ezechiel,
sich anschliessen und aus ihnen entlehnt sind, das Kunstreiche
und Künstlerische in der Verknüpfung der Visionen und in der
Zusammensetzung des ganzen Buches. Durch alles dieses zusammengenommen wird es sehr wahrscheinlich, dass wir entweder die ganze Darstellung in Visionen nur als freie schriftstellerische Einkleidung zu betrachten haben, dergleichen bei
Jüdischen und Christlichen Schriftstellern dieser und der späteren Zeit nicht ganz selten war und angewandt ist z. B. im
Buche Henoch, im 4. Buche Esra, in dem Apokryphum des
Jesaia u. A., oder dass, wenn dem Verfasser auch wirklich

Visionen zu Theil geworden waren, mit symbolischen Bildern in Beziehung auf die zukünftige weitere Entwicklung des Reiches Gottes, er diese doch nachmals mit poetischer Freiheit im Einzelnen weiter ausgeführt und mit einander verknüpft hat. In dem einen wie in dem anderen Falle erklärt es sich auch, dass der Schriftsteller sich in dieser Darstellungsweise in Visionen nicht gleichbleibt, sondern mehrmals für die Weissagung sich der zukünftigen Zeitform bedient, wo er jedoch bald wieder zu der andern Darstellungsweise in Visionen zurückkehrt, wo die Zukunft seinem Auge als wie gegenwärtig sich darstellend erscheint; so K. 11, K. 20, 7 sq.

5. Kanonicität der Apokalypse.

Wir haben gesehen, wie bei der Apokalypse zu verschiedenen Zeiten auch das kanonische Ansehn angefochten oder bezweifelt worden ist, schon im zweiten Jahrhundert und in der Griechischen Kirche für längere Zeit (in der Syrischen auf bleibende Weise), dann im Reformationszeitalter und wieder in späterer Zeit, und wie die Bedenklichkeiten und Angriffe dieser Art immer Hand in Hand gegangen sind mit den Zweifeln und Ansichten über den Ursprung, so wie über den Zweck und Hauptsinn des Buches. Ueber den Begriff des neutestamentlichen Kanons so wie über die Erfordernisse einer Schrift um als kanonisch gelten zu können und die in dieser Beziehung anzuerkennende gradweise Verschiedenheit, s. neutestam. Einl. pag. 671 sq. und meinen Aufsatz über die alttest. Apokryphen in den Theol. Stud. u. Krit. 1853. 2. S. 283—298. Darnach können wir die Apokalypse, wenn die Ergebnisse unserer bisherigen Untersuchung richtig sind, nicht wohl zu den kanonischen Büchern erster Klasse rechnen, sondern nur — mit manchen Griechischen Kirchenschriftstellern und den älteren lutherischen Theologen — zu denen zweiter Klasse, und zwar dieses sowohl nach ihrem Ursprunge als nach ihrem Inhalte. Was das Erstere betrifft, so können wir von Schriften aus der ersten Zeit der christlichen Kirche ausser denjenigen, welche einfach bloss die Geschichte Christi und des Ursprunges und der ersten Schicksale der Kirche erzählen, von den Schriften, die didaktischer Art sind, indem die Schriftsteller selbst lehrend in ihnen auftreten, volles kanonisches Ansehn nur solchen beilegen, welche anerkannt unmittelbar von Aposteln verfasst sind, anderen aber nur eine untergeordnete Autorität, als deuterokanonischen Schriften. Und in diese Reihe tritt denn auch die Apokalypse in Beziehung auf ihren Verfasser, wenn sie — unserer Ansicht gemäss — das echte Werk eines Mannes ist, welcher zwar der Zahl der Jünger des Herrn angehörte, indem er nach Angabe des Papias den Herrn selbst gehört hatte, aber nicht einer der Apostel war. Was aber das Buch selbst in Beziehung auf seinen Inhalt betrifft, so kommt für uns zur richtigen Schätzung freilich nicht der ästhetische Werth desselben in Betracht, das Künstlerische in der Anlage und Ausführung, und die grossen poetischen Schönheiten, wodurch es sich so sehr auszeichnet, sondern nur der religiös-sittliche, der dogmatisch-ethische Gehalt desselben. Hier ist nun anzuerkennen, dass sich in der Apokalypse ein kräftiger christlicher Sinn zu erkennen giebt, besonders eine gläubige lebendige Zuversicht, zu der Kraft des Geistes des Herrn und zum sicheren endlichen Siege des Reiches Gottes über die Welt und alle feindlichen Mächte, und dass sie darin den apostolischen Schriften nicht nachsteht. Aber schon der prophetische Charakter des Buches selbst, die durchgehende Beziehung auf die Zukunft der Kirche und der Welt, auf die Vollendung des Reiches Gottes und die dieser vorhergehenden Kämpfe und Katastrophen bringt es mit sich, dass die Apokalypse für uns nicht in dem Sinne und in dem Grade ein normatives und eigentlich kanonisches normatives Ansehen haben kann, wie die meisten anderen Bücher des Neuen Testaments, die geschichtlichen wie die Lehrschriften, aus dem schon früher angedeuteten Grunde, weil alles Prophetische und auch das im Neuen Testament in der Darstellung mehr oder weniger ein poetisches Gewand an sich trägt und sich das eigentlich Dogmatische vor der Erfüllung von dem Poetischen und Symbolischen der Einkleidung so schwer mit einiger Sicherheit sondern lässt. Das ist auch grade in der Apokalypse und in einem besondern Grade der Fall. Wir pflegen überhaupt das Apokalyptische — nach einem späteren, von unserem Buche selbst ausgegangenen Sprachgebrauche — von dem einfach Prophetischen zu unterscheideu, obwohl der Unterschied nur ein sehr fliessender ist, kein fest bestimmter. Das Apokalyptische ist zwar immer auch prophetisch, aber nicht alles Prophetische apokalyptisch. Im Allgemeinen geht das Apokalyptische darauf aus, das Zukünftige mehr in concreten anschaulichen Bildern im Einzelnen vorzuführen und so denn auch wohl über die zukünftigen Entwicklungen ein Mehreres und Bestimmteres auszusagen, als wozu eigentlich durch wahrhaft göttliche Erleuchtung das Vermögen stattfindet. Dies ist im Allgemeinen der Charakter der gesammten apokryphisch-apokalyptischen Literatur, aber auch desjenigen, was im Bibelkanon als apokalyptisch bezeichnet werden kann; so im Alten Testament besonders das Buch Daniel, aber auch allenfalls schon Ezechiel Kap. 40—48; im Neuen Testament aber eben unser Buch. Wie wir gesehen, hat die Apokalypse gesucht, für die künftige Parusie des Herrn und die glorreiche Erscheinung seines Reiches auf Erden eine nähere Zeitbestimmung zu geben; ein Forschen darnach ist schon an sich nicht entsprechend dem Sinne des Herrn, der — und selbst nach seiner Auferstehung — es ausspricht, dass Zeit und Stunde zu wissen der Vater sich allein vorbehalten habe und deren Kenntniss sogar sich selbst und den Engeln des Himmels abspricht (Matth. 24, 36. Marc. 13, 32. Apostelgesch. 1, 7). Die in unserem Buche in der Beziehung gegebene Zeitbestimmung hat sich denn auch, wie wir gesehen haben, durch den Erfolg nicht bewährt, und so auch nicht andere specielle Ankündigungen, die wieder damit in Zusammenhang stehen; und zwar dieses so, dass wir nach aller Analogie auch nicht berechtigt sind zu erwarten, dass sie in der hier angekündigten Weise sich noch in Zukunft erfüllen werden. So werden wir daher auch von dieser Seite her — von Seiten des Inhalts und apokalyptischen Charakters des Buches — veranlasst, die Apokalypse nicht in die Reihe der neutestamentlichen Schriften ersten Ranges zu stellen, die an sich ein volles kanonisches normatives Ansehn haben, sondern sie nur zu den Schriften zweiten Ranges zu rechnen, mit einer beschränkteren untergeordneten Autorität, als eine Ergänzungsschrift des neutestamentlichen Kanons, die an sich nicht hinreichendes Ansehn hat, um christliche Glaubenssätze aus ihr abzuleiten, ausser insofern als sie mit den kanonischen Büchern der ersten Reihe übereinstimmend und sich an sie anlehnend erscheint. Aber auf keinen Fall sind wir berechtigt, sie so niedrig zu stellen, wie namentlich von Luther geschehen ist, oder sie aus der Sammlung der neutestamentlichen Bücher auszustossen, vielmehr bildet sie recht passend deren Schluss.

IV. Specielle Erklärung.

Kap. 1, 1-2.
Allgemeine Ankündigung des Inhaltes des Buches.
Offenbarung Jesu Christi; der Genitiv hinter ἀποκάλυψις steht im N. T. meistens (auch in dieser Verbindung mit Χριστοῦ z. B. 1. Cor. 1, 7. 2. Thess. 1, 7. 1. Petr. 1, 7. 13) als Genitiv des Objects, des in die Erscheinung Tretenden, Geoffenbartwerdenden; so lässt er sich aber hier nicht fassen (obwohl Lücke es so nimmt ed. 2. S. 23, 365 von dem Geoffenbartwerden Christi in seiner Herrlichkeit, bei seiner glorreichen Zukunft) sondern entweder als Bezeichnung des Besitzers und Herrn, die ihm gleichsam angehörende Offenbarung, oder des Subjectes, des Urhebers; auf die letztere Weise ist es wahrscheinlich auch Gal. 1, 12: δι' ἀποκαλύψεως Ἰησοῦ zu fassen. — Hier wird die Offenbarung Christi aber weiter bezeichnet als eine: welche Gott ihm gegeben gleichsam übergeben hat, um seinen Knechten zu zeigen was in Bälde geschehen solle. Falsch ist, wenn Heinrichs das relativum ἥν von dem Infinitiv δεῖξαι abhängig betrachtet; es ist ohne Zweifel unmittelbar von ἔδωκεν abhängig, und der folgende Infinitiv δεῖξαι von dem ganzen vorhergehenden Satze, zur Bezeichnung der Absicht; Christus wird hier, auch in seinem gegenwärtigen erhöheten Zustande, als der erste Mittler bezeichnet, welcher die ursprünglich vom Vater ausgehende Offenbarung gleichsam in Empfang genommen hat, um sie dem Seher und durch diesen den anderen Gläubigen zukommen zu lassen. Vergl. über διδόναι in ähnlicher Beziehung Joh. 17, 7. 8; Act. 7, 38. — Ueber δεικνύναι von der Enthüllung, Offenbarung der Zukunft

in Gesichten auch 4, 2. 22, 6. — In δεῖ liegt mehr als μέλλει; es zeigt die Zuverlässigkeit der Erscheinung an, welche darauf beruht, dass es so im Rathschlusse Gottes begründet ist. — Ueber ἐν τάχει siehe das Einl. Bemerkte und vgl. 22, 6. 7 u. a. Falsch ist, gegen den Sinn des Buches, wenn Ebrard das ἐν τάχει nur davon verstehen will, dass das hier Gemeinte zu seiner Zeit — sei es früher oder später — schnell verlaufen werde. — Bei τοῖς δούλοις αὐτοῦ kann man zweifelhaft sein, ob das Pronomen auf Gott oder auf Christum zu beziehen ist; für die erstere Beziehung spricht 22, 6: ὁ θεὸς ἀπέστειλε τὸν ἄγγελον αὐτοῦ δεῖξαι τοῖς δούλοις αὐτοῦ ἃ δεῖ γενέσθαι ἐν τάχει. Falsch aber ist, wenn Hengstenberg wie Vitringa u. A. das δούλους αὐτοῦ bestimmt nur von den Propheten will verstanden wissen; es ist allgemeinerer Begriff, in Beziehung auf die Gläubigen überhaupt.

καὶ ἐσήμανεν κ. λ. Es kann kein Zweifel sein, dass hier das Subject nicht wieder Gott ist, sondern in fortschreitender Darstellung: Christus. Die Verbindung mit dem Vorhergehenden können wir uns auf zwiefache Weise denken, entweder so, dass man dieses Hemistich noch mit in den relativen Satz aufnimmt und das ἦν auch als Object zu ἐσήμανεν zieht: oder so, dass man einen — im Hebräischen so häufigen — Uebergang aus dem relativen Satze in die directe Rede annimmt und als Object sich aus dem Vorhergehenden das ἃ δεῖ γενέσθαι ἐν τάχει denkt. So auch Hengstenberg, Ewald (Jahrb. d. bibl. Ws. VIII. 1856. S. 106 Anm.). — Das Verbum σημαίνειν steht von einer — nicht auf ganz deutliche, offene Weise, sondern in bildlicher Rede geschehenden — Andeutung des Zukünftigen, Joh. 12, 33. 18, 32. 21, 19; cf. Act. 11, 28; so hier durch symbolische Bilder. Mit ἐσήμανεν ist τῷ δούλῳ κ. λ. zu verbinden, das Particip ἀποστείλας aber mit διὰ τοῦ ἀγγέλου αὐτοῦ zusammen zu nehmen, nach der Hebräischen Redeweise שָׁלַח בְּיַד: durch die Hand eines Boten senden = einen Boten senden; vergl. Matth. 11, 4 Lachm., also: und der hat es = und welches dieser durch seinen Engel sendend = durch Sendung seines Engels seinem Knechte Johannes angedeutet hat. Züllig will das διὰ τοῦ ἀγγέλου mit ἐσήμανεν verbinden, wo aber das ἀποστείλας zu kahl und überflüssig dastehen würde. — Der Engel ist hier derjenige, der namentlich im letzten Theile von Kap. 17 an dem Johannes die Hauptgegenstände der Offenbarung zeigt (s. de Wette zu unserer Stelle).

V. 2. Der da bezeugt das Wort Gottes und das Zeugniss Jesu Christi, was er gesehen, geschaut, hat. Die rec. hat ὅσα τε; das τε ist aber entschieden unecht, fehlt im ABC über 40 min. Compl. Syr., Aeth. vulg. Griesbach, Tischend., Lachm. u. A. Mit Unrecht wird dies von Ewald in Schutz genommen (s. darüber dessen Jahrb. d. bibl. W. VIII. 1856. pag. 107 fl.). Nach den äusseren Zeugen kann über die Unechtheit desselben kein Zweifel sein. Dann bildet das ὅσα εἶδε eine Apposition zu τὸν λόγον τ. θ. κ. τὴν μαρτυρίαν Ἰ. Χρ. Die Auffassung und Beziehung ist aber streitig. Die meisten Ausleger fassen es als Beziehung auf ein Zeugniss, welches Johannes früher für das Evangelium abgelegt habe. So auch noch Ewald (Jahrb. der bibl. Wissensch. 1848, 1849. S. 62) sagt davon, er sei ein einstiger Augenzeuge Christi und auch des Evangeliums gewesen, als es von Christus selbst verkündigt worden, ὅσα εἶδε trete dann beschränkend, mindernd zu ἐμαρτύρησε gleichsam: zwar Augenzeuge, aber nicht Apostel. Dagegen in den Jahrb. d. bibl. W. VIII. 1856. S. 107 bezieht er es darauf, dass Johannes das Evangelium in dieser Schrift bezeuge. Ebenso Lücke ed. II Einl. S. 239 sq. 241 Anm., Ebrard (Krit. d. Evang. Gesch. S. 1034 sq. 1046 Commentar, cf. Stud. u. Krit. 55. S. 181). So stehen auch die Ausdrücke λόγος τοῦ θεοῦ und μαρτυρία Ἰησοῦ vom Evangelium in Bezug auf das darüber abgelegte Zeugniss der Bekenner des Herrn 20, 4. 6, 9. Aber wäre diese Fassung hier auch die richtige, so würde doch darin nicht grade eine bestimmtere Bezeichnung des Apostels Johannes liegen, weder in Bezug auf das von demselben geschriebene Evangelium (wie noch Ebrard l. c.) noch auch in Bezug auf ein von ihm für das Evangelium erlittenes Märtyrerthum, sondern nur Bezeichnung eines Jüngers des Herrn, welcher die evangelische Lehre und Geschichte durch seine bezeugende Verkündigung verbreitet hätte; und das würde auch auf den Presbyter Johannes passen, wenn dieser (nach Papias) gleichfalls den Herrn gesehen und gehört hatte. Allein wenn wir hier genauer auf den Zusammenhang achten, so ist viel wahrscheinlicher, dass das ἐμαρτύρησεν κ. λ. sich nur eben auf das Zeugniss bezieht, welches Johannes, der Seher, in diesem Buche selbst von der ihm zu Theil gewordenen göttlichen Offenbarung und den sich ihm darstellenden Gesichten ablegt. $λόγος\ τοῦ\ θεοῦ$ steht, wie $λόγος$ oft LXX, für das Hebräische דְּבַר יְי, von der göttlichen Offenbarung, dem prophetischen Offenbarungsworte, und in $μαρτυρία\ Ἰ.\ Χρ.$ ist der Genitiv dann der des Subjects, indem es von dem Zeugniss steht, welches Jesus hier eben in dieser Offenbarung dem Johannes kund thut; vergl. 22, 20, wo Jesus in dieser Beziehung bezeichnet wird als $ὁ\ μαρτυρῶν\ ταῦτα$ ib. V. 16. K. 1, 5, wo er $ὁ\ μάρτυς\ ὁ\ πιστός$ heisst. Das $ὅσα\ εἶδε$ bezieht sich dann eben auf die Erscheinungen, welche sich dem Johannes in Gesichten darboten, und diese Beziehung ist auch um vieles wahrscheinlicher, besonders nach Vergleich von 1, 19 ($γράψον\ οὖν\ ἃ\ εἶδες$), als es auf die von dem Verfasser selbst mit erlebten Thaten und Ereignisse des Lebens Jesu zu beziehen, wo man eher $ἑώρακε$ oder $ἑωράκει$ erwarten würde, wie 1. Joh. 1, 2. 3. Sehr unnatürlich ist aber, wenn Vitringa und Ewald dieses Glied (mit der Lesart $τε$) zwar auf die prophetischen Anschauungen beziehen, dagegen das $λόγον\ τ.\ θ.\ κ.\ μαρτ.\ Ἰ.\ Χρ.$ auf das früher im Evangelium abgelegte Zeugniss. Auch selbst bei der Lesart mit $τε$ würde diese zweifache Bezeichnung ganz unstatthaft sein, noch mehr aber bei der Lesart ohne $τε$. Bei der hier befolgten Erklärung entsteht nun aber offenbar ein trefflicher Gedankenzusammenhang und Fortschreitung. V. 1 ist dann bezeichnet, wer der erste Grund der Offenbarung ist — Gott der Vater, wer der erste Vermittler — Christus, wessen dieser sich als seines Werkzeuges bedient habe — des Engels, und wem er sie durch denselben mitgetheilt habe, — dem Johannes, und dann V. 2, dass der letztere die empfangene Offenbarung nun auch durch das hier in diesem Buche darüber abgelegte Zeugniss den anderen Knechten Gottes kund gethan habe, und daran schliesst sich dann wieder passend V. 3 die Seligpreisung der Leser, an welche diese Offenbarung durch den Johannes kommt. Richtig fassen es auf diese Weise schon ohne Weiteres Andreas, Arethas, Beza, Bengel; und so auch Lücke Theolog. Stud. und Krit. 1836. 3. 655 sq., Züllig, de Wette, Hoffmann (II. 303). Den Aorist $ἐμαρτύρησε$, wofür Wolf und noch Ebrard meint, dass dann das

Präsens hätte gesetzt werden müssen, erklärt schon richtig Bengel aus dem Briefstyle; vgl. z. B. Philemon 19: ἐγὼ Παῦλος ἔγραψα τῇ ἐμῇ χειρί. u. a.

V. 3.

V. 3. Selig zu preisen ist der da lieset und die da hören die Worte der Weissagung und das in derselben Geschriebene bewahren, in ihrem Herzen bewahren, stets vor Augen haben. Das letztere Particip τηροῦντες geht auf Beide zugleich, den ἀναγινώσκων und die ἀκούοντες. Diese Ausdrücke beziehen sich darauf, dass solche heilige Bücher in den Synagogen wie in den christlichen Versammlungen vorgelesen zu werden pflegten, was dann von Einem geschah, während die Anderen hörten. Daher der Eine im Singular, die Andern im Plural.

Denn die Zeit ist nahe, die Zeit der Erfüllung, namentlich der glorreichen Parusie des Herrn; conf. Luc. 21, 8. Marc. 13, 33 und das in der Einleitung Bemerkte.

V. 4—8.

Nach dieser allgemeinen Inhaltsbezeichnung folgt jetzt eine besondere Begrüssung der apostolischen Gemeinden Asia's, für die es zunächst bestimmt ist, mit Hinweisung auf die Gewissheit der glanz- und schreckenvollen Zukunft des Herrn.

V. 4. Johannes den sieben Gemeinden Asia's. Ἀσία steht hier und im N. T. überall nicht als Bezeichnung des Welttheiles (Lücke 420 fl. Stud. 55. S. 168 sq.), sondern des westlichen Theiles von Klein-Asien, der Asia propria oder proconsularis, die als Provinz an die Römer durch das Testament des Königs von Pergamus, Attalus III. Philometor im Jahre 133 v. Ch. gekommen war; es umfasste eigentlich Mysien, Lydien, Phrygien und Karien; doch scheint dies Wort im N. T. zuweilen auch noch im engeren Sinne zu stehen. — Die 7 Gemeinden werden V. 11 namentlich genannt und dann Kap. 2. 3 an die einzelnen specielle Ermahnungsschreiben gerichtet. So wie es hier ohne Weiteres heisst: an die 7 Gemeinden Asia's, dürfen wir wohl vermuthen, dass diese damals in der Provinz die einzigen waren, welche irgend einige Bedeutung hatten. Doch lässt sich auf der andern Seite bei der

Rolle, welche die heilige Zahl **sieben** in unserem Buche überhaupt spielt, auch wohl annehmen, dass der Verfasser die Zahl der christlichen Gemeinden grade auf diese Zahl mit einer gewissen Absichtlichkeit zurückzuführen gesucht hat, so dass es leicht kann der Fall gewesen sein, dass er, um diese Zahl nicht zu überschreiten, eine Gemeinde dieser Gegend, die er sonst wohl würde mit berücksichtigt haben, z. B. Colossae, Hierapolis, nicht mit gerechnet, oder auch eine Stadt mitgezählt hat, wo vielleicht nur eine geringe Anzahl von Christen sich befand. Schon die Alten betrachten die Siebenzahl der Gemeinden nur als symbolische, mystische Bezeichnung der sämmtlichen Gemeinden der christlichen Kirche. So schon das Fragment. Muratori: Et Johannes enim in apocalypsi, licet **septem** ecclesiis scribat, tamen **omnibus** dicit. Andreas ad h. l.: διὰ τοῦ ἑβδοματικοῦ ἀριθμοῦ τὸ μυστικὸν ἁπανταχῇ ἐκκλησιῶν σημαίνων. Und Arethas: τὸ τῶν ἁπανταχῇ ἐκκλησιῶν ἐσήμανε πλῆθος; und so noch Ebrard, der die 7 Gemeinden als Typus der Gesammtkirche in den verschiedenen Gestaltungen derselben betrachtet. Allerdings haben auch die Offenbarungen dieses Buches von K. 4 an keine besondere Beziehung nur grade auf die 7 asiatischen Gemeinden, und man sieht auch nicht, dass bei ihrer Vorführung dem Seher diese speciell vorgeschwebt haben; wohl aber ist das doch in dem Schreiben Kap. 2—3 der Fall, die unverkennbar eine besondere Beziehung auf die Verhältnisse und Bedürfnisse grade dieser Gemeinden nehmen. Wir können aber aus diesen Umständen das entnehmen, dass der Verfasser zu den Gemeinden dieser Gegend zur Zeit der Abfassung in einem näheren Verhältniss gestanden, sich schon längere Zeit in ihrer Mitte oder Nähe aufgehalten und bei ihnen in einigem Ansehn gestanden haben muss. — **Gnade und Friede sei euch von der Seiende und der war und der Kommende** = von dem der ist, war und sein wird. Es ist dieses Umschreibung Jehovah's als des Ewigen und Unveränderlichen, der von Ewigkeit war und in alle Ewigkeit sein wird. Der Name Jehovah ist im Hebräischen wahrscheinlich ursprünglich יַהְוֶה auszusprechen, als eine 3 p. Futuri oder Imperfecti von הָיָה und bezeichnet den wahren Gott als den Scienden; vergl. Exod. 3, 14. Später hat man es so gefasst, als ob in dem Namen selbst die dreifachen Zeitformen des Verbi sein enthalten und ausgedrückt seien, יִהְיֶה, הָיָה, הֹוֶה. So Moses Maimon. in more nevochim fol. 43, 2: wisse, dass der Name Jehovah lehrt, על שהוא היה והוה ויהיה, dass er war, ist und sein wird. Darnach wird denn Jehovah öfters umschrieben; z. B. Tharg. Pseudo-Jonath. ad Deut. 32, 39: (Hebr.: sehet nun, dass ich, ich es bin und kein Gott ausser mir): ego ille qui est et qui fuit et qui erit; andere Stellen siehe Eisenmenger I. S. 215. Darauf bezieht sich denn auch hier diese Bezeichnung Gottes; es ist dabei ὁ ἐρχόμενος = ἐσόμενος, entsprechend dem Hebräischen הַבָּא als Bezeichnung des Zukünftigen im Gegensatz gegen das Gegenwärtige, schon Daseiende; cf. 1. Thess. 1, 10: ὀργὴ ἐρχομένη = μέλλουσα. — Hengstenberg (z. d. St. und früher Authent. des Pentat. I. S. 236 sq.) will diese Fassung nicht zugeben, sondern das ἐρχόμενος bestimmt auf das Kommen Gottes zum Gerichte und zur Errichtung des Reiches Gottes beziehen. Allein das würde nur wahrscheinlich sein, wenn es als Bezeichnung Christi gemeint wäre, der öfters in dieser Beziehung als ὁ ἐρχόμενος bezeichnet wird, cf. V. 7 u. a., nicht aber, wie hier der Fall ist, in Beziehung auf Gott selbst, den Vater. — ὁ ἦν ist aber auch participialisch zu nehmen, und ἦν nur gesetzt, weil es von εἰμὶ keine Form für das Partic. Praeteriti gibt. Das Ganze aber ist wie ein nomen indeclinabile behandelt. Die Rec. hat vor ὁ ὢν noch τοῦ (ἀπὸ τοῦ ὁ ὢν κ. λ.), was aber fehlt in AC 15 min., auch ed. Compl. und von Bengel, Griesbach, Lachmann, Tischendorf ausgelassen ist; statt dessen ϑεοῦ B 23 min. Victorin. Primasius, was aber höchst wahrscheinlich auch Glosse ist.

und von den sieben Geistern vor seinem Throne. Es ist dieses eine Bezeichnung des göttlichen heiligen Geistes nach einer Auffassung desselben, welche, was mit Unrecht de Wette, Hengstenberg und Ebrard in Abrede stellen, sich auf die Stelle Jes. 11, 2 stützt, worauf schon Victorin sich beruft; es heisst dort, es werde auf dem künftigen Sprossen aus dem Stamme Isai's (auf dem Messias) ruhen der Geist Jehovah's, der Geist der Weisheit und der Einsicht, der Geist des Rathes und der Kraft, der Geist der Erkenntniss und Furcht Jehovah's. Dieses hat den späteren Juden Veranlassung gegeben, obwohl die Stelle an sich dazu nicht berechtigt, in dem einen göttlichen Geiste sieben Haupteigenschaften oder Wirkungskreise zu unterscheiden und diese als sieben einzelne Geister zu personificiren, wofür sich später die Benennung der Sephiroth findet (סְפִירוֹת). Dass sie bezeichnet werden als vor dem göttlichen Throne befindlich, bezieht sich wohl schon auf die symbolische Darstellung Kap. 4, 5, wornach sie symbolisirt werden durch sieben Feuerfackeln, welche vor dem Throne Gottes brennen; auf ähnliche Weise, wie Zachar. 4, 10 durch die sieben Arme des goldenen Leuchters die sieben Augen Jehovah's bezeichnet werden, welche ihm zur Bezeichnung seiner nach allen Seiten hin gerichteten Fürsorge beigelegt werden; cf. ib. 3, 9. Andere verstehen hier unter den sieben Geistern gradezu die sieben in der späteren Jüdischen Theologie den göttlichen Thron umgebenden Engelfürsten oder Erzengel. Allein dazu würden die Stellen K. 3, 1. 5, 6 nicht passen, indem es in der ersteren heisst, dass Christus die sieben Geister Gottes habe, und nach der letzteren durch die sieben Augen des Lammes die sieben Geister symbolisirt werden, welche in alle Welt gesandt seien. Man könnte höchstens vermuthen, dass die Vorstellung dieser sieben Engelfürsten mit in die des göttlichen Geistes nach seinen Wirkungsweisen und Kräften hinübergespielt hätte, so jedoch, dass die letztere immer das Vorherrschende wäre; doch ist auch das nicht nöthig oder besonders wahrscheinlich.

V. 5 und von Jesu Christo, der treue Zeuge; grammatisch ungenau steht hier als Apposition für den Genitiv der Nominativ; und so nachher der Dativ τῷ ἀγαπῶντι κ. λ., welcher indessen wohl dadurch herbeigeführt ist, dass dem Verfasser schon das nachher folgende αὐτῷ ἡ δόξα in Gedanken vorschwebte, obwohl die Construction dort vorher noch einmal unterbrochen wird. Die Bezeichnung Christi als eines μάρτυς spielt vielleicht an auf Jes. 55, 4 (עֵד) und Psalm 89, 38 (καὶ ὁ μάρτυς ἐν οὐρανῷ πιστός, wohl vom Regenbogen), bezieht sich aber hier wohl weniger auf das Zeugniss, welches er bei seinem Leben auf Erden abgelegt und mit dem Tode besiegelt hatte, als vielmehr auf dasjenige, welches er hier in diesem Buche über die Zukunft ablegt; cf. 22, 20: ὁ μαρτυρῶν ταῦτα; s. oben ad V. 2: μαρτυρίαν Ἰησοῦ Χρ.

Der Erstgeborene der Todten; das ἐκ der rec. vor τῶν νεκρῶν fehlt in ABC 40 min. wie Copt. Vulg. Arr.-Patrr.; ausgelassen von Bengel, Griesbach, Lachmann, Tischendorf u. A., ohne Zweifel ist es spätere Einschaltung aus Col. 1, 18: ὅς ἐστιν ἀρχή, πρωτότοκος ἐκ τῶν νεκρῶν. Als der Erstgeborne wird Christus in N T. öfters und in verschiedenen Beziehungen bezeichnet; siehe meinen Kommentar zu Hebr. 1, 5. S. 127; entlehnt ist die Bezeichnung wohl aus Ps. 89, 28, ward dann aber in verschiedenen Beziehungen, angewandt; hier und Col. l. c. heisst er der Erstgeborne der Todten oder aus den Todten, wiefern er als der Erste von den Todten erstanden, gleichsam zu einem neuen Leben geboren ist, nämlich dergestalt, dass er hinfort dem Tode nicht mehr unterworfen ist, vergl. 1. Cor. 15, 20: Χριστὸς ἐγήγερται ἐκ νεκρῶν, ἀπαρχὴ τῶν κεκοιμημένων.

und der Herrscher der Könige der Erde: conf. Ps. 89 l. c.: עֶלְיוֹן לְמַלְכֵי אָרֶץ.

Der uns liebet und uns gewaschen hat von unseren Sünden mit seinem Blute. Statt ἀγαπήσαντι haben Bengel, Griesbach, Lachmann, Tischendorf ἀγαπῶντι nach ABC 38 min. Zwar würde auch der Aorist ganz passend sein: der uns geliebet, nämlich gegen uns seine Liebe bewiesen hat, indem er sich eben für uns dahin gegeben und uns mit seinem Blute gereinigt hat, doch führt das Uebergewicht der Griechischen Handschriften auf das Präsens, welches in den Aorist. wohl aus Rücksicht auf das folgende in diesem Tempus stehende Particip verwandelt ist. Statt λούσαντι hat Lachmann λύσαντι (wie schon Mill billigt) nach AC 5 min. Syr. Primas. etc. Doch hat jenes entschieden grössere innere Wahrscheinlichkeit, vergl. 7, 14, wo die Gläubigen bezeichnet werden als Solche, die ihre Kleider im Blut des Lammes weiss gemacht haben. 1. Joh. 1, 7, Hebr. 9, 14. Vergl. auch Act. 22, 16.

V. 6 und uns gemacht hat zum Königthum, zu Priestern seinem Gotte und Vater; βασιλείαν, ἱερεῖς so ist mit Compl., Bengel, Griesbach, Lachmann, Tischendorf u. A. zu lesen (statt rec. βασιλεῖς καὶ ἱερεῖς) nach AC 40 min. Syr. Ar. pol., Aeth. Copt. Areth. Lactant., Victorin. etc.; die rec. ist daraus als Emendation geflossen. Es frägt sich aber wie es zu erklären. Zu Grunde liegt der Ausdruck Exod. 19, 6, wo Jehovah zu den Israeliten sagt: ihr sollt mir sein מַמְלֶכֶת כֹּהֲנִים, ein Reich von Priestern, ein Reich worin alle einzelnen Priester sind. Darnach haben manche Ausleger, wie schon Wetstein, es auch h. l. fassen wollen, statt βασιλείαν ἱερέων. Doch ist das wohl schwerlich erlaubt, da das eine zu Un-Griechische Ausdrucksweise wäre, wovon auch selbst in der Apokalypse kein Beispiel vorkommt, dass nämlich das im Genitiv-Verhältniss hinter einem nomen regens stehende Nomen nach hebräischer Weise in der Form der Endung keine Veränderung erfahren hätte. Wir müssen uns vielmehr die Sache so denken, dass der Verfasser nach einer andern Auffassung jener Stelle des Exod. כֹּהֲנִים als Apposition von מַמְלֶכֶת genommen und so es auch als einen zwiefachen Begriff gemeint hat, dass das Volk Gottes durch den Heiland gemacht sei, wie zu Priestern für Gott, so zu einem Königthum, dessen Bürger mit ihrem Herrn herrschen sollen, vergl. 5, 10: ἐποίησας αὐτοὺς.. βασιλεῖς κ. ἱερεῖς, wofür mit Lachmann βασιλείαν καὶ ἱερεῖς. Lachmann hat aber ausserdem statt ἡμᾶς ed. minor aufgenommen ἡμῖν nach A 4 min. (nach Wetstein auch Syr. Copt.) ed. maj.: ἡμῶν nach C und dem wahrscheinlich echten Texte der Vulg.; doch ist hier die rec. wahrscheinlich das Echte. — Ihm die Herrlichkeit und Gewalt in alle Ewigkeit, Amen! Solche Doxologien in Beziehung auf Christum im N. T. stehen noch mehrmals, z. B. Römer 16, 27. 2. Timoth. 4, 18. 1. Petr. 4, 11. 2. Petr. 3, 18; und in Bezug auf Gott und Christum zugleich Apok. 5, 13.

V. 7. Hier wird schon die Haupttendenz der ganzen Apokalypse ausgesprochen: Siehe er kommt mit den Wolken, gleichsam von diesen begleitet; so wird die glorreiche Erscheinung des Menschensohnes bei seiner Zukunft geschildert nach Dan. 7, 13: וַאֲרוּ עִם־עֲנָנֵי שְׁמַיָּא כְּבַר אֱנָשׁ אָתֵה הֲוָה. Vergleiche Matth. 24, 30: καὶ τότε κόψονται πᾶσαι αἱ φυλαὶ τῆς γῆς καὶ ὄψονται τὸν υἱὸν τοῦ ἀνθρώπου ἐρχόμενον ἐπὶ τῶν νεφελῶν τοῦ οὐρανοῦ. — Das Verbum ἔρχεσθαι wird in der Apokalypse wie in andern Schriften des N. T. auch sonst häufig gerade in Bezug auf die zukünftige glorreiche Erscheinung Christi gesetzt (s. mein Comm. zu Hebr. 10, 37. S. 713).

und schauen wird ihn in seiner Erstaunen erregenden

Glorie jegliches Auge, auch die welche ihn durchbohrt, durchstochen haben. Eine Anspielung auf Zach. 12, 10, wo es in der Schilderung der tiefen Reue, welche dereinst das Davidische Königshaus und die Bewohner Jerusalems durchdringen werde, heisst: וְהִבִּ֥יטוּ אֵלַ֖י אֵ֣ת אֲשֶׁר־דָּקָ֑רוּ, nach wörtlicher Uebersetzung, „und sie schauen (reuevoll und angstvoll) auf mich (oder: auf den), den sie durchbohrt haben". Darnach führt der Evangelist Johannes die Stelle an Joh. 19, 37, wo er von der Durchbohrung der Seite des gekreuzigten Herrn spricht, und zwar mit demselben Griechischen Verbo wie h. l. (ὄψονται εἰς ὃν ἐξεκέντησαν), während die LXX Zach. ganz abweichend es durch κατωρχήσαντο geben. Diese Uebereinstimmung ist zum Theil wie noch von Hengstenberg z. d. St. u. A. sehr urgirt worden als Beweis für die Abfassung der Apokalypse durch den Verfasser des Evangeliums. Doch konnten selbst zwei von einander ganz unabhängige Schriftsteller das Verbum דָּקַר leicht durch das Griechische ἐκκεντεῖν geben, welches auch Aqu. Symm. Theod., und eben so an anderen Stellen auch die LXX selbst dafür gesetzt haben. Völlige Uebereinstimmung findet auch nicht einmal statt, da das Verbum h. l. mit dem blossen Accusativ verbunden ist, im Ev. Johannes mit εἰς. Uebrigens hat der Verfasser hierbei wohl an Alle gedacht, welche dem Erlöser bei seinem Leben sich feindselig bewiesen und dazu beigetragen hatten ihn dem Tode zu überantworten.

und wehklagen, sich vor Angst und Trauer an die Brust schlagen (κόψονται, s. Matth. l. l.), werden über ihn, den in solcher Herrlichkeit Erscheinenden alle Stämme der Erde, die Völker, welche bisher sich ihm ungehorsam bewiesen haben; ja, Amen!

V. 8. Ich bin das A und das O, spricht Gott der Herr, der Seiende, der war und der Kommende, der Allmächtige. Als eine Glosse für das A und O ist zu betrachten, was die rec. hinter τὸ ὦ hat: ἀρχὴ κ. τέλος, was aber Bengel, Griesbach, Lachmann, Tischendorf u. A. ausgelassen haben, wie schon Compl. u. a. nach bei weitem überwiegenden Zeugen. Durch das Alpha und Omega wird Gott als der Erste und der Letzte bezeichnet, d. i. als der

Ewige, der von Anfang war und in Ewigkeit sein wird = Jes. 44, 6: אֲנִי רִאשׁוֹן וַאֲנִי אַחֲרוֹן conf. 41, 4. Bei den späteren Juden wird öfters der ganze Umfang einer Sache durch den ersten und letzten Buchstaben des Alfabets, א und ת, ausgedrückt, z. B. Abraham habe das Gesetz beobachtet vom א bis zum ת, oder Gott segne die Israeliten vom א bis zum ת u. s. w.; s. Schöttgen ad h. l. — Ferner haben Griesbach, Lachmann, Tischendorf u. A. wie schon Compl. Beng. statt rec. ὁ κύριος, was von Christus zu verstehen wäre, κύριος ὁ θεός nach ABC über 40 min. Syr. Copt. Arm. Vulg.; — Hippol., Andr., Areth. al. An sich würde auch die Beziehung auf Christus nicht unpassend sein nach der Weise, wie von ihm sonst in unserem Buche die Rede ist, s. V. 17. K. 22, 13; Ewald will die rec. festhalten. Aber die äusseren Zeugen sind zu überwiegend für die andere Lesart.

V. 9 – 20.

Erzählung des Johannes über die ihm zu Theil gewordene Vision, worin er darauf hingewiesen wird, die folgenden dadurch eingeleiteten prophetischen Anschauungen niederzuschreiben und den 7 Gemeinden Asia's zu übersenden.

V. 9. **Ich Johannes, euer Bruder und Mitgenosse in der Trübsal und im Reiche**, als Bürger des Reiches Gottes, und als solcher auch mit von den Trübsalen getroffen, welche über die Bekenner des Herrn hier auf Erden verhängt werden; es bestätigt sich durch diese Stelle, dass V. 6 das βασιλείαν als ein besonderer Begriff zu fassen ist.

und in der Geduld Jesu Christi, d. i. in der geduldigen standhaften Erwartung des Herrn, nämlich seiner Zukunft und der Vollendung seines Reiches; so 2. Thess. 3, 5: der Herr lenke eure Herzen zur Liebe Gottes und εἰς τὴν ὑπομονὴν τοῦ Χριστοῦ. Conf. 1. Thess. 1, 3: τῆς ὑπομονῆς τῆς ἐλπίδος τοῦ κυρίου ἡμῶν Ἰ. Χρ. Apokal. 3, 10: ἐτήρησας τὸν λόγον τῆς ὑπομονῆς μου. An unserer Stelle ist jedoch die Lesart nicht diese. Statt Ἰησοῦ Χρ. lesen Andere mit der Präposition ἐν ὑπομονῇ ἐν Χριστῷ Ἰησοῦ, oder ἐν Ἰησοῦ oder ἐν Χριστῷ. Es würde sein: Geduld, standhafte Ausdauer in Jesu oder: welche in ihm ihren Grund hat.

war auf der Insel, die Patmos heisst, um des Wortes Gottes und des Zeugnisses Jesu willen. Das zweite διά ist wahrscheinlich unecht, fehlt bei AC 8 min. Copt. Arm. Vulg.; Dion. Al. Andr. l.: Areth. Primas.; ausgelassen von Erasm. ed. 1—3, Bengel, Lachmann, Tischendorf u. A. — Von dieser Stelle ist schon in der Einleitung die Rede gewesen und dort bemerkt, dass die Stelle fast allgemein auf eine Verbannung des Sehers nach Patmos bezogen und so darin ein Beweis für die Identität dieses Johannes mit dem Apostel und Evangelisten gefunden wird, sofern von diesem die kirchliche Ueberlieferung eine Verbannung nach Patmus durch den Römischen Kaiser meldet. Das hat sich denn auch in der späteren Tradition erhalten und daran haben sich manche Legenden auf dieser Insel angeknüpft. Dieselbe ist eine der Sporaden im Aegäischen Meere, zwischen Samos und Naxos gelegen, jetzt Palmosa oder Patmo genannt; nach Plinius 30000 Schritte oder 30 Röm. Meilen im Umfange. Gewöhnlich denkt man sie sich als zu öde und unfruchtbar. Es ist allerdings eine Felseninsel, ohne Waldungen, aber wenigstens jetzt mit Gärten und Weinbergen, mit Obstbäumen, und Getreide, besonders Weizen und Gerste, gebend; der Wein derselben ist sehr feurig und wohlschmeckend. Sie hat einen grossen Hafen und zwei bewohnte Ortschaften, die untere kleine Hafenstadt La Scala, und die eigentliche Stadt auf der Höhe um das Kloster des heiligen Christodulos herum gebaut; die Zahl der Bewohner beträgt jetzt 4—5000, sehr überwiegend aus Frauen bestehend, da die Männer viel auswärts und auch auf fremden Schiffen sich befinden. Seitwärts von dem nach der oberen Stadt führenden Wege ist eine in eine kleine Kirche eingeschlossene Grotte, welche für den Aufenthaltsort des Apostels Johannes gehalten wird, und bei derselben eine Schule; auf der Insel werden noch mancherlei Legenden erzählt von Wundern, die der Apostel an verschiedenen Orten verrichtet haben soll; s. Schubert Reise in das Morgenland 1836. 37. Bd. 3. S. 425—443. Sehr wahrscheinlich ist indessen, wie schon früher bemerkt, dass die ganze Annahme über die Verbannung des Apostels Johannes sich nur von dieser Stelle der Apokalypse aus gebildet hat und nicht auf einer von derselben unabhängigen Ueberlieferung beruht. Denn was die ältesten Kirchenschriftsteller darüber angeben, ist, soweit es nicht aus dieser Stelle entnommen werden konnte, sehr unbestimmt oder entschieden falsch. So was die Zeit der Verbannung betrifft, setzen die ältesten Kirchenschriftsteller, welche sich darüber aussprechen, dieselbe in die Regierung des Domitian; dahin ist schon Irenäus zu rechnen adv. Haer. V, 20 7 sq.; (Eusebius III. 18), obwohl er nicht gerade bestimmt von der Verbannung des Apostels redet, sondern von der Zeit der Empfangung der Offenbarung; Victorin, Eusebius III, 18 und in seinem Chronic., Hieronym. vir. illust. 5 u. A. Wahrscheinlich haben an den Domitian auch Clem. Al. Quis dives salvetur 42 und Origen. in Matth. Tom. XVI gedacht, welche zwar keinen Namen nennen, aber doch von einem bestimmten Tyrannen und Römischen Könige reden, unter dem Johannes nach Patmos verwiesen und nach dessen Tode er von dort nach Ephesus zurückgekehrt sei; eben so auch wohl Tertullian, wie nicht unwahrscheinlich wird, wenn man Apologet. 5 (dass Domitian versucht habe des Nero's Tyrannei nachzuahmen, es aber bald eingestellt und die Verbannten zurückgerufen habe) vergleicht mit Praescript. adv. Haeret. 36, dass der Apostel Johannes, nachdem er — und zwar zu Rom! — ohne beschädigt zu werden in siedendes Oel getaucht sei, in insulam verbannt sei. Nun lässt sich aber, wie wir gesehen, aus dem Inhalte der Apokalypse aufs Bestimmteste behaupten, dass dieselbe nicht erst unter dem Domitian geschrieben sein kann, sondern entweder unter Galba oder spätestens unter Vespasian; es könnte daher, wenn dies auch das Werk des Apostels Johannes wäre und diese Stelle sich auf eine Verbannung desselben bezöge, diese unmöglich erst unter dem Domitian geschehen sein. Wäre diese Verbannung des Apostels aber wirklich eine Thatsache, welche den Kirchenvätern auch unabhängig von der Apokalypse durch eine wirkliche Ueberlieferung bekannt geworden wäre, so würde man erwarten, dass ihnen dabei auch die näheren Umstände auf irgend zuverlässige Weise zugekommen wären, und namentlich auch das Wahre hinsichtlich des Römischen Kaisers, unter dem sie zu setzen. Dass nicht wirklich der Apostel Johannes durch den Domitian verbannt worden ist, lässt sich auch schliessen aus dem Stillschweigen des ältesten Kirchengeschichtschreibers, des Hegesippus, der zu Rom unter Marc. Aurel. lebte, ca. 170; dieser erzählt ausdrücklich, Domitian habe einige Enkel des Judas, des Bruders des Herrn, vor sich fordern lassen, sie aber alsbald wieder losgelassen und durch ein eigenes Edict alle Verfolgungen wider die Christen aufgehoben; wäre dem Hegesipp etwas von einer damals geschehenen Verbannung des Apostels Johannes bekannt gewesen, so würde er gewiss nicht unterlassen haben, es bei dieser Veranlassung mitzuerzählen; dann aber würde Eusebius, wo er von dieser Verbannung spricht, gewiss sich dafür auch auf den Hegesipp, den er für die ältere Kirchengeschichte nicht selten citirt, berufen haben; war aber der ältern Kirche über diese Verbannung auf historischem Wege nichts weiter bekannt als was man glaubte aus dieser Stelle entnehmen zu können, so erklärt sich wohl, wie man dazu kommen konnte, die Sache in die Zeit des Domitian zu setzen, weil nämlich dieser Kaiser wirklich einzelne Juden und Christen mit Verbannung bestraft hat, aber wahrscheinlich bloss aus Rom, was sich schliessen lässt aus Tertullian Apol. und Eusebius III, 10. Dio Cassius 67, 14. 68, 1. — Erst eine spätere Annahme ist es, die wir bei Epiphanius finden (Haer. 51. c. 33), dass sowohl die Verbannung als die Zurückberufung des Johannes bereits unter dem Claudius (41—53 p. Ch.) geschehen sei; was indessen eben so wenig historisch sein kann. Beruht nun aber die ganze Annahme der Verbannung des Apostels Johannes nach aller Wahrscheinlichkeit gar nicht auf einer von der Apokalypse unabhängigen Ueberlieferung, sondern hat sie sich nur durch diese Stelle gebildet, so sind wir für deren Deutung auch gar nicht an diese Tradition gebunden. Da frägt es sich denn zuvörderst, ob die Stelle für sich betrachtet uns wirklich auf eine Verbannung, wenn auch nicht des Apostels, so doch des Johannes, der die Apokalypse verfasst hat, führt. Die Worte lassen allerdings eine solche Beziehung zu; vergl. 20, 4: τὰς ψυχὰς τῶν πεπελεκισμένων διὰ τὴν μαρτυρίαν Ἰησοῦ καὶ διὰ τὸν λόγον τοῦ θεοῦ. 6, 9: τὰς ψυχὰς τῶν ἐσφαγμένων διὰ τὸν λόγον τοῦ θεοῦ καὶ διὰ τὴν μαρτυρίαν, ἣν εἶχον. Darnach kann wohl nicht bezweifelt werden, dass der Verfasser sich so wie hier hätte ausdrücken können, wenn er wegen des Evangeliums und des für dasselbe abgelegten Zeugnisses durch die weltliche Macht nach Patmos verbannt worden wäre, oder wenn er auch nur durch die wider das Evangelium verhängten Verfolgungen sich veranlasst gesehen hätte, sich etwa aus Ephesus nach dieser Insel zurückzuziehen, was unter den Umständen, die in der Apokalypse vorausgesetzt werden, leicht könnte der Fall gewesen sein. Aber nothwendig ist es überhaupt nicht, das $διά$ auf die Veranlassung zu beziehen; es kann auch den Zweck andeuten, und da liesse es sich auf zwiefache Weise fassen, entweder wie Hartwig (Apologie etc. Thl. 2. S. 55) und Koppe, dass er sich nach dieser Insel zur Verkündigung des Evangeliums begeben hätte, oder, um eben dort die göttliche Offenbarung, welche den Inhalt dieses Buches bildet, zu empfangen; so habe ich die Worte gefasst (Theol. Zeitschrift etc. S. 250 sq.) und eben so jetzt Lücke Stud. u. Krit. l. c. (1836, 3) Einl. ed. 2. §.56. S. 659 sq., de Wette. Es wird dann der $λόγος\ τ.\ θεοῦ\ κ.\ μαρτυρία\ Ἰησοῦ$ in derselben Beziehung gefasst, wie es ohne Zweifel V. 2 zu fassen ist. Bei dieser Auffassung wäre nun wohl möglich, wenn die Darstellung in Visionen hier im Buche überhaupt nur als schriftstellerische Einkleidung zu betrachten wäre, dass auf dieselbe Weise auch diese Angabe des Ortes, wie gleich im Folgenden die des Tages zu betrachten wäre, wo denn der Verfasser grade diese Insel könnte genannt haben wegen ihrer nicht zu grossen Entfernung von dem gewöhnlichen Orte seines Aufenthalts, so wie wegen ihrer Einsamkeit und romantischen Natur. Indessen steht auch gar nichts der Annahme entgegen, dass Johannes, der Verfasser des Buchs, sich kürzere oder längere Zeit auf dieser Insel, die auch wohl damals schon nicht grade ganz unbewohnt war, aufgehalten, und dort prophetische Anschauungen über die Zukunft der Kirche Christi in ihrem Verhältnisse zur Welt gehabt und diese dann später schriftstellerisch weiter ausgeführt hat, wie es in diesem Werke vorliegt. Denn so viel scheint an dieser Stelle selbst aus dem $ἐγενόμην$ ziemlich deutlich zu erhellen, dass er zur Zeit der Niederschreibung und Abfassung des Buches sich nicht auf Patmos befand; so richtig auch Ewald; geleugnet wird diese Folgerung von Hengstenberg, auch von Lücke ed. 2. p. 814; aber, wie ich glaube, mit Unrecht; s. Stud. u. Krit. 1855. S. 213.

V. 10. Ich war im Geiste am Herrntage; $ἐν\ πνεύματι\ εἶναι$ bezeichnet die prophetische Begeisterung, welche

ihm eben die prophetischen Anschauungen zuführte. Die κυριακὴ ἡμέρα ist ohne Zweifel der Sonntag, so genannt, weil
an diesem Wochentage der Herr auferstanden war, weshalb
derselbe von der Christenheit schon ziemlich zeitig scheint ausgezeichnet und besonders heilig gehalten zu sein, wovon sich
im N. T. schon Spuren finden 1. Cor. 16, 2. Act. 20, 7 cf. Ep.
Barnab. 15. Unter der Benennung ἡμέρα κυριακὴ, dies domi-
nicus, kommt dieser Tag denn auch Constitut. Apost. VII, 31.
l. V fin., Ignat. Ep. ad Magnes. ed. 2., Dionys. Cor. apud
Eusebium IV, 23., Quaestion. et respons. ad Orthod., Tertullian u. A. vor. Andere, wie Eichhorn, wollen bestimmt
den Oster-Sonntag verstehen, mit Beziehung darauf, dass nach
Hieron. Comment. in Matth. c. 24 eine alte Meinung scheint
gewesen zu sein, dass Christus an den Vigilien des Passah, am
Osterabend, zurückkehren werde, weshalb man in diesen Vigilien bis nach Mitternacht zusammenblieb. Aber weder heisst
der Ostersonntag bei den Kirchenschriftstellern irgend wo ohne
Weiteres ἡ κυριακὴ ἡμέρα, noch finden sich im N. T. Spuren,
dass dieser Tag überhaupt so zeitig irgend wie vor anderen
Sonntagen ausgezeichnet worden wäre. Sicher falsch erklären
Wetstein, Züllig u A: ich war im Geiste, entzückungsweise
im Tage des Herrn = ward prophetisch in die Zeit der letzten
Dinge (des Tages der Zukunft des Herrn) entrückt.

und ich hörte hinter mir eine laute Stimme wie
einer Posaune, die sprach, vergl. Ezech. 3, 12: und ich
hörte hinter mir eine laute rauschende Stimme (קוֹל רַעַשׁ גָּדוֹל).
Statt λεγούσης (in Beziehung auf σάλπιγγος) würde hier für
den Sinn angemessen sein λέγουσαν, in Bezug auf φωνήν.

V. 11. Was rec. zuerst folgt: ich bin das A und das
O, der Erste und der Letzte, nebst dem καὶ ist nach
äusseren Zeugen entschieden unecht, ausgelassen von Compl.,
Bengel, Griesbach, Lachmann, Tischendorf u. A.; so
auch im Folgenden ταῖς ἐν Ἀσίᾳ (hinter ἐκκλησίαις); wogegen auch vor ἐκκλησίαις Griesbach, Lachmann und Tischendorf, wie auch schon Compl. Bengel noch ἑπτά aufgenommen haben, gleichfalls nach den überwiegendsten Zeugen:
was Du siehst — schauen wirst, denn es geht wohl ohne
Zweifel auf die sämmtlichen folgenden Visionen; schreibe in

ein Buch und sende es den sieben Gemeinden (hin) nach Ephesus.

V. 12. Und ich wandte mich, die Stimme zu sehen, die mit mir redete, statt: mich darnach umzusehen, woher die Stimme käme;

und da ich mich wandte, sahe ich 7 goldene Leuchter; dadurch werden nach V. 20 die 7 Gemeinden symbolisirt, als die Repräsentanten der christlichen Kirche in ihren einzelnen Theilen überhaupt. Zu Grunde liegt bei diesem Bilde wohl der goldene Armleuchter im Heiligthum, der an seinen 6 Armen mit Einschluss des mittleren Schaftes 7 Lampen trug, vergleiche Zach. 4, 2.

V. 13 und in der Mitte der (sieben) Leuchter Einen gleich einem Menschensohne, ist Bezeichnung eines in menschlicher Gestalt auftretenden höheren Wesens; vergl. die Schilderung des sich offenbarenden Jehovah's Ez. 1, 26 (דְּמוּת כְּמַרְאֵה אָדָם) und des Engels Dan. 10, 16. Hier ist der Messias gemeint, mit Anspielung auf Dan. 7, 13, wo es vom Messias heisst, dass er erschienen sei כְּבַר אֱנָשׁ. An ihn bei dieser Bezeichnung zu denken, wurden die Leser um so bestimmter veranlasst, da mit Beziehung auf jene Danielische Stelle die Formel der Menschensohn gradezu als Bezeichnung des Messias üblich geworden war.

bekleidet mit einem Talare, einem langen bis auf die Füsse herabreichenden Gewande, dergleichen z. B. die Priester zu tragen pflegten, von ποῦς und ἄρειν nectere; die LXX übersetzen damit מְעִיל, auch בַּדִּים z. B. Ezech. 10, 6: ἐνδεδυκώς ποδήρη.

und umgürtet an der Brust mit einem goldnen Gürtel; dafür 15, 6: περιεζωσμένοι περὶ τὰ στήθη ζώνας χρυσᾶς. — Nachahmung von Dan. 10, 5: מָתְנָיו חֲגֻרִים בְּכֶתֶם אוּפָז

V. 14. Sein Haupt aber und seine Haare waren weiss wie weisse Wolle, wie Schnee; vergl. Dan. 7, 9, wo es von dem Alten der Tage (Gott) heisst, sein Gewand sei weiss gewesen wie Schnee und seines Hauptes Haar wie reine Wolle. Es ist dort Bezeichnung des Uralten und Ehrwürdigen, hier wohl theils des Ehrwürdigen, theils des Reinen.

und seine Augen wie Feuerflammen; vgl. Dan. 10, 6: עֵינָיו כְּלַפִּידֵי אֵשׁ

V. 15. **Und seine Füsse gleich dem Glanzerze;** χαλκολίβανον ebenso 2, 18. Sonst kommt das Wort nicht weiter vor.
Verschiedene Erklärungen desselben siehe bei Bochart Hiero-
zoicon II. p. 870—888. Am wahrscheinlichsten wird es als eine
— vom Verfasser wohl selbst gebildete — vox hybrida betrachtet, zusammengesetzt aus dem Griechischen χαλκός und
dem Hebräischen לָבָן weiss = weisses, glänzendes Erz. Weniger wahrscheinlich Ebrard u. A. (wie Syr. Aeth.): Erz vom
Libanon. Zu Grunde liegt wahrscheinlich wieder Dan. 10, 6,
wo es hinter den eben angeführten Worten, dass seine Augen
wie Feuerflammen gewesen seien, heisst: und seine Arme und
seine Füsse כְּעֵין נְחֹשֶׁת קָלָל = wie der Anblick von geglättetem
(polirtem, glänzendem) Erze. Dass der Verfasser diese Bezeichnung vor Augen gehabt hat, ist um so wahrscheinlicher, da
auch dort in dem unmittelbar Folgenden das Laute, Rauschende
der Stimme hervorgehoben wird. Vielleicht haben dem Verfasser ausser Dan. l. l. auch Ezech. 1, 4. 27. 8, 2 vorgeschwebt,
wo in ähnlicher Verbindung חַשְׁמַל gesetzt ist, welches quadri-
litterum betrachtet werden kann als zusammengesetzt aus
נְחֹשֶׁת Erz und מָלַל chald.: reiben, poliren, also = Glanzerz, wo es unserm χαλκολίβανον nach dieser Erklärung ganz
entsprechen, dieses wie eine wörtliche Uebersetzung davon erscheinen würde. Viel weniger wahrscheinlich ist, wenn Ewald
(nach Salmas. Exerc. ad Solin p. 813) eine Art von Weihrauch
versteht, von feuriger Farbe und Sonnenglanz; es würde diese
Vergleichung mit Weihrauch überhaupt wenig natürlich sein.

wie im Ofen geglüht, glühend gemacht, strahlend und
glänzend. — Statt πεπυρωμένοι hat Lachmann ..μένης
nach AC, was aber doch wohl nur zufälliger Schreibfehler ist.

**und seine Stimme gleich der Stimme, dem Rau-
schen, grosser Gewässer,** cf. Dan. 10, 6; besonders Ez. 43, 2
(von der Herrlichkeit Gottes): וְקוֹלוֹ כְּקוֹל מַיִם רַבִּים; eben so
ib. 1, 24 von dem Geräusch der Flügel der Cherubim.

V. 16. **Und er hatte sieben Sterne in seiner Hand,**
dadurch werden nach V. 20 die ἄγγελοι der 7 Gemeinden symbolisirt. Auf welche Weise aber wir uns die 7 Sterne in der
Hand des Menschensohnes zu denken haben, ob gleichsam wie
Ringe an den Fingern, oder wie zu einem Kranze vereinigt (so
in der Abbildung bei Züllig) oder wie sonst, tritt nicht hervor.

11*

und aus seinem Munde ging ein zweischneidiges scharfes Schwert, Symbol des Gewaltigen und Eindringenden seiner Rede. Zu Grunde liegt vielleicht die messianische Stelle Jes. 11, 4: er schlägt die Erde mit dem Stabe seines Mundes und durch den Hauch seiner Lippen tödtet er den Gottlosen (cf. 2. Thess. 2, 8).

und sein Antlitz (ὄψις wie unser: Gesicht, facies, besonders vom oberen Theile desselben wo die Augen sind; ebenso Joh. 11, 44. Jerem. 3, 3 für מָצַח) war wie die Sonne leuchtet in ihrer Kraft, so strahlend wie die Sonne, wenn sie mit vollem Glanze scheint; conf. im Lied der Deborah Jud. 5, 31: Die Jehovah lieben sollen sein gleich dem Aufgange der Sonne in ihrer Kraft (כְּצֵאת הַשֶּׁמֶשׁ בִּגְבֻרָתוֹ LXX ἐν δυνάμει αὐτοῦ.)

V. 17. Und als ich ihn sahe, fiel ich zu seinen Füssen wie todt, und er legte seine Rechte auf mich und sprach: fürchte Dich nicht. Vergl. die ähnlichen Darstellungen Dan. 8, 18. 10, 9. 10. Ezech. 1, 28—2, 1. Im Folgenden nehmen einige Ausleger ἐγώ εἰμι für sich: ich bin es, cf. Joh. 6, 20. Matth. 14, 27. Doch ist es wahrscheinlicher, nur eng mit dem Folgenden zusammenzunehmen: ich bin der Erste und der Letzte; so in Beziehung auf Christum auch 22, 13; das Erstere bezieht sich auf seine Präexistenz als Logos vor aller Creatur, cf. Col. 1, 15: πρωτότοκος πάσης κτίσεως.

V. 18. Und der Lebende (fälschlich Grotius = ζωοποιῶν); und ich war todt = der da todt war und siehe ich bin (jetzt) lebend in alle Ewigkeit und ich habe die Schlüssel des Todes und der Unterwelt = ich besitze die Gewalt, des Todes und der Unterwelt Pforten aufzuschliessen und so die dadurch verschlossen Gehaltenen zu befreien, aus denselben zum Leben herauszuführen wie im Tode zu belassen. Die Pforten des Hades, des Scheol werden Jesaias 38, 10 genannt, und dieselben als Pforten des Todes Ps. 9, 14. 107, 18. Hiob 38, 17. — Von dem Schlüssel des Todes oder der Auferweckung der Todten heisst es übrigens tr. Sanhedr.Fol. 113, 1 und anderswo bei späteren Juden, dass er — sammt dem Schlüssel der Geburt (clavis partus seu sterilium) und dem Schlüssel des Regens, wozu anderswo noch als vierter die clavis orbationis s. alimentorum hinzugefügt wird - allein in den Händen Gottes sei und Gott ihn keinem Engel anvertraue. Es ist daher göttliche Macht und Würde, welche hier dem Messias vindicirt wird.

V. 19. **Schreibe nun was Du gesehen und was es ist und was nach diesem geschehen wird.** ἃ εἶδες kann sich wohl nur auf die Erscheinungen, die sich so eben der Anschauung des Sehers dargestellt hatten, beziehen; und ἃ μέλλει γίνεσθαι auf die Enthüllungen unseres Buches über die Zukunft. Zweifelhaft aber kann man über den Sinn des ἃ εἰσι sein. — Züllig erklärt: was Du bisher (seit dem Anfange Deines Gesichtes) gesehen und gehört, und was Du jetzt siehst und hörst (ἃ εἰσι) und was Du im Verfolg dieser Gesichte noch weiter sehen und hören wirst — sehr unwahrscheinlich. Grotius, Hammond, Bengel, Hengstenberg, Lücke ed. 2. p. 101, Ebrard beziehen ἃ εἰσιν auf den gegenwärtigen Zustand der Kirche, wie derselbe in den gleich folgenden Briefen vorgeführt wird; und dafür spricht die Weise, wie dem ἃ εἰσι das ἃ μέλλει γίνεσθαι μετὰ ταῦτα zu entsprechen scheint. Aber wahrscheinlicher ist doch wohl mit anderen Auslegern (z. B. Herder, Eichhorn, Ewald, de Wette u. A.) es genauer in Verbindung mit dem Vorhergehenden zu fassen, und zwar so: was Du gesehen hast und was es ist = was dadurch vorgestellt wird, also: was es bedeutet; wo es sich denn zunächst auf die sogleich V. 20 gegebene Erklärung der 7 Sterne und 7 Leuchter bezieht. Dagegen das ἃ μέλλει κ. λ. jedenfalls auf die später folgenden Enthüllungen der Zukunft; dieses letztere ist hier aber dem Sinne nach nur als mehr beiläufig und parenthetisch zu betrachten, gleichsam: was es ist, sammt dem was hiernach geschehen wird. Nämlich im folgenden

V. 20 werden die Accusative τὸ μυστήριον .. καὶ τὰς ἑπτὰ λυχνίας doch am wahrscheinlichsten grammatisch in enger Verbindung mit dem Vorhergehenden genommen, als gleichfalls abhängig von γράψον, wo es denn dem Sinne nach Apposition zu ἃ εἶδες κ. ἃ εἰσι ist. Weniger natürlich setzen Andere hinter μετὰ ταῦτα ein Punkt und fassen jene Wörter als in einem Accusat. absolut. stehend = was anbetrifft etc. Es würde sich da die Setzung des Accusativs nicht leicht erklären. — Also: **das Geheimniss der sieben Sterne, die**

Du an meiner Rechten gesehen = die geheimnissvollen Sterne und was sie bedeuten; vergl. 17, 7: ich will Dir sagen τὸ μυστήριον τῆς γυναικός κ. λ. und die sieben goldenen Leuchter. Die sieben Sterne sind Engel der sieben Gemeinden und die sieben Leuchter sind sieben Gemeinden. Wiefern die sieben Gemeinden zugleich die Repräsentanten der ganzen christlichen Kirche sind, so wird diese in ihren einzelnen Theilen durch die Leuchter symbolisirt, und auf sehr passende Weise, wiefern sie in der That wie eine hellscheinende Leuchte in der Welt dasteht. Zweifelhaft aber kann man über die |Auffassung der ἄγγελοι der Gemeinde sein. Die meisten Ausleger verstehen die menschlichen Vorsteher oder Diener der Gemeinden. Für die Erklärung dieser Benennung beruft man sich zum Theil darauf, wie Grotius, dass Mal. 2, 7 die Priester und Hagg. 1, 13 der Prophet selbst als Boten (מַלְאָכִים) Jehovah's bezeichnet werden; cf. Cohel. 5, 5. Doch wird dadurch nicht wahrscheinlich, dass hier die Bischöfe sollten als die Boten der Gemeinde bezeichnet sein. Andere, wie Vitringa, Schöttgen, Eichhorn, Ewald u. A. erklären es davon, dass bei den späteren Juden שְׁלִיחַ צִיבּוּר legatus ecclesiae als Benennung eines Synagogen-Beamten vorkommt; dieses sei denn auf die Vorsteher der christlichen Gemeinden übertragen. Doch bezeichnet jene Benennung nicht den Vorsteher der Synagogen, sondern einen untergeordneten Diener derselben, und darnach will Ewald auch hier nicht die Bischöfe der Gemeinden verstehen, sondern die Diakonen, und meint, die Briefe seien an sie addressirt, weil sie auch das Geschäft gehabt hätten, Schreiben an die Gemeinden in Empfang zu nehmen und vorzulesen. Allein das ist eine sehr unwahrscheinliche Annahme, und um so mehr, da die einzelnen Gemeinden doch mehrere solcher Diakonen hatten, während die folgenden Briefe immer ohne weiteres an den ἄγγελος der Gemeinde gerichtet sind. Später hat Ewald (Jahrb. der bibl. W. II. 1849. S. 123 sq.) seine Erklärung dahin modificirt, dass ἄγγελος nicht damals übliche Benennung des einzelnen Vorstehers sei, sondern Bezeichnung des Vorstandes als solcher, als der vermittelnden höheren Macht, des Vorbildes und lebendigsten Lebens der Gemeinde, der Repräsentation und Zusammenfassung der Gemeinde und daher der Gemeinde selbst.

Doch hat diese Erklärung einen zu abstracten Charakter, als dass sie für den biblischen Schriftsteller irgend wahrscheinlich wäre (s. Stud. u. Krit. 1855. S. 170). Ebrard versteht Boten, Abgeordnete, welche die einzelnen Gemeinden, jedoch nicht in der Wirklichkeit, sondern nur in der Vision an den gefangenen Apostel abgesandt hätten, was aber auch sehr unwahrscheinlich ist. Wahrscheinlicher ist wohl, dass ἄγγελος hier in der in der Bibel gewöhnlichen Bedeutung des Engels gesetzt und dass die Schutzengel der einzelnen Gemeinden gemeint sind, wie es auch Wetstein, Brettschneider, Wahl, Züllig, de Wette u. A. fassen, und schon Orig., Hieron., Greg. Naz., Andreas, Arethas, Salmasius de episcop. et presbyt. p. 182 ff., Gabler de episcop. primae eccles. etc. p. 14., Lücke ed. 2. p. 431 ff. u. A. Doch sind diese nur als Repräsentanten der Gemeinden selbst zu betrachten, da sich der Inhalt der Briefe auf den Zustand der einzelnen Gemeinden bezieht. — Die Briefe selbst folgen nun

Kap. 2. 3.

als Briefe Christi an dieselben oder an ihre Engel dem Seher dictirt. In jedem einzelnen dieser Briefe wird Christus mit anderen Prädicaten bezeichnet, welche bei den vier ersten genau aus der vorhergehenden Schilderung seiner Erscheinung 1, 13-18 entlehnt sind.

Die Sendschreiben an die sieben Gemeinden haben die damaligen sittlichen Zustände der einzelnen vor Augen und gehen davon bei ihren Belobungen, Ermahnungen oder Bedrohungen der einzelnen aus. Es sind das Zustände, die sich auch in der Kirche und in den christlichen Gemeinden der späteren Zeit vielfach unter verschiedenen Formen wiederholt haben, und insofern haben diese Sendschreiben etwas Vorbildliches auch für andere Gemeinden und andere Zeiten. Aber sehr unnatürlich ist, wenn manche frühere Ausleger, und so noch Ebrard diesen typischen und prophetischen Charakter von Sendschreiben als das dem Schriftsteller Bewusste und von ihm Beabsichtigte betrachten, wobei Ebrard, wie schon bemerkt, die vier ersten auf die verschiedenen Zustände der Kirche in consecutiver Zeitfolge vom apostolischen Zeitalter bis auf das

Mittelalter bezieht. Das ist eine möglichst unnatürliche, unsichere, falsche Vorstellungsweise.

1. Kap. 2, 1-7. Brief an Ephesus.

Dieses war eine der berühmtesten Städte des Alterthums, am Ikarischen Meerbusen, die Metropolis von Jonien so wie die Hauptstadt der Asia proconsularis, berühmt namentlich auch durch ihren Tempel der Diana, welcher nach der Verbrennung durch den Herostratus nur glänzender wieder aufgebaut war. Wie um die Zeit fast in allen bedeutenden Handelsstädten, so hatte auch zu Ephesus sich eine bedeutende Zahl von Juden niedergelassen (Joseph. Antt. XIV, 10, 11 sq. Act.). Die christliche Gemeinde zu Ephesus verdankt ihren Ursprung dem Paulus und dessen Gehülfen. Der Apostel kam, so viel wir wissen, zum ersten Male dahin auf seiner zweiten Bekehrungsreise, auf dem Rückwege von Korinth nach Jerusalem. Er begab sich in die Synagoge und unterredete sich dort mit den Juden, konnte aber damals nur kurze Zeit verweilen; doch liess er seine Begleiter, den Aquila und die Priskilla, zurück (Act. 18, 19 sq.). Diese sind gewiss für das Evangelium sehr wirksam gewesen; durch sie wurde namentlich Apollo dem Herrn ganz gewonnen. Nachher kam Paulus selbst auf längere Zeit nach Ephesus. Er hielt dort seine Vorträge zuerst 3 Monate lang in der Jüdischen Synagoge mit bedeutendem Erfolge, dann, als er hier auf Widerstand stiess, indem er die Bekenner des Herrn zu einer besonderen Gemeinde ausschied, in der Schule eines gewissen Tyrannos, noch wenigstens 2 Jahre lang, wobei er sowohl Juden als Hellenen aus der Stadt und der ganzen Gegend bekehrte, Act. 19. Später, als er wieder in Macedonien und Griechenland gewesen war und nun wieder nach Jerusalem ging, liess er auf der Vorbeireise die Aeltesten der Gemeinde von Ephesus zu sich nach Milet kommen, um hier von ihnen Abschied zu nehmen und ihnen Ermahnungen zu ertheilen, wobei er sie auch auf die Gefahren hinwies, welche der Gemeinde durch Verfolger so wie durch Irrlehrer aus ihrer eignen Mitte drohten (Act. 20, 17—38). Ob Paulus später wieder nach Ephesus und in die Gegend gekommen, hängt mit der Entscheidung der Streitfrage über seine Befreiung aus der ersten Römischen Gefangenschaft und über den Ursprung und die Zeit der Abfassung der Pastoral-Briefe zusammen. Doch sehen wir aus dem ohne Zweifel echten 2. Tim., dass damals Timotheus sich in dieser Gegend befand und dass die Gemeinde durch einzelne Irrlehrer gefährdet ward. Nach der Zeit hat der kirchlichen Ueberlieferung gemäss der Apostel Johannes hier seinen Sitz aufgeschlagen und seine letzten Tage zugebracht. Ist aber unsere Ansicht über den Ursprung und Verfasser der Apokalypse richtig, so ist, wie schon früher bemerkt, sehr wohl möglich, dass er zur Zeit der Abfassung dieses Buches dort noch nicht weilte, wie sich denn in diesem Briefe keine Andeutung findet, dass die Stadt damals der Sitz eines Apostels war. Nachmals war Ephesus der Sitz eines christlichen Metropoliten und ist in der Kirchengeschichte besonders durch die daselbst gehaltene 3. ökumen. Synode (431) so wie durch die sogenannte Räuber-Synode (449) bekannt. Der Kaiser Justinian liess dort eine prachtvolle Kirche des heiligen Johannes erbauen. Durch die Osmanen, welche ca. 1307 kamen, und später durch Timur (1402) ist die Stadt ganz zerstört. Jetzt ist in der Gegend ein kleines gegenwärtig von Turkomannen bewohntes Dorf Ajasoluk, und dabei noch manche Ruinen der alten Stadt; vergl. Schubert's Reise in's Morgenland I. S. 284—313.

V. 1. Dem Engel der Gemeinde in Ephesus schreiben. Statt Ἐφεσίνης ist ohne Zweifel mit Griesbach u. A. ἐν Ἐφέσῳ zu lesen nach AC und 40 min. Vulg. Andr. Areth. Dabei hat Lachmann aber, was schon Bengel und Griesbach billigten, τῷ statt τῆς nach AC min. (τῷ ἐν Ἐφέσῳ ἐκκλησίας), und ebenso V. 8. 18; es würde grammatisch sehr hart sein, und das spricht für die Ursprünglichkeit. Doch hat er bei den übrigen Briefen τῆς beibehalten, da dort τῷ kaum in Betracht kommende äussere Zeugen für sich hat.

So spricht, der da hält die 7 Sterne in seiner Rechten (1, 16), der da wandelt in der Mitte der sieben goldnen Leuchter (1, 13).

V. 2. Ich kenne Deine Werke, wohl besonders die Aufopferungen für das Evangelium, und Deine Mühe, κόπος nicht bloss Mühseligkeit, Beschwerden, sondern auch von der Anstrengung bei der Arbeit selbst, und Deine Geduld, Ausdauer in der Anstrengung wie in der Hoffnung auf die Ruhe im Reiche Gottes.

und dass Du nicht Schlechte zu tragen vermagst, dass diese Dir gleichsam zu lästig werden, als dass Du sie nicht von Dir abschütteln, von Dir stossen solltest.

und Du hast erforscht, sorgfältig geprüft die welche sich Apostel nennen und es nicht sind (Anakoluthon) und hast sie als Lügner erfunden, hast also richtig erkannt, was es mit ihnen für eine Bewandtniss habe und hast Dich durch ihr Vorgeben nicht blenden lassen. Wer diese Männer übrigens gewesen seien, lässt sich nicht mit Sicherheit bestimmen; wohl gewiss nicht, wie Züllig meint, solche Jüdische Lehrer, die gar nicht der christlichen Gemeinde angehörten; und eben so wenig, wie Eichhorn, Johannes-Jünger. Ewald denkt an die streng Judaisirenden Lehrer, mit denen Paulus anderswo so oft zu thun hat. Eher möchte aber wahrscheinlich sein, dass der Schriftsteller an die Häupter derjenigen gedacht hat, die er V. 6 als Nikolaiten bezeichnet, worauf es auch Hengstenberg bezieht. Daneben würden wir, wie wir sehen werden, an antinomistisch gesinnte Lehrer zu denken haben, eine Richtung, die aus dem Missbrauche der Paulinischen Lehre von der Freiheit des Christen vom Gesetze hervorgegangen war; womit sich denn eine Vorliebe für spitzfindige Speculationen verschiedener Art verbinden konnte, vor welchen Leuten Paulus schon den Timotheus warnt, 2. Tim. 2, 16 sq. Wenn es hier übrigens heisst, dass sie sich für Apostel ausgeben, so macht das nicht nothwendig, dass sie wirklich zum Kreise derjenigen gehörten, welche den Herrn selbst gehört hatten oder dieses auch nur behaupteten.

V. 3. Und hast Ausdauer und hast getragen um meines Namens willen, in dem Bekenntniss meiner hast Du getragen nämlich alle Drangsale und Verfolgungen, welche deshalb über Dich verhängt wurden, und bist nicht ermüdet, ohne zu ermüden; es bildet dieses ein offenbar absichtliches Wortspiel mit V. 2, wo sowohl βαστάζειν als κόπος in anderer Beziehung steht; dem οὐ δύνῃ βαστάζειν κακοὺς steht hier ἐβάστασας entgegen, wie dem τὸν κόπον σου hier οὐκ ἐκοπίασας oder besser mit Lachmann οὐ κεκοπίακας (nach AC u. a.); die rec. hat: κεκοπίακας καὶ οὐ κέκμηκας, was zu fassen wäre: hast Dich gemüht und bist nicht müde geworden. Doch sprechen sowohl sehr überwiegende äussere Zeugen für jene kürzere Lesart, als auch dieselbe durch innere Gründe empfohlen wird, weil es nämlich eben bei dem Wortspiele hinsichtlich des βαστάζειν an sich wahrscheinlich ist, dass auch das κοπιάζειν hier in anderer Beziehung gebraucht ist wie V. 2.*)

V. 4. Aber ich habe wider Dich, dass Du Deine erste Liebe gelassen hast, hast liegen lassen, davon abgelassen; die erste Liebe = eine solche, wie Du sie in der früheren Zeit, als Du zuerst Dich meinem Dienste widmetest, gehegt und bewiesen hast. Diese Liebe kann hier nach dem Zusammenhange nicht wohl von der Liebe zu Christo (wie z. B. Züllig) oder zu Gott (cf. Jerem. 2, 2) gemeint sein, sondern wohl nur von der Liebe zu den Brüdern, wie sie sich besonders in der Unterstützung und Wohlthätigkeit gegen die Bedürftigen kund gab, welche auch Paulus den Ephesinischen Aeltesten Act. 20, 35 empfiehlt. Darauf führt hier auch in V. 5 das τὰ πρῶτα ἔργα ποίησον. Vergl. Matth. 24, 12: καὶ διὰ τὸ πληθυνθῆναι τὴν ἀνομίαν ψυγήσεται ἡ ἀγάπη τῶν πολλῶν. Entschieden falsch ist, wenn Eichhorn hierin einen Vorwurf gegen die Ephesin. Christen findet, dass sie die Irrlehrer zu strenge, nicht mehr mit der früheren Gelindigkeit behandelten.

V. 5. Gedenke nun, von wo Du gefallen bist, d. i. welches der hohe Standpunkt war, den Du früher im Besitz der Liebe gegen die Brüder einnahmst und jetzt verloren hast, von dem Du herabgesunken bist. Für die Formel πόθεν πέπτωκας (so Griesbach, Lachmann, Tischendorf, und schon von Bengel und Wetstein gebilligt statt rec. ἐκπέπτωκας nach überwiegenden äusseren Zeugen) cf. Cicero ad Attic. IV, 16. non recordor unde ceciderim, sed unde resurrexerim.

und ändere Deinen Sinn und thue die ersten Werke = solche wie Du in der ersten Zeit der Liebe gegen die Brüder bewiesen, wo aber nicht; es ergänzt sich hier leicht μετανοήσῃς; am Ende ist aber etwas pleonastisch ἐὰν μὴ

---

*) οὐ κέκμηκας ist von Erasmus hineingebracht worden; cf. Delitzsch Handschriftl. Funde 1. pag. 24.

μετανοήσῃς noch wieder hinzugefügt, so komme ich Dir = zu Deiner Bestrafung, schnell (ταχύ von Lachmann, Tischendorf ausgelassen nach AC Copt. Aeth. vulg.; die Auslassung auch schon von Mill und Bengel gebilligt) und werde rücken Deinen Leuchter von seiner Stelle, wo Du nicht Deinen Sinn änderst; der Leuchter ist eben das Symbol der Gemeinde nach 1, 20; so bezeichnet hier denn die Verrückung des Leuchters, dass der Leuchter hinfort an dieser Stätte nicht mehr werde erblickt werden, die Verrückung der Gemeinde selbst, dass sie hinfort nicht mehr als eine dem Herrn angehörige werde erkannt, ihr Platz im Reiche Gottes Anderen werde gegeben werden. Vergl. für den Sinn Matth. 21, 43: ἀρθήσεται ἀφ' ὑμῶν ἡ βασιλεία τοῦ θεοῦ κ. δοθήσεται ἔθνει ποιοῦντι τοὺς καρποὺς αὐτῆς. Ueber die Formel κινεῖν ἐκ τοῦ τόπου vergl. Apoc. 6, 14: κ. πᾶν ὄρος κ. νῆσος ἐκ τῶν τόπων αὐτῶν ἐκινήθησαν.

V. 6. Aber das hast Du, das Löbliche, Gute, dass Du die Werke der Nikolaiten hassest, welche auch ich hasse; vergl. V. 15 (Pergamus): οὕτως ἔχεις καὶ σὺ κρατοῦντας τὴν διδαχὴν Νικολαϊτῶν ὁμοίως. Dies ist dort wie ich glaube, obwohl es von Anderen, noch de Wette, geleugnet wird, deutlich dasselbe, was V. 14 ausgedrückt ist: ἔχεις ἐκεῖ κρατοῦντας τὴν διδαχὴν Βαλαάμ. Dieser Balaam ist jener Zauberer Bileam, welchen der Moabitische König kommen liess, um die Israeliten bei ihrem Aufenthalte in seinem Gebiete zu verfluchen, der aber durch den Geist genöthigt ward, statt des Fluches über sie wiederholt Segenssprüche auszusprechen. Von ihm wird Num. 31, 16 in einer Rede des Mose gesagt, dass er die Moabiterinnen angestiftet habe, die Israeliten zum Abfalle von ihrem Gotte zu verführen, was sich auf ib. Kap. 25 bezieht, wornach die Israeliten an den Opfermahlzeiten und dem Götzendienste der Moabiter Theil nahmen und mit deren Töchtern Unzucht trieben. So wird es denn auch in unserm Buche unten V. 14 dem Bileam vorgeworfen, dass er dem Moabiter König angegeben hätte, die Israeliten zu verführen, Götzenopferfleisch zu essen und Unzucht zu treiben. Darnach haben wir ib. bei den κρατοῦντες τὴν διδαχὴν Βαλαάμ an Menschen in der christlichen Gemeinde zu denken, welche im Gegensatze gegen die Judaisirenden eine antinomistische Richtung hatten,

und im Missverstande der Paulinischen Lehre von der Freiheit
des Christen vom Gesetze es nicht für unerlaubt bezeichneten,
auch an Götzenopfermahlzeiten theilzunehmen und den Leib
den Sinnenlüsten preiszugeben, da dieser ja auch etwas Aeusser-
liches sei, welche daher auch sich an die von den Aposteln
den Heiden-Christen auferlegten Punkte des Gesetzes (Act. 15, 29.
21,25) nicht gebunden achteten. Dass es solche in verschiedenen christlichen Gemeinden gab, sehen wir auch aus den
Paulinischen Briefen, besonders 1. Cor., auch Ep. Jud. Darüber kann nun meines Erachtens kein Zweifel sein nach V. 15
im Verhältniss zu V. 14, dass die hier genannten Nikolaiten
eben dieselbigen Menschen sind, welche als $\varkappa\varrho\alpha\tau o\tilde{\iota}\nu\tau\varepsilon\varsigma\ \tau\dot{\eta}\nu$
$\delta\iota\delta\alpha\chi\dot{\eta}\nu\ B\alpha\lambda\alpha\dot{\alpha}\mu$ bezeichnet werden. Mehr zweifelhaft kann
man über den Ursprung des Namens Nikolaiten sein. Die
Kirchenschriftsteller vom Irenäus und Klemens Al. an leiten
ihn von einem Sektenhaupte Nikolaus ab, wobei sie eben an
denjenigen des Namens denken, der Act. 6, 5 als einer der
7 Diakonen zu Jerusalem genannt wird, der aber später auf
verderbliche Irrwege gekommen sein oder nach welchem wenigstens eine häretische Partei sich genannt haben soll; Irenäus wie Klemens Al. lassen die Partei auch damals noch
fortdauern, so dass wohl mit grosser Wahrscheinlichkeit das
kann angenommen werden, dass es damals wirklich eine Partei
mit der hier bezeichneten anti-nomistischen Richtung gab,
welche den Namen Nikolaiten führte, sei es, dass sie sich
selbst diesen Namen gaben oder dass bloss andere sie so
nannten; nach Klemens Al. hatten sie den Grundsatz, man
müsse dem Fleische eben dadurch seine Geringschätzung beweisen, dass man es durch sich selbst vernichte, indem man
sich den fleischlichen Lüsten hingäbe, vergl. Neander Kgesch.
Bd. I. (Abth. II.) S. 774 sq. Nicht ganz unwahrscheinlich ist
nun auch wohl ein Zusammenhang jener Nikolaiten zur Zeit
des Irenäus und Klemens Al. mit den hier genannten; dagegen der Zusammenhang derselben mit jenem Diakonus Nikolaus in hohem Grade problematisch ist. Sehr wahrscheinlich ist, was schon Vitringa und Wetstein annehmen und
jetzt die meisten, auch Hengstenberg und Ebrard (jedoch
nicht Hofmann II, 323 und de Wette), dass der Name gebildet ist als Griechische Uebersetzung von Bileamiten, indem

man בִּלְעָם betrachtete als zusammengesetzt aus בִּלַע verderben, vernichten, (im Syrischen und Arabischen auch = vincere) und עַם Volk, wie Νικόλαος von νικᾶν und λαός, gleichsam: Volksbesieger, Volksverderber. Doch ist nicht wahrscheinlich, dass der Verfasser der Apokalypse diese Bildung zuerst sollte gemacht haben; so wie hier zuerst (V. 6) von den Nikolaiten die Rede ist, scheint er diese Benennung als eine seinen Lesern schon bekannte Bezeichnung vorauszusetzen. So auch Ewald Jahrb. VIII. 1856. S. 117 sq. Es ist daher wohl anzunehmen, dass in diesen Kreisen für diese anti-Jüdische und anti-nomistische Partei die Benennung der Nikolaiten, als Bezeichnung derselben als solcher, die dem Bileam glichen, schon üblich war. Es würde sich diese Uebertragung allerdings noch leichter erklären, wenn in den Gegenden irgend ein Nikolaus an der Spitze dieser Partei gestanden hätte; und dies ist an sich auch wohl möglich, aber durchaus nicht irgend sicher, noch auch nothwendig.

V. 7. Wer da Ohr hat, der höre; vergl. 13, 9 (wie ähnlich Christus ὁ ἔχων ὦτα ἀκουσάτω Matth. 11, 15 al.) was der Geist den Gemeinden sagt, der Geist der Weissagung, durch den der Herr, welcher auch hier redet, sich dem Seher und durch ihn den Gemeinden mittheilt. Dem Ueberwinder, ihm will ich geben von dem Lebensholze, welches im Paradiese (meines) Gottes ist. ὁ νικῶν ist derjenige, welcher standhaft in allen Kämpfen für das Reich Gottes und das lautere einfache Evangelium ausharrt, sich nicht von den feindlichen Mächten oder Irrlehrern abführen lässt. Die Formel ξύλον τῆς ζωῆς ist entlehnt aus Gen. 3, 22: עֵץ חַיִּים, was die LXX auf diese Weise übersetzen. Es ist Bezeichnung des Baumes im Paradiese, dessen Frucht den Besitz des ewigen Lebens verleiht, so dass der Genuss desselben daher für den Besitz des ewigen Lebens gesetzt wird; vergl. die Schilderung der ewigen Seligkeit 22, 2; desgl. ib. V. 14. 19. Aehnlich auch bei späteren Juden, z. B. Jalkut Rubeni 19, 2: Quando Deus judicat judicium veritatis, tunc animam deducit in paradisum eique gustandum praebet arborem vitae; siehe Schöttgen ad h. l. Es liegt bei dieser Ausdrucksweise die Vorstellung zu Grunde, dass das Paradies, worin der Mensch bei der Schöpfung gesetzt ward, mit dem Lebensbaume noch besteht, der Mensch nur jetzt wegen des Falles aus demselben ausgeschlossen ist und im Reiche Christi wieder zu demselben Zugang haben wird.

2. V. 8—11. Brief an Smyrna.

Diese Stadt war eine der angesehensten und schönsten Handelsstädte des Alterthums und ist es auch noch jetzt, gelegen in Jonien am Aegäischen Meere, gegen 8 Meilen nördlich von Ephesus. Durch den Handel war sie sehr reich, aber die schwelgerischen Sitten Smyrna's waren auch zum Sprüchwort geworden. Durch wen die christliche Gemeinde in dieser Stadt gegründet worden, ist nicht bekannt. Aus diesem Briefe lässt sich ersehen, dass die Bekenner des Herrn besonders zu der ärmeren Klasse gehörten und dass sie von den ungläubigen Juden viel zu leiden hatten. Grade aber wohl deshalb hatte das Evangelium sich bei ihnen reiner erhalten als in anderen Gemeinden. Später war Polykarp dort Bischof, ein Jünger des Apostels Johannes, den selbst wieder Irenäus in seiner Jugend gesehen hatte und der als ein hochbetagter Greis als Märtyrer den Tod litt, verbrannt ward, c. 167, und zwar besonders, wie es scheint, auf Anreizung der Juden. Bei Eusebius findet sich darüber ein Brief der Smyrnaer Gemeinde, Eusebius IV, 15. Auch unter den Briefen des Ignaz findet sich einer an die Gemeinde zu Smyrna, so wie einer an den Polykarp. Die Stadt zählt jetzt gegen 120,000 Einwohner, und zwar ausser Türken auch viele (über 10,000) Juden und Christen (wohl gegen 30,000) aus allen Confessionen, doch meistens Griechische.

V. 8. So spricht der Erste und der Letzte, der todt war und lebendig geworden ist. Das ist $\check{\epsilon}\zeta\eta\sigma\epsilon\nu$ = der wieder in's Leben zurückgekehrt ist. Ueber diese ganze Bezeichnung Christi siehe I, 17. 18, woher sie entlehnt ist. Grade von dieser Seite ist Christus hier bezeichnet mit Rücksicht auf V. 10, wo er verheisst, dem, der treu bis zum Tode dient, die Krone des Lebens geben zu wollen.

V. 9. Ich kenne Deine Werke, $\tau\grave{\alpha}$ $\check{\epsilon}\rho\gamma\alpha$ σov, wie V. 2. 5. Doch haben Bengel, Lachmann und Tischendorf die Worte $\tau\grave{\alpha}$ $\check{\epsilon}\rho\gamma\alpha$ $\varkappa\alpha\grave{\iota}$ ausgelassen nach AC 2 min. Copt. Aeth. Vulg. Primas. Andr. in comm. Auch schon Mill billigt die Auslassung.

und Deine Trübsal, in Bezug auf die Verfolgungen, und Deine Armuth, Dürftigkeit in irdischen Dingen (doch bist Du reich an den wahren bleibenden Schätzen, die im Himmel aufbewahrt sind; vgl. Matth. 6, 20; vgl. 2. Cor. 6, 10: ὡς πτωχοί, πολλοὺς δὲ πλουτίζοντες, ὡς μηδὲν ἔχοντες, καὶ πάντα κατέχοντες. ib. 8, 2) und die Lästerung von denen, die sich Juden nennen und es nicht sind sondern des Satans Versammlung. Das ἐκ hinter βλασφημίαν haben Bengel, Griesbach, Lachmann, Tischendorf u. A. nach bei Weitem überwiegenden Zeugen aufgenommen. Die lästernden Verfolger der Christen werden auf dieselbe Weise wie hier auch 3, 9 bezeichnet. Es waren ungläubige und dem Evangelium sehr feindliche Juden. Der Verfasser selbst gehörte dem Jüdischen Volke an und hing an demselben (siehe Einleitung); diejenigen, welche dem Reiche Gottes so widerstrebten, will er als solche betrachtet wissen, die den ehrenvollen Namen der Juden sich nur mit Unrecht anmassten, da sie nichts weniger als dem Volke Gottes, dem Bundesvolke, dem in Christo die den Vätern gegebenen Verheissungen erfüllt werden sollten, sich angehörig bewiesen; weit entfernt, eine Versammlung Jehovah's, des Herrn, zu sein, συναγωγὴ τοῦ κυρίου, עֲדַת יְהֹוָה (oder קָהָל) wie Mose das Israelitische Volk nennt Num. 31, 16 und wie die aufrührerischen Israeliten sich selbst nannten, ib. 16, 3. 20, 4, seien sie vielmehr eine Versammlung des Satans, des Feindes Gottes und seines Reiches. Vergl. Joh. 8, 44: ὑμεῖς ἐκ τοῦ πατρὸς τοῦ διαβόλου ἐστέ.

V. 10. Statt μηδὲν haben Lachmann u. A. gebilligt μὴ nach ABC 2 min. — Bei der rec. würde μηδὲν accus. des Objects sein und ἃ μέλλεις πάσχειν dazu Apposition: fürchte nichts was Du leiden wirst, welche Leiden um Deines Glaubens und Bekenntnisses willen über Dich noch werden verhängt werden. Siehe der Teufel, der Feind Gottes und des Volkes Gottes, wird durch seine Diener, namentlich jene Pseudo-Juden von euch welche, Etliche, cf. z. B. Matth. 23, 34: ἐξ αὐτῶν ἀποκτενεῖτε κ. λ. in's Gefängniss werfen, damit ihr geprüft werdet, das ist die göttliche Absicht bei der Verhängung solcher Trübsale über euch, dass ihr Gelegenheit erhaltet, gerecht zu werden, euern Glauben zu bewähren;

wie deshalb πειρασμοὶ in der Bibel öfters gradezu in Beziehung auf äussere Trübsale gesetzt wird.

und ihr werdet eine Trübsal von 10 Tagen haben, kann hier nur als runde Zahl gemeint sein in dem unbestimmten Sinne: auf kurze Zeit; vergl. Gen. 24, 55. Num. 11, 19. Dan. 1, 14.

Sei getreu bis zum Tode, so dass du selbst den Tod deshalb nicht scheuest, selbst den Tod zu erleiden bereit bist; cf. Philip. 2, 8: γενόμενος ὑπήκοος μέχρι θανάτου, θανάτου δὲ σταυροῦ.

so will ich Dir die Krone des Lebens geben, Genit. expl. Das ewige Leben als Siegeskrone, als Kampfespreis; vergl. besonders Jacob. 1, 12: μακάριος ἀνὴρ ὃς ὑπομένει πειρασμόν· ὅτι δόκιμος γενόμενος λήψεται τὸν στέφανον τῆς ζωῆς, ὃν ἐπηγγείλατο (ὁ κύριος) τοῖς ἀγαπῶσιν αὐτόν. Hier steht die ζωή dem θάνατος entgegen. Grade aus dem Tode selbst, der um des Herrn willen erlitten, wird Dir das Leben werden. Schwerlich richtig ist aber, wenn Züllig es erklärt: „ich werde Dir im Leben des Olam Habba, die Königswürde geben", und dieses noch von einer besonderen, der höchsten Würde in demselben versteht, worauf ganz besonders die Märtyrer Anspruch hätten.

V. 11. Der Ueberwinder wird nicht verletzt werden vom zweiten Tode, ihm wird der zweite Tod nichts anhaben. Die hier zu Grunde liegende Vorstellung erläutert sich aus der weiteren Ausführung Kap. 20. 21. Die gläubigen Bekenner des Herrn, die in Ihm entschlafen sind, werden bei seiner Parusie auferweckt werden, um mit ihm im tausendjährigen Reiche zu herrschen 20, 4; diese werden dann ewig leben und auch bei dem allgemeinen Gerichte unverletzt bleiben, während die Gottlosen, die bei der allgemeinen Auferstehung auferweckt werden, in den Feuerpfuhl werden geworfen werden, in welchen vorher der Tod und Hades geworfen sind und der eben der zweite Tod heisst 20, 14. 21, 8. Daher heisst es auch 20, 6: μακάριος καὶ ἅγιος ὁ ἔχων μέρος ἐν τῇ ἀναστάσει τῇ πρώτῃ· ἐπὶ τούτων ὁ δεύτερος θάνατος οὐκ ἔχει ἐξουσίαν. Vergl. Tharg. Hieros. in Deut. 33, 6: vivat Ruben in hoc seculo nec moriatur morte secunda, qua moriuntur impii in mundo futuro. Tharg. in Ps. 49, 11: Quoniam videbit sapientes impios qui morte secunda moriuntur et adjudicantur Gehennae. Andere Stellen bei spätern Juden über den zweiten Tod siehe bei Wetstein.

3. V. 12—17. Brief an Pergamus.

Diese Stadt lag nördlich von Smyrna, in Gross-Mysien, an dem nördlichen Ufer des Flusses Kaikus, etwa 4 Meilen vom Meere entfernt, weiland Residenz der Könige vom Stamme des Attalus; sie war gleichfalls eine der schönsten Städte Asiens, ein Sitz der Künste und Wissenschaften; sie hatte eine glänzende Bibliothek, welche besonders durch den König Eumenes II. gemehrt ward, so dass sie 200,000 Bände umfasst haben soll; dieselbe ward aber durch den Antonius nach Aegypten abgeführt und dort der Kleopatra geschenkt. Von dieser Stadt hat das Pergamen seinen Namen. Es war dort ein berühmter Tempel des Aesculap, welcher Gott daher bei Martial der Pergameische Gott, Pergameus Deus, heisst. Sie war auch der Geburtsort des Galenus. Von einer christlichen Gemeinde daselbst finden wir die erste Spur hier. Wir sehen aus dem Briefe, dass die Gemeinde damals schon blutige Verfolgungen erlitten hatte; ebenso, dass in ihr bei entschiedener und standhafter Anhänglichkeit am Evangelium jene freiere, anti-jüdische und antinomistische Richtung herrschend war. — Später, unter dem Mark Aurel wurden auch wieder über die Christen dieser Stadt Verfolgungen verhängt, und Eusebius IV, 15 nennt mehrere Märtyrer aus der Gemeinde. Gegenwärtig heisst die Stadt Pergamo; es haben sich dort noch manche Ruinen von der alten Stadt erhalten. Ausser den Türkischen Bewohnern enthält sie eine kleine christliche Gemeinde von etwa 250 Seelen, die vor einiger Zeit sich eine neue Kirche erbaut hat. Von Lindsay dagegen, Agenten der Englischen und ausländischen Bibelgesellschaft zu London, der diese Gegend 1816 besucht hat, wird die Zahl der dasigen Christen auf mehrere Tausend angegeben; von denen sowohl die Griechen als die Armenier eine Kirche hätten. Manche derselben sind im Griechischen Befreiungskriege bei einer Landung der Türken daselbst im Jahre 1823 umgekommen. (Vgl. Wiener R. W. B. Rosen-

müller bibl. Alterthumsk. Bd. 1. Thl. II. S. 175 sq. 221 sq.
Schubert I. S. 316. 318.

V. 12. So spricht der das zweischneidige scharfe Schwert hat; nach 1, 16. Grade diese Seite in der Erscheinung des Herrn wird hier in diesem Briefe hervorgehoben, wiefern der Herr sich des Schwertes des Mundes zum Kampfe mit den Verführern bedienen will, siehe unten V. 16.

V. 13. Ich kenne Deine Werke. Bengel, Lachmann und Tischendorf haben die Worte τὰ ἔργα σου καὶ auch hier ausgelassen, nach AC min. Copt. Aeth. Vulg. Patr. lat. — Auch Andreas und Arethas berücksichtigen in ihren Commentarien diese Worte nicht, und auch Mill schon hält sie für unecht, was auch nicht unwahrscheinlich ist; dann lautet es also: ich weiss wo Du wohnest (nämlich) wo des Satans Thron ist. Dieses beziehen schon Andreas und Arethas auf den in dieser Stadt getriebenen Götzendienst. So auch die meisten späteren Ausleger, welche darin eine specielle Anspielung auf den Dienst des Aesculaps finden. Dieses ist auch nicht unwahrscheinlich. Der Aeskulap wird gebildet — und so fand er sich wohl auch in dem Tempel zu Pergamus — auf einem Throne sitzend, mit einem Stabe in der Hand, um den sich eine Schlange gewunden. Da nun den Juden der Zeit die Schlange Symbol des Satans war und so auch in unserm Buche der Satan als die alte Schlange bezeichnet wird (12, 9, 20, 2 sq.), so konnte von den Schriftstellern leicht die Stadt wegen ihres Dienstes und Tempels des Aeskulaps mit einem solchen Symbol als ein Sitz des Satans bezeichnet werden. Andere, wie Ewald, de Wette, Hengstenberg, Ebrard beziehen es bloss auf die harten Verfolgungen, welche die Christen in der Stadt von deren Bewohnern zu erdulden hatten. Damit kann aber jene Beziehung gar wohl verbunden werden, wenn diese Verfolgungen von Seiten der Götzendiener kamen, welche die Verachtung des von ihnen so heilig geachteten Gottes ahndeten; es ist immer wahrscheinlich, dass das ὁ θρόνος τοῦ σατανᾶ noch eine speciellere Beziehung auf den dortigen Aeskulap-Kultus nimmt. Abgeschmackt Züllig, dass es sich bloss auf die von allen hier genannten Gemeinden am meisten nördliche Lage von Pergamus beziehe, wiefern die Jüdische Sage den Satan im Norden wohnen lasse.

und Du hältst meinen Namen fest, lässest Dir das Bekenntniss meiner nicht nehmen.

und hast nicht meinen Glauben (= an mich) verleugnet auch (das ist hier καί) in den Tagen, zur Zeit da Antipas, mein treuer Zeuge, der getödtet ward bei euch, wo der Satan wohnet. Es findet hier wenigstens im recipirten Texte ein Anakoluthon statt, durch Nachlässigkeit der Schreibweise, da sich an den relativen Satz ἐν αἷς κ. λ., ohne dass dieser ein Verbum finitum hat, wieder ein anderer relativer Satz anschliesst: ὅς ἀπεκτάνθη. Regelmässiger wäre es, wenn das ὅς nicht gesetzt wäre. Lachmann dagegen hat ἐν αἷς ausgelassen nach AC Copt. Vulg. min. (in anderen Zeugen fehlt ἐν); dann würde Ἀντίπας als Genitiv zu betrachten sein statt Ἀντίπα; es wäre als indeclinabile behandelt; und ὁ μάρτυς κ. λ. stände als Apposition zu dem Genitiv eben so wie 1, 4. Es mag das vielleicht das Echte sein: in den Tagen des Antipas, meines treuen Zeugen, welcher etc. — Was den hier genannten Antipas betrifft, so geht aus unserer Stelle selbst hervor, dass er zu Pergamus als Märtyrer muss seinen Tod gefunden haben, und wohl nicht lange vorher, zur Zeit des Nero. Etwas Näheres wissen die älteren Kirchenschriftsteller über ihn nicht. Falsch ist jedenfalls die Angabe eines auch erst sehr späten Martyrologiums, welches noch dem Arethas nicht bekannt war, dass er unter dem Domitian gelitten habe, und zwar soll er wegen seines Zeugnisses von Christo in einem glühend gemachten ehernen Stiere verbrannt sein. Seine Gebeine sollen in einer Kirche geruht haben, welche jetzt den Namen der heiligen Sophia führt (Schubert l. c. S. 317). — Ganz willkührlich ist die Annahme von Hengstenberg, dass der Name Ἀντίπας symbolisch sei = der wider Alle ist = gegen die Welt, und dass dadurch Timotheus bezeichnet werde.

V. 14. Aber ich habe wider Dich ὀλίγα ein weniges, Etwas, es ist nicht Vielerlei, was gerügt wird, obwohl dieses als eine schwere Verschuldung.

(dass) Du hast dort Solche, (und duldest) welche die Lehre des Bileam halten, daran festhalten, welcher den Balak lehrte. Statt rec. τὸν Βαλάκ ist mit Bengel, Griesbach, Lachmann und Tischendorf τῷ zu lesen, nach AC, min., obwohl diese Construction des Verbi διδάσκειν mit dem dat. pers. sonst gegen allen Griechischen und Hellenischen Sprachgebrauch ist. Aber es ist schwerlich der Dativ bestimmt mit Hengstenberg zu fassen: welcher für den Balak, dem zu Gute, lehrte.

Anstoss zu werfen vor den Söhnen Israels = für dieselben, gleichsam ein Netz für sie auszuspannen, hin zu legen, wodurch sie zur Sünde und zum Abfall von ihrem Gotte verführt würden; über βάλλειν vergl. Matth. 10, 34: εἰρήνην βάλλειν ἐπὶ τὴν γῆν.

Götzenopfer zu ess'en und zu huren; über die Menschen in der Gemeinde, welche hier gemeint sind, über ihr Verhältniss zum apostolischen Christenthume, so wie über die Bezeichnung derselben als Anhänger der Lehre des Bileam, d. h. als Solche, welche, ähnlich wie Bileam die Israeliten zur Zeit des Mose, die Bekenner des Herrn auf Irrwege führten, indem sie ihnen die Befriedigung der Sinnenlust und die Theilnahme an Götzenopfermahlzeiten als etwas Unverfängliches, mit dem Geiste des Evangeliums nicht Streitendes, der christlichen Freiheit Angemessenes darstellten, s. oben zu V. 6.

V. 15. So hast auch Du Solche, die die Lehre der Nikolaiten halten gleicherweise; die rec. hat hier am Ende ὃ μισῶ, was Züllig festhält, dafür Griesbach, Lachmann und Tischendorf, schon Compl., auch von Mill und Bengel im Gnomon gebilligt: ὁμοίως nach überwiegenden Zeugen (ABC 43 min. Syr. Copt. Vulg. Areth. Primas.); dieses ist wohl ohne Zweifel das Echte, ὃ μισῶ wohl aus V. 6 entstanden. Ewald will lesen ὃ μισῶ ὁμοίως, was aber fast gar nichts für sich hat. Das ὁμοίως ist übrigens ohne Zweifel zum Vorhergehenden zu ziehen, obwohl es, zumal bei dem οὕτως, etwas pleonastisch nachschleppt; es ist das Verhältniss so zu fassen: so hast auch Du auf ähnliche Weise wie damals bei den Israeliten der Fall war, solche in Deiner Mitte, welche sich an die Lehre der Nikolaiten halten. Schwerlich richtig ist, mit Bengel, de Wette u. A. die Nikolaiten und die, welche die Lehre des Bileam festhielten, für bestimmt verschiedene Personen und Klassen von Verführern zu halten.

V. 16. Aendere nun Deinen Sinn; wo nicht, so komme ich Dir schnell (vergl. V. 5) und werde sie bekriegen mit dem Schwerte meines Mundes, damit werde ich sie fällen, zu Boden strecken, nämlich jene Verführer sammt denen, die ihnen Gehör geben, was in dieser Gemeinde wenigstens mit dem grössten Theile der Mitglieder scheint der Fall gewesen zu sein.

V. 17. **Dem Ueberwinder, ihm will ich geben von dem verborgenen Manna.** Es ist dieses eine bildliche Bezeichnung für den Genuss der Seligkeit im messianischen Reiche, welche sich an eine spätere Jüdische Vorstellung anschliesst. Nach Exod. 16, 32–34 war zur Erinnerung an die wunderbare Speisung des Volkes in der Wüste auf Mosis Befehl von dem Manna ein Gomer voll in ein Gefäss gethan und dieses zur Aufbewahrung vor der Bundeslade hingestellt. Beim zweiten Tempel fehlte dieses Manna-Gefäss eben sowohl als die ganze Bundeslade; wenn nicht schon früher, so war es sammt der Bundeslade bei der Verbrennung des Tempels durch die Chaldäer mit verloren gegangen. Wie nun aber bei den späteren Juden, wie schon Einl. (zu Kap. 11, 19) bemerkt ist, die Vorstellung sich bildete, dass die Bundeslade damals nicht mit verbrannt oder überhaupt zerstört sei, sondern durch den Jeremias, oder schon vorher durch Josiah, oder sonst durch göttliche Veranstaltung verborgen sei, in den Tagen des Messias wieder zum Vorschein kommen werde, so ward dasselbe auch auf das Gefäss mit dem Manna übertragen, und von demselben angenommen, dass auch dieses zur Zeit des Messias (durch den Elias) werde wieder zum Vorschein gebracht werden; siehe darüber die thalmudischen und rabbinischen Stellen bei Wetstein ad h. l. Davon ist hier der Ausdruck **verborgenes Manna** wahrscheinlich entlehnt, Andere fassen ihn ohne eine solche Beziehung, bloss von dem geistigen, himmlischen Manna, im Gegensatz gegen dieses natürliche; so Hengstenberg, Ebrard u. A. Doch ist die Anspielung auf jene Jüdische Tradition und Vorstellung wahrscheinlich. Wie nun aber das Manna, womit die Israeliten in der Wüste gespeist wurden, als das Himmelsbrot bezeichnet wird (Ps. 78, 24. 105, 40), so konnte das Darreichen des verborgenen Manna, welches bei der Parusie des Messias zum Vorschein kommen werde, zur Bezeichnung der himmlischen Speise im Reiche Gottes, der Theilnahme an seiner Seligkeit, gesetzt werden. Vergl. Joh. 6, 31, woraus sich entnehmen lässt, dass die Juden vom Messias erwarteten, er werde als ein zweiter Mose sie wie dieser mit Manna als Himmelsbrote speisen.

und werde ihm geben ein weisses Steinchen und auf dem Steinchen einen neuen Namen geschrieben, welchen niemand kennt als wer ihn empfängt. Wovon das Bild des $\psi\tilde{\eta}\varphi o\varsigma\ \lambda\varepsilon v x\grave{\eta}$ hergenommen, ist sehr streitig. Elsner und Schleusner glauben: vom Loose, wo ein weisser Stein das Glück bezeichne. — Andere, wie Andreas, Arethas, Grot., Eichhorn, Heinrichs u. A. finden darin eine Anspielung auf die tesseras honoris, welche die Sieger in den Olympischen Spielen erhielten und wodurch ihnen das Recht des öffentlichen Unterhaltes von Seiten ihrer Vaterstadt zugesichert ward. Doch hiessen diese tesserae nicht $\psi\tilde{\eta}\varphi o\iota$ und es erklärt sich dabei auch nicht das Epitheton $\lambda\varepsilon v x\acute{\eta}$. Dieses veranlasst uns eher mit Anderen an die Sitte der Griechen zu denken, mit weissen und schwarzen Steinchen über Verdammniss oder Lossprechung der Angeklagten zu votiren; das weisse Steinchen sprach frei, und der Freigesprochene heisst auch $v\iota x\tilde{\omega}v$. Vergl. z. B. Theophrast. Charact. cap. 17 §. 3: $\delta\acute{\iota}x\eta v\ v\iota x\acute{\eta}\sigma\alpha\varsigma$ $x\alpha\grave{\iota}\ \lambda\alpha\beta\grave{\omega}v\ \pi\acute{\alpha}\sigma\alpha\varsigma\ \tau\grave{\alpha}\varsigma\ \psi\acute{\eta}\varphi o v\varsigma$. Wiefern aber hier das empfangene Steinchen zu denken ist als zugleich eine Anweisung auf die Theilnahme am messianischen Reiche enthaltend, kann man sagen, dass zugleich doch mit auf jene tesseras honoris angespielt sei, dass also die beiden letzten Erklärungen mit einander zu verbinden seien, wie schon Vitringa es fasst. Hengstenberg will diesem Gliede, dem Empfangen des weissen Steinchens, gar keine selbstständige Bedeutung beilegen, sondern betrachtet das Steinchen eben bloss bestimmt, den neuen Namen zu tragen. — Für $\check{o}v o\mu\alpha\ x\alpha\iota v\grave{o}v$ vergl. Jes. 62, 2, wo es von Jerusalem heisst, dass sie bei ihrer Wiederherstellung werde genannt werden mit einem neuen Namen, $\check{o}v o\mu\alpha\ x\alpha\iota v\acute{o}v$, שֵׁם חָדָשׁ. Ib. 65, 15, Jehovah werde seine Knechte mit einem andern Namen nennen, שֵׁם אַחֵר, LXX wieder $\check{o}v o\mu\alpha\ x\alpha\iota v\acute{o}v$. — Wiefern nun der Name betrachtet wird als dem Wesen der Sache entsprechend, so bezeichnet die Ertheilung eines neuen Namens zugleich eine Veränderung der Beschaffenheit und Verhältnisse, und in solcher Verbindung namentlich eine Erhöhung und Verherrlichung. An unserer Stelle kann man aber besonders darüber zweifelhaft sein, ob hier der neue Name von einem Namen der Gläubigen selbst gemeint ist, wodurch dieselben als Genossen des messianischen Reiches, als zur Theilnahme an seiner Seligkeit berechtigt bezeichnet werden, oder von dem des Sohnes Gottes, des Messias, wodurch derselbe bezeichnet wird nach der ganzen Glorie, womit er bei seiner Parusie erscheinen wird. Für die letztere Fassung vergl. 14, 1, wonach die standhaften Gläubigen den Namen des Lammes und seines Vaters auf ihren Stirnen geschrieben haben, und 19, 12, wonach der Messias bei seiner Erscheinung zum Kampfe mit dem Antichrist (am Haupte) einen Namen geschrieben hat, welchen Niemand kennt ausser er selbst. Auf diese Weise fasst es auch noch Ewald, und zwar denkt er an den göttlichen Namen des Vaters, יְהֹוָה, nach dessen wahrer Aussprache und Bedeutung, die nach der Meinung der Juden bisher ein Geheimniss sei; er versteht dann wie Ebrard ψῆφος von einem Edelsteine (wie das Wort auch gebraucht wird) und zwar Ewald*) von einem solchen, den die standhaften Bekenner des Herrn an ihrer Stirne führen sollten, ähnlich dem Stirnblech der Jüdischen Hohenpriester, welches die Inschrift hatte: קֹדֶשׁ לַיהוָה (Exod. 28, 36. 39, 30). Allein auf eine solche Stirnzierde werden wir durch die Ausdrucksweise am wenigsten geführt, und am wahrscheinlichsten ist überhaupt, dass der neue Name zu denken ist als Diejenigen selbst, welche das weisse Steinchen erhalten, nach ihrer ihnen bestimmten Würde und Herrlichkeit bezeichnend.

4. V. 18—29. Brief an Thyatira.

Thyatira in Lydien, an der Gränze von Mysien, am Flusse Lykus gelegen, 6—7 Meilen nördlich von Sardes, eine Macedonische Kolonie; in älterer Zeit hiess sie Pelopia und Evippia. Nach Act. 16, 14 war die Lydia, welche zu Philippi sammt ihrem Hause gläubig wurde und dem Paulus viel Liebe erwies, eine Purpurhändlerin aus Thyatira. Schon diese kann das Evangelium nach ihrer Vaterstadt gebracht und dort weiter verbreitet haben. Doch könnte auch Paulus selbst oder seine Gefährten — namentlich von Ephesus aus während seines fast dreijährigen Aufenthaltes daselbst — dort gewesen sein

---

*) Jetzt erklärt Ewald ψῆφος als tessera hospitalis „Gastzettelchen", auf dem der Name des Gastfreundes steht, der den Gast in sein Haus aufnehmen will.

oder wenigstens Leute aus dieser Gegend ihn in Ephesus gehört haben und von ihm gewonnen sein. Ein überwiegend heidenchristlicher Charakter der Gemeinde ergiebt sich auch aus unserm Briefe, dieselbe scheint sich sehr durch Werke der Liebe und Wohlthätigkeit ausgezeichnet zu haben; aber sie scheint sich nicht gescheut zu haben, an Götzenopfermahlzeiten theilzunehmen und auch sich von heidnischer Unzucht, ausserehelicher Befriedigung der Geschlechtslust nicht freigehalten, ja dieses selbst durch Verstandessophismen, durch ein Berufen auf tiefere Weisheit, zu rechtfertigen gesucht zu haben. Später fanden in der Gemeinde dieser Stadt heftige Kämpfe statt; sie war ein Sitz der schwärmerischen Kataphryger oder Montanisten, und ihnen stand dort eine andere, wie es scheint, kleinere Partei entgegen, welche Epiphanius Aloger nennt, welche mit den anderen Johanneischen Schriften auch die Apokalypse verwarfen. Dass sie sich dafür nach Epiphanius besonders darauf beriefen, dass es zu Thyatira keine Gemeinde von Christen gebe und über das Unklare und Zweideutige in dieser Behauptung, davon ist schon in der Allgemeinen Einleitung die Rede gewesen. Gegenwärtig heisst die Stadt Akhissar = weisses Schloss, nach Lindsay mit circa 30,000 Einwohnern, ziemlich lebhaften Handel treibend, auch mit einer nicht ganz unansehnlichen christlichen Gemeinde etwa von 3000 Seelen, meistens zur Griechischen Kirche gehörend, und einer christlichen Schule, so wie einzelnen Trümmern aus dem Alterthume. (Cf. Schubert I. S. 318 fl.)

V. 18. Solches spricht der Sohn Gottes, der seine Augen hat wie Feuerflammen und dessen Füsse gleich dem Glanzerze; nach 1, 14. 15.

V. 19. Ich kenne Deine Werke und Deine Liebe und Deinen Glauben und Deine Dienstleistung, $\delta\iota\alpha\kappa o\nu\iota\alpha$ ist hier wohl ohne Zweifel gemeint von den Dienstleistungen gegen Kranke und Bedürftige durch Unterstützungen, die ihnen zu ihrer leiblichen Subsistenz dargereicht wurden, in welcher Beziehung $\delta\iota\alpha\kappa o\nu\iota\alpha$ und $\delta\iota\alpha\kappa o\nu\varepsilon\tilde{\iota}\nu$ im N. T. besonders gebraucht werden.

und Deine Ausdauer, und dass Deine letzten Werke mehr sind als die ersten, will sagen, dass Du Dich in Deinen Werken = nämlich ohne Zweifel in den Werken der Liebe, immer je länger je mehr auszeichnest; πλείονα ist hier nicht sowohl auf die Zahl, die Menge zu beziehen, sondern vornehmlich auf den Werth, die Vorzüglichkeit, die Grösse, wie Hebr. 11, 7: πλείονα θυσίαν.

V. 20. Aber ich habe wider Dich (rec. ὀλίγα, ist nach bei Weitem überwiegenden Zeugen auszulassen mit Compl., Bengel, Griesbach, Lachmann, Tischendorf u. A., aus V. 14 hereingekommen), dass Du lüssest das Weib Isabel (statt rec. ἐᾷς ist nach ABC 36 min., ἀφεῖς zu lesen mit Compl., Bengel, Griesbach, Lachmann, Tischendorf u. A.; es ist eine sonst ungewöhnliche Form statt ἀφίης, gebildet von ἀφέω, wie τιθεῖς statt τίθης vorkommt; s. Buttmann gr. Gr. I. 524. Winer §. 14, 3. Anm. ed. 6. p. 75 oben. Dem Sinne nach ist es das was ἐᾷς: sie lassen, gewähren lassen, ohne ihr zu steuern; cf. Joh. 11, 48: ἐὰν ἀφῶμεν αὐτὸν οὕτως. Hinter γυναῖκα haben Compl., Griesbach, Lachmann, Tischendorf u. A. noch σου nach A 32 min. Syr. Andr. Areth. Prim. Doch ist es wahrscheinlich nicht echt, sondern spätere Glosse. Es fehlt schon bei Tertullian und anderen Lateinern), welche sich Prophetin nennt und lehret und irre führt meine Knechte, Hurerei zu treiben und Götzenopfer zu essen. Die Isabel haben wir hier ohne Zweifel nur als einen symbolischen Namen zu betrachten, und zwar nach der bekannten Sidonischen Prinzessin dieses Namens, Gemahlin des Israelitischen Königs Ahab (circa 900 v. Ch.), welche die Schwäche ihres Gemahls und nach dessen Tode seiner beiden auf einander folgenden Söhne Ahasjah und Joram benutzte, um ihre vaterländische Religion, den Baalsdienst, in Israel einzuführen; dem Baal wurde zu Samarien ein Tempel errichtet, und die Propheten Jehovah's, welche sich denselben mit allen Kräften widersetzten, verfolgt und getödtet, bis endlich das ganze Geschlecht des Ahab durch den Jehu, den der Prophet Elisa hatte zum Könige salben lassen, sammt allen Baalspriestern ermordet wurden, und so auch die Isabel selbst, die aus dem Fenster gestürzt ward. 1. Reg. 16, 19 — 2. Reg. 10. Es lässt sich nun wohl mit der grössten Wahrscheinlichkeit annehmen, dass in der christlichen Gemeinde zu Thyatira damals eine mit Geist begabte und in Ansehn stehende Frau war, welche dieselbe antinomistische Richtung, welche zu Pergamus

herrschend war, beförderte und derselben durch ihren Einfluss
besonderen Eingang zu verschaffen wusste; diese wird eine
andere Isabel genannt, wiefern das Essen von Götzenopfern
als Theilnahme am Götzendienste betrachtet wird; von den
vielen Hurereien und Zaubereien der Isabel ist aber 2. Reg.
9, 22 die Rede, und so konnte sie auch in dieser Beziehung
als das Vorbild bezeichnet werden, wenn gleich dies dort vielleicht nur bildlich in Beziehung auf den Götzendienst gemeint
ist. Wer sonst aber die hier gemeinte Frau, die als eine andere Isabel bezeichnet wird, gewesen sei, ist uns nicht weiter
bekannt. Viele Ausleger, welche den ἄγγελος der Gemeinde
von deren Vorsteher verstehen, denken an dessen Frau, und
von dieser Voraussetzung aus ist wohl auch die Einstellung
des σου ausgegangen, das indessen wie gesagt wahrscheinlich
nicht echt ist; mit jener Deutung des ἄγγελος fällt auch diese
Beziehung von selbst fort. Auf der andern Seite ist aber
auch nicht wahrscheinlich, wenn andere Ausleger, wie Andreas, Arethas, Vitringa, Eichhorn, Hengstenberg
u. A., die Beziehung auf eine einzelne Frau hier gar nicht zu-
lassen, sondern die Isabel bloss als symbolische Bezeichnung der anti-nomistischen Irrlehrer fassen. Siehe dagegen
P. E. Jablonsky de Jezabele Thyatirenorum pseudoprophe-
tissa, in dessen Opusc. T. III. p. 225 sq. — Ganz und gar unstatthaft ist — nach der Charakterisirung des Treibens der
Isabel — mit Züllig dieselbe von der Jüdischen Gemeinde,
der Judenschaft des Ortes zu verstehen. — Uebrigens ist, was
den Text betrifft, statt rec. τὴν λέγουσαν mit Bengel, Griesbach, Lachmann, Tischendorf zu lesen ἡ λέγουσα, was
schon Mill billigt (nach AC, wofür auch spricht ἡ λέγει B 32
min. Andr., Areth.) und statt rec. διδάσκειν κ. πλανᾶσθαι
mit Compl., Bengel, Griesbach, Lachmann, Tischendorf u. A. καὶ διδάσκει κ. πλανᾷ τοὺς nach ABC 44 min. Syr.
Arab. Copt. Aeth. Andr.

V. 21. Und ich habe ihr Zeit, Frist, gegeben ihren
Sinn zu ändern, doch sie will nicht sich ändern von
ihrer Hurerei. Dieses ist hier — nach dem Zusammenhange
mit dem Vorhergehenden und Folgenden — wohl nicht bloss
bildlich zu nehmen von Abgötterei, nämlich freier Theilnahme
am Genusse von Götzenopfern, sondern von eigentlicher Unzucht.

V. 22. 23. Siehe ich werfe sie auf's Bette, aufs Krankenlager, und die mit ihr Ehebruch treiben in grosse Trübsal, wenn sie sich nicht ändern von ihren Werken. Und ihre Kinder werde ich tödten durch Pest; so ist ἐν θανάτῳ hier und 6, 8 (ἀποκτεῖναι ἐν ῥομφαίᾳ καὶ ἐν λιμῷ καὶ ἐν θανάτῳ καὶ ὑπὸ τῶν θηρίων τῆς γῆς) zu fassen, wie θάνατος auch LXX öfters für דֶּבֶר steht, z. B. Ezech. 14, 19. 33, 27 u. A., und so in den Thargumim מוֹתָא, Syr.: ܡܘܬܐ. — Auch die μοιχεύοντες μετ' αὐτῆς haben wir wohl in eigentlichem Sinne zu verstehen, von solchen Menschen in der Gemeinde, welche diese Isabel an sich zu ziehen wusste und welche mit ihr einen unsittlichen ausschweifenden Wandel führten. Und eben so haben wir bei den τέκνοις auch wohl an ihre Kinder in eigentlichem Sinne zu denken, deren sie zur Strafe wegen ihres Wandels soll beraubt werden. (Statt ἔργων αὐτῶν V. 22 fin. haben Griesbach, Lachmann, Tischendorf wie schon Compl., Bengel ἔργων αὐτῆς nach BC 40 min.; daraus konnte leichter die rec. werden. Das αὐτῆς bezieht sich auf das Weib und ist zu fassen: von dem Wandel, wie sie ihn führt und andere dazu verführt, gleichsam von den Isabelischen Werken.)

und erkennen sollen alle Gemeinden, dass ich es bin der da Nieren und Herzen erforscht; vgl. Ps. 7, 10: בֹּחֵן לִבּוֹת וּכְלָיוֹת Jerem. 11, 20: בֹּחֵן כְּלָיוֹת וָלֵב und ähnlich öfters (LXX hierbei niemals ἐρευνᾶν, sondern δοκιμάζειν, ἐτάζειν etc.).

und werde euch geben einem Jeden nach euren Werken.

V. 24. Euch aber sage ich, den Uebrigen in Thyatira, welche nicht diese Lehre haben, die nicht die Tiefen des Satans, wie sie sagen, erkannt haben. Die Anhänger der anti-nomistischen Richtung legten sich ohne Zweifel eine besondere Tiefe der Erkenntniss bei vor den gewöhnlichen Christen, die sich durch das Sittengesetz gebunden achteten; sie rühmten sich wohl, die Tiefen der Gottheit vollständig erkannt zu haben (τὰ βάθη τοῦ θεοῦ cf. 1. Cor. 2, 10: τὸ πνεῦμα πάντα ἐρευνᾷ, καὶ τὰ βάθη τοῦ θεοῦ). So bezeichneten auch nach Irenäus II, 38. 39 die Gnostiker damals ihre Mysterien als profunda Dei et profunda Bythi. Darauf wird hier angespielt und dasselbe als ein Erkennen der Tiefen des Satans bezeichnet.

ich werfe (statt rec. βαλῶ Lachmann, Tischendorf, was schon Mill billigt, und wozu Griesbach sehr geneigt ist, βάλλω nach AC 35 min. Areth. etc.). auf euch keine andere Last.

V. 25. Aber was ihr habet, haltet fest, bewahret, bis ich kommen werde, bis zu meiner Erscheinung. Das βάρος verstehen manche Ausleger, wie Beza, Calvin, Bengel, Heinrichs, Ewald (jedoch jetzt nicht mehr), Züllig, de Wette und Ebrard, von beschwerlichen drückenden Plagen, so dass der Sinn wäre: ich werde keine anderen Leiden über euch verhängen, als welche ihr bis jetzt schon durch die Verfolgungen der Widersacher des Reiches Gottes zu erdulden habt. Aber viel wahrscheinlicher ist, mit Anderen (wie Victorin, Vitringa, Bretschneider, Wahl, Hengstenberg) es auf die Anforderungen zu beziehen, welche der Herr an seine Bekenner macht, so dass der Sinn ist: ich lege euch nichts weiter zu leisten auf, nämlich das was ihr schon bisher als meinen Willen kennet, namentlich nicht die ganze Masse der Satzungen des Jüdischen Gesetzes; in welcher Beziehung es Act. 15,28 heisst: μηδὲν πλέον ἐπιτίθεσθαι ὑμῖν βάρος πλὴν τῶν ἐπάναγκες τούτων. Vergl. Matth. 23, 4. Plato de legg. XI, 971. 5: τὸ τῶν τοιούτων νόμων βάρος. Das κρατεῖν δ᾽ ἔχετε liesse sich hiernach von einem Festhalten der ihnen ertheilten und ihnen bisher schon bekannten Gebote verstehen. Aber nach Kap. 3, 11, wo dieselbe Formel wiederkehrt, ist es ohne Zweifel so gemeint: haltet fest die Stufe, die ihr schon erstiegen; den Antheil am Reiche Gottes, den ihr schon erlangt habt, den lasset nicht wieder fahren.

V. 26. Und der Ueberwinder und der meine Werke, wie ich sie fordere und wie sie meinem Dienste entsprechend sind, bis ans Ende bewahret, ihm werde ich Gewalt über die Völker geben, er soll theilhaben an der Herrschaft Christi in seinem Reiche und dieselbe auch über die Völker üben, die sich nicht willig ihm unterwerfen werden; vgl. 1. Cor. 6, 2. 2. Tim. 2, 12.

V. 27. und er wird sie weiden mit eisernem Stabe

gleich wie Töpfergeräth zerschmettert wird, V. 28 gleichwie auch ich es von meinem Vater empfangen habe, solche Macht zu üben; vergl. Luc. 22, 29 sq., wo Jesus es namentlich den Aposteln verheisst, die ihm vom Vater übermachte Gewalt ihnen übermachen zu wollen. In V. 27 aber wird dabei deutlich auf Ps. 2, 8. 9 angespielt, wo Jehovah zu dem von ihm als Sohn bezeichneten und gesalbten theokratischen Könige sagt: „Fordere von mir, so will ich Völker zu Deinem Besitzthume machen und zu Deinem Eigenthum die Enden der Erde; zerschmettern wirst Du sie (תְּרֹעֵם) mit eisernem Stabe, wie Töpfergeschirr sie zertrümmern". Statt תְּרֹעֵם (von רעע) haben die LXX (καὶ ποιμανεῖς αὐτοὺς ἐν ῥάβδῳ σιδηρᾷ) תִּרְעֵם ausgesprochen, und eben so auch hier der Schriftsteller, wenn ihm nicht vielleicht die Stelle nach LXX vorgeschwebt hat. Es wird hier auf jeden Fall ein festes, gewaltiges und strenges Regiment über die widerstrebenden Heiden bezeichnet.

und werde ihm den Morgenstern geben. Die genauere Auffassung dieser Worte ist nicht ohne Schwierigkeit. Kap. 22, 16 bezeichnet Christus sich selbst als ὁ ἀστὴρ ὁ λαμπρὸς ὁ πρωϊνός. Darnach fassen Vitringa, Wolf, Vogel den Sinn hier = me ipsum ei dabo, mich als den rechten Morgenstern, was aber, da diese Bezeichnung des Messias vorher nicht vorgekommen war, wenig wahrscheinlich ist. Eichhorn betrachtet es als grammatische Anomalie, αὐτῷ = accus. αὐτὸν = ich will ihn zum glänzenden Morgenstern machen. Aber das ist zu hart, man würde dafür auch nicht den Artikel erwarten. — Ewald*) meint es so erklären zu können, dass „den Morgenstern geben" hier so viel sei als: den Glanz des Morgensterns verleihen, als Bezeichnung der Verleihung des Glanzes, dessen der Messias selbst geniesst; so im Allgemeinen auch de Wette. Wahrscheinlicher möchte wohl sein, es mit Vergleichung von 2. Petr. 1, 19, worauf schon Andreas hinweist, so zu erklären, dass man den Morgenstern als den Vorboten und Verkündiger des hellen Tages fasst = ich will ihm den Morgenstern anbrechen lassen, ihm nach der Nacht der Trübsal

---

*) So auch nach Jahrb. d. bibl. W. VIII. 1856. S. 98 = ihn leuchtend wie den Morgenstern machen; wo er aber meint, dass die Worte hinter Kap. 3, 5 gehören, so auch jetzt: Johannes Apocalypse 1862. p. 145.

die Morgenröthe des Heils aufgehen lassen. So auch Victorin: stella matutina noctem fugat, lucem annuntiat i. e. diei initium. Sehr unnatürlich versteht Züllig unter dem Morgenstern nach Jes. 14, 13 den König von Babel, und zwar hier des neuen Babels — den noch zu erwartenden letzten und grimmigsten der Judenkönige, den Antichrist, als welcher gleichfalls dem Ueberwinder werde übergeben, unterthan gemacht werden.

V. 29. Anders als die drei vorhergehenden Briefe schliessen dieser und die drei folgenden mit den Worten: Wer Ohr hat höre, was der Geist den Gemeinden sagt, da die Ankündigung dessen, was dem Ueberwinder werde zu Theil werden, schon vorhergegangen ist, während sie bei den drei ersten Briefen erst auf diese Worte folgte.

5. Kap. 3, 1-6. Brief an Sardes.

Sardes, südlich von Thyatira, die einst sehr reiche Hauptstadt Lydiens, Residenz des Krösus und der Lydischen Könige vor ihm, am Flusse Pactolus, am Fusse des Berges Tmolus. Um das Jahr 20 n. Chr. durch ein Erdbeben zerstört, ward sie durch Unterstützung des Tiberius wieder prächtig auferbaut. Eine christliche Gemeinde wird zuerst hier in der Apokalypse erwähnt; ihre Mitglieder scheinen sich damals nicht durch Glaubenseifer und Lauterkeit des Wandels ausgezeichnet zu haben. Unter Marc Aurel (gegen 170) war der Apologet Melito dort Bischof. Durch Kriege im Mittelalter, besonders durch Tamerlan's Schaaren und durch verschiedene Erdbeben ist die Stadt zerstört worden. Besonders verheerend war zuletzt noch für die Gegend ein Erdbeben 1595. Im Jahre 1671 fand der Kaplan der Englischen Factorei zu Smyrna, Smith, der die Orte, wo die 7 apokalyptischen Gemeinden sich befanden, besuchte (Epistolae duae cet. Oxford 1672. kl. 8), dort noch eine türkische Moschee und wenige Christen. Gegenwärtig ist Sart ein elendes Turkomannisches Dorf von Lehmhütten, aber mit ansehnlichen Ruinen aus der heidnischen wie aus der christlichen Zeit, aus ersterer besonders Reste von der alten Akropolis und einem Tempel der Cybele, aus der letzteren von zwei Kirchen (s. Schubert I. S. 342—351). Lindsay fand 1816 in der Gegend ein kleines Dorf Tatar-Köny mit etwa 40 christlichen Einwohnern und einer christlichen Kirche.

V. 1. So spricht der da hat die 7 Geister Gottes, s. ad 1, 4, und die sieben Sterne (1, 16). Ich kenne Deine Werke dass Du einen Namen hast = dass Du dafür giltst, dass man von Dir glaubt und sagt (vergl. über ὄνομα ἔχειν Herodot. VII, 138: ἡ δὲ στρατηλασίη, ἡ βασιλέως, ὄνομα μὲν εἶχε ὡς ἐπ᾽ Ἀθήνας ἐλαύνει, κατίετο δὲ ἐς πᾶσαν τὴν Ἑλλάδα). Dass Du lebest und bist doch todt, Beides natürlich in geistigem Sinne; die Gemeinde galt als eine christliche; es war aber kein wahrhaft christliches Leben in ihr; so wird denn auch hier nichts von der ὑπομονή, die sie beweisen, gesagt, noch von der θλῖψις, die sie ertragen, durch deren Feuer sie hindurchgegangen und geprüft worden wäre.

V. 2. Werde wachend, ermuntere Dich aus Deinem Todesschlafe und sei dann stets wachsam und gerüstet den Menschensohn zu empfangen.

und stärke das Uebrige; nun ist die Lesart sehr unsicher; rec. ἃ μέλλει ἀποθανεῖν, was in Begriff ist zu sterben. Statt dessen giebt es mehrere Lesarten; am meisten Wahrscheinlichkeit hat nach äussern Zeugen das von Griesbach, Lachmann, Tischendorf Aufgenommene: ἃ ἔμελλον ἀποθανεῖν nach AC 8 min. Syr. Copt. Vulg. Andr. Areth. Primas., und dieses, auch von Bengel im Gnomen gebilligt, würde zu fassen sein: was — bis jetzt — in Begriff war zu sterben, nämlich wohl: diejenigen Theile der Gemeinde, die dem Tode noch nicht ganz verfallen sind, aber — bis jetzt — schienen ihm nahe zu sein. Es würde dies wohl nicht auf die noch nicht ganz erstorbenen Mitglieder der Sardischen Gemeinde selbst zu beziehen sein, sondern auf andere Theile der Kirche, die im Begriffe waren abzusterben; diese solle die Christenheit zu Sardes wieder zu erwecken und im lebendigen Glauben zu stärken suchen. Andere haben: ἃ ἔμελλες ἀποβάλλειν (B 31 min. Ar. pol. Compl.). Das würde zu fassen sein: stärke (Dir) das Andere, was Du noch etwa hast und in Begriff schienst auch zu verlieren. In wesentlich demselben Sinne will Ewald lesen, wozu auch Bengel Gnom. ed. 1 u. N. T. hinneigt: ἃ ἔμελλες ἀποθανεῖν, das Uebrige, hinsichtlich dessen noch zu besorgen ist, dass Du auch stirbst, dass Du es durch den Tod gleichfalls verlierst, die Dir bis jetzt noch gebliebenen Tugenden. Doch würde das grammatisch etwas zu hart sein und hat auch von äusseren Zeugen, wie es scheint, keinen sicheren für sich. Am meisten Wahrscheinlichkeit hat hier wohl die Griesbach-Lachmann'sche Lesart.

Denn ich habe nicht Deine Werke voll vor meinem Gotte gefunden, d. i. nicht solcher Gestalt, dass sie dem von Gott geforderten Maasse entsprächen; sie erscheinen auf der göttlichen Waage zu leicht. Vergl. Col. 4, 12, wo rec. πεπληρωμένοι (Lachmann πεπληροφορημένοι) in Beziehung auf Menschen neben τέλειοι steht (ἵνα στῆτε τέλειοι καὶ πεπληρωμένοι ἐν παντὶ θελήματι θεοῦ). Joh. 17, 13: χαρὰ πεπληρωμένη, und ähnlich im N. T. öfters.

V. 3. Gedenke nun, sei eingedenk, wie Du empfangen und gehöret hast, nämlich die evangelische Lehre, von der Du doch Dein Heil erwartest und die Du daher nicht in Dir ersterben oder verderben lassen darfst: εἴληφας und ἤκουσας ist hier ganz dasselbe.

und bewahre es und ändere Deinen Sinn; wo Du nun nicht wachen wirst, werde ich (über Dich) kommen wie ein Dieb und wirst nicht wissen, ohne dass Du wissen wirst, zu welcher Stunde ich über Dich kommen werde; über dieses Gleichniss vgl. Matth. 24, 42—44. 1. Thess. 5, 4.

V. 4. Aber Du hast (doch) einige wenige Namen in Sardes (ὀνόματα nach seltenem Gebrauche für die Personen, wo von deren Zahl die Rede ist; so 11, 13: ἀπεκτάνθησαν ὀνόματα ἀνθρώπων χιλιάδες ἑπτά. Act. 1, 15: ἦν δὲ ὄχλος ὀνομάτων ἐπὶ τὸ αὐτὸ ὡς ἑκατὸν εἴκοσιν) — welche ihre Kleider nicht befleckt haben. Wie das Weisse und Reine der Kleider ein Symbol der Heiligkeit und inneren Reinheit des Menschen ist (vergl. V. 18. Kap. 19, 8), so bezeichnet das schmutzige Kleid nicht bloss Trauer, sondern ist auch Symbol der Schuld; so schon Zach. 3, 3 sq. Darnach wird, wenn es heisst, dass sie ihre Kleider nicht verunreinigt, befleckt haben, dadurch bezeichnet, dass sie sich vor Verunreinigung durch Sünden rein bewahrt haben. Vergl. Thargum ad Cohel. 9, 8 (trage zu jeder Zeit weisse Kleider = sei stets fröhlich). omni tempore vestes tuae albae sint ab omni immunditie peccati.

und sie sollen mit mir in weissen Kleidern wandeln, denn sie sind es werth, in weissen Kleidern, als Heilige, wie Priester und Engel; vergl. 7, 9. 13. 6, 11.

V. 5. Der Ueberwinder, er wird bekleidet werden mit weissen Kleidern ($\pi\varepsilon\varrho\iota\beta\acute{a}\lambda\lambda\varepsilon\sigma\vartheta\alpha\iota$ mit $\check{\varepsilon}\nu$ $\tau\iota\nu\iota$ auch 4, 4 und ein paar Mal LXX; sonst ganz gewöhnlich mit dem accus., wie auch in unserm Buche selbst öfters).

und ich werde seinen Namen nicht aus dem Buche des Lebens auslöschen, will ihn lassen in der Zahl derjenigen, welche dem Leben, und zwar dem ewigen Leben, angehören, nach einem in der Bibel öfters vorkommenden Bilde, hergenommen von der Einrichtung eines irdischen Staates, wo die Namen der lebenden Bürger in ein Buch eingetragen und bei ihrem Tode gelöscht wurden. Für unsern Ausdruck vergleiche namentlich Ps. 69, 29: יִמָּחוּ מִסֵּפֶר חַיִּים וְעִם־צַדִּיקִים אַל־יִכָּתֵבוּ (LXX: $\dot{\varepsilon}\xi\alpha\lambda\varepsilon\iota\varphi\vartheta\acute{\eta}\tau\omega\sigma\alpha\nu$ $\dot{\varepsilon}\kappa$ $\beta\iota\beta\lambda\acute{\iota}o\upsilon$ $\zeta\acute{\omega}\nu\tau\omega\nu$).

und will seinen Namen vor meinem Vater und vor dessen Engeln bekennen, ihn als mir angehörig anerkennen. Vergl. Matth. 10, 32: jeder der mich vor den Menschen bekennt, den werde auch ich vor meinem Vater im Himmel bekennen (nicht verleugnen), wofür Luc. 12, 8: der Menschensohn wird ihn vor den Engeln Gottes bekennen. Vergl. ib. 9, 26.

V. 6. Wer Ohr hat höre, was der Geist den Gemeinden sagt, cf. 2, 25.

6. V. 7–13. Brief an Philadelphia.

Eine bedeutende Stadt Lydiens, etwa 5 deutsche Meilen südöstlich von Sardes, gleichfalls am Fusse des Tmolus-Gebirges; ihren Namen hatte sie von ihrem Erbauer dem Pergamenischen König Attalus Philadelphus, dem Bruder des Eumenes. Sie hatte oft von Erdbeben zu leiden. Eine christliche Gemeinde findet sich im N. T. nur in der Apokalypse erwähnt. Sie scheint an Zahl nicht bedeutend gewesen zu sein, aber, besonders auch im Kampfe mit den ungläubigen Juden, ihren Glauben bewährt zu haben. Unter den Briefen des Ignaz findet sich auch einer an die Gemeinde zu Philadelphia. Später widerstand diese Stadt in Klein-Asien den Angriffen der Türken am längsten, bis sie 1392 durch Bajased I. erobert ward. Gegenwärtig heisst sie Allahscheher, wo sich noch eine Gemeinde von Griechischen Christen etwa aus 50 Familien *) befindet, mit einigen kleinen Kapellen und ansehnlichen Ruinen einer ältern Kirche, so wie der Byzantinischen Stadtmauer und des Castells, Rosenm. bibl. Alterthk. I. II. S. 181 sq. 223 sq. Schubert I. S. 353—355.

V. 7. So spricht der Heilige, der Wahrhaftige (vergl. 1, 5: ὁ μάρτυς ὁ πιστός) der da den Schlüssel Davids hat, der da — mit diesem Schlüssel — öffnet, und niemand schliesset, ohne dass ein Anderer wieder schliessen darf und kann, und schliesset und niemand öffnet — οὗ ἀνοίγοντος οὐδεὶς κλείει, οὗ κλείοντος οὐδεὶς ἀνοίγει. Es spielt dieses an auf Jes. 22, 22, wo Jehovah einen gewissen Eljakim zum Vorgesetzten über den königl. Pallast in Jerusalem bestimmt, wobei es heisst: „und ich gebe den Schlüssel des Hauses Davids auf seine Schulter, und er öffnet und niemand schliesst, und er schliesst und niemand öffnet". Wenn dafür an unserer Stelle der Schlüssel Davids genannt wird, so ist dies wohl gemeint von dem dem David angehörenden, von ihm geführten Schlüssel; dabei ist David als der Regent des Volkes Gottes betrachtet und als der Typus des Messias, als des zweiten David, welcher diesen Schlüssel führt, wiefern er die Macht hat über das Reich Gottes, die Macht ohne von jemandem gewehrt zu werden in dasselbe aufzunehmen und aus demselben auszuschliessen. Vergl. Matth. 16, 19: καὶ δώσω σοι τὰς κλεῖς τῆς βασιλείας τῶν οὐρανῶν.

V. 8. Ich kenne Deine Werke. Siehe, ich habe vor Dir eine Thüre geöffnet gemacht = geöffnet, welche niemand zu verschliessen vermag. Das Bild der Oeffnung der Thüre kommt mehrmals vor für die Eröffnung des Spielraums für die christlichen Lehrer zur Ausbreitung des Evangeliums; 1. Cor. 16, 9. 2. Cor. 2, 12. Col. 4, 13. Darnach wollen manche Ausleger, wie Grot., Vitringa, Ewald, de Wette, Ebrard, es hier auch verstehen in dem Sinne: ich verschaffe Dir Gelegenheit das Reich Gottes auch unter

---

*) Nach Lindsay lebten dort damals noch gegen 1000 Griechische Christen mit 5 grossen Kirchen.

Anderen auszubreiten. Allein man würde dann wenigstens nicht das Präteritum δέδωκα erwarten. Auch ist V. 9, worauf man sich als Bestätigung jener Erklärung beruft, nicht sowohl von der Bekehrung der Pseudo-Juden die Rede, als vielmehr von ihrer Beschämung. Viel wahrscheinlicher ist, es hier mit anderen Auslegern, z. B. Hengstenberg, Eichhorn, auf die Oeffnung der Thür zu beziehen, wodurch diese Gemeinde selbst den Zutritt zum Reiche Gottes erhalten habe, ohne dass jemand ihr die Theilnahme daran zu nehmen im Stande sei. Vergl. Act. 14, 27: ὅτι ἤνοιξε (ὁ θεὸς) τοῖς ἔθνεσι θύραν πίστεως.

denn Du hast (nur) eine geringe Macht, bezieht sich wohl ohne Zweifel auf die Kleinheit der Gemeinde wie auf die nach aussen hin unansehnliche Stellung ihrer Mitglieder und hast (dennoch) bewahrt mein Wort, meine Lehre, und meinen Namen nicht verleugnet.

V. 9. Es findet hier ein mehrfaches Anakoluthon statt. Das Verbum δίδωμι ist = נֹתֵן ich gebe, mache, sc. τοὺς ἐκ τῆς συναγωγῆς τοῦ σατανᾶ; statt τῶν λεγόντων sollte eigentlich der Accusativ (als jenem ausgelassenen τοὺς entsprechend) gesetzt sein: τοὺς λέγοντας; die für den Sinn weniger genaue Setzung des Genitivs ist durch das Vorhergehen des gleichen Casus in τῆς συναγωγῆς κ. λ. herbeigeführt. Das δίδωμι ist nun aber nachher wegen der Länge der dazwischen getretenen Glieder in dem ποιήσω αὐτοὺς wieder aufgenommen: Siehe, ich lasse die aus der Synagoge des Satans, die sich selbst Juden nennen und es nicht sind, sondern lügen (= die sich fälschlicherweise als Juden, als das wahre Volk Gottes geltend machen wollen; vergleiche dieselbe Bezeichnung 2, 9) siehe ich mache sie, dass sie kommen und niederfallen zu Deinen Füssen und erkennen dass ich Dich geliebt habe. Also: so will ich mich an Dir, meiner treuen Gemeinde, verherrlichen, dass selbst die Ungläubigen unter den Juden, die jetzt Dich befeinden und verfolgen, sich vor Dir demüthigen, Deine Hoheit anerkennen werden. Vergl. 2, 26 sq., wo dem Ueberwinder Herrschaft über die Heiden verheissen wird; so wie Jes. 49, 23. 60, 14.

V. 10. Weil Du bewahret hast das Wort der Ausdauer meiner — was nach dem zu Kap. 1, 9 Bemerkten am wahrscheinlichsten gefasst wird: das Gebot, mit Ausdauer auf mich, meine Zukunft, zu harren; vergl. 2. Thess. 3, 5: der Herr lenke eure Herzen zur Liebe Christi und εἰς τὴν ὑπομονὴν τοῦ Χριστοῦ. Es ist daher nicht nöthig, mit Beza, Vitringa u. A. das μου auf den ganzen Begriff zu ziehen: das von mir gegebene Gebot der Standhaftigkeit = τὸν λόγον μου τὸν τῆς ὑπομονῆς.

so werde auch ich Dich bewahren vor der Stunde der Versuchung, welche über die ganze Welt kommen wird, die Bewohner der Erde zu versuchen, in Beziehung auf die Zeit der grossen Trübsal, welche der Zukunft des Herrn vorhergehen wird, welche alle Bewohner der Erde treffen und sie prüfen wird. Die Construction τηρεῖν ἔκ τινος, die sich auch Joh. 17, 15 (ἐκ τοῦ πονηροῦ) findet, ist wohl als eine prägnante zu betrachten = τηρεῖν κ. ῥύεσθαι ἔκ τινος; es liegt darin die Befreiung von dem Uebel mit eingeschlossen.

V. 11. Ich komme schnell. Halte fest, bewahre, was Du hast (s. ad 2, 25, wo sich dasselbe findet), dass niemand Dir Deine Krone raube, die Krone, welche Dir jetzt gebühret; vergl. 2, 10.

V. 12. Der Ueberwinder, ihn will ich machen zu einer Säule, einem Pfeiler im Tempel meines Gottes und soll nicht von dannen weichen; das Subject des letzteren Gliedes ist wohl nicht die Säule, sondern der Ueberwinder selbst; es ergibt sich aber aus diesem Gliede, dass das erstere vornehmlich in dem Sinne gemeint ist, dass ein Solcher in der mit einem Tempel verglichenen Gemeinde Gottes einen ebenso festen als ausgezeichneten Platz einnehmen werde; zugleich liegt denn aber doch darin, dass er auch zur Stütze des Gebäudes selbst wesentlich dienen werde; vergl. Gal. 2, 9: οἱ δοκοῦντες στύλοι εἶναι. Ob hier, wie einige Ausleger gemeint haben, auf die beiden festen und glänzenden Säulen, die am Eingange des Salomonischen Tempels standen und Jachin und Boas hiessen (1. Reg. 7, 15–21. 2. Chron. 3, 15–17) angespielt ist, ist höchst zweifelhaft. Eher könnte man mit Ewald vermuthen, dass der Schriftsteller noch Jes. 22, 22 sq. vor Augen gehabt hätte, wo es V. 23 von dem neuen Schlossvoigt heisst, dass Jehovah ihn als Nagel an einen festen Ort einschlagen werde, so dass er das dort gebrauchte Bild hier veredelt hätte.

ἐξέρχεται hier = ἐκβάλλεται, wie z. B. Marc. 9, 29 u. A.,

und ich werde auf ihn schreiben den Namen meines Gottes, um ihn so als meinem Gotte angehörig, als einen wahrhaftigen Bürger des Reiches Gottes zu bezeichnen

und den Namen der Stadt meines Gottes, der neuen Jerusalem, die vom Himmel von meinem Gotte herabsteigt, nämlich ich will ihn bezeichnen als berechtigt für diesen Sitz der Seligen; über die Bezeichnung desselben als des neuen Jerusalem siehe 21, 2 (κ. τὴν πόλιν τὴν ἁγίαν Ἱερουσαλὴμ καινὴν εἶδον καταβαίνουσαν ἐκ τοῦ οὐρανοῦ ἀπὸ τοῦ θεοῦ). 10 (eben so). Bei dem Namen des neuen Jerusalems findet vielleicht eine Beziehung statt auf Ezech. 48, 35, wonach der Name des neuen Jerusalems sein wird יְהוָה שָׁמָּה; so vermuthet schon Vitringa.

und meinen neuen Namen, ist wohl von dem Namen gemeint, den der Menschensohn bei seiner Erscheinung zum Kampfe mit dem Antichrist nach 19, 12 (an seiner Stirne) geschrieben haben wird, von dem es dort heisst, dass niemand ihn kenne, als er selbst; vergl. ad 2, 17.

V. 13.

7. V. 14—22. Brief an Laodikea.

Laodikea war eine sehr ansehnliche Handelsstadt in Phrygien, die Metropolis der Phrygia Pacatiana, am Lykus, in der Nachbarschaft von Colossae und Hierapolis gelegen. Diesen Namen hatte sie erhalten durch den König Antiochus II. Theos, zu Ehren seiner Gemahlin Laodice, während sie früher Diospolis, dann Rhoas geheissen hatte. Das Dasein einer christlichen Gemeinde oder wenigstens einer Anzahl von Christen in dieser Stadt lernen wir zuerst aus dem Briefe an die Kolosser kennen (2, 1. 4, 13. 15); wahrscheinlich war das Evangelium dahin durch Epaphras oder andere Männer aus dieser Gegend gekommen, welche mit dem Paulus zu Ephesus oder anderswo in Verbindung gekommen waren. Aus Col. 4, 16 lässt sich ersehen, dass Paulus beabsichtigte, zugleich mit diesem

Briefe auch einen nach Laodikea zu schicken; wahrscheinlich ist das unser sogenannter Epheser-Brief, der ursprünglich an die Laodicenischen und andern Christen dieser Gegend geschrieben. Die Bekenner des Herrn dort waren darnach überwiegend aus den Heiden. Ungefähr 60 n. Ch. ward Laodikea durch ein Erdbeben zerstört, scheint sich indessen sehr bald wieder erholt zu haben, worauf auch Tac. Ann. XIV, 27 führt (eodem anno ex illustribus Asiae urbibus Laodicea tremore terrae prolapsa, nullo a nobis remedio propriis remediis revaluit). In dem apokalyptischen Briefe erscheint die Gemeinde als sich auf ihren Reichthum verlassend, für das Reich Gottes aber sehr lau; sie mag wohl zum Theil aus wohlhabenderen Einwohnern bestanden haben. Jetzt heisst der Ort Eski-Hissar (Altschloss), von Hirten bewohnt, und es finden sich dort noch zum Theil wohl erhaltene Ruinen aus dem Alterthum.

V. 14. ... so spricht der Amen. $\dot{\alpha}\mu\dot{\eta}\nu$ wird sonst im N. T. wie im Hebräischen אָמֵן adverbialiter gebraucht $= \dot{\alpha}\lambda\eta$-$\vartheta\tilde{\omega}\varsigma$. Dieses ist hier denn aber substantivisch gesetzt = der, in welchem Alles Wahrheit ist; vergl. Jes. 65, 16: אֱלֹהֵי אָמֵן. Es wird hier erklärt durch das Folgende: der treue und wahrhafte Zeuge, worüber s. 1, 5: $\dot{o}\ \mu\dot{\alpha}\varrho\tau\nu\varsigma\ \dot{o}\ \pi\iota\sigma\tau\dot{o}\varsigma$.

Der Anfang der Schöpfung Gottes ist ohne Zweifel nicht mit manchen Auslegern nach 1, 5: $\dot{o}\ \pi\varrho\omega\tau\dot{o}\tau o\kappa o\varsigma\ \tau\tilde{\omega}\nu$ $\nu\varepsilon\kappa\varrho\tilde{\omega}\nu$ zu erklären, noch mit Anderen die $\kappa\tau\dot{\iota}\sigma\iota\varsigma$ von der neuen Schöpfung, der Kirche, sondern, wie Col. 1, 15 $\pi\varrho\omega\tau\dot{o}$-$\tau o\kappa o\varsigma\ \pi\dot{\alpha}\sigma\eta\varsigma\ \kappa\tau\dot{\iota}\sigma\varepsilon\omega\varsigma$, als Bezeichnung desjenigen, der zuerst von Allen vom himmlischen Vater ausgegangen ist, der vor aller Creatur gewesen ist, nämlich als Logos, als das Wort Gottes, also = $\dot{o}\ \pi\varrho\tilde{\omega}\tau o\varsigma$ 2, 8. 1, 17.

V. 15. Ich kenne Deine Werke, dass Du weder kalt bist noch warm; möchtest Du doch kalt sein oder warm. Sie hatten das Evangelium angenommen, es nicht von sich gestossen, aber ohne Eifer, für dasselbe etwas zu thun oder zu leiden, sich irgend einer Entsagung und Aufopferung für dasselbe zu unterziehen. Wären sie bisher ganz kalt dafür gewesen aus Mangel an Erkenntniss, so liesse sich eher erwarten, dass sie nach erlangter Erkenntniss zu einem lebendigen Eifer dafür würden erweckt sein. (Statt $\varepsilon\ddot{\iota}\eta\varsigma$ rec. ist mit Compl., Bengel, Lachmann u. A. ἧς zu lesen — nach C 31 min. Andr. Areth., wie ὄφελον mit dem Indicativ (des Aorists) 1. Cor. 4, 8. 2. Cor. 11, 1, ganz wie eine Wunschpartikel behandelt, nach Weise der späteren Gräcität; das Attische dafür würde gewesen sein: εἶθ᾽ ὤφελες εἶναι. Griesbach hat ἧς als Conjunctiv geschrieben. Doch kommt der Conjunctiv bei ὄφελον nicht leicht vor; der Optativ aber (nach rec.) findet sich (nach Ewald) in der Apokalypse überhaupt gar nicht.

V. 16. So aber, wie die Sache sich bei Dir verhält, wie es erklärend wieder heisst, weil Du lau bist und weder warm noch kalt, werde ich Dich ausspeien aus meinem Munde, ἐμέσαι eigentlich evomere, durch Brechen von sich geben, gleich wie laues Wasser; darauf spielt der bildliche Ausdruck an, welcher sagen will: ich werde Dich mit Widerwillen aus meiner Gemeinschaft ausstossen.

V. 17. ὅτι am Anfange könnte als Causalpartikel an das Vorhergehende anschliessen: denn Du sagst etc. Wahrscheinlicher aber ist es wohl (wie V. 10) als Anfang des Vordersatzes zu fassen, wozu V. 18 den Nachsatz bildet: weil Du sprichst, bei Dir denkst und Dich dessen rühmst: ich bin reich und habe mich bereichert und bedarf nichts, mir fehlt nichts; sie rühmten sich ihrer irdischen Wohlhabenheit, nach Andern, de Wette, Hengstenberg, auch in geistlichem Sinne: ihrer Tugend, Frömmigkeit, und bedachten nicht, wie arm sie in Wahrheit an den rechten Gütern seien, die allein vor Gott Werth haben, während umgekehrt es in Beziehung auf die Gemeinde zu Smyrna hiess 2, 9: οἶδά σου..τὴν πτωχείαν, ἀλλὰ πλούσιος εἶ.

und nicht weisst, dass Du bist der Elende und Jammervolle und Erbarmenswürdige und arm und blind und nackend; V. 18 so rathe ich Dir, von mir durch Feuer geläutertes Gold zu kaufen um reich zu werden. Der Nachdruck liegt hier besonders auf dem παρ᾽ ἐμοῦ. Die Schätze, welche wahren Werth haben, wahrhaft zum Schmuck des Menschen gereichen, können nur vom Herrn kommen. Sie werden hier als das durch Feuer geglühte und so geprüfte, geläuterte und ganz gereinigte Gold bezeichnet. Ueber πεπυρωμένος vergl. Prov. 10, 21: ἄργυρος πεπυρωμένος, und so das Verbum öfters für צָרַף. Vergl. 1. Petr. 1, 7: χρυσίον .. διὰ πυρὸς δοκιμαζόμενον. — Das ἐκ ist = מִן: von Seiten des Feuers = durch das Feuer geglüht, geläutert.

und weisse Kleider, auf dass Du bekleidet werdest und nicht die Schaam Deiner Nacktheit offenbar werde. Die Nacktheit ist die Entblössung von aller wahrhaften christlichen Tugend, von allem, was den Christen kleidet und ihm geziemt; so wie die weissen Kleider hier das Symbol der Reinheit und Unschuld sind.

und Augensalbe Deine Augen zu salben, dass Du sehest, mögest sehen können: jetzt, indem Du Dich für reich hältst, zeigt Du Dich als blind, der rechten Erkenntniss Deiner und dessen was Dir fehlt und noth thut ermangelnd; daher bedarfst Du von mir der Mittel, Dir Dein Auge klarer zu machen, um heller zu sehen. κολλούριον, wofür gewöhnlich κολλύριον, Lateinisch collyrium, eigentlich Deminut. von κόλλυρα (eine Art von Brot oder Kuchen von ovaler Gestalt) bezeichnet eine Masse von runder länglicher Form, die als Augensalbe gebraucht wird, sowohl zum Schmuck derselben wie als Heilmittel, das Wort ist auch von den späteren Juden angenommen קִילוֹרִין und קִילוֹרִית. Oefters wird als solches bei ihnen das Wort Gottes bezeichnet, mit Beziehung auf Ps. 19, 9: Gottes Wort ist rein, macht hell die Augen.

V. 19. Die ich lieb habe strafe und züchtige ich, wohl Anspielung auf Prov. 3, 12; vergl. Hebr. 12, 6.

beeifere Dich nun und ändere Deinen Sinn. Statt rec. ζήλωσον ist mit Lachmann, Tischendorf (nach ABC 23 min. Arethas) zu lesen ζήλευε, was hier auch als die seltnere Form die wahrscheinlich ursprüngliche ist. Der Sinn ist: sei nicht mehr so lau wie bisher, sondern werde eifrig für das von Dir doch als das Rechte Erkannte.

V. 20. Siehe ich stehe an der Thüre und klopfe an; wenn jemand meine Stimme höret und die Thüre öffnet, so (καὶ vor εἰσελεύσομαι hat Griesbach aufgenommen, wie schon Compl. al., nach etwa 22 codd. min.; es würde nach Hebräischer Weise der Nachsatz anfangen; doch die ältesten Zeugen haben es nicht) werde ich zu ihm hineingehen und mit ihm speisen, Mahl halten, und er mit mir. Der Herr wird hier dargestellt wie umhergehend und erforschend, wer von den Mitgliedern der Kirche sich als ihm wahrhaft befreundet auf seine Stimme hörend beweist, indem er verheisst mit Dem sich in innigster Gemeinschaft zu verbinden, wie der Gastfreund, wenn er bei dem Gastfreunde willige Aufnahme findet. — Statt κρούειν (τὴν θύραν) ist im Attischen noch gewöhnlicher κόπτειν, von dem Klopfen an die Thüre, welches von aussen geschah durch Den, der Eingang begehrte, wobei er durch den Thürhüter befragt seinen Namen nannte, sich als Hausgenossen oder einen Befreundeten kundgebend (ψοφεῖν wird von dem Klopfen gebraucht, wodurch jemand, der drinnen ist, wenn er die Thüre öffnen will, die draussen vor derselben stehenden warnt sich zu entfernen).

Das καὶ αὐτὸς μετ' ἐμοῦ spielt wohl auf die Theilnahme an der Seligkeit des messianischen Reiches an, welche oft mit einem Mahle, einem Hochzeitmahle, verglichen wird; vergl. 19, 9: μακάριοι οἱ εἰς τὸ δεῖπνον τοῦ γάμου τοῦ ἀρνίου κεκλημένοι.

V. 21. Der Ueberwinder, ihm will ich geben zu sitzen mit mir auf meinem Throne, dass er an meinem Reiche und meiner Herrschaft mit theilnehme; vergl. 2, 26 sq. 22, 5.

gleich wie auch ich überwunden und mich gesetzt habe = wie auch ich, nachdem ich überwunden, im Kampfe mit der Welt gesiegt (vergl. Joh. 16, 33: ἐγὼ νενίκηκα τὸν κόσμον) mich gesetzt habe mit oder bei meinem Vater auf dessen Thron, welcher daher 22, 1 heisst ὁ θρόνος τοῦ θεοῦ καὶ τοῦ ἀρνίου.

V. 22.

So weit diese apokalyptischen Briefe und die Schilderung der Erscheinung des Menschensohnes, welcher sie durch den Seher an die Gemeinden schreiben lässt. Diese Erscheinung verschwindet jetzt. Die beiden folgenden Kapitel bilden näher die Einleitung zu der dann gegebenen Enthüllung der Zukunft selbst, wobei zuerst

Kap. 4

der Schauplatz geschildert wird, auf dem diese Enthüllung vor sich gehen soll, nämlich der Himmel mit dem göttlichen Throne und dessen Umgebungen. Dorthin wird der Seher jetzt im Geiste entrückt. Für die folgende Darstellung überhaupt, dass nämlich die Ereignisse und Verhältnisse der Zukunft vor den Augen des Sehers im Himmel vorübergehen, vergleicht man eine Vorstellung der späteren Juden, dass Gott der Herr Alles, was auf Erden geschehen soll, zuvor im Himmel vor seinen und seiner Engel Augen vorübergehen lasse. Vergl. Maimonides More nevochim II, 6: Sapientes nostri ad id, quod Gen. I, 26. 11, 7 in nostra lege legimus, ita scribunt: si ita loqui licet, non facit Deus quidquam, donec illud intuitus fuerit in familia superiori.

V. 1. Nach diesem schaute ich und siehe eine Thüre war geöffnet im Himmel, durch welche der Seher gleichsam, wie schon V. 2 verheissen wird, in den Himmel hinauf steigen und so Zeuge dessen, was dort sich befand und vorging, werden konnte. — Auch sonst dient das Eröffnetwerden des Himmels zur Bezeichnung eines ekstatischen Zustandes, wodurch jemand in Stand gesetzt wird, Gott zu schauen und Offenbarung über göttliche Dinge zu empfangen. Vgl. Ez. 1, 1: es geschahe .. dass der Himmel geöffnet wurde und ich Gesichte Gottes sahe. Act. 10, 11. 7, 56. Matth. 3, 16.

und die erste = die frühere Stimme, welche ich wie eine Posaune mit mir reden hörte (nach 1, 10) sprach (statt rec. λέγουσα haben Bengel, Griesbach, Lachmann, Tischendorf, das auch von Mill und Wetstein gebilligte λέγων nach AB 25 min., was so zu erklären ist, dass der Schriftsteller an den Engel denkt, von dem die Stimme kam).

steige hierher hinauf, in den Himmel ($ἀνάβα$, so auch bei Attikern statt des gewöhnlichen $ἀνάβηθι$, imper. aor. 2 ($ἀνέβην$) von $ἀναβαίνειν$; s. Winer §. 14, 1.

so will ich Dir zeigen, was nach diesem sich begeben wird.

V. 2. (Und) alsbald war ich im Geiste, gerieth ich in Entzückung (s. 1, 10), und eben vermittelst derselben, will er sagen, nicht auf leibliche Weise, ward ich in den Himmel entrückt.

und siehe ein Thron stand da im Himmel, war hingestellt wie κεῖσθαι öfters = perf. pass. von τιθέναι, positum esse.

und auf dem Throne ein Sitzender, sass Einer. Es ist dieses, wie aus der folgenden Schilderung sich ergibt, Gott der Vater, den der Seher mit Absicht nicht nennt, sondern nur in seiner Erscheinung schildert und so errathen lässt. So auch Dan. 7, 9, wo er geschaut wird als der Alte der Tage, sich setzend auf den aufgeschlagenen Stuhl, und Ezech. 1, 26 sq. Ausserdem vergleiche mit der folgenden Schilderung die Theophanien Jes. 6. Ezech. Kap. 1 und Kap. 10. 1. Reg. 22, 19.

V. 3. Und der Sitzende war von Ansehn (ὁράσει = לְמַרְאֵה, dem Anblick nach, anzusehen) gleich einem Jaspis und Sarder Steine; beides sind Edelsteine, die hier in Beziehung auf ihren Glanz genannt werden; der Jaspis ist von verschiedenen Farben, am besten der purpurfarbene, der hier wohl gemeint ist; der σάρδιος, was die LXX für das Hebräische אֹדֶם haben, ist ein rother durchsichtiger Edelstein, auch Carniol genannt; den Namen σάρδιος führte er, weil er zuerst bei Sardes gefunden war nach Plin. H. N. 37, 7. Vergl. übrigens Ezech. 1, 27, wo Jehovah erscheint als anzusehen wie Feuer, rings von Glanz umgeben.

und ein Regenbogen rings um den Thron gleich wie Smaragd anzusehen. Vergl. Ezech. 1, 28: „wie der Anblick des Bogens, welcher in den Wolken entsteht am Regentage, also war der Anblick des Glanzes ringsum (um die göttliche Herrlichkeit)". Hier ist der Regenbogen um den göttlichen Thron wohl als ein Zeichen der göttlichen Huld und Gnade zu betrachten, vergl. Gen. 9, 13 sq. Von den Farben, welche in dem natürlichen Regenbogen vereinigt sind, ist hier für diesen die grüne, die des Smaragdes, genannt, wohl zur Milderung der blendenden Feuergestalt Gottes, wie Plin. H. N. 37, 5 sagt, dass wenn die Augen von irgend einem andern Anblicke geblendet seien, der Anblick des Smaragdes sie wieder erfrische.

V. 4. Und rings um den Thron (Gottes) 24 Throne und auf den Thronen 24 Aelteste sitzend, bekleidet mit weissen Gewändern und auf ihren Häuptern goldene Kronen. Diese bilden gleichsam die Beisitzer des göttlichen Gerichtes, wie sich auch bei späteren Juden findet, dass Gott sich einen consessum seniorum suorum gemacht habe, worauf sie zum Theil die Stelle Jes. 24, 23 deuten (wenn Jeh. Zebaoth herrschet auf dem Berge Zion und in Jerusalem und vor seinen Aeltesten ist Herrlichkeit וְנֶגֶד זְקֵנָיו כָּבוֹד)). Die Zahl 24 ist vielleicht gewählt in Beziehung auf die Zahl der Stämme Israels, diese nämlich verdoppelt, in Beziehung auf die Aufnahme der Heiden, vielleicht auch von den 24 Klassen der Priester und deren Vorstehern entlehnt. Die weissen Kleider beziehen sich auf den reinen und priesterlichen Charakter derselben, die Kronen auf die Theilnahme am göttlichen Regimente und Richteramte.

V. 5. Und von dem Throne gehen aus Blitze und Stimmen und Donner. Die φωναί werden durch die βρονταί nur näher erklärt; ebenso φωναὶ καὶ βρονταί 8, 5. 11, 19. 16, 18. Von Donner und Blitz finden wir auch im A. T. die Erscheinungen Jehovah's gewöhnlich begleitet, cf. Exod. 19, 16. Ps. 50, 3. 97, 1 sq. 18, 14.

und sieben Feuerfackeln brannten vor dem Throne, welches sind, wodurch symbolisirt werden, die sieben Geister Gottes; vergl. 1, 4. 12 sq. 2, 1.

V. 6. Und vor dem Throne war wie ein gläsernes Meer gleich Krystall. Vor θάλασσα ist mit Compl., Bengel, Griesbach, Lachmann, Tischendorf u. A. noch ὡς zu lesen nach A 37 min. Syr. Copt. Vulg. Areth. Victorin u. A. latt. Patrr. So wird hier der Fussboden bezeichnet, der sich vor dem göttlichen Throne ausbreitete, in Beziehung auf das Klare, Helle, Durchsichtige. Es ist auch der alttestamentlichen Vorstellung gemäss, dass über der Himmelsfeste, wo der göttliche Thron ruht, der Himmelsocean sei, das Wasser über der Veste Gen. 1, 7. Ps. 104, 3. Vergl. Exod. 24, 10, Mose, Aaron und die Aeltesten hätten den Gott Israels geschaut und unter seinen Füssen sei es gewesen wie Arbeit von durchsichtigem Saphir und wie der Himmel selbst an Klarheit. Ezech. 1, 22, über den Häuptern der Thiere (der den göttlichen Wagenthron tragenden Cherubim) sei die Gestalt einer Himmelsfeste gesehen, wie der Anblick des Krystalls, des wundervollen, ausgespannt oben über ihren Häuptern.

und in der Mitte des Thrones und im Kreise des

Thrones vier Thiere voll von Augen vorne und hinten. Bei diesen ζώοις haben wir an vier Cherubim zu denken, deren Schilderung hier zunächst aus der des Ezechiel Kap. 1 und 10 entnommen ist, wo sie, gleichfalls vier an Zahl, als Träger des göttlichen Wagenthrones erscheinen und gleichfalls als ζῶα, חַיּוֹת, bezeichnet werden. Sie vereinigen in sich die Gestalt der vier ansehnlichsten und stärksten lebenden Wesen auf Erden, des Menschen, Löwen, Stieres und Adlers, jedoch so, dass bei Ezechiel diese vierfache Gestalt in jedem einzelnen vereinigt erscheint, da dort jeder Cherub vier Gesichter hat, das eines Menschen, das eines Löwen, eines Stiers und eines Adlers, während nach der folgenden Schilderung unseres Buches diese vierfache Gestalt unter die vier Cherubim vertheilt ist. Einiges in unserer Schilderung ist auch aus der der Seraphim Jes. 6, 2-3 entnommen. Nicht recht klar tritt aber hervor, wie wir uns hier die Stellung und das Verhältniss dieser Cherubim zu dem göttlichen Throne zu denken haben. Einige, wie Eichhorn und Ewald, meinen ähnlich wie bei Ezechiel als Träger des Thrones, so dass sie mit dem hinteren Theile ihres Körpers den Thron an seinen verschiedenen Seiten stützten und unter denselben verborgen waren (ἐν μέσῳ τοῦ θρόνου), während sie mit den Gesichtern abwärts sahen, nach den 4 Himmelsgegenden hin (κύκλῳ τοῦ θρόνου). Allein es ist nach den Ausdrücken viel wahrscheinlicher, dass es so gemeint ist, dass der Thron einen Halbkreis, einen vorne offenen halben Mond, bildete, innerhalb dessen zwei der Cherubim standen (ἐν μέσῳ), so wie die beiden andern auf der hintern Seite; für diese Fassung des κύκλῳ spricht die Weise wie V. 8 κυκλόθεν als Gegensatz gegen ἔσωθεν steht. So auch de Wette Commentar. — Ueber die Augenfülle der Cherubim siehe Ezech. 10, 12, wornach ihr ganzer Leib und ihre Rücken und ihre Hände und ihre Flügel sammt den Rädern (des Wagens) voll von Augen ringsum waren. Es dient dazu, das stets Wachsame der Cherubim zu bezeichnen, durch welche Eigenschaft sie z. B. zur Bewachung des Paradieses (Gen. 3, 24) geeignet erscheinen konnten.

V. 7. **Und das erste Thier war gleich einem Löwen und das zweite Thier gleich einem μόσχος**, ist hier nicht von einem Kalbe gemeint, sondern von einem jungen kräftigen Stier, wie es denn LXX öfters für שׁוֹר steht, z. B. auch Ezech. 1, 10.

Das dritte Thier hatte das Gesicht eines Menschen (so Griesbach τὸ πρόσωπον ἀνθρώπου, wahrscheinlicher mit Lachmann, Tischendorf τ. πρ. ὡς ἀνθρώπου nach A 3 min. Syr. Ar. Copt. Vulg.; rec. ὡς ἄνθρωπος). Der Sinn ist jedenfalls, dass es nicht eigentlich die Gestalt eines Menschen gehabt habe, sondern nur ein Gesicht wie ein menschliches.

und das vierte war gleich einem fliegenden Adler. Das Epitheton ist wohl nicht besonders zu urgiren, sondern nur als allgemeine Bezeichnung der Eigenschaft des Adlers in Vergleich mit den vorhergenannten Thieren gemeint.

V. 8. Und die vier Thiere hatten einzeln je sechs Flügel, voll Augen im Kreise rings um und inwendig. Der Text ist hier in mehrfacher Hinsicht nicht ganz sicher. Statt rec. εἶχον haben Griesbach, Lachmann u. A. wie schon Compl., Bengel u. A. ἔχον (nach B 21 min.; dafür spricht auch ἔχων A 6 min., was Tischendorf aufgenommen hat, was aber wohl nur zufälliger Schreibfehler ist), was als partic. neutr. sing. durch das ἓν καθ' ἓν herbeigeführt zu betrachten wäre, wenn es nicht vom Schriftsteller doch als verb. fin. statt εἶχον oder ἔσχον gemeint ist. Dieselben haben, wie Tischendorf, statt γέμοντα, wie schon gleichfalls Compl., Bengel u. A. γέμουσι nach AB 36 min. Vulg. Andr. Areth. Dieses ist aber vielleicht nicht als Indicativ gemeint, sondern als Particip, obwohl dann der Dativ immer sehr incorrect steht. Für den Sinn aber ist auf jeden Fall durchaus wahrscheinlich, dass die hier ausgesagte Augenfülle nicht, wie noch Ewald und Züllig, de Wette, Hengstenberg, Ebrard wollen, auf die Cherubim selbst geht — wo es blosse Wiederholung des V. 6 schon Gesagten sein würde — sondern auf deren Flügel, wie denn Ezech. 10, 12 dieselbe gleichfalls auch in Beziehung auf die Flügel ausgesagt ist; da passt auch besser das κυκλόθεν καὶ ἔσωθεν = ringsumher, nämlich äusserlich, nach aussen, und von innen, auf der dem Leibe zugekehrten Seite der Flügel. Was übrigens die Zahl der Flügel betrifft, so haben die Cherubim bei Ezech. 1, 6 nur vier Flügel; die Sechszahl hier ist wohl von den Seraphim Jes. 6, 2 entlehnt,

an welche Darstellung auch das Nächstfolgende erinnert: und sie haben keine Ruhe Tag und Nacht sprechend = ohne Aufhören rufen sie Tag und Nacht: heilig, heilig, heilig ist der Herr Gott der Allmächtige (Jes. l. c. v. 3: קָדוֹשׁ קָדוֹשׁ קָדוֹשׁ יְהֹוָה צְבָאוֹת.
Der da war, der Seiende und der Kommende, conf. I, 4.

V. 9–11. κ. ὅταν δώσουσι .. πεσοῦνται .. καὶ βαλοῦσι. Dass hier die Futura gesetzt sind, ist jedenfalls als Ungenauigkeit der Darstellung zu betrachten, eigentlich hätte der Aorist oder das Präsens gesetzt sein sollen, als Schilderung dessen, was entweder in dieser Vision vor den Augen und Ohren des Sehers geschah und zwar wiederholt, oder Dessen, was überhaupt in diesem Kreise — auch vor und nach dieser Vision — wiederholt geschah. Im Hebräischen würde das Futurum (Imperfectum) gesetzt sein. Doch ist hier das Futurum wohl nicht als eine bloss hebräisirende Ungenauigkeit im Gebrauch der Tempora anzusehen, wie viele Ausleger, Hengstenberg, Ebrard, auch Lücke (ed. 2. S. 451), sondern so, dass der Schriftsteller, wie schon in der allgemeinen Einleitung angenommen ist, hier aus der Darstellung in Form der Vision herausgefallen ist, so dass er das hier Angegebene sich wirklich wie etwas Zukünftiges gedacht hat, und zwar als etwas für die Dauer Fortgehendes: und wenn = so oft; so auch Winer (ed. 6. §. 40. 6. S. 251).

Und wenn die Thiere Herrlichkeit, Ehre und Dank geben werden dem auf dem Throne Sitzenden, dem in alle Ewigkeit Lebenden, V. 10 so werden die 24 Aeltesten niederfallen vor dem auf dem Throne Sitzenden und dem in alle Ewigkeiten Lebenden huldigen und ihre Kronen niederwerfen vor dem Throne, in dem Bewusstsein ihrer Schwachheit und Unwürdigkeit im Bewusstsein, dass nur Gott der Herr allein der Herr sei, der Herrscher und Regierer, und sprechen:

V. 11. Würdig bist Du, o Herr. Statt κύριε hat Lachmann, Tischendorf u. A. κύριος καὶ ὁ θεὸς ἡμῶν unser Herr und Gott nach AB (Andere κύριε ὁ θεὸς ἡμῶν), was vielleicht das Ursprüngliche ist, während jenes dadurch entstanden ist, dass man es auf Christum beziehen wollte.

zu nehmen, zu empfangen die Herrlichkeit, die Ehre und die Macht, denn Du hast alle Dinge erschaffen und durch deinen Willen ($\delta\iota\dot\alpha$ sq. accus. hier = sq. Genit., wie ähnlich 12, 11 sq., und auch bei andern Schriftstellern) waren sie da und waren erschaffen; cf. Ps. 148, 5: כִּי־הוּא צִוָּה וְנִבְרָאוּ. $\check{\eta}\sigma\alpha\nu$ und $\dot{\varepsilon}\varkappa\tau\acute\iota\sigma\vartheta\eta\sigma\alpha\nu$ sind hier in diesem Zusammenhange ziemlich synonym. Die rec. hat $\varepsilon\dot\iota\sigma\acute\iota$; das schon von Mill gebilligte, von Bengel, Griesbach, Lachmann, Tischendorf aufgenommene $\check{\eta}\sigma\alpha\nu$ findet sich ABC 30 min. Copt. Vulg. Areth.

Kap. 5.

Vorführung des Buches, welches die Zukunft der Welt und der Kirche mit 7 Siegeln verschlossen hält, und Bezeichnung des Lammes als Desjenigen, der im Stande sei, diese Siegel zu öffnen.

V. 1. Und ich sahe in der Rechten des auf dem Throne Sitzenden (statt $\dot\varepsilon\pi\acute\iota$ mit dem accus. würde man eher $\dot\varepsilon\nu$ erwarten. Aehnlich ist es aber 20, 1: $\check{\varepsilon}\chi o\nu\tau\alpha$ .. $\ddot\alpha\lambda\upsilon\sigma\iota\nu$ $\mu\varepsilon\gamma\dot\alpha\lambda\eta\nu$ $\dot\varepsilon\pi\acute\iota$ $\tau\grave\eta\nu$ $\chi\varepsilon\tilde\iota\rho\alpha$ $\alpha\dot\upsilon\tau o\tilde\upsilon$. Es ist wohl so zu erklären: das Buch lag und die Rolle hing über seiner ausgebreiteten Rechten oder Hand) ein Buch geschrieben inwendig und von hinten. Für $\ddot o\pi\iota\sigma\vartheta\varepsilon\nu$ findet sich $\ddot\varepsilon\xi\omega\vartheta\varepsilon\nu$ in vielen Minuskeln und andern Zeugen, ist aber sonder Zweifel später erklärende Emendation. Es ist gemeint, das Buch oder die Rolle sei nicht bloss auf der einen, der innern Seite beschrieben gewesen, sondern auch auf der andern, rückwärts, dergleichen $\dot o\pi\iota\sigma\vartheta\dot o\gamma\rho\alpha\varphi\alpha$ bei den Alten selten waren. Dasselbe, was hier $\ddot o\pi\iota\sigma\vartheta\varepsilon\nu$, ist Juvenal. Sat. 1, 6 a tergo scriptus. Zu Grunde liegt hier aber wohl Ezech. 2, 9. 10, wo der Prophet eine Hand gegen sich ausgereckt sieht, und in derselben eine Buchrolle (מְגִלַּת־סֵפֶר), welche als sie ausgebreitet wird erscheint als כְּתוּבָה פָנִים וְאָחוֹר beschrieben inwendig und rückwärts.

versiegelt mit sieben Siegeln, und dadurch der Inhalt desselben verschlossen und verborgen gehalten. Vergl. Deut. 32, 34: „ist dieses nicht bei mir verborgen, versiegelt in meinen Schätzen בְּאוֹצְרֹתָי)". Dan. 8, 26. 12, 4. 9. Nicht recht klar ist übrigens, wie wir uns die Form dieses Buches und das äussere Verhältniss der 7 Siegel an demselben zu denken haben.

Mit der Eröffnung jedes einzelnen dieser sieben Siegel tritt im Folgenden immer ein Theil des Inhaltes des Buches hervor. Da es nun doch scheint, als ob die sieben Siegel alle schon von Anfang an als sichtbar vorausgesetzt werden, so müssen wir uns wohl denken, dass die Siegel alle an der Ecke der Rolle, beim Knopfe des Stabes, angebracht waren, aber so, dass durch die verschiedenen verschiedene Theile der Rolle zusammengehalten wurden. Sonst würde freilich natürlicher sein sich zu denken, dass die Siegel jedesmal in der Mitte des Stabes den einen Theil der Rolle, oder auch, indem das Buch aus sieben einzelnen Rollen über einander bestand, eine einzelne Rolle verschlossen gehalten hätten; da könnten sie aber nicht von Anfang an alle sichtbar gewesen sein, sondern jedesmal nur eins, wo man dann annehmen müsste, dass der Seher es auch nicht gleich gesehen, sondern es nur aus der folgenden Rede des Engels erfahren und hier anticipirt hätte.

V. 2. Und ich sahe einen starken Engel, $\mathit{\imath\sigma\chi\nu\varrho\grave{o}\varsigma}$ als Epitheton eines Engels auch 10, 1. 18, 21, ist wohl als Andeutung der übermenschlichen Gestalt desselben gemeint; rufend mit lauter Stimme: wer ist würdig das Buch zu öffnen und seine Siegel zu lösen? das $\mathit{\check{a}\xi\iota o\varsigma}$ schliesst mit ein, dass er dazu im Stande sei, da es nur dem Würdigen von Gott wird verliehen werden. Vergleiche Joh. 1, 27 mit Matth. 3, 11.

V. 3. Und niemand im Himmel (Griesbach add. $\mathit{\check{a}\nu\omega}$ oben nach B 23 min. Syr. Copt., vielleicht aus Exod. 20, 4) noch auf der Erde noch unter der Erde = niemand von allen Wesen auf der Welt, nach Exod. l. c. Vergl. unten V. 13, wo noch $\mathit{\grave{\epsilon}\pi\grave{\imath}\ \tau\tilde{\eta}\varsigma\ \vartheta\alpha\lambda\acute{a}\sigma\sigma\eta\varsigma}$ hinzugefügt ist.

vermochte das Buch zu öffnen noch es zu sehen, nämlich in seinem Innern nach der Oeffnung, seinen Inhalt sehen. Denn so ist es ohne Zweifel gemeint, nicht mit Heinrichs: das Buch ansehen, seinen Anblick ertragen.

V. 4. Und ich weinte viel, (so sagen auch wir statt heftig; wie ähnlich $\mathit{\pi o \lambda \lambda \grave{a}}$ adverbialiter Marc. 3, 12. 5, 10; — Hier haben Compl., Bengel, Lachmann, Tischendorf $\mathit{\pi o \lambda \acute{v}}$ nach B. c. 40 min. Andr. Areth.; vergl. Luc. 7, 47) weil niemand würdig erfunden ward das Buch zu eröffnen noch es zu sehen, so dass also auch keine Aussicht für ihn, den Seher, vorhanden schien, etwas über den gewichtigen Inhalt des Buches zu erfahren.

V. 5. **Und einer von den Aeltesten, aus der Zahl der 24 Aeltesten 4, 4 spricht zu mir: weine nicht; siehe der Löwe vom Stamme Juda, die Wurzel Davids** = der Messias; auf die letztere Weise wird derselbe bezeichnet Kap. 22, 16; es liegt dabei zu Grunde die messianische Stelle Jes. 11, 10: שֹׁרֶשׁ יִשַׁי LXX ἡ ῥίζα τοῦ Ἰεσσαί, wo שֹׁרֶשׁ für Wurzelsprössling steht, und ebenso für ῥίζα. Bei der anderen Bezeichnung liegt Gen. 49, 9 zu Grunde, wo Jakob seinen Sohn Juda in Beziehung auf dessen Geschlecht als einen jungen Löwen bezeichnet, mit einem Löwen und einer Löwin vergleicht; und dies wird dann namentlich auf den Messias übertragen, der als Spross Davids dem Stamme Juda angehörte.

hat überwunden, das Buch und seine sieben Siegel zu öffnen d. i. er hat es durch seinen Sieg über die Welt (cf. 3, 21) sich verdient, als Lohn erhalten, sich errungen, dass er das Buch öffnen kann und darf.

V. 6. **Und ich sahe in der Mitte des Thrones und der vier Thiere und in der Mitte der 24 Aeltesten ein Lamm stehen wie geschlachtet.** Das ἐν μέσῳ .. ἐν μέσῳ erklärt Ewald = וּבֵין בֵּין = zwischen dem Throne sammt den 4 Thieren und den 24 Aeltesten. So fasst den Sinn auch Züllig, de Wette und Hengstenberg, doch ist diese Annahme nach dem, was zu dem ἐν μέσῳ τοῦ θρόνου 4, 6 und über die wahrscheinliche Gestalt des Thrones bemerkt ist, nicht grade nothwendig, sondern es kann jedes ἐν μέσῳ für sich genommen werden: das Lamm steht darnach innerhalb des Halbkreises des Thrones und so auch in der Mitte der den Thron umgebenden Aeltesten, von ihnen gleichfalls umgeben. So richtig auch Ebrard. Als ein Lamm (ὁ ἀμνὸς τοῦ θεοῦ) wird Jesus vom Täufer bezeichnet Joh. 1, 29; wobei die Schilderung des Knechtes Gottes Jes. 53, 7 zu Grunde liegt; vgl. 1. Petr. 1, 19. Act. 8, 32. das ὡς ἐσφαγμένον will wohl sagen, dass es den Anblick eines geschlachteten Lammes darbot, obwohl es lebte vergl. vom Nero 13, 3.

mit sieben Häuptern und sieben Augen, welches die sieben Geister Gottes sind, ausgesandt auf die ganze Erde, in alle Lande. Für Letzteres vergl. Zach. 4, 10, wo die sieben Lampen des goldenen Leuchters, den der Prophet im Gesichte schaut, als die Augen Jehovah's bezeichnet werden, welche die ganze Erde durchlaufen (מְשׁוֹטְטִים בְּכָל־הָאָרֶץ). Hier werden die sieben Geister Gottes, welche nach 3, 1 der Menschensohn hat, durch dessen sieben Augen symbolisirt, gleich wie dieselben 4, 5 durch die sieben Feuerfackeln vor dem göttlichen Throne. Die Siebenzahl der Hörner ist wohl zunächst der Gleichmässigkeit wegen mit der Zahl der Augen gewählt, dient aber dazu die Kraft und Herrschaft des Lammes anzudeuten. — Statt τὰ ἀπεσταλμένα übrigens hat Lachmann ἀπεσταλμένοι nach A, in Beziehung auf die Augen. Andere ἀποστελλόμενα, mit oder ohne Artikel; doch ist wohl die rec. die ursprüngliche.

V. 7. **Und er kam und nahm** (es; rec. add. τὸ βιβλίον, wahrscheinlich Glosse, wie schon Mill meint, von Lachmann ausgelassen, fehlt in AB 30 min. Arm. Aeth.) **aus der Rechten des auf dem Throne Sitzenden;** V. 8 **und da er das Buch nahm** oder genommen hatte, **fielen die 4 Thiere und die 24 Aeltesten nieder vor dem Lamme, jeder mit Cithern versehen und goldenen Schaalen voll von Weihrauch, welches die Gebete der Heiligen sind.** So wie hier steht ἔχοντες ἕκαστος, kann die Meinung nicht sein, wie Eichhorn es versteht, dass ein Theil die Cithern gehabt habe, ein anderer die Weihrauchschaalen. — Das Relativum αἵ bezieht sich dem Sinne nach wohl nicht, wie de Wette u. a. annehmen, auf φιάλας, sondern auf ϑυμιάματα, das Genus aber ist durch das Object προσευχαί bestimmt. Was die hier stattfindende Symbolik selbst betrifft, so wurde auch das tägliche Rauchopfer der Priester im Tempel betrachtet als die Gebete des inzwischen draussen stehenden Volkes zu Gott emporbringend. Vergl. auch unten 8, 3. 4, so wie Ps. 141, 2, wo es umgekehrt heisst: „es gelte mein Gebet wie Weihrauch vor dir, Erhebung der Hände wie Abendopfer"; welche Stelle, obwohl eigentlich etwas anderer Art, hier doch wohl mit vorgeschwebt haben mag.

V. 9. **Und sie singen ein neues Lied** (wie שִׁיר חָדָשׁ Ps. 33, 3. 40, 4 u. a., ein neues gleichsam weil unter den alten sich kein des Gegenstandes ganz würdiges fand) **und sprechen: würdig bist du das Buch zu nehmen und seine**

Siegel zu öffnen; denn du bist geschlachtet, hast dich schlachten lassen, und hast [uns] Gotte mit deinem Blute erkauft (ἀγοράζειν wie 14, 3. 4. 1. Cor. 6, 20. 7, 23. 2. Petr. 2, 1) aus allen Stämmen, Zungen und Völkern und Nationen. Nach der recipirten Texteslesart mit ἡμᾶς (hinter τῷ θεῷ), welche noch de Wette, Hengstenberg, Ebrard festhalten, würden die Singenden sich selbst bezeichnen und dadurch diese selbst als vollendete Gläubige aus verschiedenen Völkern erscheinen. Eben so auch gleich V. 10 nach der recipirten Texteslesart ἐποίησας ἡμᾶς und βασιλεύσομεν. Aber dort ist ohne Zweifel αὐτοὺς zu lesen (mit Compl., Bengel, Griesbach, Lachmann, Tischendorf al. nach AB 40 min. Syr. Copt. Aeth. Vulg. Andr.) und auch das Verbum in der 3. P. βασιλεύσουσι (Griesbach) oder wahrscheinlicher βασιλεύουσι (Compl., Lachmann, Tischendorf, prob. Mill, nach A und vielen Minuskeln Ar. pol. Copt. Vulg. Andr. Areth. al. lat.) Diese 3 P. V 10 würde aber nicht natürlich sein, wenn hier V. 9 das ἡμᾶς echt wäre; das fehlt aber auch ganz A. Aeth., und in anderen Handschriften und Zeugen steht es vor τῷ θεῷ. Tischendorf und Lachmann ed. maj. haben es ausgelassen. In der That hat aber das ἡμᾶς auch an sich etwas Unwahrscheinliches, da als die Singenden nicht bloss die 24 Aeltesten, sondern auch die 4 ζῶα bezeichnet werden und also auch diese dann als vollendete Gläubige, die noch vor Kurzem als Menschen auf Erden lebten, würden bezeichnet werden, und nach V. 10 als solche, die auch wiederum auf Erden herrschen sollten. Dazu kommt, dass die vollendeten Gläubigen, die christlichen Märtyrer, unten noch besonders vorkommen am Fusse des Altars Kap. 6. 9 sq. Wahrscheinlich ist daher wohl das ἡμᾶς hier unecht, wie auch Ewald und Züllig urtheilen, und durch spätere Abschreiber hineingekommen, die einen Accusativ des Objects vermissten. Doch ist die ohne ἡμᾶς entstehende Schreibweise: er hat erkauft sc. welche aus allen Völkern etc., ganz dem Stile unseres Buches gemäss, vgl. 2, 10. 3, 9. 11, 9.

V. 10. und hast sie unserm Gotte zu Königen und Priestern gemacht, s. ad. 1, 6. Statt βασιλεῖς ist wahrscheinlich auch h l. βασιλείαν zu lesen (mit Bengel Gnom., Ewald, Lachmann, Tischendorf, nach A Copt. Vulg. Cypr. u. A.

Patr. Lat.) und sie herrschen = werden herrschen auf Erden, vergl. 2, 26 ff. 3, 21.

V. 11. Und ich schaute und hörte (= hörte im Geiste, im Gefühle) die Stimme vieler Engel im Kreise des Thrones um den Halbkreis des Throns herum und der Thiere und der Aeltesten (vor φωνὴν hat Compl. noch ὡς, was auch Ewald für echt hält = videbar mihi audire, in 28 codd. min. Syr. Andr. 1. Areth. Vulg. Cassiod.) und ihre Zahl war Myriaden mal Myriaden und tausend mal tausend nach Dan. 7, 10: Tausende von Tausenden dieneten hier und Myriaden mal Myriaden standen vor ihnen.

V. 12. die mit lauter Stimme sprachen, gleichsam der ganze Chor den Gesang der Aeltesten und Cherubim aufnehmend: Würdig ist das Lamm, das geschlachtet ist, zu nehmen die Macht und Reichthum und Weisheit und Kraft und Ehre und Herrlichkeit und Preis. Mit einer gewissen Absichtlichkeit sind hier gerade sieben obwohl nicht scharf gesonderte Begriffe zusammengestellt, wie Kap. 7, 12 in Beziehung auf Gott den Vater dieselben sieben, nur in anderer Ordnung, und εὐχαριστία statt πλοῦτος gesetzt. Hier soll das Ganze ausdrücken, dass das Lamm würdig sei, dass alle Macht und alle Ehre des Vaters auch auf ihn übergehe.

V. 13. Das erste ἐστι (hinter ὅ) und das ἅ vor dem zweiten ἐστι ist nach A u. a. zahlreichen codd. wahrscheinlich mit Lachmann, Tischendorf zu tilgen, wo denn das ὅ mit dem obwohl sehr entfernten ἐστι (hinter τῆς θαλάσσης) zu verbinden ist. Und jegliches Geschöpf, welches im Himmel und auf Erden und unter der Erde (in der Unterwelt) und auf dem Meere ist, (kann hier nur gemeint sein = ἐν τῇ θαλάσσῃ; die Setzung des ἐπὶ mit dem Genitiv lässt sich aber allenfalls daher erklären, dass sie gedacht werden, als auf dem Boden oder Grunde des Meeres befindlich) und Alles was drinnen ist; das αὐτοῖς bezieht sich hier wohl schwerlich, wie Grot. meint, auch Hengstenberg, auf die Thiere und lebenden Geschöpfe auf der Welt, sondern auf den Himmel, die Erde und das Meer, und es wird in dem τὰ ἐν αὐτοῖς πάντα alles Bisherige noch einmal zusammengefasst; vielleicht ist es veranlasst durch Reminiscenz von Ps. 146, 6: der gemacht hat den Himmel, und die Erde und das Meer: וְאֶת־כָּל־אֲשֶׁר־בָּם

obwohl h. l. durch das πᾶν κτίσμα ἐν τῷ οὐρανῷ κ. λ. allerdings ein anderes Verhältniss ist. — Züllig meint, der Schriftsteller habe vielleicht ursprünglich geschrieben: ich hörte den Himmel und die Erde und die Unterwelt und das Meer und Alles, was darinnen — in diesen vieren — ist, hätte aber später corrigirt, wie wir es jetzt lesen, mit Aufhebung der etwas kühnen Personification, dabei dann aber die letzten Worte zu tilgen vergessen. hörete ich sagen: dem auf dem Throne Sitzenden und dem Lamme der Preis und die Ehre und die Herrlichkeit und die Kraft in alle Ewigkeiten. V. 14. Schlusschor und Amen: Und die vier Thiere sprachen: Amen! und die vier Aeltesten fielen nieder und beteten an (rec. add.: ζῶντι εἰς τοὺς αἰῶνας τῶν αἰώνων, was aus 4, 10 hineingekommen ist, fehlt ABC 37 min. Syr. Ar. pol. Copt. Aeth. Vulg. ms. Andr. Areth. Patrr. lat, ausgelassen von Compl., Bengel, Griesbach, Lachmann u. A.

Es folgt nun jetzt die Erzählung über die Eröffnung der Siegel des Buches und was dabei vom Inhalte desselben in symbolischen Bildern ans Licht getreten sei, und zwar

Kap. 6, 1—8.

Eröffnung der 4 ersten Siegel, wobei nach einander vier Rosse mit Reitern hervortreten, die Rosse mit verschiedenen Farben und die Reiter mit verschiedenen Symbolen. Bei dieser Vierzahl der Rosse und ihren Farben liegt wohl Zach. 6, 2. 3 zu Grunde, obwohl dort bei den einzelnen nicht so eine Verschiedenheit der Bedeutung hervorgehoben wird wie hier.

1) V. 1. 2. Und ich schaute, als das Lamm eins von den sieben Siegeln öffnete, und ich hörte eins der vier Thiere sagen gleich einer Donnerstimme, so laut: komm (und siehe). Vergl. Ezech. 8, 9: und er sprach zu mir בֹּא וּרְאֵה LXX. εἴσελθε καὶ ἴδε. Bei spätern Juden ist תָּא וַחֲזִי eine gewöhnliche Formel, so oft in einer Disputation ein Anderer auftritt, der die Sache durch seinen Ausspruch erläutert, oder beim Anfange einer neuen Verhandlung. Hier ist jedoch der Text sehr unsicher, und eben so V. 3. 5. 7 Lachmann, Tischendorf haben an allen 4 Stellen bloss ἔρχου; und so Griesbach V. 3, an anderen Stellen ἔρχου καὶ ἴδε; die rec. an allen 4 Stellen ἔρχου καὶ βλέπε. Für die kürzere Lesart

ἔρχου die auch de Wette billigt, sind an allen 4 Stellen wichtige Zeugen (AC etc.), und wahrscheinlich ist dieses, was auch schon Compl. (an den zwei letzten Stellen auch Bengel) hat, das Ursprüngliche; die meisten Zeugen, welche noch das: **und siehe** hinzugefügt haben, lassen dann das καὶ εἶδον aus. Wahrscheinlich ist aus dem καὶ εἶδον zuerst καὶ ἴδε entstanden und daraus dann καὶ βλέπε.

V. 2. **Und ich schaute und siehe: ein weisses Ross, und der auf ihm sass hatte einen Bogen, und es ward ihm eine Krone gegeben und er zog aus als Sieger und um zu siegen.** Die weissen Pferde galten als ein gutes Omen; auf einem weissen Rosse pflegten gerne die Anführer im Kriege zu reiten; siehe darüber Stellen bei Wetstein ad h. l. So erscheint unten Kap. 19, 11 der Menschensohn, als er zum Kampfe wider den Antichrist auszieht, auf einem weissen Rosse. Die Vergleichung dieser Stelle macht nicht unwahrscheinlich, was auch Grot., Vitringa, Hengstenberg, Ebrard u. A. annehmen, dass auch der hier auf weissem Rosse auftretende Reiter nicht, wie viele Ausleger, auch noch Züllig, Lücke S. 350, de Wette, eben so wie die drei folgenden als ein Plagegeist gemeint ist, als ein Eroberer und Verwüster (wobei Züllig das νικᾶν aus dem Hebräischen שׂרד erklären will), sondern vielmehr als Symbol des zum Siege einherziehenden Messias, so dass schon durch dieses erste Zeichen auf den endlichen Ausgang des bevorstehenden Kampfes zwischen Christ und Antichrist, zwischen dem Reiche Gottes und den Mächten der Welt und der Finsterniss hat hingewiesen werden sollen. — Durch das Particip νικῶν soll wohl angedeutet werden, dass er schon als Sieger auszieht, und eben darauf deutet auch der στέφανος, mit dem er geschmückt ist: das καὶ ἵνα νικήσῃ, deutet auf die weiteren Siege, die er erkämpfen solle.

2) V. 3. 4. **Und als er das zweite Siegel öffnete, hörte ich das zweite Thier sagen, komm! und es kam ein anderes Ross heraus feuerroth, und dem der auf demselben sass ward gegeben den Frieden (von) der Erde zu nehmen und (sc. zu bewirken) dass sie (die Menschen) einander schlachteten, erwürgten, und es ward ihm ein grosses Schwert gegeben.** Es ist allgemeine symbolische Hinweisung auf die Kriege, von denen die Erde

vor der Zukunft des Herrn werde heimgesucht werden. Die feuerrothe Farbe des Rosses ist Andeutung des Blutes, welches fliessen solle (cf. 2. Reg. 3, 22: τὰ ὕδατα πυῤῥὰ ὡς αἵματα), vielleicht auch zugleich des Feuers, wovon Alles werde vernichtet werden. — Statt rec. ἀπὸ τῆς γῆς hat Griesbach ἐκ. τ. γ. wie Compl. u. A. auch Lachmann ed. maj., Tischendorf nach BC 32 min. Andr. Areth. Bengel und Lachmann ed. min. haben die Präposition ganz getilgt (τὴν εἰρήνην τῆς γῆς, nach A 4 min.). Die γῆ ist hier sicher nicht vom (Jüd.) Lande zu nehmen, sondern ganz im Allgemeinen von der Erde.

3) V. 5. 6. — ein schwarzes Ross, Bild der Trauer des Unglücks und der auf demselben sass hatte eine Waage in seiner Hand. — Das ist ζυγὸς hier nach späterem Sprachgebrauche (eig. = Alles, was verbindet; namentlich: Joch, von Ochsen — Querbalken; daher Waagebalken und auch Wage selbst). Die Wage soll hier auf eine Zeit der Noth und Theuerung deuten, wo Alles genau zugewogen wird, selbst wohl das Getreide und dergleichen, was sonst nur gemessen zu werden pflegte. Vergl. Ezech. 4, 16: „ich breche „die Stütze des Brotes zu Jerusalem, dass sie Brot essen nach „dem Gewichte (בְּמִשְׁקָל) und mit Kummer, und Wasser nach „dem Maasse und in Erstarrung trinken. Levit. 26, 26.

V. 6. Und ich hörte eine Stimme in der Mitte der vier Thiere sagen, kann wohl nur gemeint sein: eine von Gott selbst kommende Stimme.

ein Maass Weizen um einen Denar, und drei Maass Gerste um einen Denar. Es soll auch dadurch grosse Theuerung bezeichnet werden. Nämlich die χοῖνιξ ist ein Maass für Getreide, zwei Sextarien enthaltend, eben so viel, als für die gewöhnliche Tageskost auf einen Menschen gerechnet ward, daher bei Athenäus III, 20 eine χοῖνιξ: ἡμεροτρόφος, bei Suidas ἡμερόσιος τροφή heisst; vergl. auch z. B. Herodot. VII, 231, Odyssee 19, 27, 28: ὅς κεν ἐμῆς γε χοίνικος ἅπτηται = wer in meiner Kost steht, so dass er sein tägliches Brot von mir zu geniessen bekommt; siehe Böckh, Athen. Staatshaushalt. I. 99. Solche, die einen stärkeren Appetit hatten, konnten ein Brot von mehreren χοίνικες verzehren. Xenoph. Anab. VII, 3, 12. Ein Denar, ungefähr ⅕ Thaler, war nun der Lohn, den wohl ein Arbeiter für ein Tagewerk erhielt und der gewöhnliche tägliche Sold für einen Römischen Soldaten; cf. Matth. 20, 9 ff. Tacit. Ann. I, 1 . Ueberall aber wird es als Beweis grosser Theuerung gelten, wenn ein männlicher Arbeiter nur eben so viel verdienen kann, wie das Brot, welches nothdürftig zu seiner persönlichen Subsistenz zureicht, kostet. Auf Sicilien war zu Cicero's Zeiten ein Denar der Preis für einen Römischen Modius Waizen, der 12 Choinikes enthielt (Cic. Verr. III, 81); und ein Modius Gerste kostete nach ib. ½ Denar, so dass es als acht mal so theuer erscheint, wenn hier der Denar als Preis von drei Choiniken Gerste angegeben wird. Also auch an dieser schlechteren Getreideart, welche nur die Geringeren und Aermeren zu Brot verwandten und wovon den Römischen Soldaten zur Strafe eine Portion statt des Waizens gegeben zu werden pflegte (s. Winer R. W. B.), soll Mangel sein. Dagegen heisst es: und = jedoch, aber das Oel und den Wein sollst du nicht beschädigen; angeredet ist der Reiter auf dem schwarzen Rosse, der als Vollstrecker der göttlichen Plagen gedacht wird. Ueber ἀδικεῖν vergl. 2, 11 und besonders 9, 4. der Sinn kann nur sein sollen, dass an solchen mehr zum Luxus gehörenden Gegenständen kein Mangel sein solle, die aber beim Mangel des nothwendigen Brotes wenig Werth haben, ja diesen Mangel um so bitterer werden empfinden lassen.

4) V. 7. 8. **und ich sehe und siehe ein fahles Ross**; so ist hier χλωρός zu fassen: **blass gelb, fahl**; es kommt nicht bloss für **grün, grassgrün** vor, sondern auch von der Farbe des Goldes, der Kranken, der Leichname, und öfters als Epitheton der Furcht (χλωρὸν δέος).

und der auf demselben sass, sein Name war der Tod, und der Hades folgte ihm, war in seiner Begleitung (ἀκολουθεῖν sc. μετά τινος auch 14, 13 und eben so bei Attikern), als Derjenige, dem der Tod seine Beute überliefert, wie beide, ὁ θάνατος und ὁ ᾅδης, auch 1, 18. 20, 13. 14 mit einander verbunden sind. Hier wird der Tod sammt dem Hades personificirt als Reiter des Rosses und Vollstrecker des göttlichen Willens durch Tödtung eines grossen Theiles der Menschen auf Erden.

und ihm (rec. αὐτοῖς und so auch Lachmann; dafür Compl., Bengel, Griesbach, Tischendorf al. — auch von Vitringa gebilligt — αὐτῷ nach B, über 30 min. Syr. Ar. Copt. Aeth. Arm. Vulg. Areth. Prim.; der Plural würde sich auf den Tod und Hades beziehen, der Singular auf den Tod als die Hauptperson, und dieses hat auch grössere innere Wahrscheinlichkeit) ward gegeben Gewalt über den vierten Theil der Erde, zu tödten (die Menschen) mit Schwert, Hunger, Pest und durch die Thiere der Erde = die wilden Thiere. Es vereinigt also diese Plage nicht bloss die der beiden vorhergehenden Siegel, Krieg und Hungersnoth, sondern steigert sie im höchsten Grade, so dass viele Menschen dadurch fortgerafft werden, und fügt zu ihnen noch Verheerungen durch Pest und wilde Thiere hinzu. Zu Grunde liegen bei der Zusammenstellung dieser 4 tödtenden Plagen alttestamentliche Stellen, wie Ezech. 14, 21: „wenn ich euch meine vier verderblichen Strafgerichte: Schwert und Hunger und wilde Thiere und Pest über Jerusalem sende, um daraus Menschen und Vieh auszurotten u. s. w. Ib. 5, 17. Lev. 26, 21-26 u. A. Uebrigens ist θάνατος das zweite Mal ohne Zweifel bestimmt von der Pest gemeint, worüber siehe ad 2, 23, das erste Mal aber ὁ θάνατος in allgemeinerem Sinne. — ὑπὸ τῶν θηρίων statt διά.

Was übrigens die hier angekündigten Plagen im Allgemeinen betrifft in ihrem Verhältniss zur Parusie des Herrn und zur Vollendung des Reiches Gottes, siehe allgem. Einl. Es ist der Inhalt dieser drei Siegel gleichsam Ausführung der Andeutung des Herrn Matth. 24, 7: ἐγερθήσεται γὰρ ἔθνος ἐπὶ ἔθνος καὶ βασιλεία ἐπὶ βασιλείαν, καὶ ἔσονται λιμοὶ καὶ λοιμοί.

V. 9—11.

Eröffnung des fünften Siegels, Hindeutung auf die blutigen Verfolgungen, welche von Seiten der Welt über die Bekenner des Herrn verhängt werden; schon sind wegen ihres Bekenntnisses manche von ihnen umgekommen; aber dasselbe steht auch noch manchen Anderen bevor bis zur Zukunft des Herrn. Dieser Gedanke ist hier eingekleidet in der Vorführung der Seelen der bisherigen Märtyrer, die ungeduldig anfragen, wann doch Gott an den Bewohnern der Erde wegen ihres Blutes Gericht halten werde, und in der ihnen darauf ertheilten Antwort.

V. 9. Und als er das fünfte Siegel öffnete, sahe ich unter dem Altare die Seelen Derer, welche geschlachtet waren wegen des Wortes Gottes und des Zeugnisses, welches sie hatten. Vergl. für Letzteres 12, 17: τῶν τηρούντων τὰς ἐντολὰς τοῦ θεοῦ καὶ ἐχόντων τὴν μαρτυρίαν Ἰησοῦ. 19, 10: τῶν ἀδελφῶν σου τῶν ἐχόντων τὴν μαρτυρίαν τοῦ Ἰησοῦ. Auch hier findet sich eine Lesart τὴν μαρτυρίαν τοῦ ἀρνίου ἣν εἶχον B 30 min. Syr. Ar. pol. Andr. 2. Areth. und so Compl. Doch lässt sich die Einschaltung eher denken als die Auslassung und es ist doch wohl spätere Glosse. Uebrigens vergl. noch 20, 4: τὰς ψυχὰς τῶν πεπελεκισμένων διὰ τὴν μαρτυρίαν Ἰησοῦ καὶ διὰ τὸν λόγον τοῦ θεοῦ. Es ist die μαρτυρία das Zeugniss, welches ihnen von Jesu über ihn abzulegen übergeben war und von dem daher gesagt werden konnte, dass sie dasselbe hatten. Es ist daher nicht nöthig mit mehreren dem ἔχειν gradezu die Bedeutung von κρατεῖν festhalten zu geben, wenn gleich dieser Begriff in solcher Verbindung sich anschliesst. — Bei dem Altare haben wir doch höchst wahrscheinlich an den auch 8, 3. 9, 13 erwähnten Altar im Himmel, wo der Seher sich im Geiste befand, zu denken, und darnach nicht an den Brandopferaltar, wie Grotius, Vitringa, Hengstenberg, Ebrard, Bengel, Züllig, sondern an den Rauchaltar im Himmel, wie Victorin, de Wette, der als das Urbild des irdischen betrachtet ward, eben so wie der Tempel Gottes im Himmel als das Urbild des Jerusalemischen; vergl. 15, 5. Sap. 9, 8. Als der Aufenthalt der Seelen der Verstorbenen wird sonst der Scheol, die Unterwelt bezeichnet. Doch wird nach der späteren Jüdischen Theologie den Seelen der Gerechten ihre Stätte unter dem göttlichen Throne angewiesen, in der unmittelbaren Nähe Gottes; z. B. Tr. Schabbath Fol. 152, 2: animae justorum sunt sub throno gloriae. Tharg. ad 1 Chr. 21, 15: recordatus est domus sanctuarii supernae, ubi sunt animae justorum, u. A., siehe Wetstein und Schöttgen ad h. l. So erscheinen nun auch hier die Seelen der christlichen Märtyrer im Himmel, in Gottes Nähe, und zwar unterhalb oder zu den Füssen des Altars, wodurch, wenn der Rauchaltar gemeint ist, wohl nicht grade wie manche es fassen, angedeutet werden soll, dass sie sich selbst Gott zum Opfer dargebracht haben. Um diesen Gedanken auszudrücken, würde man auch eher erwarten, dass sie auf dem Altare, als unter demselben gesehen worden wären. Es wird hier vielmehr durch den Aufenthalt dieser Seelen unter dem Rauchaltar wohl ausser dem allgemeinen Gedanken des Verweilens im Himmel in der Nähe Gottes noch, wie richtig de Wette, dies angedeutet, dass sie die Erhörung ihrer Gebete erwarten, welche durch die Rauchopfer symbolisirt werden; vergl. 8, 3 u. z. K. 5, 8. Sicher aber falsch ist, und nicht im Sinne des Buches, wenn Hengstenberg bei den $\psi\nu\chi\alpha\tilde{\iota}\varsigma$ hier gar nicht an die unsterblichen Seelen, die auch nach dem Tode bis zur Auferstehung fortleben, will gedacht wissen, sondern an die gemordeten animalischen Seelen, die nach Gen. 9, 5 im Blute seien, so dass statt der Seelen eben so gut habe das Blut gesetzt sein können. Mit Recht erklärt sich dagegen Ebrard.

V. 10. Und sie riefen mit lauter Stimme und sprachen: bis wann = wie lange, o heiliger und wahrhafter Herr richtest Du nicht und rächest unser Blut an den Bewohnern der Erde? Wie lange soll es noch dauern, bis Du dieses Strafgericht hältst wider die Welt wegen der blutigen Verfolgungen, welche sie wider uns, die Bekenner Deines Wortes, verhängt haben. Die Bewohner der Erde sind hier nach dem Zusammenhange = $\dot{o}\ \kappa\dot{o}\sigma\mu o\varsigma$, die dem Reiche Gottes feindliche Masse. $o\dot{v}\ \kappa\varrho\dot{\iota}\nu\varepsilon\iota\varsigma\ \kappa\alpha\dot{\iota}\ \dot{\varepsilon}\kappa\delta\iota\kappa\varepsilon\tilde{\iota}\varsigma = o\dot{v}\ \kappa\varrho\dot{\iota}\nu\omega\nu\ \dot{\varepsilon}\kappa\delta\iota\kappa\varepsilon\tilde{\iota}\varsigma$.

V. 11. Und es ward ihnen einem jeden ein weisses Gewand gegeben, hier wohl als Zeichen der Rechtfertigung vor Gott, dass sie, obwohl Er sie dem Tode preisgegeben habe, vor ihm als rein dastünden. Statt rec. $\dot{\varepsilon}\kappa\dot{\alpha}\sigma\tau o\iota\varsigma$, wofür Griesbach, wie Compl., Tischendorf, $\alpha\dot{v}\tau o\tilde{\iota}\varsigma$ hat (nach B 17 min. etc.), ist wahrscheinlich mit Bengel, Lachmann, Ewald u. A. zu lesen $\alpha\dot{v}\tau o\tilde{\iota}\varsigma\ \dot{\varepsilon}\kappa\dot{\alpha}\sigma\tau\omega$ nach AC 19 min, vergl. 5, 8. 20, 13.

und es ward ihnen gesagt, anbefohlen, dass sie noch eine kleine Zeit ruhen sollten, ruhig ausharren, ohne ungeduldiges Drängen, wie in jener Frage sich kund gegeben hatte. — $\mu\iota\kappa\varrho\dot{o}\nu$ ist von Griesbach, Tischendorf ausgelassen, wie schon Compl., Bengel, nach B 36 min. Ar. pol. Aeth. Areth. Doch mag es wohl echt sein, da die Auslassung durch spätere Abschreiber sich eher erklärt als die Einschaltung.

bis dass auch ihre Mitknechte und ihre Brüder vollendet hätten, die getödtet werden sollten oder würden gleich ihnen, wie auch sie. Die rec. hat $\pi\lambda\eta\rho\omega\sigma o\nu\tau\alpha\iota$, und so früher Ewald. Dafür Griesbach und Tischendorf $\pi\lambda\eta\rho\omega\sigma\omega\sigma\iota$ B 40 min. Andr.; Lachmann, wie schon Compl., Bengel al.: $\pi\lambda\eta\rho\omega\vartheta\tilde{\omega}\sigma\iota$ A min. Syr. Copt. Aeth. Vulg. Es kann das Verbum hier nicht, wie manche Ausleger es fassen, von dem Vollwerden der Zahl der christlichen Märtyrer gemeint sein; denn dann müssten als Subject die Märtyrer überhaupt genannt sein, nicht aber, wie der Fall ist, auch die Genossen der schon Getödteten, die gleichfalls noch getödtet werden sollten, — sondern wohl nur von der Vollendung der irdischen Laufbahn der Einzelnen. Dann hat aber das Activum, $\pi\lambda\eta\rho\omega\sigma\omega\sigma\iota$, am meisten innere Wahrscheinlichkeit: bis sie würden vollendet haben, nämlich ihre Laufbahn auf Erden, welche Gott der Herr ihnen auferlegt.

V. 12 — 17.

Eröffnung des sechsten Siegels, wobei grosse Naturerscheinungen hervortreten, dergleichen auch schon in den Schilderungen alttestamentlicher Propheten als den Tag des Herrn begleitend oder ankündigend genannt werden, z. B. Joel 3, 3. 4 u. A.; vergl. Matth. 24, 7. 29.

V. 12. **Und ich schaute, als er das sechste Siegel öffnete, und es entstand ein grosses Erdbeben;** conf. Matth. l. c. Jes. 24, 18. 19; **und die Sonne ward schwarz wie ein härener Sack,** in dergleichen man bei Trauer sich zu hüllen pflegte, von dunkler schwärzlicher Farbe; so erscheint hier die Sonne, indem sie sich verfinstert; vergl. Joel 2, 10: Sonne und Mond werden schwarz (קָדַר, von den Heuschreckenwolken); **und der Mond ward ganz wie Blut,** er trat bei der Verfinsterung der Sonne um so greller hervor, mit blutrothem Ansehn; vergl. Joel 3, 4: „die Sonne wird in Finsterniss gewandelt werden und der Mond in Blut".

V. 13. **Und die Sterne des Himmels fielen auf die Erde gleich wie ein Feigenbaum seine unreifen Fei-**

gen abwirft, wenn er vom starken Winde bewegt wird (ὄλυνθος = grossus, von unreifen Feigen). Vergl Jes. 34, 4: „es zerrinnet das ganze Himmelsheer und es rollen sich wie ein Buch die Himmel und all ihr Heer fällt herab, wie abfallen die Blätter vom Weinstock und das Welke vom Feigenbaum". Matth. 24, 29: καὶ οἱ ἀστέρες πεσοῦνται ἀπὸ τοῦ οὐρανοῦ. Für die Vergleichung mit dem Abfallen der unreifen Feigen siehe noch Nah. 3, 12.

V. 14. Und der Himmel — der öfters mit einem ausgespannten Zelttuche verglichen wird — entwich wie ein Buch (Buchrolle) das zusammengerollt wird, s. Jes. l. c.

und jeglicher Berg und Insel wurden aus ihren Stätten verrückt. Noch viel stärker heisst es 16, 20: καὶ πᾶσα νῆσος ἔφυγε καὶ ὄρη οὐχ εὑρέθησαν.

V. 15-17. Schilderung des Schreckens der Menschen über diese gewaltigen Naturereignisse. Und die Könige der Erde und die Magnaten und die Obersten und die Reichen und die Mächtigen, und alle Knechte und Freie (es sind hier wieder und offenbar absichtlich sieben Begriffe, obwohl logisch sich nicht streng sondern, zusammengestellt) verbargen sich in die Höhlen und Felsen = Felsklüfte (vgl. Jes. 2, 10) der Berge; vergl. Jes. 2, 19: „man kriecht in Felsenhöhlen und Erdklüfte vor dem Schrecken Jehovahs und dem Glanze seiner Majestät, wenn er sich erhebt die Erde zu schrecken". V. 16 und sie sprechen zu den Bergen und zu den Felsen: fallet auf uns und bedecket uns vor dem Antlitze des auf dem Throne Sitzenden und vor dem Zorne des Lammes; nach Hos. 10, 8: „und sie rufen den Bergen: bedeckt uns! und den Hügeln: fallet über uns!" Vergl. Luc. 23, 30 (nach Hos. LXX): τότε ἄρξονται λέγειν τοῖς ὄρεσι· πέσετε ἐφ᾽ ἡμᾶς καὶ τοῖς βουνοῖς· καλύψατε ἡμᾶς. Schon Grotius übrigens bemerkt mit Recht, dass der Seher den Menschen der Erde seine — aus dem Vorhergehenden verständliche — Bezeichnungen Gottes und des Messias in den Mund legt. V. 17. Denn gekommen ist der grosse Tag seines Zornes, und wer vermag zu bestehen? Das werden sie dann anerkennen. Vergl. Nah. 1, 6: לִפְנֵי זַעְמוֹ מִי יַעֲמוֹד וּמִי יָקוּם בַּחֲרוֹן אַפּוֹ. Mal. 3, 2.

Kap. 7.

Es tritt jetzt, bevor das letzte Siegel geöffnet wird, eine Zwischenhandlung ein, die Versiegelung der Knechte Gottes an ihrer Stirne mit dem Siegel Gottes, wodurch sie eben als Gott angehörig bezeichnet und als solche kenntlich gemacht werden, die von den noch zukünftigen durch das siebente Siegel verschlossen gehaltenen Plagen sollten verschont bleiben, auf ähnliche Weise, wie in Aegypten die Häuser der Mitglieder des Bundesvolkes durch Bestreichung mit Blut als solche, an denen der Würgengel vorübergehen solle, bezeichnet wurden. Exod. 12, 12 sq. Vergl. auch Ezech. 9, 4 sq., wornach in Jerusalem alle Frommen durch einen die Stadt durchziehenden Engel mit einem Zeichen an der Stirne (ת) versehen und dadurch den Würgengeln als solche, die sie verschonen sollten, bezeichnet werden.

V. 1. **Und hiernach sahe ich vier Engel an den vier Ecken der Erde stehend, haltend die vier Winde der Erde, dass kein Wind wehete auf der Erde noch auf dem Meere noch gegen irgend einen Baum.** Falsch ist, wenn Herder und Eichhorn dieses als Andeutung einer tödtlichen Hitze und Schwüle fassen. Aus V. 2. 3 ergibt sich, dass das Hervorbrechen der Winde gedacht wird als grosses Verderben auf Erden hervorbringend, so dass also das Festhalten, Zurückhalten derselben andeutet, dass einstweilen die Winde ihre verheerende Wirkung auf Erden nicht ausüben sollen. Die vier γωνίαι der Erde sind die vier äussersten Punkte derselben nach den vier Himmelsgegenden hin, da die Erde wahrscheinlich wie eine viereckige Fläche gedacht ward. An den vier äussersten Punkten wurden gleichsam die Ruhesitze der vier Hauptwinde gedacht, von wo sie ausbrechen und sich auf die Fläche der Erde ergiessen. Vergl. Jerem. 49, 36: „und ich bringe über Elam die vier Winde von den vier Enden des Himmels (מֵאַרְבַּע קְצוֹת הַשָּׁמַיִם) Dan. 7, 2. Zach. 6, 5.

V. 2. **Und ich sahe einen andern Engel herabkommen vom Aufgange der Sonne**, soll hier wohl weniger die östliche Himmelsgegend bezeichnen (wie 16, 12. 21, 13), als die Höhe, von der er auf die Erde herabgekommen.

der das Siegel des lebendigen Gottes hatte, und

er rief mit lauter Stimme den vier Engeln zu, denen gegeben war (die Macht und der Auftrag), Erde und Meer zu beschädigen (durch Loslassung der vier Winde) V. 3 und sprach: beschädigt nicht die Erde noch das Meer noch die Bäume, bis wir die Knechte unseres Gottes an ihren Stirnen versiegelt, mit dem göttlichen Siegel bezeichnet haben. Bei den Alten, besonders den Orientalen, war es nicht ungewöhnlich, den Sklaven das Zeichen ihres Herrn einzubrennen, auf die Stirne oder rechte Hand; und so pflegten nach Herodot. II, 113 auch wohl die Verehrer einer Gottheit sich deren Namen einzubrennen. So werden denn hier die Knechte des wahren lebendigen Gottes als solche durch Eindrückung des göttlichen Siegels auf ihre Stirne bezeichnet, worauf wir nach Kap. 14, 1 wohl den Namen Gottes und des Lammes uns eingegraben zu denken haben, so dass hier jedenfalls nur Christen gemeint sein können, nicht, wie Heinrichs meint, fromme Juden als solche, ohne Rücksicht darauf, ob sie an Christum glaubten oder nicht.

V. 4. Und ich hörete die Zahl der Versiegelten, derer die als Knechte Gottes sich fanden und auf solche Weise mit dem göttlichen Siegel bezeichnet wurden, nämlich: 144000 Versiegelte aus allen Stämmen der Söhne Israels — so ist das $\dot{\epsilon}\varkappa$ $\pi\acute{\alpha}\sigma\eta\varsigma$ $\varphi\upsilon\lambda\tilde{\eta}\varsigma$, wie das Folgende deutlich zeigt, zu fassen, so dass die Gesammtzahl der aus allen Stämmen Israels Versiegelten so viel betrug, 12000 aus jedem der 12 Stämme, wie V. 5—8 im Einzelnen ausgeführt wird. Das $\dot{\epsilon}\sigma\varphi\rho\alpha\gamma\iota\sigma\mu\acute{\epsilon}\nu o\iota$ ist hier wahrscheinlich die 10 mittleren Male unecht, von Lachmann, Tischendorf ausgelassen, wie schon Compl. u. A., nach ABC und mehr als 30 min. Syr. Copt. Aeth. Vulg. Prim.; bloss das erste und letzte Mal ist es wohl echt. — Der Seher hört übrigens diese Zahlen bloss aussprechen, durch einen Engel, als das Resultat der als geschehen vorausgesetzten Besiegelung, da es eben zu viele waren, um sie selbst zu zählen. — In mehrfacher Hinsicht bietet indessen dieser Abschnitt einige Schwierigkeit dar. Zuvörderst was die Zählung und Bezeichnung der zwölf Stämme selbst betrifft. Die Stämme des Israelitischen Volkes sind bekanntlich ausgegangen und benannt worden von den 12 Söhnen Jakobs. Da nun die Nachkommen des Joseph sich in zwei Stämme theilten, welche nach dessen beiden vom Jakob adoptirten Söhnen Ephraim und Manasse benannt wurden, so wären eigentlich 13 Stämme gewesen. Doch blieb es ganz herrschend, die Zahl der Stämme auf 12 anzugeben. Dabei wurde denn, wo von den Besitzungen der Stämme oder in ähnlicher Beziehung die Rede war, der Stamm Levi, der als Priesterstamm unter die anderen Stämme vertheilt war und kein eigenthümliches zusammenhängendes Besitzthum hatte, nicht mitgerechnet; wo er aber mitgerechnet ward, wurden entweder Ephraim und Manasse als Joseph als ein Stamm gerechnet, oder ein anderer Stamm ausgelassen. So ist Deut. 33 Simeon ausgelassen. Und so hier der Stamm Dan. Dabei ist aber ausserdem V. 6 zwar der Stamm Manasse genannt, aber gleichwohl nicht daneben der Stamm Ephraim sondern (V. 8) der Stamm Josef. Hier hat man zum Theil einen Textfehler vermuthet und statt Manasse Dan lesen wollen, indem man sich denkt, ein Abschreiber habe statt Δαν gelesen Μαν, und dieses als Abkürzung für Μανασσῆ betrachtet und letzteres dafür hingeschrieben: so schon Gomarus, und eben so Hartwig II, 227 sq. und Züllig. Ewald Jahrb. d. bibl. W. VIII. 1856. S. 98 sq. sagt, es scheine ein uranfänglicher Schreibfehler (der Urschrift) für Δάν zu sein. Doch haben schon Irenäus, Orig., Andreas und Arethas Manasse gelesen und führen ausdrücklich an, dass Dan ausgelassen sei. Nach dem Exil hörte eigentlich die Stammeintheilung im Israelitischen Volke überhaupt auf; die Mitglieder der 10 Stämme sind wenigstens in Masse niemals in das Land ihrer Heimath zurückgekehrt, und ausser den Stämmen Juda und Levi haben wohl nur wenige Familien ihre Stamm- und Geschlechtsregister mit einiger Zuverlässigkeit bewahrt. Es hatte daher damals die alte Stammeintheilung wenigstens kein so grosses Interesse mehr wie früher; und wenn man auch im Allgemeinen festhielt, dass das Volk Israel aus 12 Stämmen bestehe, so konnten doch leicht bei der Aufzählung derselben Versehen vorfallen. Vom Stamm Dan scheint auch bei den Juden die Meinung stattgefunden zu haben, dass derselbe — wegen des in demselben schon früh getriebenen Götzendienstes (Jud. 18) — schon in alter Zeit bis auf die Familie Hussim ausgestorben und auch diese bereits vor den Zeiten des Esra durch Krieg umgekommen oder auf eine so geringe Zahl zurückgeführt sei, dass sie nicht weiter dürfte mitgerechnet werden. Auch 1. Chron. 2 sq. werden in den Geschlechtsregistern der einzelnen Stämme die Nachkommen des Dan — aber auch die des Sebulon — nicht mit aufgeführt. Einige Ausleger, wie Bengel, Eichhorn, meinen, dass hier in der Aufführung des Manasse noch eine besondere kabbalistische Andeutung liege, sofern der Name מְנַשֶּׁה etymologisch sei = oblivioni tradens, und so hier anspiele auf den verschollenen Dan. Doch hat daran der Verfasser schwerlich gedacht. — Als eine Ungenauigkeit erscheint nun aber immer auch noch das, dass zwar Manasse als besonderer Stamm aufgeführt ist, und doch auch Josef als ein besonderer Stamm, obwohl die Nachkommenschaft Josefs die Manassiten eben so wohl in sich begreift als die Ephraimiten. Doch ward von diesen beiden Stämmen, die von Josefs Söhnen ausgegangen, Ephraim immer als der Hauptstamm betrachtet, wie Ephraim denn, eben so wie anderswo Josef, auch oft für das ganze Reich der 10 Stämme steht; und so konnte denn wohl auch dieser Hauptstamm selbst, auch im Gegensatz gegen Manasse, als Josef bezeichnet werden. — Es fragt sich nun aber noch, wie wir uns die hier aufgeführten 144000 aus den verschiedenen Stämmen der Israeliten zu der Gesammtheit des Volkes Gottes und zu der unzählbaren Schaar aus allen Völkern zu denken haben, von der der Seher V. 9-17 sagt, dass er sie darnach geschaut habe vor dem göttlichen Throne stehend, als aus der grossen Trübsal kommend, die ihre Kleider im Blute des Lammes gewaschen haben und jetzt unter Gottes unmittelbarem Schutze und unter der Leitung des Lammes ohne Mangel und Trübsal leben. Hier scheint nun nach der Darstellung und dem Verhältnisse beider Abschnitte, V. 4—8 und V. 9-17, doch am natürlichsten zu sein, es so zu fassen, dass die 144000 die Bekenner des Herrn aus dem Volke Israel sind, und die V. 9 sq. Bezeichneten solche aus den sämmtlichen verschiedenen Völkern der Erde. Hiergegen scheint nur besonders das zu sprechen, dass Kap. 14, 1 auch 144000 genannt werden [als den Namen des Lammes und des Vaters an ihrer Stirne geschrieben habend, was sich doch wohl ohne Zweifel auf die hier vorgeführte Bezeichnung mit dem Siegel Gottes bezieht; dort erscheint dieses aber als die mit einer runden Zahl angegebene ganze Schaar der Gläubigen, die da seien ἠγορασμένοι ἀπὸ τῆς γῆς (V. 3), ἠγοράσθησαν ἀπὸ τῶν ἀνθρώπων, ἀπαρχὴ τῷ θεῷ καὶ τῷ ἀρνίῳ (V. 4). Diese Bezeichnungsweise lässt uns nicht wohl zweifeln, dass sie nicht bloss, wie Credner Einl. I. S. 711 Anm. und Züllig, auch Baur in seiner Abhandl. üb. d. Ev Joh. in Zeller's Theol. Jahrb. 1844. H. 4. S. 662 sq. annahm, von Juden-Christen gemeint sind, sondern von der ganzen Zahl der Gläubigen, auch denen aus den Heiden, besonders wenn man 5, 9 vergleicht: ἠγόρασας τῷ θεῷ .. ἐκ πάσης φυλῆς καὶ γλώσσης καὶ λαοῦ καὶ ἔθνους. Darnach könnte man geneigt sein, anzunehmen, dass auch auf dieselbe Weise die hier V. 4—8 aufgeführten 144000 gemeint wären, als die runde symbolische Zahl der sämmtlichen treuen Bekenner des Herrn, und dass die einzelnen Stämme nicht als Stämme des Israelitischen Volkes gemeint wären, aus denen je 12000 in's Reich Gottes eingehen würden, sondern als Abtheilungen im Reiche Gottes selbst, als aus dem alten Bundesvolke auf das Volk Gottes im N. T. übertragene Benennungen für dessen einzelne Theile. Es würde auch dem ganzen Charakter unseres Buches nicht unangemessen erscheinen, dass wie das Jüdische Volk im Allgemeinen, so auch die 12 Stämme desselben als der eigentliche Kern und Stamm des messianischen Volkes betrachtet würden und die aus anderen Völkern Bekehrten nur als in diese Stämme Israels aufgenommen. Man könnte dafür auch vergleichen Matth. 19, 28. Luc. 22, 30. Da würde sich denn wieder fragen, wie wir die unzählbare Menge aus allen Völkern V. 9 sq. an sich und in ihrem Verhältnisse zu diesen 144000 zu denken haben. Die meisten Ausleger, auch Ewald, verstehen darunter gestorbene Gläubige, christliche Märtyrer, diejenigen, von denen es in dem Zuspruche an die früher Vollendeten 6, 11 hiess, dass auch sie ihren Lauf vollenden und gleichfalls getödtet werden müssten, bis die Zeit der göttlichen Rache für die Verfolger der Christenheit überhaupt kommen könne. Doch liegt eigentlich in dem, was über sie ausgesagt wird, nichts, wodurch sie bestimmt als solche bezeichnet würden, die als Märtyrer getödtet wären. Vielmehr wenn es heisst V. 14, sie seien οἱ ἐρχόμενοι ἐκ τῆς θλίψεως τῆς μεγάλης, so werden wir eher veranlasst, dieses, wie Vitringa, zu erklären nach der Analogie von 3, 10, wo es in dem Philadelphischen Briefe heisst κἀγώ σε τηρήσω ἐκ τῆς ὥρας τοῦ πειρασμοῦ τῆς μελλούσης ἔρχεσθαι ἐπὶ τῆς οἰκουμένης ὅλης πειράσαι τοὺς κατοικοῦντας ἐπὶ τῆς γῆς, und es demnach von Solchen zu verstehen, welche von der grossen Trübsal, die jetzt noch der Zukunft des Herrn vorhergehen werde, unversehrt werden bewahrt werden, eben so wie jene durch das Siegel Gottes bezeichneten 144000. Darnach müsste man dann geneigt sein, es so anzusehen, dass diese nach V. 9 sq. vor dem göttlichen Throne stehende unzählbare Schaar aus allen Völkern mit jenen V. 4–8 unter die 12 Stämme des Volkes Gottes vertheilten 144000 ganz identisch seien. So habe ich es gefasst Abhandl. S. 258 sq. So auch de Wette u. A. Doch scheint mir jetzt diese Annahme auch sehr unwahrscheinlich. Denn a) würde es wenig natürlich sein, dass nachdem die Zahl der Besiegelten V. 4–8 ausdrücklich auf 144000 angegeben ist, dann dieselben unmittelbar darauf V. 9 sollten als eine Menge bezeichnet sein, welche niemand im Stande sei zu zählen; dann b) spricht gegen jene Auffassung der 144000 überhaupt, dass dieselben V. 4 ausdrücklich bezeichnet werden als versiegelt aus allen Stämmen der Söhne Israels. Dieses würde immer sehr unnatürlich sein, wenn es so gemeint wäre, dass dies die Gesammtzahl der Mitglieder dieser Stämme wäre, und nicht so, dass es diejenigen seien, welche aus der Gesammtzahl der Genossen der verschiedenen Stämme als Gläubige besiegelt worden wären; wo denn aber nur die Gläubigen aus den Juden, nicht zugleich die aus den Heiden darunter begriffen sein können. Zweifelhaft aber kann man dann darüber sein, ob die V. 9 sq. genannte unzählbare Schaar aus allen Völkern bloss von den Heiden-Christen gemeint, oder ob darunter die 144000 aus den Stämmen Israels mitbegriffen sind. Das Letztere ist das Wahrscheinlichere, und so können wir auch V. 3 die Knechte Gottes, die besiegelt werden sollen, von den gläubigen Bekennern des Herrn ganz im Allgemeinen verstehen, sowohl denen aus den Juden, die allerdings den Stamm bilden, als auch denen aus den Heiden, welche daran sich anschliessen; sie alle haben wir uns als mit dem göttlichen Siegel bezeichnet und darnach vor den göttlichen Thron tretend zu denken, obwohl nur von den Erstern die Zahl angegeben ist. Dann aber lässt sich nicht in Abrede stellen, dass diese Darstellung eine Differenz darbietet gegen 14, 1 sq., indem dort dieselbe Zahl, welche hier für die Besiegelten aus den Söhnen Israels angegeben wird, für die Zahl der sämmtlichen mit dem Namen Gottes und des Lammes an ihrer Stirne versehenen, der ganzen Schaar der aus der Erde Erkauften genannt wird. Diese Schwierigkeit hat auch Neander Apost. Zeitalter Thl. 2 (ed. 3. S. 543 Anm.) bemerkt, und ich glaube nicht, dass man sie weiter lösen kann als eben durch Anerkennung einer gewissen Inconsequenz in der Darstellung des Buches, die aber auch nicht gerade viel auf sich hat, da die Zahl sicher doch nicht buchstäblich gemeint ist, sondern nur als eine runde symbolische. Vgl. meine Beitr. z. Evang. Krit. (1846) S. 185—188.

V. 9. Darnach schaute ich und siehe ein grosser Haufe, den niemand zu zählen vermochte, aus allen Nationen und Stämmen und Völkern und Zungen (vgl. 5, 9) stehend vor dem Throne (Gottes) und vor dem Lamme, angethan mit weissen Kleidern, als Zeichen der Gott wohlgefälligen Reinheit, und Palmzweige in ihren Händen, wohl als Zeichen des über die Welt und das Böse errungenen Sieges.

V. 10 und sie rufen mit lauter Stimme und sprechen: das Heil ist unseres Gottes der auf dem Throne sitzt und des Lammes, ihnen gehört es gleichsam an, von ihnen allein geht es aus. So ist es wohl am wahrscheinlichsten zu fassen; vergl. 19, 1.

V. 11. Vergl. 5, 11.

V. 12. Und sprachen: Preis und Herrlichkeit und Weisheit und Dank und Ehre und Macht und Kraft gebühret unserm Gotte (7 Nomina neben einander, wie 5, 12, sonst vergl. noch ib. V. 14) in alle Ewigkeiten (Amen! fehlt C 2 min. Andr. Primas. al., von Lachmann, Tischendorf ausgelassen).

V. 13. Und einer von den Aeltesten hub an ($\mathring{\alpha}\pi\varepsilon$-$\varkappa\varrho\acute{\iota}\vartheta\eta$, eigentlich erwiderte = sprach, in Beziehung auf die vorhergegangenen Reden oder auf die Gedanken des Sehers) und sprach zu mir: diese, die die weissen Kleider angethan haben, wer sind sie und woher sind sie gekommen? Vergl. Jos. 9, 8. Jon. 1, 8. Für die ganze dramatische Einkleidung vergl. Zach. 4, 4. 5.

V. 14. Und ich redete zu ihm: mein Herr (μου hinter κύριε von Griesbach aufgenommen nach C 34 min. Syr. Ar. pol. Copt. Vulg. Andr. Areth. Cypr., und so schon Compl. Bengel u. A.) Du weissest es. Und er sprach zu mir: Das sind die, welche aus der grossen Trübsal kommen (s. oben) und sie haben ihre Kleider gewaschen und weiss gemacht in dem Blute des Lammes; vergl. ad 3, 4 (Sardes): οἳ οὐκ ἐμόλυναν τὰ ἱμάτια αὐτῶν. Der Sinn ist: sie stehen durch den Glauben an Christum und seinen Versöhnungstod gerechtfertigt und rein vor Gott da. Schwerlich ist es gemeint, wie Ewald, dass sie durch den um Christi willen und nach seinem Vorbilde erlittenen Tod sich gereinigt haben.

V. 15. Deshalb sind sie vor Gottes Throne, da haben sie ihren Stand als seine Diener

und dienen ihm Tag und Nacht in seinem Tempel, als seine Priester, er würdiget sie, sie als seine Priester hier anzunehmen; das soll wohl dadurch ausgedrückt werden.

und der auf dem Throne Sitzende wird über ihnen zelten, wird sein Zelt aufschlagen, worin er thront, über ihnen, so dass sie davon geschirmt werden. (Etwas anders 21, 3: σκηνώσει μετ' αὐτῶν.

V. 16. Sie werden hinfort nicht Hunger noch Durst haben, noch wird die Sonne auf sie fallen noch irgend welche Gluth. Nachbildung von Jes. 49, 10: „sie werden nicht hungern noch dursten, noch soll sie treffen (יַכֵּם) Gluth noch Sonne; denn ihr Erkorner wird sie führen und an den Wasserquellen sie leiten".

V. 17. Denn das Lamm inmitten des Thrones wird sie weiden und sie führen zu den lebendigen Wasserquellen (rec. ζώσας; dafür Griesbach, Lachmann, Tischendorf, wie schon Compl., Bengel u. A. ζωῆς, nach AB 34 min. Aeth. And. Vulg. Areth. Patr. lat. — Das ist zu fassen = ζώσας, oder allenfalls: zu den Wasserquellen des Lebens). Und abwischen wird Gott jegliche Thräne aus ihren Augen; nach Jes. 25, 8: „er vernichtet den Tod auf immer, und es wischt der Herr Jehovah die Thräne von jeglichem Angesichte".

Kap. 8.

Es folgt nun jetzt die Eröffnung des siebenten Siegels, also des letzten, wodurch das Buch der Zukunft oder vielmehr dessen letzter Theil verschlossen gehalten wurde. Doch ist der Inhalt zu umfassend und gewaltig, als dass er sogleich und mit einem Male hervortreten durfte. Zuerst heisst es

V. 1,

dass als er das siebente Siegel geöffnet, eine Stille im Himmel entstanden sei ὡς ἡμιώριον (Lachmann, Tischendorf ὡς ἡμίωρον, nach AC) gegen eine halbe Stunde. Es soll dadurch nicht, wie Heinrichs meint, eine ganz kurze Zeit bezeichnet werden, sondern vielmehr eine bedeutende Pause, welche in den Gang der die Zukunft vorführenden und bisher rasch aufeinander folgenden Gesichte eingetreten sei, während welcher Alles im Himmel schweigend auf das Hervortreten des noch übrigen Inhalts des Buches harrt, durch welche Schilderung denn auch die Erwartung der Leser darauf noch mehr gespannt werden soll. Denn so ist ohne Zweifel der Zweck dieser σιγή im Himmel zu fassen, welche weder, wie Eichhorn meint, mit Kap. 7, 3 zu vergleichen, noch (mit Grotius) von einer gänzlichen Windstille zu verstehen ist, noch auch, wie Hengstenberg, von dem Schweigen der Empörung, der Feinde des Herrn. Dann heisst es weiter

V. 2.

Und ich sahe die sieben Engel, welche vor Gott stehen, die sieben Engelfürsten oder Erzengel, nach einer nach-exilischen Vorstellung, welche in dieser Form, namentlich was die Siebenzahl betrifft, wohl zunächst von dem Parsismus entlehnt sind. Bestimmt findet sich die Siebenzahl schon Tob. 12, 15: ἐγώ εἰμι Ῥαφαὴλ, εἷς ἐκ τῶν ἑπτὰ ἁγίων ἀγγέλων, οἱ προσαναφέρουσι τὰς προσευχὰς τῶν ἁγίων καὶ εἰσπορεύονται ἐνώπιον τῆς δόξης τοῦ ἁγίου. Dan. 10, 13: הַשָּׂרִים הָרִאשֹׁנִים und es wurden ihnen sieben Posaunen gegeben. Diese lassen sie nachher nach einander erschallen, und dabei tritt jedesmal dann ein Theil von dem noch übrigen Inhalte des Buches an's Licht. Mit dieser Darstellung ist zu vergleichen 1. Thess. 4, 16. 1. Cor. 15, 52, wonach die Erscheinung des Herrn und die Erweckung und Versammlung der Gläubigen erfolgen wird bei der letzten Posaune, bei dem Rufe des Erzengels; vergl. auch Matth. 24, 31. Ehe nun aber diese sieben Engel ihre Posaunen erschallen lassen, tritt wieder

V. 3 – 5

eine symbolische Zwischenhandlung ein, die wohl jedenfalls andeuten soll, dass die Gebete der Heiligen, worin sie ihre Sehnsucht nach der Erscheinung des Herrn und seines Gerichtes aussprechen, vor Gott kommen und in Begriff seien erfüllt zu werden. Doch bietet die Darstellung und genauere Auffassung einige Schwierigkeit dar.

V. 3. Und ein anderer Engel kam und stellte sich auf den Altar, indem er eine goldene Rauchschaale hatte (λιβάνωτος ist hier und V. 5 offenbar = Rauchfass, sonst [LXX, Joseph. und bei späteren Griechen] = Weihrauch)

und es ward ihm viel Rauchwerk gegeben, um es für die Gebete aller Heiligen auf den goldnen Altar vor dem Throne darzubringen. Das goldne θυσιαστήριον im Tempel zu Jerusalem war der goldne Rauchaltar, welcher im Heiligen unmittelbar vor dem Vorhange stand, der das Heilige vom Allerheiligsten trennte, hinter dem die Bundeslade als Sitz der Herrlichkeit Jehovah's stand; daher dieser Rauchaltar auch bezeichnet wird als vor Jehovah stehend (Lev. 4, 7. 16, 12. 18). So ist hier nun (und zwar beide Male, was mit Unrecht Ebrard leugnet, der das erste θυσιαστήριον von dem Brandopferaltare versteht) der Rauchaltar im himmlischen Tempel, das Urbild jenes irdischen, zu verstehen, auf welchem der Engel das Rauchopfer darbringt, um damit die Gelangung der Gebete der Heiligen zum himmlischen Vater zu bezeichnen. Der Dativ ταῖς προσευχαῖς lässt sich nur als Dat. commod. fassen und der Sinn kann wohl eben nur der sein: dass er sie für die Gebete der Heiligen darbrächte, sie denen gleichsam widmete, um dieselben zu Gott zu bringen und sie Gott desto wohlgefälliger zu machen. Vergl. 5, 8, wo es von dem Weihrauch in den goldenen Schaalen der Cherubim und der Presbyter heisst, dass er die Gebete der Heiligen sei, diese dadurch symbolisirt würden; s. ad h. l. Sprachlich unerlaubt ist, wenn Beza und Eichhorn es fassen = ἐν προσευχαῖς, bei oder mit den Gebeten der Heiligen. Ebenso wenig ist Grund, mit Castellio, Grot., Heinrichs den Text zu ändern und τὰς προσευχὰς zu lesen: damit er diese Gebete auf den Altar brächte; was auch nicht einmal natürlich sein würde. Schöttgen will die Worte ταῖς προσευχαῖς τῶν ἁγίων sowohl hier als V. 4 für eine spätere Glosse halten, was aber auch sicher falsch ist.

V. 4. **Und der Rauch des Rauchwerks stieg aus der Hand des Engels für die Gebete der Heiligen auf vor Gott**, dieselben vor Gott bringend; ταῖς προσευχαῖς ist auch hier dat. comm.; das ἐνώπιον τοῦ θεοῦ ist aber wohl mit dem Verbo ἀνέβη zu verbinden, nicht mit τοῦ ἀγγέλου (des vor Gott stehenden Engels).

V. 5. **Und es nahm der Engel das Rauchfass und füllte es mit dem Feuer des Altars (des Rauchaltars) und warf es auf die Erde; und es entstanden Stimmen und Donner und Blitze und Erdbeben.** Die eigentliche Bedeutung dieser Handlung ist nicht ganz klar. Am wahrscheinlichsten soll durch das auf die Erde herabgeworfene Feuer wohl das den Bewohnern derselben bevorstehende göttliche Gericht angedeutet werden, wie Ezech. 10, 2 sq. Jehovah einem Engel befiehlt, beide Hände voll glühender Kohlen zu fassen und sie über die Stadt zu streuen als Symbol der bevorstehenden Zerstörung derselben. Vielleicht soll aber durch den Umstand, dass dieses Feuer vom Rauchaltare genommen wird, wo das Rauchopfer für die Gebete der Heiligen dargebracht wird, zugleich mit angedeutet werden, dass diese Gebete durch das göttliche Gericht ihre Erhörung finden, das göttliche Gericht sich auf diese Gebete beziehe.

V. 6.

Und die sieben Engel, welche die sieben Posaunen halten, bereiteten sich, sie zu blasen.

V. 7—12.

Beschreibung dessen, was beim Erschallen der Posaunen der vier ersten Engel zum Vorschein kommt. Es sind gewaltige Naturerscheinungen, welche sich nach einander bei der ersten Posaune an der Erde, bei der zweiten am Meere, bei der dritten an den Flüssen und Wasserquellen, bei der vierten an Sonne, Mond und Sternen begeben, und zwar so, dass jedesmal ein Drittheil beschädigt wird. Die Schilderungen sind der Art, dass sie allerdings nicht buchstäblich gemeint sein können, da sie sich durchaus nicht zu anschaulichen Vorstellungen gestalten lassen. Aber eben so wenig ist statthaft, mit so manchen früheren Auslegern sie auf einzelne politische oder anderweitige Ereignisse und Katastrophen zu beziehen, die sich auf Erden entweder so eben zur Zeit der Abfassung begeben, so dass der Scher dieselben bereits vor Augen gehabt hätte, oder später eingetreten sind, so dass darin sich diese Visionen erfüllt hätten. Vielmehr haben wir den Inhalt dieser Visionen hier nur als allgemeine poetische Schilderung der grossen Naturrevolutionen zu betrachten, welche mit der Parusie des Herrn verbunden sein oder derselben noch vorhergehen werden, wobei zum Theil alttestamentliche Bilder, besonders aus der Erzählung von den Aegyptischen Plagen, zu Grunde liegen, wo aber das Einzelne gar nicht besonders zu urgiren ist.

1) V. 7. **Und der Erste posaunte und es entstand Hagel und Feuer mit Blut gemischt und ward auf die Erde geworfen und es verbrannte das Drittheil der Erde und verbrannte das Drittheil der Bäume und alles grüne Gras**, nämlich wohl: vom dritten Theile der Erde, verbrannte. Die Worte καὶ τὸ τρίτον τῆς γῆς κατεκάη, die rec. fehlen, aber schon Compl. u. A. haben, haben **Bengel, Griesbach, Lachmann, Tischendorf** u. A. mit Recht wieder aufgenommen nach AB 40 min. Syr. Ar. pol. Aeth. Arm. Vulg. — Andr. Areth. Prim. Die Auslassung ist durch das Homoioteleuton veranlasst. — Zu Grunde liegt hier Exod. 9, 23-25, wo Jehovah Feuer und Hagel unter einander heftig auf das Land Aegypten regnen lässt, wodurch im Lande Alles getroffen wird, Menschen, Vieh und das Kraut des Feldes und alle Bäume zerschmettert werden: das ist hier denn gesteigert, sowohl indem zu dem Feuer und Hagel noch Blut hinzugefügt ist als in der Bezeichnung der Wirkung.

2) V. 8. 9. **Und der zweite Engel posaunte und es ward wie ein grosser in Feuer brennender Berg in's**

Meer geworfen. Das ὡς zeigt an, dass das in's Meer Gestürzte sich ansah wie ein grosser brennender Berg, wie ein Vulkan, ohne wirklich grade ein solcher zu sein.

und der dritte Theil des Meeres ward zu Blut V. 9 und es starb der dritte Theil der lebenden Geschöpfe im Meere (τὰ ἔχοντα ψυχὰς, Apposition zu τῶν κτισμάτων κ. λ.

und der dritte Theil der Schiffe ward zerstört. Statt διεφθάρη ist wohl mit Compl., Bengel, Lachmann, Tischendorf, Ewald und de Wette διεφθάρησαν zu lesen nach A 8 min. Andr. Es ist dieses gesteigerte Nachbildung von Exod. 7, 20 sq., wo durch den Stab Aharons das Wasser des Nils in Blut verwandelt wird, so dass alle Fische darin umkommen. Bei dem brennenden Berge hat vielleicht (so Vitringa) zugleich Jerem. 51, 25 vorgeschwebt, wo Babel ein verheerender Berg heisst, den Jehovah vom Felsen herabstürzen und zu einem brennenden Berge (לְהַר שְׂרֵפָה) machen (= ihn in Feuer verbrennen) wolle.

3) V. 10-11. Und der dritte Engel posaunte, da fiel vom Himmel ein grosser gleich einer Fackel brennender Stern und fiel auf das Drittheil der Ströme und auf die Wasserquellen; V. 11 und der Name des Sternes heisst Wermuth, und es ward der dritte Theil der Wasser zu Wermuth, und viele der Menschen starben von den Wassern, weil sie bitter geworden. Vor ἄψινθος haben Griesbach, Lachmann, Tischendorf, wie schon Compl., Bengel u. A., den Artikel ὁ, der rec. fehlt, aufgenommen nach A 25 min. Areth. Die Auslassung ist dadurch veranlasst, weil ἄψινθος sonst feminin. ist (auch τὸ ἀψίνθιον); der Verfasser hat es als mascul. behandelt, als Name des Sternes (ὁ ἀστήρ). Er bezeichnet die bittere und bittermachende Eigenschaft des Sternes, woran sich aber zugleich der Begriff des Giftigen anschliesst, da man wohl den Wermuth (im Hebräischen לַעֲנָה) für ein giftiges Kraut hielt; öfters wird לַעֲנָה in Verbindung mit רֹאשׁ, רוֹשׁ genannt; vergl. Jerem. 9, 14. 23, 15: „ich will dieses Volk speisen mit Wermuth (לַעֲנָה) und tränken mit Giftwasser (מֵי רֹאשׁ); so schliesst hier auch die Bitterkeit des Wassers dessen giftige Eigenschaft mit ein. Zu Grunde liegt hier wohl — ausser jener Aegyptischen

Plage — vielleicht auch Exod. 15, 23, wo das Wasser von Mara bitter und deshalb nicht trinkbar ist; was denn aber wieder sehr gesteigert ist.

4) V. 12. **Und der vierte Engel posaunte, da ward geschlagen** (d. h. mit einer göttlichen Plage, πληγή, getroffen, wie im Hebräischen הֻכָּה) **der dritte Theil der Sonne und der dritte Theil des Mondes und der dritte Theil der Sterne, auf dass deren dritter Theil** (das Pronomen αὐτῶν bezieht sich auf Sonne, Mond und Sterne gemeinschaftlich) **verfinstert würde und der Tag nicht schiene ein Drittheil desselben und die Nacht desgleichen.** Zu Grunde liegt auch hier wohl die Erzählung Exod. 10, 21-23 von der dichten Finsterniss, welche Jehovah drei Tage über das Land Aegypten kommen liess, wobei jedoch alle Israeliten in ihren Wohnungen Licht hatten. Wie hier die Verfinsterung des dritten Theiles der Himmelskörper gemeint sei, ist nicht recht klar, am wahrscheinlichsten doch wohl so, dass sie ein Drittheil weniger hell leuchteten, als wie mit ihrem gewöhnlichen Lichte, und so ist denn auch das Nichtscheinen des Drittheiles des Tages und der Nacht so zu verstehen, dass es am Tage wie während der Nacht um ein Drittheil weniger hell sein solle wie gewöhnlich. Umgekehrt heisst es Jes. 30, 26, dass, wenn Jehovah die seinem Volke geschlagenen Wunden heilen werde, „das Licht des Mondes gleich dem der Sonne sein solle und das Licht der Sonne siebenfach wie das Licht von sieben Tagen". Doch ist allerdings auch möglich, dass es gemeint ist wie de Wette, Hengstenberg, Ebrard annehmen, von einem Drittheil der Dauer.

V. 13.

Vorbereitung auf die drei übrigen Posaunen, durch eine himmlische Stimme, welche der Erde ein dreifaches Wehe zuruft, welches ihr von daher kommen werde.

Und ich schaute und hörte einen Adler, der mitten am Himmel flog, mit lauter Stimme rufen. ἑνός statt τινος, wie 5, 5, und wie im späteren Hebraismus אֶחָד; es bezeichnet aber bestimmter, dass es ein einzelner gewesen sei. — Die rec. hat ἀγγέλου, was auch von Züllig entschieden festgehalten wird, was aber sicher spätere Emendation oder Glosse ist statt des echten ἀετοῦ, was schon Compl., Bengel haben, und so Griesbach, Lachmann, Tischendorf u. A. nach AB 26 min. Vulg. Syr. Copt. Aeth. Areth. etc. Es ist dieses allerdings gemeint von einem Engel, der in Gestalt eines Adlers einhergeflogen sei. — ἐν μεσουρανήματι findet sich eben so 14, 6. 19, 17; es bezeichnet nicht, wie Grot., den Ort in der Mitte zwischen dem Himmel und der Erde, sondern eigentlich nach dem Sprachgebrauch die Gegend des Himmels, wo die Sonne zur Mittagszeit ihren Stand hat (so das Verbum μεσουρανέω von der Sonne zur Mittagszeit); es soll hier einen Standpunkt anzeigen, wo er von Allen gesehen werden konnte.

Wehe, wehe, wehe den Bewohnern der Erde von den noch übrigen Posaunenstimmen der drei Engel, welche noch posaunen werden; das ἀπό zeigt die caussam efficientem der Wehe's an, wie Matth. 18, 7: οὐαὶ τῷ κόσμῳ ἀπὸ τῶν σκανδάλων. — Ueber die κατοικοῦντες ἐπὶ τῆς γῆς s. 6, 10. Die dreifache Wiederholung des Wehe's ist, wie der weitere Verfolg zeigt, nicht ohne Bedeutung, sondern so gemeint, dass auf die noch übrigen Posaunen wirklich drei Wehe kommen, auf jede einzelne ein Wehe; s. 9, 12. 11, 14.

Kap. 9, 1—12.

Fünfte Posaunenstimme = erstes Wehe, bestehend in der Plage eines furchtbaren aus dem Abgrunde hervorsteigenden Heuschreckenschwarmes, welcher die nicht mit dem Siegel Gottes bezeichneten Menschen geraume Zeit auf's Heftigste quälen soll. Schon in der Allgem. Einl. ist bemerkt, dass bei dieser Schilderung die des Buches Joel über eine zur Zeit dieses Propheten das Land des Bundesvolkes gewaltig verheerende Heuschreckenplage, woran dort messianische Verheissungen, namentlich die über die allgemeine Ausgiessung des heiligen Geistes angeknüpft werden, zu Grunde liegt, die Plage aber hier in der Schilderung sehr gesteigert ist, da hier überhaupt nicht von natürlichen Heuschrecken die Rede ist, sondern von einer übernatürlichen Plage, dass es aber auch ganz falsch ist, wenn Herder, Eichhorn u. A. dieselbe haben auf die Jüdischen Zeloten beziehen wollen, oder Wetstein auf die Verheerungen des Römischen Kriegsheeres oder andere Ausleger auf irgend ein anderes verheerendes Kriegsheer oder eine bestimmte Plage von Menschen überhaupt. Vielleicht hat übrigens ausser dem Joel auch die Plage der Heuschrecken in Aegypten Exod. 10, 12—15 mit vorgeschwebt.

V. 1. **Und der fünfte Engel posaunte, da sahe ich einen Stern vom Himmel auf die Erde gefallen, und ihm war der Schlüssel zum Schlunde des Abgrundes gegeben**; V. 2 **und er öffnete den Schlund des Abgrundes.** ἡ ἄβυσσος (eigentlich adject. bodenlos, von ἀ und βύσσος = βύθος) wird im Hellenistischen substantivisch gebraucht, für תהום, theils von der Tiefe des Meeres, theils wie hier, von dem bodenlosen Abgrunde unter der Erde, der je tiefer desto mehr sich erweiternd gedacht wird, daher er hier als φρέαρ bezeichnet wird, was eigentlich eine Cisterne ist. Als ἡ ἄβυσσος wird diese Untererde besonders bezeichnet, und so namentlich in unserm Buche, wiefern sie als die Behausung böser, verderblicher und dämonischer Wesen (τὸ τῶν δαιμονίων διαίτημα Gregor Nyss) gedacht wird (11, 7. 17, 8), wie denn auch der Satan, um die messianische Ruhe während der 1000 Jahre nicht zu stören, für die Zeit gebunden in den Abyssus gestürzt wird (20, 1—3; vergl. Luc. 8, 31). So kommen denn auch hier aus dem Abgrunde die Schaaren von Heuschrecken, von denen im Folgenden die Rede ist, die wir uns eben auch als dämonische Verderben-bringende Wesen zu denken haben, bei deren Schilderung nur die der Heuschrecken bei Joel das Substrat bildet. Was die Eröffnung des Abgrundes durch einen herabgefallenen Stern betrifft, so könnte man sich das so denken, dass dieses eben durch den Fall des Sternes auf die Erde bewirkt wäre. Aber die Darstellung hier im Vergleich mit 20, 1 führt darauf, bei dem Sterne an einen vom Himmel herabfahrenden Engel zu denken.

und es stieg ein Rauch aus dem Schlunde wie der Rauch eines grossen Ofens, und die Sonne und die Luft wurden verfinstert vom Rauche des Schlundes. Falsch ist, wenn Eichhorn, Züllig u. A. dieses so fassen, als ob die Heuschrecken selbst, die aus dem Abgrunde hervorkommen, in der Ferne wie ein dicker Rauch aussähen; der Rauch geht ihnen vorher, als aus dem Abgrunde wie einer lange verschlossen gehaltenen Grube bei der Oeffnung hervorbrechend, und hier das Verderbliche, was noch weiter kommen werde, andeutend. Für die hier gebrauchte Vergleichung, s. Gen. 19, 28, wornach bei dem Untergange Sodoms und Gomorrha's Rauch aufsteigt (aus der Erde) gleich dem Rauche des Ofens.

V. 3. Und aus dem Rauche kamen Heuschrecken heraus auf die Erde und ihnen ward Gewalt gegeben wie die Skorpionen der Erde Gewalt haben = eine solche Gewalt, wie sonst nicht Heuschrecken haben, sondern nur allenfalls die Skorpionen; denn während die natürlichen Heuschrecken dem Felde und Grase verderblich sind, sollen diese die Menschen selbst angreifen und auf's Heftigste quälen. Die σκορπίοι τῆς γῆς sind hier wohl nicht, wie manche meinen, von Land-Skorpionen gemeint, im Gegensatze gegen See-Skorpionen, sondern: Skorpionen der Erde = wie sie auf der Erde zu sein pflegen, und zwar im Oriente viel gefährlicher als in Europa, in Italien; s. Winer R. L. unter Skorpion.

V. 4. Und es ward ihnen gesagt, anbefohlen, dass sie nicht das Gras der Erde beschädigen sollten, noch irgend Grünes noch irgend Bäume, sondern nur (εἰ μή) die Menschen, welche nicht das Siegel Gottes an ihren Stirnen haben, die also nicht als Knechte Gottes bezeichnet sind und die dadurch als der Welt, im Gegensatze gegen das Reich Gottes, angehörig erscheinen.

V. 5. Und es ward ihnen gegeben (die Macht und der Auftrag vergl. 6, 4 ib. V. 8 mit ἐξουσία), dass sie sie nicht tödteten, aber dass sie fünf Monde lang gequält würden = dass sie sie so lange, ohne sie zu tödten, fortwährend quälten. Die 5 Monate dienen als runde Zahl (wie die 10 Tage 2, 10) zur Bezeichnung eines für eine solche Plage bedeutenden Zeitraumes, sind aber wohl doch mit gewählt in Beziehung auf die Dauer des Sommers, während dessen die Heuschrecken und namentlich auch die Skorpione verheerend und gefährlich sind. Züllig meint, es habe durch die 5 Monate dies wie eine Art Sündfluthsplage bezeichnet werden sollen, wiefern das Gewässer der Sündfluth nach Gen. 7, 24 auf der Erde 150 Tage lang = 5 Monate stand und auch jene Wasser zum Theil aus der grossen Tiefe hervorkamen, gleich wie hier die Heuschrecken, theils durch das Aufthun der Gitter des Himmels (אֲרֻבֹּת), worauf אַרְבֶּה Heuschrecke anspiele. Doch ist das zu versteckt, als dass es wahrscheinlich wäre, dass der Schriftsteller daran sollte gedacht haben.

und ihre Qual (Pein), die durch sie verursachte, ist gleich der Pein eines Skorpions, wenn er einen Menschen verwundet hat, durch seinen Stich, der sehr schmerzhaft und im Oriente selbst gefährlich ist.

V. 6. Und in jenen Tagen werden die Menschen den Tod suchen und nicht finden, und werden verlangen zu sterben und der Tod wird von ihnen fliehen. So sehr werden sie von Schmerzen gequält werden. Vergl. Hiob 3, 20 sq., „warum giebt Er einem Mühseligen Licht, und Leben den von Herzen Betrübten? die hoffen auf den Tod und er ist nicht da, die nach ihm graben mehr als nach Schätzen; die sich freuen bis zum Jubel, frohlocken wenn sie finden ein Grab?" Uebrigens ist hier in diesem Verse die, wie in dem Buche überhaupt so auch im unmittelbar Vorhergehenden und auch wieder im unmittelbar Folgenden herrschende Form der Darstellung — als Anschauung in der Vision — verlassen und geradezu die Form der Vorherverkündigung gewählt, und sind dem gemäss die Verba im Futuro gesetzt. Eben so 13, 8. 20, 7 sq. Es findet hier auch eine ganz poetische Sprache statt mit dem Glieder-Parallelismus der Hebräischen Poesie, so dass wohl möglich ist, was Heinrichs vermuthet, dass dieses aus einem verloren gegangenen poetischen Stücke entnommen ist.

V. 7. Und die Aehnlichkeiten der Heuschrecken waren gleich = die Heuschrecken glichen an Gestalt Rossen die zum Kriege gerüstet; vergl. Joel 2, 4: כְּמַרְאֵה סוּסִים מַרְאֵהוּ. Nach Niebuhr's Beschreibung von Arabien soll es bei den Arabern ein gewöhnliches Sprichwort sein, dass die Heuschrecke am Kopfe dem Rosse ähnlich sei, so wie an der Brust dem Löwen, an den Füssen dem Kameel, am Leibe der Schlange, am Schwanze dem Skorpion, an den Fühlhörnern den Haaren der Jungfrau.

und auf ihren Häuptern (waren) wie goldene Kronen; es gehört dieses mit zur steigernden Schilderung dieser übernatürlichen Heuschrecken, die aber wohl an die etwa $^1/_4$ Zoll langen Fühlhörner der gewöhnlichen Heuschrecken anknüpft.

und ihre Angesichter waren wie Menschen-Angesichter. Mit Unrecht würde man hieraus schliessen, dass wirkliche Menschen gemeint wären.

V. 8. Und sie hatten Haare wie Haare von Weibern, so lang und herabhangend und dadurch ihrem Angesichte ein wilderes schreckenderes Ansehn gebend.

und ihre Zähne gleich Löwenzähnen, so Alles zermalmend. Joel 1, 6: שִׁנָּיו שִׁנֵּי אַרְיֵה וּמְתַלְּעוֹת לָבִיא לוֹ. Plin. H. N. II, 29: morsu omnia evodunt, et fores quoque tectorum.

V. 9. Und sie hatten Panzer wie eiserne Panzer, so dass sie also schwer zu verwunden oder zu tödten sind; vergl. Joel 2, 8: durch Geschoss stürzen sie sich hindurch und brechen nicht ab (ihren Zug). Die Vergleichung hier hat wohl das grüne in der Mitte erhöhte Brustbild der natürlichen Heuschrecken vor Augen und knüpft daran an.

und das Geräusch ihrer Flügel (war) wie das Geräusch von Wagen mit vielen Rossen die in den Krieg zum Kampfe rennen. Vergl. Joel 2, 5: „gleich dem Geräusch von Wagen auf der Berge Häuptern hüpfen sie einher — gleich einem mächtigen Heere zum Kriege gerüstet". Das Geräusch, welches die Heuschrecken verursachen, besteht in einem Schwirren, welches sie im Fliegen durch die Flügel und Springfüsse hervorbringen. Was hier die grammatische Verbindung betrifft, so ist ἵππων nicht, wie Viele es fassen, Apposition zu ἁρμάτων, sondern wieder als Genitiv davon abhängig; auf ἵππων wird aber auch dann am wahrscheinlichsten nicht bloss πολλῶν sondern auch τρεχόντων bezogen. Ohne gehörigen Grund hält Ewald ἵππων und de Wette ἁρμάτων für Glosse (ersterer jedoch jetzt nicht mehr).

V. 10. Und sie haben Schwänze gleich Skorpionen, anders als die natürlichen Heuschrecken. Die Skorpionen haben am Hintertheile des Körpers einen sehr beweglichen Schwanz, der in eine gekrümmte Spitze ausgeht, mit der sie Menschen und Thiere verwunden; siehe Winer R. W. unter Skorpion. Das Folgende lautet nach Rec., die Griesbach auch im Texte beibehalten hat: und Stachel waren in ihren Schwänzen; und ihre Macht ist, sie haben Gewalt, die Menschen zu beschädigen fünf Monate lang. Dann würde aber hierin nichts Bestimmteres liegen, als in V. 3.

In den Griechischen Handschriften und anderen Texteszeugen gibt es auch manche Varianten, so dass es schwer hält, mit Genauigkeit die ursprüngliche Lesart zu ermitteln. Doch ist wohl so viel sicher, dass das καί hinter οὐραῖς αὐτῶν unecht und dass καὶ κέντρα zum Vorhergehenden zu ziehen ist, so dass angegeben wird, dass in ihren Schwänzen die Macht liege, die Menschen — dem göttlichen Willen gemäss fünf Monde lang — zu verletzen. Vielleicht ist auch mit Lachmann, Tischendorf statt ἦν zu lesen καί, also: sie haben Schwänze Skorpionen gleich und Stachel, und in ihren Schwänzen liegt ihre Macht die Menschen fünf Monde zu beschädigen. Vergl. Plin. H. N. II, 25 von den Skorpionen: semper cauda in ictu est, nulloque momento meditari cessat, ne quando desit occasioni.

V. 11. Sie haben über sich einen König, den Engel des Abgrundes, sein Name auf Hebräisch Abaddon, und in Griechischer Sprache hat er den Namen Apollyon — Verderber. Vielleicht liegt hierbei die Wahrnehmung zu Grunde, dass die Heuschrecken ihre verheerenden Züge in grossen Schaaren vereinigt machen, als würden sie durch einen Führer geleitet. — אֲבַדּוֹן ist eigentlich abstr. = Verderben, Vertilgung, Untergang; dann steht es auch für den Ort des Unterganges, den Abgrund = שְׁאוֹל. Bei den späteren Juden steht es zur Bezeichnung des innersten Theiles der Unterwelt oder der Hölle. Hier ist es als Concretum genommen, als Benennung eines Dämons, dem der Abgrund übergeben sei, zur Bezeichnung des Verderben bringenden Charakters desselben, und ist so denn durch ἀπολλύων, Verderber verdolmetscht. (Napoleon.)

V. 12. Das eine Weh ist vorüber, siehe es kommen hiernach noch zwei Wehe, nämlich bei dem Posaunen der beiden letzten Engel. Am wahrscheinlichsten ist übrigens doch wohl, dass dieses nicht, wie Ewald will, als eigne Bemerkung des Sehers gemeint ist, sondern als eine von ihm gehörte himmlische Stimme, ähnlich der des Adlers, welcher 8, 13 die drei Wehe's ankündigt.

Die Beschreibung des zweiten Wehe's, welches bei dem Posaunen des sechsten Engels hervorkommt, erstreckt sich nun von Kap. 9, 13—11, 14, wie sowohl die Bemerkung am Schlusse dieses Abschnittes (11, 14), dass das zweite Wehe vorüber sei, als ib. V. 15, dass der siebente Engel seine Posaune habe erschallen lassen, deutlich zeigt. Die Schilderung dieses zweiten Wehe's zerfällt aber in mehrere Abschnitte, von denen der erste

V. 13—21

uns die Hauptplage dieses zweiten Wehe's vorführt, bestehend in einer unzähligen und furchtbaren Heerschaar von Reiterei, welche hervorbricht, nachdem vier Plageengel, die bisher am Eufrat gebunden waren, auf göttlichen Befehl gelöst worden sind, und welche ein Drittheil der Menschen tödtet, während durch die bisherigen Plagen die Menschen meistens nur heftig gequält waren. Schon in der Allgem. Einl. ist nachgewiesen, dass es ganz unstatthaft ist, dabei, wie Grot., Wetstein, Herder, Eichhorn, Heinrichs u. A. an das Römische Kriegsheer des Vespasian zu denken, oder es überhaupt auf eine Plage wider das Jüdische Volk und Land zu beziehen. Jedenfalls ist es nicht poetische Schilderung einer Plage, welche der Seher schon vor Augen hatte, sondern Ankündigung einer zukünftigen, welche dem letzten Gerichte und der Zukunft des Herrn kurz vorhergehen und das bisherige Uebel noch auf's Höchste steigern werde; und zwar erscheinen Diejenigen, welche dadurch heimgesucht werden sollen, nicht als Juden bezeichnet, noch als Mitglieder des Volkes Gottes geschildert, sondern als Heiden und Götzendiener. Schon deshalb aber, abgesehen von allen anderen Gründen, erscheinen als unangemessen, dem Sinne des Buches nicht entsprechend, die Erklärungen früherer Ausleger, welche es zum Theil auf die Kriege der Türken und Saracenen wider die Christenheit beziehen, oder wie die von Coccejus, auf die Kriege des Kaisers Ferdinand wider den Protestantismus u. dgl. Es ist die ganze Schilderung wieder der Art, dass sie nicht wohl von irgend einem gewöhnlichen menschlichen Kriegsheere gemeint sein kann. Angemessener ist, wenn Andreas es von bösen Dämonen versteht, die vor den letzten Tagen kommen würden. Denn es ist offenbar ein dämonisches, von Dämonen losgelassenes und angeführtes Heer, welches wider die Menschen der Welt und namentlich der heidnischen Welt vor dem letzten Gerichte werde losgelassen werden und einen bedeutenden Theil desselben vernichten, ohne dass die Uebriggebliebenen sich dadurch zur Sinnesänderung bestimmen lassen, so dass sie von Gott als die Seinigen angenommen und vor dem letzten Gerichte geborgen würden. Im Uebrigen vergl. Allgem. Einl. pag. 110 sq.

V. 13. **Und der sechste Engel posaunte, da hörte ich eine Stimme aus den vier Hörnern des goldenen Altars vor Gott.** Die Hörner des Altares sind die hervorragenden Spitzen an den vier Ecken desselben (קַרְנוֹת הַמִּזְבֵּחַ), vielleicht von der Hörner-ähnlichen Gestalt derselben, dasselbe ist hier denn auch auf den Rauchaltar im Himmel übertragen. Das μίαν soll hier wohl anzeigen, dass es eine und dieselbe Stimme gewesen sei, obwohl sie aus den vier Hörnern hervorzukommen schien, wodurch der Schall derselben als verstärkt zu betrachten ist. Dass die Stimme überhaupt vom Altare ausgeht, wo Gott Rauchopfer, als Symbole der Gebete der Heiligen, dargebracht werden, bezeichnet sie als eine heilige himmlische Stimme und soll wohl mit andeuten, dass diese Gebete jetzt im Begriff seien, ihre Erfüllung zu finden durch Bestrafung der Widersacher Gottes und seines Reiches. Kap. 16, 7 wird dem Altare selbst eine Stimme beigelegt, welche die göttlichen Gerichte als nahe und gerecht bezeichnet.

V. 14. **Die sagte zum sechsten Engel, der die Posaune hatte: löse die vier Engel, welche am grossen Flusse Eufrat gebunden sind.** Als der grosse Fluss, הַנָּהָר הַגָּדוֹל, wird der Eufrat auch Gen. 15, 18 u. A. bezeichnet. Die vier Engel hier sind Dämonen, verschieden von den 7, 1 genannten vier Engeln, welche an den vier Ecken der Erde die vier Winde halten. Der Eufrat ist als die Gegend, von wo diese dämonischen Schaaren zur Züchtigung der Welt aufbrechen, wohl deshalb genannt, a) weil sich an diese Gegend der Begriff der Wüste anknüpft, dergleichen man sich als den Aufenthaltsort der Dämonen und bösen Geister dachte, wohin sie, wenn sie nicht mehr schaden sollten, gebannt würden. Vergl. 18, 2. Matth. 12, 43. Tob. 8, 3, wo der Dämon Asmodi, von Tobias vertrieben, in die Wüste von Ober-Aegypten flieht, wo Tobias ihn fesselt; so heisst es von dem alten am Eufrat gelegenen Babel in der Androhung ihrer Verheerung schon Jes. 13, 21, dass שְׂעִירִים daselbst tanzen sollen, was die LXX durch δαιμόνια gegeben haben; als Nachbildung dieser Stelle heisst es dann in unserm Buche l. c. (18, 2) von dem neuen Babel, Rom, in Beziehung auf ihre Zerstörung, dass sie geworden sei κατοικητήριον δαιμονίων καὶ φυλακὴ παντὸς πνεύματος ἀκαθάρτου. Dazu kommt b) dass unter den einigermaassen bekannten Gegenden der Erde diese am Eufrat von den Römern fortwährend am meisten unabhängig war, weshalb es am nächsten lag, ein zur Züchtigung wider die Bewohner der Erde und ihre Herrscher bestimmtes Heer sich von daher hervorbrechend zu denken, vergl. auch unten 16, 12. Doch darf man deshalb nicht gerade mit Ewald sagen, der Seher habe auch hier bestimmt an die Parther und deren Reiterei gedacht, als welche zur Züchtigung der Römer herbeigerufen würden; denn, wie gesagt, das Heer selbst wird gar nicht wie ein menschliches geschildert.

V. 15. **Und es wurden die vier Engel gelöst, die bereit waren auf Stunde und Tag und Monat und Jahr** = für jegliche Zeit, wo sie dazu würden befehligt werden, **den dritten Theil der Menschen zu tödten.**

V. 16. **Und die Zahl der Schaaren der Reiterei (war) zwei Myriaden mal Myriaden** (200 Millionen); **ich hörte ihre Zahl,** er hört die Zahl aussprechen, da er bei der grossen Menge sie nicht selbst hätte irgend sicher zählen können, vergl. 7, 4. Uebrigens ist das καὶ der rec. vor ἤκουσα mit Compl., Bengel, Griesbach, Lachmann, Tischendorf u. A. zu tilgen nach A 28 min. Syr. Copt. Arm. Vulg. ms. Prim. al. lat. Andr. Dann kann man aber auch etwas anders construiren, indem man das Colon hinter μυριάδων streicht und ὁ ἀριθμὸς als voranstehenden nomin. absol. fasst: **und die Zahl der Schaaren der Reiterei — zwei Myriaden mal Myriaden hörte ich ihre Zahl.**

V. 17. **Und also sahe ich die Rosse in dem Gesichte,** in der Vision; das ist ὅρασις, wie öfters LXX und N. T. Das οὕτως könnte man allenfalls auf das Vorhergehende zurückbeziehen: so nun = in solchen Schaaren; Aber wahrscheinlicher bezieht es sich auf das Folgende, auf die nähere Beschreibung, welche der Seher sogleich von den Rossen gibt; in der Darstellung findet immer eine gewisse Negligenz statt: **so sahe ich die Rosse im Gesichte und die dar-**

auf Sitzenden mit Panzern u. s. w., statt: so stellen sich die Rosse und ihre Reiter mir im Gesichte dar; die Reiter hatten feurige, hyacinthene und schwefelartige Panzer; alle drei Adjectiva beziehen sich ohne Zweifel auf die Farbe der Panzer, die Panzer hatten eine dreifache grelle Farbe; ὑακίνθινος bezeichnet wohl das Schwärzlich-Rothe, entsprechend der Farbe des Rauchs V. 18., vergl. über das Wort die Lexica von Schneider und Passow.

und die Häupter der Rosse wie Löwenhäupter; und aus ihrem Munde geht hervor Feuer und Rauch und Schwefel.

V. 18. Von diesen drei Plagen wurden ein Drittheil der Menschen getödtet, von dem aus ihrem Munde hervorkommenden Feuer und Rauch und Schwefel. Es ist das hier wie eine dreifache Plage bezeichnet, obwohl es eigentlich als eins zusammenzudenken ist.

V. 9. Denn die Gewalt der Pferde ruht in ihrem Munde, damit üben sie ihre tödtende Wirkung aus.

und (zugleich) in ihren Schwänzen; denn ihre Schwänze sind gleich Schlangen, indem sie Köpfe haben, und mit diesen, den Köpfen, verletzen sie, thun sie Schaden, ausser mit dem Munde. Es ist indessen keine besondere Veranlassung mit manchen Auslegern (auch Ewald) anzunehmen, dass der Verfasser bei dieser Vergleichung an die Amphisbänen gedacht habe, welche nach den Alten (z. B. Plin. H. N. 8, 35) auch am Schwanze einen Kopf haben sollen und in beiden Köpfen Gift; das ὅμοιαι ὄφεσιν ist auch nicht, = ὅμοιαι οὐραῖς ὄφεων, sondern ihre Schwänze, ist gemeint, waren den Schlangen selbst ähnlich, und namentlich darin, dass sie auch einen Kopf hatten. Uebrigens fehlen rec. die Worte καὶ ἐν ταῖς οὐραῖς αὐτῶν, welche aber schon Compl., Bengel u. A. haben, und Griesbach, Lachmann, Tischendorf u. A. mit Recht wieder aufgenommen haben nach ABC 37 min. Vulg. Syr. Ar. Copt. Aeth. Andr. Areth. Prim. Es ist dieser Zusatz für den Sinn auch nothwendig.

V. 20. Und die übrigen Menschen, welche durch diese Plagen nicht getödtet wurden, änderten nicht ihren Sinn (durch Ablassen) (μετανοεῖν Apoc. öfter, fehlt Joh. Ev. und Epp. ganz. Ewald) von den Werken ihrer

Hände, ist wohl nicht gemeint: von den Götzen, welche sie mit ihren Händen selbst gebildet hatten (wie מַעֲשֵׂה יָדָיו Jes. 17,8), sondern im Allgemeinen· von ihrem Thun und Treiben überhaupt.

dass sie nicht (auch ferner noch) angebetet hätten die Dämonen (so werden die von den Heiden verehrten Götter auch 1. Cor. 10, 20 sq., Deuter. 32, 17 genannt; vergl. Ps. 96, 5.

und die Götzenbilder von Gold und Silber und Erz und Stein und Holz, die nicht sehen können noch hören noch wandeln (nach Dan. 5, 23: „du hast Loblieder gesungen (Belsazar) auf die Götter von Silber und Gold, Erz, Eisen, Holz und Stein, welche nichts sehen und nichts hören und nichts wissen"). Vergl. Ps. 115, 5—8 Deutlich übrigens ist, dass der Verfasser hier an Götzendiener gedacht hat, an Heiden, nicht an Juden, wie schon Allgem. Einl. bemerkt ist, was denn auch nebst den anderen früher angeführten Gründen zum Beweise dient, dass das im Vorhergehenden geschilderte Reiterheer nicht vom Heer des Vespasian im Römisch-Jüdischen Kriege gemeint sein kann.

V. 21. und bekehrten sich nicht von ihren Mordthaten noch von ihren Zaubereien noch von ihrer Hurerei noch von ihren Diebereien. φαρμακεῖαι sind praestigiae, magische Künste, Zaubereien, namentlich solche, die man zum Schaden Anderer trieb und mit vermeintlicher Hülfe der Dämonen. Deuteron. 18, 10 sq. wird den Juden Beschwörung und Zauberei jeglicher Art verboten, als etwas für Jehovah Gräuelhaftes, weshalb er eben die heidnischen Völker vor Israel aus ihrem Lande treibe. Dass Paulus dergleichen Künste als mit dem evangelischen Sinne nicht vereinbar betrachtete, zeigen Act. 19, 19. Gal. 5, 20. In der Apokalypse siehe 21, 8. 22, 15. Wie es hier mit πορνεία verbunden ist, so werden Mal. 3, 5 מְנָאֲפִים und מְכַשְּׁפִים neben einander genannt.

Kap. 10.

Der Inhalt dieses Kapitels enthält keinen Fortschritt in der Weissagung, in der Entwicklung der Zukunft, sondern gleichsam einige Zwischenhandlungen, die — auf ähnliche Weise wie der Eröffnung des siebenten Siegels die Besiegelung der Knechte

Gottes — dem Erschallen der siebenten Posaune und der Vorführung des dritten Wehe's vorangehen und daraufvorbereiten, oder vielmehr genauer zwischen die beiden, die Vorführung der Zukunft betreffenden Visionen treten, worin das zweite Wehe umfasst ist. Zuerst wird

V. 1 – 7

eine Erscheinung vorgeführt, deren Ausführung nicht durchaus klar ist, wobei aber zuletzt ein Engel mit einem Schwure es ausspricht, dass jetzt kein Verzug mehr stattfinden, sondern alsbald bei dem Posaunen des siebenten Engels das von den Propheten verkündigte Mysterium Gottes seine volle Erfüllung finden werde.

V. 1. Und ich sahe einen andern gewaltigen Engel (über $\mathit{ἰσχυρὸς}$ als Epitheton des Engels s. 5, 2) vom Himmel herabsteigen, angethan mit einer Wolke, darin wie in ein Gewand gehüllt, und der Regenbogen (war) auf seinem Haupte, gleichsam wie eine Strahlenkrone dasselbe bedeckend (vergl. auch 4, 3).

und sein Angesicht wie die Sonne, so glänzend; vgl. 1, 16: $καὶ\ ἡ\ ὄψις\ αὐτοῦ\ ὡς\ ὁ\ ἥλιος\ φαίνει\ ἐν\ τῇ\ δυνάμει\ αὐτοῦ$.

und seine Füsse wie Feuersäulen; vergl. 1, 15 (wie Glanzerz).

V. 2. Und er hatte (eigentlich habend, nach der echten Lesart) in seiner Hand ein geöffnetes Büchlein. Dieses Buch ist jedenfalls dasselbe mit dem, wovon gleich unten die Rede ist, welches dort dem Seher gegeben wird, um es zu verschlingen, welches ihm im Munde süss ist, aber, nachdem er es verschlungen, seinen Bauch durchbittert, worauf ihm angekündigt wird, dass er von neuem in Beziehung auf viele Völker und Könige weissagen solle. Hier frägt es sich nun aber, in welchem Verhältnisse dieses Buch zu jenem am Anfange aufgeführten mit 7 Siegeln verschlossenen Buche der Zukunft stehe. Da dessen 7 Siegel schon im Vorhergehenden durch das Lamm geöffnet sind, so konnte das wohl hier als ein geöffnetes Buch aufgeführt werden. Nur würde man freilich erwarten, dass alsdann bestimmt angedeutet würde, dass hier jenes selbe schon früher aufgeführte Buch jetzt als ein geöffnetes vorgeführt werde. Auch scheint die Bezeichnung desselben hier mit dem Diminutiv als βιβλαρίδιον anzudeuten, dass ein anderes gemeint sei als jenes βιβλίον. Es findet sich zwar auch hier βιβλίον B 25 min.; aber die rec. ist ohne Zweifel die richtige Lesart, wie sie denn V. 9. 10 noch mehr gesichert ist. Viele Ausleger denken daher an ein anderes von jenem verschiedenes Buch. So auch Ewald, und zwar glaubt dieser (jetzt jedoch etwas anders), das hier aufgeführte Büchlein habe nichts enthalten als die Schicksale, welche bis zur Erscheinung des Herrn der heiligen Stadt, Jerusalem, drohten und welche K. 11 vorgeführt wurden. Allein nach V. 11 können wir nicht wohl zweifeln, dass der Inhalt des Buches, den der Seher durch das Verschlingen desselben in sich aufgenommen, eben diejenigen Objecte betroffen habe, von denen er, wie es dort heisst, darnach wieder weissagen soll, also nicht bloss das eine Jüdische Volk. Am wahrscheinlichsten haben wir uns die Sache wohl so zu denken, dass dieses Büchlein zwar nicht dasselbe ist mit jenem ursprünglich mit 7 Siegeln verschlossenen Buche, sondern von geringerem Umfange, aber dass es sich gleichfalls auf die Zukunft der Welt und Kirche bezieht und zwar Dasjenige enthält, was bei den bisherigen Erscheinungen noch nicht an's Licht getreten war, gleichsam, wie Bengel sich ausdrückt, das Remanet jenes Buches. Durch das ἀνεῳγμένον wird nun angedeutet, dass auch der Inhalt dieses Buches offen und aufgedeckt vorgelegen habe.

und er setzte seinen rechten Fuss auf das Meer, den linken aber auf die Erde. Es soll dadurch wohl nur das Colossale, Riesenhafte des Engels bezeichnet werden, und zugleich eine Stellung desselben, wo er von aller Welt gesehen werden konnte.

V. 3. Und er rief mit lauter Stimme wie ein Löwe brüllt (μυκᾶσθαι wird eigentlich von dem Brüllen des Rindviehes gebraucht = mugire, wie βρυχᾶσθαι von dem des Löwen; doch werden beide Wörter dann auch auf andere Thiere übertragen). Und als er rief oder gerufen hatte, redeten die sieben Donner ihre Sprachen, mit ihren Stimmen. Der Donner ist hier personificirt und gleichsam unter sieben Geister oder Engel des Donners vertheilt, die insgesammt ihre Stimme erschallen lassen. Vielleicht nimmt (wie Züllig meint), die Siebenzahl der Donner Beziehung auf Ps. 29, 3–9, wo hinter einander sieben Male קוֹל יְהוָה (als Bezeichnung des Donners) steht.

V. 4. Und als die sieben Donner redeten, wollte ich schreiben, den Inhalt, die Bedeutung ihrer Reden, und (jedoch) ich hörete eine Stimme vom Himmel sagen: versiegle, was die sieben Donner geredet haben und schreibe es nicht auf. Vgl. Dan. 8, 26. 12, 4. 9, wo dem Daniel anbefohlen wird, die hier zu Theil gewordenen Gesichte zu versiegeln, was dort gemeint ist, dieselben zwar aufzuschreiben, aber bis zu der noch fernen Zeit der Erfüllung versiegelt zurückzuhalten, sie nicht vor der Zeit der Menge preiszugeben. Umgekehrt wird in unserm Buche 22, 10 dem Seher befohlen, die Worte der Weissagung unseres Buches nicht zu versiegeln, da die Zeit der Erfüllung (δ $\varkappa\alpha\iota\varrho\delta\varsigma$) nahe sei. An unserer Stelle, wo ihm geboten wird, zu versiegeln und nicht zu schreiben, kann das Erstere nur auf entsprechende Weise gemeint sein wie das Letztere, dass er den Inhalt dieser Reden der 7 Donner, die hier wie articulirte Reden behandelt werden, wiefern sie eine bestimmte Bedeutung hatten, welche der Seher erkannte und hätte aufschreiben können, nicht veröffentlichen, sondern bei sich bewahren solle. Darnach lässt sich denn annehmen, dass der Inhalt dieser Stimmen auch im Folgenden nicht ausdrücklich niedergeschrieben ist, und wir können höchstens Vermuthung darüber aufstellen, welcher Art derselbe zu denken sei. Am wahrscheinlichsten wohl als noch speciellere göttliche Drohungen über die wider die Welt zu verhängenden letzten Gerichte enthaltend. Als eben solcher Art ist auch wohl der gleichfalls nicht aufgeschriebene Inhalt der Rede des Engels zu denken, welche wohl nur durch die Reden der sieben Donner in ihrer Furchtbarkeit angedeutet und bestätigt werden soll. Auf jeden Fall ist mit dem, was der Engel hier V. 3 ausruft, nicht ganz dasselbige gemeint, wie mit dem was er V. 5 sq. schwört.

V. 5. Und der Engel, den ich auf dem Meere und auf der Erde stehen sahe, erhob seine rechte ($\tau\dot{\eta}\nu$ $\delta\epsilon\xi\iota\dot{\alpha}\nu$, fehlt rec., wird gelesen Compl., Bengel, Griesbach, Lachmann Tischendorf al. nach hinreichenden Zeugen) Hand gegen den Himmel (als Gestus des Schwörenden, wie Gen. 14, 22. Num. 14, 30 u. a.) V. 6 und schwur bei dem in alle Ewigkeiten Lebenden; zu Grunde liegt bei dieser Darstellung Dan. 12, 7: „und ich hörete den in Linnen gekleideten Mann, welcher über den Wassern des Stromes stand, und er erhob seine Rechte und seine Linke gen Himmel und schwur bei dem ewig Lebenden, וַיִּשָּׁבַע בְּחֵי הָעוֹלָם".

Der erschaffen hat den Himmel und was in ihm und die Erde und was in ihr und das Meer und was in demselben, dass kein Verzug mehr sein werde (das ist hier χρόνος, wovon χρονίζεσθαι = zögern, zaudern) V. 7 sondern dass in den Tagen (zur Zeit) der Stimme des siebenten Engels, wenn er posaunen werde, da das Geheimniss Gottes gemäss seiner Verkündigung an seine Knechte die Propheten vollbracht sein werde, seine Vollendung finden werden. καὶ ἐτελέσθη ganz hebraisirende Construction, statt τελεσθήσεται. — Das μυστήριον Gottes ist der den Menschen verborgene und von ihnen nur durch unmittelbare Offenbarung zu erkennende göttliche Rathschluss über die Erlösung und das Heil der Knechte Gottes, welcher seine Vollendung finden, auf vollständige Weise realisirt werden wird bei der Zukunft des Herrn, womit das Gericht über die Welt verbunden sein wird. Die Propheten sind hier nicht, wie Grot., Eichhorn, von Christus und den Aposteln gemeint, sondern von den Propheten des A. T., denen Gott schon diesen seinen Rathschluss auf mehr oder weniger klare Weise geoffenbart hat; vergl. Am. 3, 7, wo es heisst, dass Gott nichts thue, ohne dass er sein Geheimniss seinen Knechten den Propheten enthülle (כִּי־אִם גָּלָה סוֹדוֹ אֶל־עֲבָדָיו הַנְּבִיאִים).

V. 8—11.

V. 8. Und die Stimme, welche ich vom Himmel hörete (V. 4), redete wiederum mit mir und sprach: gehe hin, nimm das geöffnete Büchlein in der Hand des auf dem Meere und auf der Erde stehenden Engels.

V. 9. Und ich ging hin zu dem Engel und hiess ihn mir das Büchlein zu geben. Und er spricht zu mir: nimm und verschlinge, verschlucke es, iss es auf.

und es wird deinen Bauch durchbittern, ihm bittere Empfindung verursachen wie Hiob 27, 2: ὁ παντοκράτωρ ὁ πικράνας μου τὴν ψυχήν (הֵמַר). 1. Macc. 3, 7: καὶ ἐπίκρανε βασιλεῖς πολλοὺς καὶ εὔφρανε τὸν Ἰακώβ.

V. 10. Und ich nahm das Büchlein aus der Hand des Engels und verschluckte es; und es war in meinem Munde süss wie Honig; doch als ich es gegessen hatte, ward mein Bauch durchbittert. Was den Sinn dieser symbolischen Handlung im Allgemeinen betrifft, so bezeichnet das Verzehren, Verschlingen von Worten Jemandes, von einer mitgetheilten Lehre und dergl. so viel als: dieselben begierig in sich aufnehmen und sich aneignen. So sagt Jeremia 15, 16, dass wenn Jehovah's Worte an ihn gelangten, er sie verschlungen habe (וָאֹכְלֵם), denn sie seien ihm zur Freude und Lust seines Herzens gewesen. Dieses ist dann Ezech. 2, 8—3, 3 als symbolische Handlung in der Vision dargestellt; der Prophet sieht dort eine Hand gegen sich ausgebreitet und in derselben eine auf beiden Seiten mit Klageliedern, Seufzen und Wehe beschriebene Buchrolle; ihm wird dann befohlen, diese Rolle zu essen (אֱכֹל אֶת־הַמְּגִלָּה הַזֹּאת), seinen Bauch (בִטְנְךָ) damit zu speisen und seine Eingeweide (מֵעֶיךָ) damit zu füllen, und dann hinzugehen und zu den Söhnen Israels zu reden; das thut der Prophet, worauf dieselbe in seinem Munde süss wie Honig war (וַתְּהִי בְּפִי כִּדְבַשׁ לְמָתוֹק). Es kann dadurch wohl nur angedeutet werden sollen, dass der Prophet das göttliche Wort, obwohl Jammer verkündigend, bereitwillig wie eine süsse Speise in sich aufgenommen habe, um es dann Jehovah's Befehle gemäss dem Volke kund zu thun. Diese Stelle liegt unverkennbar bei der unsrigen zu Grunde. Jenes Büchlein erschien zwar schon vorher als ein geöffnetes, aber in der Hand des Engels, ohne dass damit der Seher selbst schon dessen Inhalt erkannt hatte. Hier wird nun symbolisch dargestellt, dass er dessen Inhalt ganz erkannt, sich angeeignet und in sich aufgenommen habe und so auch im Stande sei, ihn Anderen mitzutheilen. Nicht klar aber ist, wie es hier gemeint ist, wenn es heisst, das Buch sei beim Verschlucken auf der Zunge süss gewesen, habe aber seinen Bauch durchbittert oder in demselben, nachdem er es verschluckt, eine bittere unangenehme Empfindung verursacht. Man bezieht es auf die gemischte

Empfindung von Freude und Schmerz, welche der theils fröhliche, theils traurige Inhalt des Buches in ihm hervorgerufen habe, und zwar das letztere durch die darin noch enthaltenen Drohungen des göttlichen Gerichtes, namentlich über Jerusalem. Doch macht, wie schon bemerkt, V. 11 es unwahrscheinlich, dass als der Inhalt des Büchleins ganz besonders das dieser Stadt oder dem Jüdischen Volke überhaupt drohende göttliche Gericht sollte gemeint sein. Man würde überhaupt eher hier den Gedanken ausgedrückt erwarten, dass der Inhalt des Buches ihm beim ersten Kosten einen bittern Geschmack gehabt habe, wegen der darin enthaltenen göttlichen Drohungen, aber doch nachdem er es ganz in sich aufgenommen, als lieblich und wohlschmeckend erschienen sei, wegen des Zieles, der Verkündigung der Parusie des Herrn und der Vollendung des Reiches Gottes. Doch könnte man sich die Weise, wie es hier lautet, allenfalls eben daher erklären, dass der Verfasser die Darstellung des Ezechiel benutzt und so viel wie möglich beibehalten hat und nun doch die zugleich begleitende bittere und wehmüthige Empfindung durch den Zusatz hätte bezeichnen wollen. Recht klar und natürlich indessen erscheint die Darstellung in diesem Sinne gefasst immer nicht. Nach der Weise wie sich hieran V. 11 anschliesst, die Ankündigung, dass der Seher wiederum über viele Völker und Könige zu weissagen habe, was sich ohne Zweifel auf die Kundmachung des in diesem Buche Enthaltenen bezieht, könnte man eher geneigt sein, die Symbolik hier in etwas anderem Sinne zu fassen, nämlich als Andeutung, dass, so süss der Geschmack des Buches ihm auch wegen seines Inhaltes gewesen sei, er es doch nicht habe für sich behalten dürfen, sondern es wieder von sich geben müssen, um es andern mitzutheilen; dazu habe die Wirkung des Buches in seinem Innern ihn gedrängt.

V. 11. Und er sprach zu mir, der Engel: Du musst wiederum, von neuem, noch weiter, nämlich ausser Demjenigen, was Du schon bisher geschaut hast und was Anderen kund zu thun Dir schon befohlen ist, weissagen in Beziehung auf viele Völker und Nationen und Zungen und Könige. πολλοῖς gehört auch zu den drei ersten Nominibus. ἐπί c. Dat. kann hier nicht wohl gemeint sein: bei den Völkern = unter ihnen, ihnen weissagen, sondern = de iis, in Beziehung auf sie, über sie oder von ihnen weissagen, wie z. B. Joh. 12, 16: ἐμνήσθησαν ὅτι ταῦτα ἦν ἐπ' αὐτῷ γεγραμμένα. Dann aber ist im höchsten Grade unwahrscheinlich, dass dies sich, wie Ewald meint, bloss auf die Weissagung über Jerusalem Kap. 11 beziehen sollte. Gerade was in unserm Buche von Jerusalem geweissagt wird, hätte auf diese Weise, als sich auf viele Völker und Könige beziehend, unmöglich bezeichnet werden können.

Kap. 11, 1–2.

Eine andere symbolische Handlung, welche dem Seher zu verrichten befohlen wird, nebst einer daran sich anknüpfenden Weissagung über die Zertretung der heiligen Stadt durch die Heiden.

V. 1. **Und es ward mir ein Rohr gegeben gleich einem Stabe.** Gemeint ist ein Maassstock. Doch kann man zweifelhaft sein, wie hier genauer die Bedeutung der beiden Nomina und ihr Verhältniss zu einander zu fassen ist. Einige wollen ῥάβδος in der bestimmten Bedeutung des Maassstabes nehmen. Doch ist dieser Gebrauch nicht sicher; dagegen κάλαμος entschieden auch bei Griechen für Messrohr vorkommt, vergl. unten 21, 15. 16. So ist es wahrscheinlich auch wohl hier gemeint und das ὅμοιος ῥάβδῳ dient nur zur Bezeichnung der ungefähren Grösse und Form der Messruthe.

indem gesagt ward; so ist λέγων zu fassen = לֵאמֹר, es ist das Folgende als Zuruf einer himmlischen Stimme zu betrachten, und zwar (nach V. 3: τοῖς μάρτυσί μου) entweder Gottes oder wahrscheinlicher Christi selbst. — Die rec. hat die durch das λέγων entstehende syntaktische Incorrectheit gehoben, indem sie vorher noch hat: καὶ ὁ ἄγγελος εἱστήκει, welche Worte aber in A und gegen 30 oder mehr Minuskeln Ar. Copt. Aeth. Vulg. Andr. Areth. Prim. etc. fehlen, und so auch in den Ausgaben von Erasm., Steph., Bengel, so wie Griesbach, Lachmann, Tischendorf u. A. ausgelassen sind; nach den äussern Zeugen, wozu kommt, dass nach V. 3 nicht ein Engel scheint als der Redende zu betrachten zu sein, ist es ohne Zweifel eine spätere Einschaltung aus Zacharias 2, 3. 3, 5.

auf! und miss den Tempel Gottes und den Altar und die dort Anbetenden. Man kann hier zweifelhaft sein, worauf das Pronomen αὐτῷ sich bezieht, ob auf θυσιαστήριον oder auf ναός; jenes ist das nächstvorhergehende Nomen, wo es müsste gefasst werden: auf dem Altare = an, bei demselben (so Vitringa, Grotius). Doch ist wohl wahrscheinlicher, dass es sich auf den Hauptbegriff, den Tempel selbst, -bezieht.

V. 2. Doch den Vorhof ausserhalb des Tempels stosse heraus und miss ihn nicht, denn er ist den Heiden gegeben, und sie werden die heilige Stadt 42 Monate lang zertreten. Der Sinn dieser Verse wird verschieden gefasst. Streitig ist zuvörderst hier die Bedeutung des Messens überhaupt. Das Bild des Messens findet sich auch Ezech. 40, 1, wo der Prophet in einer Vision eine himmlische Erscheinung sieht, einen Mann, der in seiner Hand eine leinene Schnur und eine Messruthe (קְנֵה־מִדָּה LXX κάλαμος μέτρου) hat und, damit Alles messend, die Gestalt und Beschaffenheit des neu zu errichtenden Tempels angibt. Aehnlich Zach. 2, wo der Prophet im Gesichte einen Mann schaut mit einer Messschnur in seiner Hand, und das neue Jerusalem messend, wie es nach der Zerstörung jetzt in vergrösserter und verherrlichter Gestalt wieder hergestellt werden sollte. Nach diesen Vorbildern könnte man geneigt sein, mit Bengel, Heinrichs u. A. auch hier das Messen auf das Neue, künftig zu Errichtende zu beziehen, auf die Entwerfung des Grundrisses für einen neuen Tempel im Reiche Gottes. Allein da würde sich schon nicht leicht das μετρεῖν τοὺς προσκυνοῦντας erklären, und ebenso würde sich nicht erklären, wie sich denn erst an diese symbolische Handlung die Weissagung der Zertretung der heiligen Stadt, was nur von Jerusalem gemeint sein kann, hätte anschliessen können. Ohne Zweifel bezieht das Messen hier sich auf das Bestehende und hat eine andere Bedeutung wie Ezech. und Zach., nämlich wesentlich dieselbe, wie Kap. 7 das Bezeichnen mit dem göttlichen Siegel. Es sollen durch das Messen derjenige Raum und diejenigen Menschen bezeichnet und umschlossen werden, welche bei der der Stadt Jerusalem durch die Heiden bevorstehenden Trübsal und Zertretung sollen ausgenommen, als fortwährend Gott geweiht bezeichnet werden.

Wir haben daher bei dem ναὸς τοῦ θεοῦ an den Tempel in Jerusalem zu denken. Es scheint hier nämlich, wie schon in der Allgem. Einl. bemerkt ist, hier in diesem Kapitel sich die Hoffnung auszusprechen, dass über Jerusalem zwar auch ein göttliches Strafgericht werde verhängt werden, aber dadurch nicht die Stadt zerstört werden, sondern dass diese sammt dem Tempel bis zum Tage des Herrn werde erhalten werden und auch der grössere Theil ihrer Einwohner sich zum Herrn bekehren. Zweifelhaft aber kann man sein, in welchem Umfange hier der Tempel gemeint ist und das hängt besonders mit ab von der Auffassung des θυσιαστήριον, welches mit soll gemessen werden, und der αὐλῆς τῆς ἔξωθεν τοῦ ναοῦ, die ausgestossen, in den Kreis des zu Messenden nicht mit aufgenommen werden soll. Ewald, auch Lücke S. 354 fasst die letztere von dem äussersten Vorhofe des Jerusalemischen Tempels, dem Vorhofe der Heiden, in den schon immer auch den Heiden der Zutritt offen stand, so dass ihm eine viel geringere Heiligkeit beigelegt ward, als dem übrigen Gebäude; das θυσιαστήριον aber versteht er und so auch Züllig von dem Brandopferaltare, welcher im Vorhofe der Priester stand. Doch ist schon an sich wahrscheinlich, dass, wenn hier ausser dem Tempel im Allgemeinen noch ein besonderer Theil als mit auszumessen und unter den bewahrenden Schutz Gottes zu stellen hervorgehoben wird, nicht der Brandopferaltar, wo die blutigen Opfer dargebracht wurden, werde hervorgehoben sein, sondern der Rauchaltar, wo die Rauchopfer dargebracht wurden, welche als die Gebete der Heiligen symbolisirend bezeichnet werden; denn sonst würde hierin die Andeutung liegen, dass für das messianische Reich auch die blutigen Opfer sollten beibehalten werden; nur deshalb hätte so hervorgehoben werden können, dass der Altar, wo sie dargebracht wurden, so ganz besonders als von Gott in seinen Schutz genommen bezeichnet worden sei. Das aber hat etwas sehr Unwahrscheinliches. Dazu kommt denn noch, dass in unserm Buche auch sonst τὸ θυσιαστήριον mehrmals deutlich vom Rauchaltare steht, und zwar nicht bloss mit dem Epitheton τὸ χρυσοῦν (8, 3. 9, 13), sondern auch ohne Zusatz (8, 3 das erste Mal und ib. V. 5) und dass es in demselben Sinne auch wohl an den andern Stellen (14, 8. 16, 7 und auch 6, 9 wie dort bemerkt ist) gemeint ist. Alsdann ist aber auch nicht wahrscheinlich, dass die αὐλή, welche nicht mit gemessen werden sollte, bloss von dem Vorhofe der Heiden gemeint sein solle, sondern im Gegensatze gegen den eigentlichen Tempel im engeren Sinne, welcher das Heilige und Allerheiligste umfasste, von dem ganzen Vorhofe, auch dem der Israeliten, worin der Brandopferaltar stand, miteingeschlossen. So lässt sich auch der Ausdruck hier sehr wohl fassen, man muss nur nicht übersetzen: „der äussere Vorhof des Tempels", sondern: der Vorhof ausserhalb des Tempels, indem der Genitiv τοῦ ναοῦ nicht von ἡ αὐλή, wie Vitringa, Ewald, Züllig, sondern von ἔξωθεν selbst abhängig gefasst wird, was auch an sich am nächsten liegt. So entsteht denn der Sinn, dass bei der bevorstehenden Zertretung der heiligen Stadt wohl der eigentliche Tempel mit dem Rauchaltar, nicht aber der Vorhof und so auch nicht der Altar für die blutigen Opfer in den besonderen bewahrenden Schutz Gottes werde genommen werden, worin die Andeutung liegt, wie jetzt im N. B. die Gott wohlgefälligen Opfer nicht die blutigen seien, sondern die Gebete der Frommen, deren Emporbringung zu Gott durch die Rauchopfer im Heiligen symbolisirt werden. Vergleichen kann man damit Henoch. 89, 38 sq., wo der Seher das alte Haus (Tempel) versenkt werden sieht, aber dabei herausgebracht alle Säulen, jede Pflanze (und Schnitzwerk) und das Elfenbein des Hauses an einen Ort zur Rechten der Erde gelegt, und darauf den Herrn der Schaafe ein neues Haus hervorbringend und an den Ort des ersten stellend. Was aber die προσκυνοῦντες betrifft, so habe ich Abhandlung S. 266 sq. dieses so gefasst, dass dadurch die Christen bezeichnet würden als die allein wahren Priester, wiefern nämlich der Zugang zu dem eigentlichen Heiligthume wie zu dem Rauchaltare nur allein den Propheten zustand. Doch scheint diese Erklärung mir jetzt selbst zu gekünstelt, wie ich sie denn in meinen Beiträgen z. Evang. Krit. S. 188 zurückgenommen habe. Zuvörderst ist hier in diesem Kapitel überhaupt bloss von Jerusalem und dessen Bewohnern die Rede. Dann aber führt der Ausdruck οἱ προσκυνοῦντες ἐν αὐτῷ, mag man das Pronomen auf θυσιαστήριον beziehen, oder, was wahrscheinlicher ist, auf den Hauptbegriff, den Tempel, nicht grade bestimmt auf Solche, die schon Bekenner Christi waren, sondern auf fromme Verehrer Gottes überhaupt. Und können wir nun auch nicht zweifeln, dass dabei nach dem Sinne unseres Buches ganz besonders an die Gläubigen in Jerusalem, die Bekenner des Herrn zu denken ist, so scheint der Ausdruck sich doch nicht grade ausschliesslich auf sie zu beziehen, sondern auch solche Juden mit zu umfassen, die, obwohl noch nicht der christlichen Gemeinde angehörend, doch ihrem Gotte mit aufrichtigem Herzen dienten, so dass die Hoffnung stattfinden musste, dass sie auch zur Erkenntniss des Herrn und zum Glauben an ihn würden geführt werden, wie denn nachher die Hoffnung der Bekehrung für den grössten Theil der Bewohner der Stadt angedeutet wird (V. 13). Auf jeden Fall aber wird durch dieses Ausmessen der frommen Anbeter im Heiligthume gleichfalls bezeichnet, dass sie unter den besonderen Schutz ihres Gottes gestellt seien, der sie bei der der heiligen Stadt drohenden Trübsal unverletzt bewahren werde. Ganz falsch, gegen den Sinn des Buches ist darnach auch eine Erklärung, wie die von Hengstenberg, welche das gemessene und somit zu erhaltende Tempelhaus von denjenigen versteht, welche von dem Geiste der (christlichen) Kirche tiefer ergriffen und durchdrungen sind, der äussere Vorhof aber von den nur oberflächlich Bewährten, die in der Ueberfluthung der Kirche von der Welt auch noch das verlieren, was sie haben; siehe gegen ihn Lücke ed. 2. S. 825—37. — Das $\dot{\epsilon}\delta\delta\vartheta\eta$ $\tau o\tilde{\iota}\varsigma$ $\ddot{\epsilon}\vartheta\nu\epsilon\sigma\iota$ aber ist nicht etwa gemeint, dass der äussere Vorhof ausserhalb des Tempels schon damals den Heiden preisgegeben sei und von ihnen profanirt werde, sondern dass er ihnen bestimmt sei und gleich der übrigen Stadt von ihnen werde zertreten werden. Was aber die Weise betrifft, wie die Weissagung wider Jerusalem überhaupt hier lautet, dass sie während 42 Monden von Heiden werde zertreten werden, d. h. ihnen während dieses Zeitraumes preisgegeben und von ihnen profanirend gemisshandelt werden, so liegen dabei Weissagungen des Buches Daniel zu Grunde, wo die Zeit der Unterdrückung des Jüdischen Volkes und des Dienstes des wahren Gottes auf 7 halbe Jahre (= 42 Monde) oder eine halbe Jahrwoche angegeben wird (7, 25. 9, 27. 12, 7. vergl. 8, 13 sq.), was denn auch auf eine der Erscheinung des messianischen Reiches vorangehende Trübsal der Stadt entweder typisch bezogen oder gradezu als Weissagung darauf gedeutet ward. Vergl. auch Luc. 21, 24: καὶ Ἱερουσαλὴμ ἔσται πατουμένη ὑπὸ ἐθνῶν ἄχρις οὗ πληρωθῶσι καιροὶ ἐθνῶν; als ein Zertretenwerden, καταπατεῖσθαι, durch Heiden wird auch was unter Antiochus Epiphanes Jerusalem und dem Heiligthum widerfuhr 1. Macc. 3, 45. 51. 4, 60. Dan. 8, 13 bezeichnet.

V. 3 – 13.

Weissagung von zwei christlichen Märtyrern, welche während des Zeitraumes, wo Jerusalem von den Heiden werde zertreten werden, in dieser Stadt auftreten, hier zwar durch den Antichrist ermordet werden, aber nach ihrem Tode von Gott wunderbar würden verherrlicht werden und sonach auf die Bekehrung des von einem göttlichen Strafgerichte übriggebliebenen grössten Theiles der Bewohner Jerusalems wirken werden. Siehe was schon in der Allgem. Einl. über diesen Abschnitt bemerkt ist, dass hier nicht von einer historischen Thatsache die Rede ist, welche der Verfasser bereits vor Augen hatte, und am wenigsten von den Jüdischen Hohenpriestern Ananus und Jesus, an die schon Wetstein denkt und so Herder, Eichhorn u. A., sondern dass es prophetische Hinweisung ist auf zwei christliche Glaubenszeugen, die in der der Parusie des Herrn vorhergehenden Zeit auftreten und das Volk (namentlich das Jüdische) durch Ermahnung zur Busse auf seine Erscheinung hinweisen würden, und dass dabei eine auch schon in der damaligen Jüdischen Kirche verbreitete Vorstellung zu Grunde liegt, wornach man erwartete, dass dem Messias als Vorläufer einige der alten Propheten vorangehen würden, um ihm die Wege zu bereiten. Da lag denn nahe, dass dieses in der christlichen Kirche sich so ausbildete, dass dieselben vor der Wiederkunft des Herrn auftreten, aber äusserlich der Gewalt des Antichrists unterliegen würden. Was übrigens die Personen dieser beiden Glaubenszeugen betrifft, so kann wohl als sicher angenommen werden, wie schon alle Alten, dass als der eine derselben der Prophet Elias gemeint ist, von welchem die Vorstellung am meisten verbreitet war, dass er, der ohne durch den Tod hindurchzugehen, lebend in den Himmel entrückt war, zur Zeit des Messias oder als Vorläufer desselben wiederkehren werde (nach Mal. 4, 5). Als den zweiten denken die Alten sich meistens den Henoch, und zwar dieses wohl besonders deshalb, weil auch von ihm angenommen ward (nach Gen. 5, 24), dass er lebend in den Himmel aufgenommen sei. So Tertull. de animo c. 50. Hieronym. Ep. ad Marcellam; Ammonius, in seiner Auslegung des Daniel; Arethas, der diese Deutung (auf den Elias und Henoch) eine einmüthig von der Kirche angenommene Tradition nennt, wie Andreas sagt, dass πολλοὶ τῶν διδασκάλων τούτους ἐνόησαν. Vergl. ferner die apokryphische Apokalypse des Johannes, Nicodemi Evangelium c. 25; und ein Scholion zum cod. ms. Gr. N. T. Uffenbachianum. Doch ist wahrscheinlicher, dass als dieser zweite Mose gedacht ist (so auch Züllig), da zur Zeit Christi die Vorstellung, dass ausser dem Elias auch Mose wiederkehre und dem Messias vorangehen werde, scheint mehr herrschend gewesen zu sein, vgl. Matth. 17, 3 sq. und Schöttgen, Hor. I. p. 148. II. p. 544. Auch scheinen die Züge in der folgenden Schilderung der beiden Zeugen mehrfach wie auf die Geschichte des Elias so auf die des Mose anzuspielen. Wohl gewiss nicht im Sinne der Apokalypse ist es, wenn manche Ausleger die beiden Zeugen hier gar nicht von Individuen verstehen wollen, sondern etwa, wie Ebrard, von Gesetz und Evangelium, oder, wie Hengstenberg, von ganz idealen Personen, Personificationen des Zeugenthums. Was übrigens die Darstellungsweise in diesem Abschnitte betrifft, so wird die Weissagung über die beiden Märtyrer dem Johannes zuerst noch durch dieselbe himmlische Stimme, nämlich Christi, gegeben, die schon vorher zu ihm geredet hatte; ihre Rede geht fort und findet daher die Schilderung in Futuris statt bis V. 10. Dann aber ändert sich die Darstellung, indem die Wiederbelebung der beiden Märtyrer und was daran sich anschliesst, in Aoristen erzählt wird, als hätte es sich thatsächlich vor den Augen des Sehers begeben, also dort wieder ganz die Darstellung als einer Vision.

V. 3. Und ich werde meinen zwei Zeugen geben und sie sollen weissagen, hebraisirend statt: ich werde ihnen geben das Amt, den Auftrag, dass sie weissagen 1260 Tage, angethan mit Sacktuch, nämlich als Busseprediger, als Zeichen der Trauer über das Verderben des Volkes und das demselben deshalb drohende Unheil. Das προφητεύειν bezeichnet die ganze prophetische Wirksamkeit durch die Rede, welche freilich auch hier zugleich auf die Zukunft hinweisen sollte. Als seine μάρτυρες bezeichnet der Herr sie, wiefern sie eben von ihm Zeugniss ablegen sollen, namentlich von seiner Zukunft, vergl. 1, 5. 3, 14. Joh. 1, 15. — Der Artikel τοῖς δυσί μάρτυσί μου zeigt, dass zwei bestimmte gemeint sind, und dass die hier zu Grunde liegende Erwartung von solchen als eine bekannte vorausgesetzt werden konnte. Die 1260 Tage entsprechen ganz den 42 Monaten, während welcher Jerusalem von den Heiden zertreten werden soll; eben diese Zeit ist als die ihrer prophetischen Busspredigt gemeint.

V. 4. Das sind die zwei Oelbäume und die zwei Lampen, die vor dem Herrn der Erde stehen. Auch hier zeigt der wiederholte Artikel, dass zwei bestimmte Oelbäume und Lampen gemeint sind. Dies bezieht sich auf die Vision des Zacharias Kap. 4, wo der Prophet einen goldnen Leuchter (λυχνία) sieht mit 7 Lampen (λύχνοι) und dabei zwei Oelbäume; die 7 Lampen werden erklärt als die Augen Jehovah's, welche die ganze Welt durchlaufen (V. 10), die zwei Oelbäume aber als „die beiden Oelsöhne (בְּנֵי יִצְהָר, d. h. Gesalbte, Gott-Geweihete) die da stehen vor dem „Herrn der ganzen Erde" (וְהָעֹמְדִים עַל־אֲדוֹן כָּל־הָאָרֶץ), was als höchst ehrenvolle Bezeichnung derselben als Diener Jehovah's zu betrachten ist." Der Prophet hat dabei wahrscheinlich an den Serubabel und den Hohenpriester Josuah gedacht. Hier wird dieses dann aber auf diese beiden Zeugen, die vor der Wiederkunft des Herrn als Busspediger in Jerusalem auftreten sollten, bezogen, und dieselben zugleich als die zwei Leuchter bezeichnet, was ohne Zweifel auch auf jene Vision des Zacharias anspielt, obwohl dort nur von einem Leuchter mit 7 Lampen die Rede ist; dieser ward wohl vielleicht betrachtet als gleichfalls die beiden Gesalbten darstellend, und so konnten sie denn hier statt dessen als zwei Leuchter bezeichnet werden. Der Artikel αἱ ist nach ABC und vielen Minuskeln, Andr. Areth. al., mit Compl., Bengel, Griesbach, Lachmann, Tischendorf u. A. auch vor δύο λυχνίαι aufzunehmen; ferner statt ϑεοῦ mit denselben Ausgaben (nach AC 33 min. Syr. Ar. Copt. (Aeth.) Vulg. Hippol. Andr. und Areth. Prim. Victorin. al.) κυρίου zu lesen, wie es sich auch bei Zacharias findet; auf jeden Fall ist aber auch nach dem Sinne unseres Buches unter dem Herrn der Erde Gott der Vater gemeint, nicht Christus, der hier als der Redende zu betrachten ist. Endlich ist statt rec. ἑστῶσαι wahrscheinlich mit Bengel, Griesbach, Lachmann, Tischendorf das schon von Mill gebilligte ἑστῶτες zu lesen (nach ABC 25 min. Vulg. Areth.) und diese Incorrectheit daher zu erklären, dass der Schriftsteller dabei die Männer selbst im Sinne gehabt hat, auf die die Worte sich auch beim Zacharias beziehen, obwohl hier noch der Artikel αἱ in Beziehung auf die λυχνίαι gesetzt ist.

V. 5. Und so jemand sie verletzen will, sich unterfangen ihnen etwas zu Leide zu thun, so gehet Feuer aus ihrem Munde und verzehret ihre Feinde; und so jemand sie verletzen will, muss er also getödtet werden, eben auf die angegebene Weise, durch das aus ihrem Munde hervorgehende Feuer. Anders Bengel, de Wette: demzufolge, gleichsam nach dem jus talionis. Im zweiten Hemistich wird bloss zur nachdrücklichen Bestätigung der Gedanke, der im ersten ausgesprochen, wiederholt; δεῖ zeigt an, dass es so dem göttlichen Willen gemäss ist. Es spielt dies übrigens unverkennbar auf die Geschichte des Elias an, welcher zweimal die vom Israelitischen Könige Ahasja gegen ihn ausgesandte Schaar durch Feuer, welches auf seinen Befehl vom Himmel herabfiel, tödtete. 2. Reg. 1, 10-12. Luc. 9, 54. Da dieses doch die Wirkung seines Gebets war, so heisst schon Sir. 48, 1 sq. Elias ein Prophet wie Feuer, dessen Wort wie eine Fackel brennt und der Feuer herabbrachte (vom Himmel, κατήγαγεν). So ist dies denn hier dahin gesteigert, dass das verzehrende Feuer bezeichnet wird als aus dem Munde der beiden Zeugen selbst hervorgehend, als Zeichen der gewaltigen Kraft und Wirkung ihrer Reden, ähnlich wie das 1, 16 aus dem Munde des Menschensohnes hervorgehende scharfe zweischneidige Schwert. Vergl. übrigens auch Num. 16, 35, wornach auch die Empörer wider Mose durch Feuer, von Jehovah ausgehend, gefressen werden.

V. 6. Diese haben den Himmel zu verschliessen Gewalt, dass kein Regen regne während der Tage ihrer Weissagung. Auch dieses spielt auf die Geschichte des Elias an, 1. Reg. 17, 18, der in Israel eine Dürre ankündigte, die auch eintrat, so dass der Regen nach ih. 18, 1 erst im dritten Jahre zurückkehrte. Doch ward es später üblich, die Dauer dieser Dürre auf die runde und mystische Zahl von 7 halben Jahren, 3½ Jahre anzugeben; so Luc. 4, 25. Jac. 5, 17 und auch Jalkut Schimeoni ad Reg. XVI fol. 32; und das entspricht denn den 1260 Tagen der Dauer der prophetischen Wirksamkeit dieser beiden Zeugen des Herrn, während welcher sie auch sollen den Himmel verschliessen können, d. i. allen Regen hemmen.

und haben Gewalt über die Gewässer, sie in Blut zu verwandeln und die Erde zu schlagen, so oft sie wollen, mit jeglicher Plage, gleich wie Mose in Aegypten, worauf dieses ohne Zweifel anspielt.

V. 7. Und wenn sie ihr Zeugniss werden vollendet haben, am Ende des Zeitraums von 1260 Tagen, während dessen sie die Bestimmung haben als Zeugen des Herrn zu wirken.

so wird das aus dem Abgrunde aufsteigende Thier mit ihnen Krieg führen, sie bekriegen, und sie besiegen und sie tödten. Dieses ist ohne Zweifel vom Antichrist gemeint, dessen Wesen und Wirksamkeit im zweiten Theile des Buches ausführlicher geschildert wird, der dort 13, 1 als ein aus dem Meere aufsteigendes Thier vorgeführt wird, von dem es aber 17, 8 auch heisst, dass er aus dem Abgrunde aufsteigen werde (μέλλει ἀναβαίνειν ἐκ τῆς ἀβύσσου). Dass auch hier dieses Thier nicht etwa als Repräsentant und Personification des Judenthums in seiner Feindschaft gegen das Christenthum, sondern mehr des Heidenthums, des Götzendienstes gemeint ist, zeigt V. 9. 10 die Bezeichnung derjenigen, welche sich über den Tod der beiden Zeugen freuen, obwohl sie in Jerusalem getödtet werden.

V. 8. Und ihre Leichname (statt rec. τὰ πτώματα ist hier und das erste Mal V. 9 τὸ πτῶμα zu lesen nach bei Weitem überwiegenden äusseren Zeugen, mit Bengel, Griesbach, Lachmann, Tischendorf; es steht aber der Singular collective (wie נְבֵלָה und unser Aas) als in dem gleichen Sinne, wie der Plural, der auch V. 9 das zweite Mal echt ist) (liegen) auf der Gasse der grossen Stadt, die geistlich Sodom und Aegypten heisst, wo auch ihr Herr gekreuzigt ward. Durch den letzteren Zusatz wird sie auf's Deutlichste als Jerusalem bezeichnet. Statt rec.: ὁ κύριος ἡμῶν ist mit Compl., Bengel u. A., Griesbach, Lachmann, Tischendorf u. A. ὁ κ. αὐτῶν zu lesen, nach ABC 32 min. Syr. Ar. pol. Copt. Aeth. Arm. Vulg. Orig. Andr. Areth. al., wo dann das Pronomen auf die beiden Zeugen selbst geht, als deren Herr Christus eben so wohl bezeichnet werden konnte, wie sie als seine Zeugen (V. 3). Nach dem früher Bemerkten würde auch dieses noch als Worte Christi selbst zu betrachten sein, und so lassen sie sich auch ungeachtet dieser Bezeichnung seiner Person wohl ansehen. Doch ist allerdings auch möglich, dass der Schriftsteller dieses nicht während dieser ganzen Mittheilung der himmlischen Stimme an den Seher bestimmt vor Augen gehabt hat, dass sie als Rede des Messias zu betrachten sei. — πνευματικῶς καλεῖται will sagen, dass die Stadt, obwohl eigentlich einen anderen Namen habend, doch ihrer inneren Beschaffenheit nach der lasterhaften und von Gott deshalb mit Vernichtung bestraften Stadt Sodom gleiche, womit öfters auch das Bundesvolk verglichen wird, wenn es von Seiten seines Ungehorsams gegen seinen Gott soll bezeichnet werden (z. B. Jes. 1, 10: höret Jehovah's Wort, ihr Sodomsfürsten, merket auf die Lehre unseres Gottes, ihr Gomorrha-Volk). Dasselbe ist der Fall mit dem Lande Aegypten, in Beziehung auf die Feindschaft und die Verfolgungen, welche dieses gegen das Volk Gottes zur Zeit des Mose verhängte, gleich wie jetzt Jerusalem wider die Bekenner des Herrn.

V. 9. Und es sahen (sc. οἱ oder τινες, wie 2, 10 u. a.) die von den Völkern und Stämmen und Zungen und Nationen = Leute von allen Völkern der Erde, ihren Leichnam drei Tage und einen halben (auch wieder eine runde mystische Zahl zur Bezeichnung eines Zeitraumes von mehreren Tagen) und werden ihre Leichname nicht in ein Grabmal legen lassen, das werden sie, aus Feindschaft gegen sie und die von ihnen verkündigte Sache, nicht einmal zugeben, dass sie nach ihrer Ermordung begraben werden, sondern werden sie zur Beschimpfung wie ein Aas auf der Strasse liegen lassen, was den Hebräern als eine ganz besondere Schmach galt.

V. 10. Und die Bewohner der Erde (wie 3, 10. 6, 10)

freuen sich ihrethalben, wegen ihrer Ermordung und werden frohlocken und werden einander Geschenke schicken, wie das als Zeichen der Freude bei festlichen Gelegenheiten im Oriente noch jetzt üblich sein soll; siehe Harmar's Beobachtungen über den Orient. Thl. II. S. 1. Vgl. das שְׁלַח מָנוֹת Nehem. 8, 10. 12. Esth. 9, 19. 22, d. i. den bei einem Freudenfeste Abwesenden Gerichte (portiones) von der Mahlzeit senden.

weil diese zwei Propheten die Bewohner der Erde peinigten, eben deshalb ist natürlich, dass die letzteren sich über ihren Untergang höchlich freuen. Das $\beta \alpha \sigma \alpha \nu i \zeta \varepsilon \iota \nu$ bezieht sich sowohl auf das Lästige, welches die Predigt der Busse an sich für die weltlichen Menschen hatte, als auf die Plagen, welche die beiden Zeugen nach der ihnen verliehenen Gewalt über ihre Widersacher und die Welt überhaupt zu verhängen vermochten nach V. 5. 6.

V. 11. Hier findet nun, wie schon bemerkt, ein Wechsel der Darstellung statt, da, was sich weiter mit diesen Märtyrern begiebt, nicht mehr als noch prophetisch von der himmlischen Stimme verkündigt dargestellt wird, sondern als vom Seher in der Vision geschaut, als vor seinen Augen sich begebend.

Doch nach den viertehalb Tagen kam in sie Lebensgeist aus Gott, es wurde ihnen gleichsam wieder Lebensodem von Gott eingehaucht, sie wurden wieder lebendig, zum Beweise dessen es weiter heisst: und sie traten auf ihre Füsse, richteten sich wieder selbstthätig auf. Bei dieser Darstellung schwebt dem Schriftsteller wohl besonders Ezech. 37, 10 vor, wo es heisst, dass bei der weissagenden Rede des Propheten in die Gebeine der Todten Lebensgeist gekommen, sie wieder lebendig geworden und auf ihre Füsse getreten seien (וַתָּבֹא בָהֶם הָרוּחַ וַיִּחְיוּ וַיַּעַמְדוּ עַל־רַגְלֵיהֶם). An unserer Stelle ist statt rec. $\dot{\varepsilon}\pi'$ $\alpha \dot{v}\tau o \dot{v} \varsigma$ wahrscheinlich mit Bengel (Gnomon), Griesbach, Lachmann, Tischendorf zu lesen $\dot{\varepsilon}\nu$ $\alpha \dot{v}\tau o \tilde{\iota} \varsigma$ (= $\varepsilon \dot{\iota} \varsigma$ $\alpha \dot{v}\tau o \dot{v} \varsigma$) nach A min. Andr. Eine andere Lesart hat bloss $\alpha \dot{v}\tau o \tilde{\iota} \varsigma$ C 4 min. und so ed. Erasmi, ed. Berg; dagegen $\varepsilon \dot{\iota} \varsigma$ $\alpha \dot{v}\tau o \dot{v} \varsigma$ B 21 min. Vulg. Areth. Andr. 2; Alles wohl Glosse aus $\dot{\varepsilon}\nu$ $\alpha \dot{v}\tau o \tilde{\iota} \varsigma$; vergleiche 2. Reg. 13, 21, wo es von einem Gestorbenen, der in das Grab des Elisa geworfen wird, heisst, dass so wie er des Propheten Gebeine berührt

habe, er lebendig geworden und auf seine Füsse getreten sei. Zu πνεῦμα ζωῆς vergl. נִשְׁמַת חַיִּים Gen. 2, 7.
und grosse Furcht befiel die, welche sie sahen.
V. 12. Und sie höreten eine laute Stimme vom Himmel, die zu ihnen sagte: steiget hierher hinauf; und sie stiegen hinauf in den Himmel in der Wolke, so dass sich hier also wiederholte, was vom Elias 2. Reg. 2, 11 erzählt wird, dass er — vor den Augen seines Jüngers Elisa — im Wetter gen Himmel gefahren sei (וַיַּעַל בַּסְּעָרָה הַשָּׁמָיִם). — Als Subject zu ἤκουσαν würden entweder die Menschen, welche die Märtyrer und deren Belebung sahen, oder wahrscheinlicher die Märtyrer selbst zu betrachten sein. Aber nicht unwahrscheinlich ist hier die echte Lesart ἤκουσα ich hörte; wie Compl., Bengel, Tischendorf und einige andere Ausgaben haben, was auch Griesbach, Ewald, Züllig, de Wette u. A. billigen, es findet sich dies in B 24 min. Syr. ed., Ar. Copt. Andr. Areth., und konnte leicht nach dem Vorhergehenden durch Abschreiber in die rec. verwandelt werden, indem sie vielleicht sich dachten, dass auch hier die Rede der himmlischen Stimme an den Seher noch fortgehe.
und es sahen sie ihre Feinde.
V. 13. Und zur selbigen Stunde (statt ὥρα haben Compl. al. ἡμέρα, wozu auch Griesbach sehr hinneigt, nach B 32 min. Ar. pol. Andr. 2. Areth.) entstand ein grosses Erdbeben und der zehnte Theil der Stadt (Jerusalem) fiel, stürzte ein, und es wurden in dem Erdbeben getödtet sieben Tausend Personen, über ὀνόματα s. 3, 4. Das Erdbeben erscheint hier als die Verherrlichung der beiden Märtyrer und ihren Sieg über ihre Feinde begleitend, und damit geht denn ein Theil, und zwar der bei Weitem kleinere Theil der Stadt Jerusalem und ihrer Jüdischen Bewohner — denn von diesen ist ohne Zweifel die Rede — zu Grunde. Dieses hat aber auf die Uebrigen (nämlich die übrigen Jüdischen Bewohner der Stadt und wohl vielleicht des Jüdischen Landes überhaupt) eine andere Wirkung, als nach 9, 20 sq. die Tödtung eines Drittheiles der Menschen durch die dämonische Heerschaar auf die übrigen Menschen der Erde; denn während es von diesen hiess, dass sie durch das göttliche Strafgericht nicht bekehrt worden seien von ihrem Götzendienste

und anderen Lastern, heisst es hier von jenen: doch die Uebrigen wurden erschreckt, fürchteten sich (Act. 24, 25 vom Felix: ἔμφοβος γενόμενος) und gaben dem Gotte des Himmels die Ehre, die ihm gebührende Ehre, indem sie ihn in seiner Macht, Gerechtigkeit und Gnade anerkannten und so denn auch es sich angelegen sein liessen, sich seinem Willen gehorsam zu beweisen (vergl. über die Formel 14, 7. 16, 9. Joh. 9, 24. Luc. 17, 18). Es lässt sich demnach nicht wohl verkennen, dass hier die Hoffnung angedeutet scheint, dass wenn auch Gott über Jerusalem ein Strafgericht verhängen werde, dadurch doch nur ein Theil der Stadt und ihrer Bewohner zu Grunde gehen werde, die übrigen aber sich bekehren und die Stadt sammt dem Tempel bis zur Parusie des Herrn werde erhalten werden. Darüber siehe die Allgem. Einl.

Hiermit ist nun das zweite Wehe, welches auf die sechste Posaune kommt, beschlossen, wie auch

V. 14

ausdrücklich angegeben wird. Das zweite Wehe ist vorüber, siehe das dritte Wehe kommt schnell. Vergl. 9, 12: ἡ οὐαὶ ἡ μία ἀπῆλθεν· ἰδοὺ ἔρχεται ἔτι δύο οὐαὶ μετὰ ταῦτα. — Dass beim Posaunen des siebenten Engels das Mysterium Gottes zur Vollendung kommen und kein Verzug mehr stattfinden werde, war auch 10, 6 sq. durch den Schwur eines Engels bekräftigt worden. Es ist denn nun auch gleich von dem Posaunen des siebenten Engels die Rede, und die Stimmen, die dabei im Himmel sich hören lassen, sammt den übrigen Erscheinungen

V. 15 – 19

lassen eigentlich auch erwarten, dass jetzt unmittelbar die Schilderung des Eintrittes des Reiches des Messias in seinem Siege über die Welt und des letzten Gerichtes über die Welt folgen und damit die ganze Enthüllung der Zukunft beschlossen sein werde. Es heisst nämlich:

V. 15. Und der siebente Engel posaunte, da geschahen, liessen sich hören, laute Stimmen im Himmel, die sagten (statt λέγουσαι ist λέγοντες zu lesen, was schon Mill billigt und Bengel, Griesbach, Lachmann,

Tischendorf aufgenommen haben nach AB 14 min.; noch viel mehr äussere Zeugen hat im Folgenden statt rec. ἐγένοντο αἱ βασιλεῖαι der Singular für sich: ἐγένετο ἡ βασιλεία, den Compl., Bengel, Griesbach, Lachmann, Tischendorf u. A. auch aufgenommen haben, und der auch in der That passender erscheint; Ewald hält den Plural als die schwierigere Lesart für die echte): das Reich der Welt ist unseres Herrn geworden und seines Gesalbten (wohl Anspielung auf Ps. 2, 2) — Züllig will hier ἐγένετο für sich nehmen = ist erschienen, und τοῦ κυρίου etc. eng mit ἡ βασιλεία τοῦ κόσμου verbinden: es ist erschienen die Weltherrschaft Gottes und des Messias; aber das ist grammatisch sehr hart und unnatürlich; und für die andere Fassung spricht auch 12, 10: ἄρτι ἐγένετο ἡ σωτηρία κ. ἡ δύναμις κ. ἡ βασιλεία τοῦ θεοῦ ἡμῶν κ. ἡ ἐξουσία τοῦ Χριστοῦ αὐτοῦ; wo es ohne Zweifel eben so zu fassen ist; — und er wird herrschen in alle Ewigkeiten. Man kann hier zweifelhaft sein, wer in diesem Gliede bei dem Singular βασιλεύσει als Subject gemeint ist, ob Gott der Vater oder der Messias. An sich könnte man sich das Letztere hier sehr wohl denken, dass der Schriftsteller dabei an das nächstvorhergehende Nomen gedacht hätte und es würde das auch für den Sinn passend sein. Doch macht die Vergleichung von V. 17 wahrscheinlich, dass es sich grammatisch auf den Hauptbegriff bezieht, τοῦ κυρίου ἡμῶν, womit das andere sich in Beziehung auf den Sinn verbindet: wo er — unser Gott — wird herrschen mit seinem Gesalbten in alle Ewigkeit.

V. 16. Und die 24 Aeltesten, die vor Gott auf ihren Thronen sassen oder sitzen (Lachmann hat beide Male οἱ getilgt, nach A und mehreren Minuskeln, da wäre es: 24 Aelteste vor Gott sitzend auf ihren Thronen; doch ist die rec. angemessener) fielen auf ihr Angesicht und huldigten Gott

V. 17 und sprachen: wir danken Dir, Herr, Gott, Allmächtiger, Du Seiender und der war (rec. add. καὶ ὁ ἐρχόμενος, fehlt AB 32 min. Syr. Ar. pol. Aeth. Vulg. ms. Ital. Andr. 2. Areth. Patr. Lat., ausgelassen von Bengel, Griesbach, Lachmann, Tischendorf, was auch schon Mill billigt), dass Du Deine grosse Macht genommen, an Dich genommen, ergriffen hast, die Du bisher schienest von Dir gegeben und dem Fürsten der Welt überlassen zu haben

und die Herrschaft genommen hast = und nun herrschest; denn so ist wohl der Aorist zu erklären.

V. 18. Und die Völker zürnten, waren ergrimmt gegen Gott und dessen Volk und lehnten sich so gegen ihn auf; es ist wohl Anspielung auf Ps. 99, 1: יְהֹוָה מָלָךְ יִרְגְּזוּ עַמִּים, obwohl es dort eigentlich gemeint ist: Jehovah ist König, es zittern die Völkern, cf. aber auch LXX: ὀργιζέσθωσαν λαοί. Vergl. auch Ps. 2, 1.

da kam sein Grimm, da ist sein Zorn gekommen mit seinem Strafgerichte, in welcher Beziehung die ὀργή Gottes oft genannt wird.

und die Zeit der Todten gerichtet zu werden, kann nur gemeint sein von der Zeit der allgemeinen Auferstehung der Todten und des jüngsten Gerichtes. Züllig will es nur auf die erste Auferstehung beziehen und die Todten von den getödteten christlichen Märtyrern verstehen; was aber nach dem letzten Hemistich offenbar falsch ist; auch würde man, wenn sie allein gemeint wären, nicht κριθῆναι erwarten.

und den Lohn zu geben Deinen Knechten, den Propheten und den Heiligen und denen die Deinen Namen fürchten klein und gross. (Lachmann hat hier nach AC bei den letzten Nominibus den Accusativ: τοὺς ἁγίους κ. τοὺς φοβουμένους .. τοὺς μικροὺς κ. τοὺς μεγάλους, was, wenn es das Ursprüngliche sein sollte, sich nur als grammatische Incorrectheit, hervorgegangen aus grosser Negligenz des Schriftstellers, würde betrachten lassen).

und zu verderben die welche die Erde verderbten; das Letztere könnte man allenfalls fassen: welche die Erde verheerten, durch ihre Tyrannen dieselbe und ihre Bewohner zu Grunde richteten, vergl. Jes. 14, 20 (vom Könige von Babel): כִּי אַרְצְךָ שִׁחַתָּ עַמְּךָ הָרָגְתָּ. Aber ‚wahrscheinlicher ist es in sittlicher Beziehung gemeint: die durch ihre Verführung zum Götzendienste und zu allerhand Lastern die Erde verderbten; vergl. 19, 2: ἔκρινεν τὴν πόρνην τὴν μεγάλην, ἥτις ἔφθειρε τὴν γῆν ἐν τῇ πορνείᾳ αὐτῆς.

V. 19. Und es ward geöffnet der Tempel Gottes

im Himmel und es ward gesehen, kam zum Vorschein des Herrn Bundeslade in seinem Tempel. Die rec. hat αὐτοῦ (hinter διαθήκης) und so auch Lachmann; dafür Griesbach wie schon Compl. u. A.; τοῦ κυρίου nach 30 min. (Aeth.) Andr. 2. Areth., was gleichfalls von Gott zu verstehen sein würde; doch mag die rec. wohl die ursprüngliche sein. Dieser Genitiv αὐτοῦ (oder τοῦ κυρίου) lässt sich aber entweder auf διαθήκης beziehen: die Lade seines Bundes, des Bundes des Herrn, oder wahrscheinlicher auf den ganzen Begriff: seine oder des Herren Bundeslade. — Was aber hier den Inhalt dieses Hemistichs selbst betrifft und dessen Zusammenhang mit der bisherigen Entwicklung der Weissagung, so ist davon schon Allgem. Einl. und ad 2, 17 die Rede gewesen. Es bezieht sich nämlich auf die Vorstellung, dass die Bundeslade, welche seit der Zerstörung des ersten Tempels durch die Chaldäer nicht mehr vorhanden war, damals nicht mit zu Grunde gegangen, sondern vorher an einem unbekannten Orte (durch den Jeremiah oder Josiah) verborgen sei, aber zur Zeit des Messias wieder zum Vorschein kommen werde. So scheint denn in dieser Vision, wo sich die Bundeslade zeigte im Tempel Gottes im Himmel, die Andeutung zu liegen, dass jetzt die Zeit des eigentlichen messianischen Reiches da sei.

Und es geschehen Blitze und Stimmen und Donner und Erdbeben und starker Hagel; vergl. 8, 5. 16, 18. Wie in diesen beiden Stellen, so können auch wohl hier jene Naturerscheinungen nur gemeint sein als Andeutung und Vorzeichen göttlicher Gerichte wider die Welt, und zwar hier nach dem Zusammenhang mit dem Vorhergehenden des Gerichtes, welches bei der Wiederkunft des Herrn über die ungläubige Welt werde verhängt werden. Nach dem Vorhergehenden würde man nun erwarten, dass unmittelbar dieses Gericht als das dritte und letzte Wehe und damit zugleich die Wiederkunft des Herrn selbst werde vorgeführt werden. Doch liess sich schon nach Kap. 11, wiefern dort nämlich V. 7 von dem aus dem Abgrunde hervorkommenden Thiere, dem Antichrist, die Rede ist, erwarten, dass das Folgende sich als eine Darstellung des letzten Kampfes des Christs mit dem Antichrist gestalten werde. Dieses ist nun auch der Fall. Jedoch geht hier die Weissagung, bevor sie diese letzten Kämpfe des Herrn mit dem

Antichrist und dem Satan, dessen Werkzeug jener ist, schildert, auf einen früheren Punkt zurück, indem sie uns

Kap. 12, 1—17 vorführt, wie der Satan sich von Anfang an auch schon bei der ersten Erscheinung des Messias als einen ergrimmten Feind desselben bewiesen habe, gesucht habe ihn gleich Anfangs zu verderben und wie das nicht gelang, wenigstens dessen Gemeinde und Angehörigen zu vernichten. Dadurch wird denn zugleich bewirkt, dass in der Weissagung die letzte Entwicklung noch etwas zurückgeschoben und die Spannung des Lesers auf dieselbe noch vermehrt wird.

V. 1. **Und ein grosses Zeichen erschien im Himmel**, wo der Seher sich noch befindet, und wo, wie die Begebenheiten der vorhergehenden Visionen, so auch das jetzt folgende sich vor ihm vorüber bewegt.

ein Weib (Apposition von $\sigma\eta\mu\varepsilon\tilde{\iota}ov$; vor $\gamma\upsilon\nu\acute{\eta}$ ist — mit Lachmann, Tischendorf — nur ein Komma zu setzen, nicht — wie Griesbach, Knapp u. A. — ein Kolon) **bekleidet mit der Sonne**, in die Sonne wie in ein Gewand gehüllt, zur Bezeichnung des hellsten Strahlenglanzes: **und der Mond unter ihren Füssen und auf ihrem Haupte eine Krone von zwölf Sternen.** Es scheint diese ganze Schilderung hier anzuspielen auf Gen. 37, 9. 10, wonach dem Josef träumte, dass sich vor ihm die Sonne, der Mond und elf Sterne geneigt hätten, was auf seinen Vater, seine Mutter und seine Brüder gedeutet wird. Denn die Krone von zwölf Sternen bezieht sich auf die zwölf Stämme des Volkes Gottes im A. B., welche auch 7, 4 sqq. besonders aufgeführt werden. Darnach schon können wir nicht wohl zweifeln, dass wir hier bei dem Weibe, die gleich als die Mutter des Messias bezeichnet wird, als mit ihm schwanger und ihn gebährend, nicht an die leibliche Mutter des Herrn, die Maria, zu denken haben, sondern an die Gemeinde Gottes, wie sie im A. B. in dem zwölfstämmigen Volke Israel bestand, aus welchem dem Fleische nach der Erlöser hervorgegangen ist. Auch im A. T. werden öfters Gemeinden von Völkern, Ländern oder Städten als Weiber dargestellt, die schwanger sind und von denen ihre Bürger als Kinder geboren werden; vergl. Jes. 66, 7 sq. 23, 4. 54, 1 sqq. Hos. 2, 2 sqq. —

Dass dieses Weib hier bezeichnet wird als mit den Füssen auf den Mond tretend, dient nur mit zur Bezeichnung ihrer majestätischen Erhabenheit, ohne dass es eine weitere specielle Bedeutuug hätte; doch spielt es auch wohl auf das Sich-Neigen des Mondes im Traume des Josefs an.

V. 2. Und sie war schwanger (das ist ἐν γαστρὶ ἔχειν nach hellenistischem und griechischem Sprachgebrauch) und schrie, in Wehen und Qual empfindend zu gebähren, in Geburtsschmerzen. Also sie war eben im Begriff den Sohn, von dem sie schwanger war, den Messias zu gebähren, und da schon war auch

V. 3. 4. der Satan darauf bedacht, denselben zu verderben. Und es erschien ein anderes Zeichen im Himmel, und siehe (= nämlich) ein grosser feuerfarbener Drache, der sieben Köpfe hatte und zehn Hörner, und auf seinen Köpfen sieben Diademe. δράκων ist schon bei den Alten Bezeichnung einer besonders grossen und furchtbaren Schlangenart, die in der Weise wie sie, und schon bei Homer, geschildert wird, mehr der Fabelwelt und Poesie als der Wirklichkeit angehört. Dass der Satan überhaupt unter dem Bilde einer Schlange gedacht wird, beruht auf der Erzählung vom Sündenfalle und auf der Voraussetzung, dass damals in der verführenden Schlange der Satan verborgen gewesen sei. Da war denn natürlich, dass er als ein furchtbarer Drache gedacht ward. Die Farbe des Drachen wird auch bei Homer als hochroth angegeben Il. 2, 308: ἔνθ᾽ ἐφάνη μέγα σῆμα δράκων ἐπὶ νῶτα δαφοινός. Ib. 11, 40 ist selbst von einem dreiköpfigen Drachen die Rede. So wird noch gesteigert hier der Satan als ein siebenköpfiger Drache geschildert; vergl. tr. Kiddoschim fol. 29, 2, wo es heisst, dass dem R. Acha ein siebenköpfiger Dämon erschienen sei. Die Diademe auf den Köpfen dienen zur Bezeichnung der grossen Macht und Herrschaft, welche er übt oder sich angemaasst hat. Was die Hörner betrifft, so ist unter den Schlangenarten eine, der Cerast, welche auf dem Kopfe zwei Fühlhörner hat in Gestalt von kleinen Knoten, die von den Alten geradezu als Hörner bezeichnet werden; nach einem Scholion zu Nikanders Thesiaca (bei Wetstein) soll es sowohl vierhörnige als zweihörnige Cerasten geben. Hier ist die Zehnzahl der Hörner wohl aus der Schilderung des Thieres Dan. 7, 7 entlehnt.

V. 4. **Und sein Schwanz schleift den dritten Theil der Sterne des Himmels fort, rafft sie fort: und wirft sie auf die Erde.** Die Sterne sind hier nicht etwa, worauf manche Ausleger, auch Grotius, es bezogen haben, von Lehrern der Kirche gemeint, welche der Satan zum Theil verderbt habe, sondern es dient nur die ganze Schilderung zur Bezeichnung seiner furchtbaren Kraft und der ungeheuren Bewegung, womit er unruhig gleichsam sich rüstet, die Gemeinde Gottes und den Messias zu verderben. Zu Grunde liegt dabei wohl Dan. 8, 10, wo es (eigentlich vom Antiochus Epiphanes) heisst, er habe sich erhoben (sei gewachsen) bis zum Heere des Himmels (עַד־צְבָא הַשָּׁמַיִם) und habe von dem Heere und von den Sternen (etliche) zur Erde herabgeworfen und sie zertreten. Uebrigens behauptet Solinus c. 30, dass die eigentlichen Drachen nicht mit dem Munde und den Zähnen schaden, sondern mit dem Schlagen des Schwanzes und dass sie darin ihre Kraft haben.

und der Drache stellte sich vor das Weib hin (nach Plin. VIII, 3 und Solin. l c. sollen die Drachen sich nicht wie die übrigen Schlangen durch Windungen und Schlingungen des Körpers auf dem Boden fortbewegen, sondern auf der Mitte des Körpers aufrecht stehend fortschreiten), **welche gebären sollte, in Begriff war zu gebären**

um, wenn sie geboren, ihr Kind zu verschlingen.

V, 5. **Und sie gebar einen männlichen Sohn** (υἱὸν ἄρρενα nach Iren. 20, 15 בֵּן זָכָר. — Statt ἄρρενα hat Lachmann ἄρσεν nach AC, was freilich sehr incorrect sein würde) **der alle Völker weiden soll mit eisernem Stabe;** vergl. über diese Anwendung der Stelle Ps. 2, 9 das zu Kap. 2, 27 Bemerkte. Es kann nach dieser Bezeichnung des Sohnes kein Zweifel sein, dass derselbe vom Messias gemeint ist, als dessen Aufgabe dasselbe auch unten Kap. 19, 15 bezeichnet ist, welche Stelle denn auch zeigt, dass die Völker von den Widerspenstigen gemeint sind, die sich dem Willen Gottes hartnäckig widersetzen und sich seinem Gesalbten nicht willig unterwerfen wollen. Das Futurum in μέλλει ποιμαίνειν bezieht sich nicht bloss, wie manche meinen, auf den Zeitpunkt der Geburt des Knaben, sondern eben so auch noch auf den der Vision selbst, wie auch die andere Stelle (19, 15) zeigt, da das Weiden der Völker mit eisernem Stabe gemeint ist, von der Behandlung derselben nach ihrer vollständigen Unterwerfung bei der Zukunft des Herrn. — Falsch ist, wenn Eichhorn, Heinrichs unter dem Knaben hier die junge christliche Kirche verstehen, wie sie nach der Zerstörung Jerusalems und des Judenthums in schwachem Anfange gewesen sei.

und ihr Kind ward zu Gott und dessen Throne entrückt und so vor den Nachstellungen des Satans, der ihn gleich nach seiner Geburt vernichten wollte, geborgen. Es bezieht sich das ohne Zweifel auf die Himmelfahrt Christi, wodurch er statt schon jetzt persönlich auf Erden sein Reich zur Vollendung zu bringen, zu Gott und dem himmlischen Vater zurückkehrt und so vor allen Angriffen des Satans sicher gestellt ward. — $\dot{\alpha}\rho\pi\dot{\alpha}\zeta\varepsilon\sigma\vartheta\alpha\iota$ von dem schnellen Entrücktwerden durch eine höhere Gewalt; vergl. 1 Thess. 4, 17. Act. 8, 39.

V. 6. Und das Weib entfloh in die Wüste, woselbst ($\ddot{o}\pi o \upsilon$.. $\dot{\varepsilon}\kappa\varepsilon\tilde{\iota}$ ebenso V, 14 = אֲשֶׁר־שָׁם; rec. fehlt $\dot{\varepsilon}\kappa\varepsilon\tilde{\iota}$, von Griesbach, Lachmann, Tischendorf aufgenommen nach AB 29 min. Andr. 2. Areth., und so schon Compl., so wie gebilligt von Mill und Wolf) sie einen von Seiten Gottes ($\dot{\alpha}\pi\dot{o}$) bereiteten Ort hat, dass man sie dort 1260 Tage ernähre, statt dass sie dort so lange Zeit ernährt werde, wie es V. 14 in passiver Redeweise heisst (vergl. Luc. 12, 20: $\tau\alpha\dot{\upsilon}\tau\eta$ $\tau\tilde{\eta}$ $\nu\upsilon\kappa\tau\dot{\iota}$ $\tau\dot{\eta}\nu$ $\psi\upsilon\chi\dot{\eta}\nu$ $\sigma o \upsilon$ $\dot{\alpha}\pi\alpha\iota\tau o \tilde{\upsilon}\sigma\iota\nu$ $\dot{\alpha}\pi\dot{o}$ $\sigma o \tilde{\upsilon}$) aramäischartig. Das Weib ist, wie zu V. 1 bemerkt, die Gemeinde Gottes, wie sie im A. B. in dem Volke Israel bestand, woraus dem Fleische nach der Herr hervorgegangen. Sie war wie die Mutter des Messias so auch die Grundlage des Reiches Gottes im N. B., und dieses ganz besonders nach der Anschauungsweise unseres Buches, in welchem sich, wie wir gesehen, selbst die Hoffnung ausspricht, dass der Tempel und die Metropolis der alten Gemeinde als Mittelpunkt für die messianische Gemeinde werde erhalten werden. So spricht sich nun hier die Hoffnung aus, dass diese Gemeinde, die Mutter des Messias, auch nach dessen Entrückung in den Himmel von Gott werde beschützt und bewahrt werden. Doch kann das hier nicht grade von der Masse des Jüdischen Volkes, von dem fleischlichen Samen Israels als solchen, gemeint sein, oder von der Jüdischen Kirche, wiefern sie gegen die christliche einen Gegensatz bildete und dieser feindlich entgegentrat, sondern nur von dem Israel κατὰ πνεῦμα, der Gemeinde Gottes in Israel, die allein als die Mutter des Messias betrachtet werden konnte, und welche auch im N. B. Bestand haben, sich nur durch Aufnahme der gläubigen Heiden erweitern sollte. — Was hier die Darstellung betrifft, dass das Weib in die Wüste entflohen und dort — durch göttliche Fürsorge — ernährt, weiter gestärkt worden sei, so schwebt dabei wohl die alte Geschichte des Bundesvolkes vor, wie dieses nach der göttlichen Berufung und der Befreiung aus der ägyptischen Knechtschaft gleichfalls längere Zeit in der Wüste sich aufhalten musste und dort von Gott auf wunderbare Weise gespeist und erhalten ward, bis es in das Land der Verheissung eingehen konnte; vielleicht zugleich auch die Flucht des Elias und seine wunderbare Speisung in der Wüste zur Zeit der Dürre in Israel 1 Reg. Kap. 17, 5 sq., oder die Flucht der leiblichen Mutter des Herrn nach Aegypten. Doch ist die erstere Parallele wohl jedenfalls sicherer. Die 1260 Tage aber sind wieder $3\frac{1}{2}$ Jahre, wie es denn V. 14 in Beziehung auf denselben Gegenstand heisst: eine Zeit und Zeiten (2 Zeiten) und die Hälfte einer Zeit = $3\frac{1}{2}$ Zeiten = Jahre. Dieses aber kann hier nur als eine runde apokalyptische Zahl gemeint sein. Der Gedanke, der hier ausgedrückt werden soll, kann wohl nur sein, dass nach der Entrückung des Messias die Gemeinde Gottes eine Zeitlang unter Gottes Schutz in zurückgezogener Stille und ohne von aussen eben gestört zu werden leben werde, bis der Satan darauf ausgehen wird sie zu vernichten V. 13 sq. Wohl schwerlich im Sinne des Buches aber ist es, wenn Züllig die Wüste, wohin das Weib sich zurückgezogen, bestimmt von Lydisch-Asien verstehen will, wo die Gemeinde Gottes in der Mitte der Heiden vor den Juden geborgen sei. Vorher nun aber

V. 7-12

wird in sehr poetischer Darstellung vorgeführt, wie der Satan gewagt habe, den Messias selbst bis in den Himmel zu verfolgen, wie er aber dort durch die Streiter Gottes besiegt und auf die Erde gestürzt sei, so dass er der Person des Messias jetzt auf keine Weise mehr sich nahen konnte, weshalb er denn nun, im Bewusstsein dass es mit seiner Macht überhaupt bald geschehen sein werde, mit desto grösserem Grimme auftreten wird, um die hier noch weilende Mutter und die Brüder des Messias zu vernichten.

V. 7. **Und es entstand Krieg, Kampf im Himmel. Michael und seine Engel kämpften mit dem Drachen.** Michael einer der sieben Engelfürsten, wird besonders als der Schutzengel des Volkes Gottes gedacht; als solcher kämpft er Dan. 10. 13. 21. 12, 1 für das Volk Jehovahs gegen die Schutzengel der Heiden, namentlich Persiens. Mit dem Satan im Kampf erscheint er auch Judae V. 9. So hier denn im Himmel als Anführer der himmlischen Heerschaar, welche sich dem Satan bei seiner Verfolgung des in den Himmel entrückten Messias widersetzt. — Was hier den Text betrifft, so hat die rec. ἐπολέμησαν; das ist aber ohne Zweifel nur spätere Emendation und das echte τοῦ πολεμῆσαι, wie Compl., Bengel, Griesbach, Lachmann, Tischendorf u. A., nach AC 8 min., während bloss πολεμῆσαι B 27 min. Areth., Syr. Arr. Aeth. Primas haben. Grammatisch ist dieses aber nicht ohne Schwierigkeit; es ist wohl als Hebraismus zu erklären, in wiefern im Hebräischen das Gerundium auch ohne הָיָה öfters für das Verbum finitum steht, also = לְהִלָּחֵם (sie waren) zu kämpfen = hatten zu kämpfen.

und der Drache kämpfte und seine Engel = in Verbindung mit seinen Engeln, den Dämonen, als deren Anführer.

V. 8. **Und er war nicht mächtig, im Kampfe** = וְלֹא יָכֹל = er unterlag. Die rec. hat ἴσχυσαν in Bezug auf den Satan und seine Schaaren und so noch Tischendorf, dafür haben Compl., Bengel, Griesbach, Lachmann u. A. den Singular ἴσχυσεν in Beziehung auf den Drachen persönlich (nach A 26 min. Copt. Aeth. Andr. al.); dann wäre aber im folgenden auch (mit Compl. Bengel, Lachmann ed. min.) statt αὐτῶν zu lesen αὐτῷ, was meistens dieselben Zeugen haben, jedoch nicht cod. A. Aber wahrscheinlich ist die rec. hier in beiderlei Beziehung das ursprüngliche: ἴσχυσαν und αὐτῶν.

es ward für sie keine Stätte mehr im Himmel gefunden, sie konnten und durften dort nicht mehr weilen; denn

V. 9. es ward geworfen der grosse Drache, die alte Schlange, die schon von Erschaffung der Welt her zum Verderben der Menschen thätig gewesen ist; vergl. 1 Joh. 3, 8. Joh. 8, 44; so auch bei späteren Juden" (cf. bei Wetst.) נָחָשׁ הַקַּדְמוֹנִי der da heisst Teufel und Satan, der Verführer der ganzen Welt, der die ganze Welt von jeher auf Abwege und Irrwege geführt hat, zum Götzendienst und jeglichen Ungehorsam gegen Gott. — σατανᾶς die hebräisch-aramäische Benennung הַשָּׂטָן, שָׂטָן, סָטְנָא, wodurch er als Widersacher bezeichnet wird, nämlich nicht bloss Gottes, sondern auch der Menschen besonders des Volkes Gottes; dafür LXX und so im Hellenistischen die gewöhnliche Bezeichnung διάβολος, Verläumder, was sich darauf bezieht, dass er im A. T., namentlich Hiob. 1, 7. 2, 2 sq. Zachar. 3, 1. 2 als der skeptische und boshafte Ankläger der Frommen bei Gott erscheint, der deren Tugend und Frömmigkeit verdächtig macht und Gott den Herrn zu bewegen sucht, Strafen wider sie zu verhängen. Eben so auch öfters bei den spätern Juden, an welche in der Beziehung die Benennung קְטִיגוֹר, κατήγωρ und מְקַטְרֵג accusans, für den Satan recipirt haben.

er ward geworfen (das etwas entfernt stehende Verbum wird hier, wo die nähere Bestimmung hinzugefügt werden soll, wiederholt) auf die Erde, und seine Engel wurden mit ihm geworfen, sie alle aus dem Himmel und aller Gemeinschaft mit dem Himmel herausgestossen, so dass er jetzt nicht mehr bei Gott gegen die Menschen wirken noch auch denjenigen Gläubigen, die der Erde entrückt sind, irgend etwas anhaben kann; nur gegen die, welche noch auf Erden weilen, wird er jetzt unmittelbar seinen verderblichen Grimm auslassen. — Für die Darstellung selbst, dass der Satan aus dem Himmel gestürzt wird, vergl. Luc. 10, 18. Joh. 12, 31.

V. 10. Und ich hörte eine laute Stimme im Himmel sagen: Jetzt, durch die Ausstossung des Satans aus dem Himmel, ist das Heil und die Macht und das Reich unseres Gottes geworden und die Gewalt seines Gesalbten, weil der Ankläger unserer Brüder, der Kinder Gottes unter den Menschen; es sind hier aber wohl nicht sowohl die noch lebenden auf der Erde gemeint, wie man es gewöhnlich meint, sondern nach V. 11 sq. ganz besonders die schon vollendeten Gläubigen, die im Himmel, in der Nähe des göttlichen Thrones versammelt sind.

der sie vor Gott Tag und Nacht anklagt, gestürzt ist. κατεβλήθη wäre wohl zu fassen: hinabgestürzt, auf die Erde, nicht, wie Andere: prostratus, zu Boden geworfen = besiegt; doch ist nicht unwahrscheinlich mit Bengel, Lachmann, Tischendorf ἐβλήθη zu lesen, was auch schon Mill billigt; so ABC 28 min. Andr. 1. Areth.; das ist aber nach dem Vorhergehenden auch zu fassen: gestürzt, vom Himmel. — Statt rec. κατήγορος ist mit Griesbach, Lachmann, Tischendorf wahrscheinlich κατήγωρ zu lesen (nach cod. A), was auch schon R. Bentley, Mill, Bengel im Gnomon billigen, so wie Ewald u. A.; es ist das eine im Griechischen sonst nicht vorkommende Form, welche aber, wie schon bemerkt, ins Rabbinische aufgenommen ist, קטיגור.

V. 11. Und sie, unsere Brüder haben ihn besiegt, und so seine Ausstossung bewirkt, durch das Blut des Lammes durch den Versöhnungstod ihres Herrn, wodurch er sie von der Gewalt des Satans erlöst und Gotte erkauft hat (vergl. 1, 5. 5, 9. 7, 14), und durch das Wort ihres Zeugnisses, durch das Bekenntniss, welches sie über den Erlöser und ihren Glauben an ihn furchtlos abgelegt haben.

und haben ihr Leben nicht geliebt bis zum Tode, sie haben im Bekenntniss des Herrn und im Eifer für seine Sache Alles daran gesetzt, so dass sie selbst dem Tode sich preiszugeben bereit waren und haben dadurch bewirkt, dass der Satan mit seiner Anklage wider sie bei Gott kein Gehör findet, ja keinen Zutritt zu Gott (διὰ c. Accus. wie 4, 11). Ueber οὐκ ἠγάπησαν τὴν ψυχὴν αὐτῶν vergl. Luc. 14, 26: μισεῖν τὴν ψυχὴν ἑαυτοῦ, vergl. Act. 20, 24.

V. 12. Darum freuet euch ihr Himmel und die darin wohnen — so auch dann namentlich die schon vollendeten Gläubigen, die gleichfalls allen Angriffen und Verfolgungen des Satans entrückt sind.

Wehe der Erde und dem Meere (die rec. τοῖς κατοικοῦσι τὴν γῆν κ. τὴν θάλασσαν ist Glosse aus τῇ γῇ καὶ τῇ θαλάσσῃ, was Compl., Bengel, Griesbach, Lachmann, Tischendorf u. A. haben nach BC 28 min. oder mehr. Syr. Arr. Copt. Aeth. Arm. Andr. 2. Areth. Prim.) weil der Satan zu euch hinabgefahren ist, mit grossem Grimme, da er weiss, dass er wenige Zeit hat, dass ihm auch hier nur noch eine kurze Zeit seine heillose Macht zu üben vergönnt sein wird, bis er durch den Christ bei dessen Zukunft auch hier besiegt und gebunden werden wird.

V. 13—17.

V. 13. **Und als der Drache sah, dass er auf die Erde gestürzt sei, verfolgte er das Weib, welches den Knaben geboren;** s. darüber oben ad V. 6 und so auch für das folgende.

V. 14. **Und es wurden dem Weibe zwei Flügel des grossen Adlers gegeben, dass sie in die Wüste flöhe an ihren Ort, woselbst sie** (ὅπου .. ἐκεῖ wie V. 6) **ernährt wird eine Zeit und Zeiten und eine halbe Zeit vor der Schlange.**

V. 15. **Und die Schlange warf schoss aus ihrem Munde hinter dem Weibe her Wasser wie einen Strom um sie durch den Strom fortzuschwemmen.**

V. 16. **Doch die Erde stand dem Weibe bei,** kam ihr zu Hülfe, **und es öffnete die Erde ihren Mund und verschlang den Strom, den der Drache aus seinem Munde ausgeschossen hatte.** Eine offenbar sehr poetische Schilderung, welche auf den Schutz hinweist, den die Gemeinde des Herrn gegen die Angriffe des Satans durch göttliche Fügung finden wird, wobei das Einzelne nicht als besondere Gedanken ausdrückend zu urgiren ist. Es spielt aber ohne Zweifel wieder auf die Errettung des Volkes Gottes zur Zeit des Mose an. Der Wasserstrom nämlich, den der Drache gegen das Weib ausschiesst um sie fortzuschwemmen, den aber die Erde einsaugt, so dass er ihr nichts schadet, entspricht dem Wasser des Rothen Meeres, welches dem Volke Israel auf seiner Flucht hinderlich war und es leicht hätte verschlingen können, das aber vor denselben zurückweichen musste; die Versehung des Weibes mit Adlerflügeln aber spielt wohl auf Exod. 19, 4 an, wo Jehovah den Israeliten durch Mose sagen lässt, sie hätten gesehen, was Er an Aegypten gethan und wie er sie auf Adlersflügeln (עַל־כַּנְפֵי נְשָׁרִים) getragen und zu sich gebracht habe; vergl. Deut. 32, 11. 12: wie der Adler über seinen Jungen schwebt, seine Flügel breitet, sie nimmt, sie trägt auf seinen Schwingen, so leitete es Jehovah allein und kein fremder Gott mit ihm. Einige Schwierigkeit macht hier nur der Artikel: τοῦ ἀετοῦ τοῦ μεγάλου. Ewald [früher] erklärt es als blosse Umschreibung des Superlativs = aquilae maximae. Doch ist wohl nicht unwahrscheinlich, dass es Anspielung auf etwas Bestimmtes ist, vielleicht Anspielung auf ein in einer älteren uns verloren gegangenen Schrift gebrauchtes Bild oder Symbol. Züllig meint, der Artikel sei eben aus der Anspielung auf den in jenen Stellen des Pentateuch genannten Adler zu erklären, was aber doch nicht recht genügt. Bengel und Lachmann haben vor δύο noch den Artikel αἱ aufgenommen nach A 5 min. Andr. Syr.; doch macht dies für den Sinn keinen Unterschied. — Die Weise, wie hier die apokalyptische Zeit der 3½ Jahre umschrieben ist, worüber siehe ad V. 6, ist aus dem Buche Daniel entlehnt, Kap. 7, 25 (עִדָּן וְעִדָּנִין וּפְלַג עִדָּן) 12, 7: (לְמוֹעֵד מוֹעֲדִים וָחֵצִי). — Es ist dieses übrigens grade derselbe Zeitraum, als während dessen nach 11, 2. 3 die Zertretung der heiligen Stadt durch die Heiden und die prophetische Wirksamkeit der beiden Zeugen dauern soll. Aber es bezieht sich hier doch nicht auf dieselben Verhältnisse und dieselbe Zeit, wie z. B. Ebrard annimmt, sondern dieses hier auf die Zeit unmittelbar nach der Himmelfahrt Christi, welche der Seher selbst schon hinter sich hatte, jenes dagegen auf eine noch künftige Zeit vor der Parusie des Herrn. — Bei den Worten ἀπὸ προσώπου τοῦ ὄφεως V. 14 fin. kann man zweifelhaft sein, womit sie zu verbinden sind. Grotius, Vitringa, de Wette (Uebersetzung) u. A. verbinden sie mit πέτηται: dass sie vor der Schlange flöge etc. Doch ist wohl wahrscheinlicher wie Bengel, de Wette (Comment.), Hengstenberg, dass sie mit dem unmittelbar vorhergehenden: ὅπου τρέφεται κ. λ. zu verbinden sind: = woselbst sie genährt wird (sicher) vor der Schlange; es ist da grade wie מִפְּנֵי Jud. 9, 21: „Jotham entwich und floh und ging gen Ber und wohnte daselbst מִפְּנֵי אֲבִימֶלֶךְ = fern, gesichert, geborgen vor dem Abimelech." — ποταμοφόρητος ist ein sonst nicht grade vorkommendes Wort aber richtig zusammengesetzt, nach der Analogie von ἀνεμοφόρητος.

V. 17. Und es ergrimmte der Drache über das Weib, über die Gemeinde Gottes, weil er dieselbe nicht zu vernichten vermocht, und er ging hin Krieg zu führen mit den übrigen ihres Samens, welche die Gebote Gottes halten und das Zeugniss Jesu haben. Ueber diese letztere Bezeichnung siehe ad ⑨, 9 und 19, 10. Die ganze Bezeichnung führt darauf, dass die Christen auf der Erde gemeint sind, und zwar zunächst die Juden-Christen, die gläubigen Juden, welche hier überall als der Stamm der Bekenner des Herrn betrachtet werden, an welche die gläubigen Heiden sich anschliessen, so dass auch sie hier nicht ausgeschlossen sind. Diese Gläubigen werden nun aber als die Uebrigen vom Samen des Weibes bezeichnet unverkennbar in Beziehung auf den von ihr nach dem Vorhergehenden gebornen Messias; der Sinn ist demnach, dass der Satan, nachdem er vorher vergebens den Messias in den Himmel verfolgt und nachdem er darauf die Gemeinde Gottes auf Erden ganz zu verschlingen getrachtet, jetzt wenigstens die einzelnen Bekenner des Herrn auf Erden zu bekämpfen und zu verderben trachte. — Dazu bedient er sich zweier Werkzeuge, welche der Seher jetzt schildert, wie sie sich ihm in der Vision darstellten, des Anti-Christs und des Pseudo-Propheten. Zuerst wird der Anti-Christ vorgeführt.

V. 18 — Kap. 13, 10.

Ueber die ganze Idee des Anti-Christs überhaupt, über die Anlehnung der Darstellung desselben in der Apokalypse, an die Schilderungen des Buches Daniel, über die Modificirung dieser Idee in der Apokalypse und über das Verhältniss der Apokalypse in dieser Beziehung zu andern Schriften des N. T. u. s. w. s. Allgem. Einl. pg. 84 sq.

V. 18. Hier ist die Lesart streitig. Die rec. hat $\dot{\varepsilon}\sigma\tau\acute{\alpha}\vartheta\eta\nu$, die erste P., in Bezug auf den Seher: und ich ward gestellt und stand auf dem Sande des Meeres. Dafür die 3. sing. $\dot{\varepsilon}\sigma\tau\acute{\alpha}\vartheta\eta$ cod. AC Syr. Ar. pol. Aeth. Arm. Vulg. Tychon. Victorin, und so Editt. Aldin und Lachmann, gebilligt von Piskator, Junius, Mill, R. Bentley u. A. Es würde sich dieses auf den Drachen beziehen und andeuten, dass derselbe dort auf dem Sande des Meeres stehend das Hervorkommen seines Trabanten, des Antichrists, beobachtet hätte. Aber richtig haben dagegen schon frühere Ausleger bemerkt, dass es gar nicht wahrscheinlich ist, dass der Seher den Drachen so ruhig beobachtend oder erwartend werde dargestellt haben, zumal da derselbe auch in den nächstfolgenden Visionen, wo der Antichrist geschildert wird, gar nicht besonders hervortritt. Höchst wahrscheinlich ist daher die rec. die ursprüngliche Lesart. So wird also der Seher in der Vision aus dem Himmel auf die Erde versetzt und zwar ans Ufer des Meeres, weil aus dem Meere gleich das Thier, der Antichrist aufsteigt. Auch Dan. 8, 2. 10, 4 wird Gewässer als der Standpunkt der Empfangung der Vision bezeichnet.

Kap. 13, 1. **Und ich sahe aus dem Meere ein Thier aufsteigen, welches zehn Hörner und sieben Häupter hatte und auf seinen Hörnern zehn Diademe und auf seinen Häuptern Namen der Lästerung.** Aus dem Meere sieht auch Daniel 7, 3 die vier grossen Thiere aufsteigen, wodurch die vier Welt-Monarchien dargestellt werden, und das liegt hier wohl zu Grunde; ob es sich zugleich auf die Lage Roms der Römischen Metropolis jenseit des Meeres (vom Standpunkte des Verfassers) bezieht, wie Ewald meint, ist wenigstens zweifelhaft, obwohl nicht ganz unwahrscheinlich. Die Zahl der Häupter und der Hörner ist bei diesem Thiere die gleiche wie bei dem Drachen (12, 3); doch hat es zehn Diademe auf seinen zehn Hörnern, dagegen der Drache sieben Diademe auf seinen sieben Häuptern; jenes bezeichnet die Hörner als einzelne weltliche Mächte, wie auch Kap. 17, 12 ausdrücklich angegeben wird; die Bedeutung der sieben Häupter dieses Thieres s. ib. V. 9.

Statt ὄνομα rec., was Züllig und de Wette festhalten, ist wohl mit Compl., Griesbach, Lachmann, Tischendorf ὀνόματα zu lesen nach AB 31 min. Syr. Ar. pol. Vulg. Areth. Vergl. 17, 3, wo dieses Thier selbst bezeichnet wird als γέμον ὀνομάτων βλασφημίας. — Zu Grunde liegt dabei wohl Dan. 7, 8. 11, 36, wo es von dem Feinde Jehovahs und seines Volkes heisst, dass er Vermessenes, Lästerungen gegen den Gott der Götter geredet habe. Das ist hier auf diese Weise modificirt, dass das Thier selbst auf seinen Häuptern Namen der Lästerung — nämlich gegen Gott — geführt habe, was höchst wahrscheinlich von Inschriften gemeint ist, wodurch das Thier und dessen Häupter nicht bloss als Beherrscher der Erde, sondern selbst als Gott und Götter bezeichnet wurden, welchen Namen die Römischen Kaiser der Zeit sich anmassten.

V. 2. Und das Thier welches ich sahe war gleich einem Parder und seine Füsse wie eines Bären (rec. ἄρκτου; dafür Bengel, Griesbach, Lachmann, Tischendorf ἄρκου nach ABC 21 min. Andr. 1; ἄρκτος ist die ältere Form, wofür später, bei LXX und den späteren Griechen, ἄρκος gewöhnlicher ist) und sein Mund wie eines Löwen Mund. Die äussere Gestalt des Thieres erscheint darnach zusammengesetzt aus der der vier Thiere Dan. 7, von denen das erste ein Löwe ist, das zweite ein Bär, das dritte ein Parder und das vierte zehn Hörner hat.

und es übergab ihm der Drache seine Macht und seinen Thron und grosse Gewalt, so dass dasselbe also ganz mit der Macht des Satans als dessen Werkzeug auftreten und handeln kann.

V. 3. Das εἶδον, welches die rec. am Anfange hinter καὶ hat, fehlt ABC 28 min. Syr. Ar. pol. Copt. Aeth. Vulg. ms. Andr. l. Areth. Patrr. Latt., ausgelassen von Compl., Bengel, Griesbach, Lachmann, Tischendorf u. A.. Es ist ohne Zweifel spätere Einschaltung [siehe Delitzsch handschr. Funde 1 ed. wonach εἶδον aus des Erasmus Feder geflossen ist], von dem Verfasser nicht gesetzt, aber aus dem Vorhergehenden zu suppliren.

und eins von seinen Häuptern wie zu Tode geschlachtet, doch seine Todeswunde, seine tödtliche Wunde (das ist ἡ πληγὴ τοῦ θανάτου αὐτοῦ, wo der Genitiv des Pronomens sich hebraisirend auf den ganzen vorhergehenden Begriff, nicht bloss auf τοῦ θανάτου bezieht) ward geheilt. Also das Thier selbst schien durch die Wunde eines seiner Häupter tödtlich getroffen zu sein, erholte sich aber wieder gegen allen Anschein. Wie dieses gemeint ist, ergiebt sich deutlicher aus dem später Folgenden und ist schon Allgem. Einl. l. c. auseinander gesetzt.

und es verwunderte sich die ganze Erde hinter dem Thiere her, prägnante Ausdrucksweise statt: voll Staunens über dieses Ereigniss, die Wiederherstellung des Thieres, folgte ihm die ganze Erde, es trug das dazu bei, ihm auf Erden einen grossen Anhang zu verschaffen.

V. 4. Und sie huldigten dem Drachen, weil er dem Thiere die Gewalt gegeben und huldigten dem Thiere indem sie sprachen: wer ist dem Thiere gleich und wer vermag mit ihm zu kriegen, wer wagt mit ihm zu streiten? — Das Verbum προσκυνεῖν hat hier rec. beide Male den Accus. bei sich, wofür aber Compl., Bengel, Griesbach, Lachmann, Tischendorf u. A. den Dativ gesetzt haben, das erste Mal nach ABC 33 min. Andr. Areth., das zweite Mal nach BC 29 min. Areth.; beides ist statthaft; bei älteren Griechen findet es sich zwar nur mit dem Accus., aber bei späteren auch mit dem Dativ und so LXX und N. T. auf beiderlei Weise; vielleicht ist hier auch das zweite Mal der Accus. τὸ θηρίον beizubehalten; wie denn V. 8 der Accus. die besten Zeugen für sich hat.

V. 5. Und es ward ihm ein Mund gegeben, der grosse Dinge und Lästerungen redete. μεγάλα ist Vermessenes, worin er sich über Alle erhob, nach Dan. 7, 8. 20: פֻּם מְמַלִּל רַבְרְבָן vergl. Ps. 12, 4: לָשׁוֹן מְדַבֶּרֶת גְּדֹלוֹת. In dem ἐδόθη liegt wohl, dass ihm auf solche Weise seinen Mund zu gebrauchen für die Zeit seines Wirkens überhaupt von Gott selbst gestattet sei.

und es ward ihm gegeben 42 Monate lang es zu treiben, zu wirken. Die Lesart ist hier nicht sicher. Die rec. hat πόλεμον ποιῆσαι. Davon ist πόλεμον wohl gewiss unecht, Glosse aus V. 7, fehlt AC 4 min. cod. u. a. Syr. Vulg. Andr. Prim., ausgelassen Editt. Erasm. Steph. 3. Bengel, Griesbach, Lachmann, Tischendorf u. A. Einige Zeugen lassen auch ποιῆσαι aus, was Mill und Bengel im Gnomon billigen. Doch ist dies wahrscheinlich echt. Erklären kann man es denn entweder so dass man die Zeitbestimmung eng damit zusammennimmt — 42 Monate hinzubringen, zu verleben, wie ποιεῖν öfters, so ποιεῖν χρόνον τινά Act. 18, 23. Jacob. 4, 13 u. a. oder dass man ποιεῖν für sich nimmt, wie עָשָׂה öfters, besonders im B. Daniel — ausrichten, Gelingen haben, z. B. Dan. 8, 24 וְעָשָׂה וְהִצְלִיחַ 11, 28. 30. 32. Die 42 Monate oder 3½ Jahre sind auch wieder aus dem Buch Daniel genommen, worüber s. ad 11, 2.

V. 6. Und er öffnete seinen Mund zur Lästerung gegen Gott, zu lästern Seinen Namen und Sein Zelt, wo Gott wohnt, ist hier wohl ohne Zweifel nicht vom Tempel in Jerusalem gemeint, sondern vom Himmel.

und die welche im Himmel zelten, dort bei Gott ihre Wohnung haben, wie Christus, die Engel und die vollendeten Gläubigen. Uebrigens vergl. für den Vers Dan. 7, 25: „und er wird Reden wider den Höchsten ausstossen".

V. 7. **Und es ward ihm gegeben Krieg zu führen mit den Heiligen und sie zu besiegen**; diese Worte καὶ ἐδόθη .. νικῆσαι fehlen AC 3 min. Andr. Iren., und sind von Lachmann ausgelassen, aber sie sind wohl nur durch Abschreibefehler ausgefallen, da das Auge des Abschreibers von dem ersteren καὶ ἐδόθη αὐτῷ gleich zu dem zweiten abirrte; **und ward ihm Gewalt gegeben über alle Stämme und Völker und Zungen und Nationen.**

V. 8. **Und es werden ihm huldigen alle Bewohner der Erde, deren Name nicht in dem Lebensbuche des geschlachteten Lammes seit Gründung der Welt eingeschrieben ist.** Vergl. 17, 8: καὶ θαυμάσονται οἱ κατοικοῦντες ἐπὶ τῆς γῆς, ὧν οὐ γέγραπται τὸ ὄνομα ἐπὶ τὸ βιβλίον τῆς ζωῆς ἀπὸ καταβολῆς κόσμου. Die Vergleichung dieser Stelle lässt keinen Zweifel übrig, dass die Worte ἀπὸ καταβ· κόσμου nicht, wie Herder, Eichhorn und auch schon frühere protestantische Ausleger, mit ἐσφαγμένου zu verbinden sind, sondern, wie schon Arethas, mit γέγραπται, was aber auch ohne das das allein Natürliche ist. Es bezieht sich darauf, dass die Gläubigen, welche des Heiles theilhaftig werden, schon zuvor von Gott erwählet sind. Das Lebensbuch, worüber s. ad 3, 5 wird hier das des Lammes genannt, als von ihm gleichsam geführt oder ihm angehörend, wiefern eben darin seine Gläubigen verzeichnet sind. Ueber das Epitheton τὸ ἐσφαγμένον für das Lamm, s. 5, 12.

V. 9. **So jemand Ohr hat der höre**, ähnlich wie am Schlusse der Briefe Kap. 2. 3: ὁ ἔχων οὖς ἀκουσάτω τί τὸ πνεῦμα λέγει ταῖς ἐκκλησίαις. Hier soll er hören auf die folgende sprichwörtliche Rede, welche ausspricht, dass Allen, die Gewaltthat üben gegen ihre Mitmenschen, auf die gleiche Weise werde vergolten werden.

V. 10. **So jemand Gefangene führet;** in αἰχμαλωσίαν συνάγει steht das abstract. statt des concret., wie im Hebräischen שְׁבִי und גְּלוּת (z. B. הַגֹּלָה נִלְוָה Am. 1, 6). Doch ist hier die Lesart nicht sicher. Lachmann hat ed. min. εἰς αἰχμαλωσίαν συνάγει; ed. maj. und Tischendorf εἴ τις εἰς αἰχμαλωσίαν (ohne Verbum) was denn zu suppliren wäre; vielleicht ist das das Richtige; in den codd. herrscht grosse Verschiedenheit, doch ohne Einfluss auf den Sinn. der wandert in Gefangenschaft; so jemand mit dem Schwerte tödtet, so muss er (auch er wieder) mit dem Schwerte getödtet werden; vergl. Gen. 9, 6: wer Menschenblut vergiesset, durch Menschen soll sein Blut vergossen werden. Hier ist dieses wohl ohne Zweifel in Beziehung auf das Thier und dessen Anhänger gemeint, als Tröstung für die Gläubigen, welche durch sie verfolgt werden, welche aber hier Ausdauer und Glauben zu beweisen Gelegenheit und Aufforderung finden. Das wollen die folgenden Worte andeuten: hier ist = hier zeigt sich oder gilt Ausdauer und Glaube der Heiligen, dass sie sich durch dies Treiben des Thieres von ihrem Glauben nicht abwendig, darin nicht irre machen lassen. Vergl. 14, 12: ὧδε ἡ ὑπομονὴ τῶν ἁγίων ἐστὶν, οἱ τηροῦντες τὰς ἐντολὰς τοῦ θεοῦ καὶ τὴν πίστιν Ἰησοῦ. 13, 18: ὧδε ἡ σοφία ἐστίν. 17, 9: ὧδε ὁ νοῦς ὁ ἔχων σοφίαν.

V. 11-17.

Schilderung eines zweiten Thieres, des Pseudo-Propheten. Auch darüber siehe die Allgem. Einl., sowohl was die Idee desselben selbst betrifft im Verhältniss zu dem Antichrist, als auch in welchem Verhältniss die Darstellung in unserem Buche zu anderen Schriften des N. T. steht (S. 101 sq.).

V. 11. Und ich sahe ein anderes Thier aus der Erde aufsteigen. Dass dieses nicht wie das vorhergehende aus dem Meere sondern aus der Erde aufsteigt, ist wahrscheinlich gar nicht weiter zu urgiren, noch hat es eine besondere symbolische Bedeutung. Ewald findet darin die Andeutung, dass er nicht etwa aus Rom kommen, sondern auf dem festen Lande von Asien selbst auftreten werde; dieser glaubt, dass der Verfasser eine bestimmte Person vor Augen habe, welche damals die Gegend, wo er lebte, turbirt hätte durch Hinweisung auf den bald wie ein Gott wiederkehrenden Nero. Doch ist beides wenigstens höchst problematisch, und wird diese Annahme durch die Schilderung unseres Buches, auch durch das Präsens V. 12—17, keineswegs nöthig oder besonders wahrscheinlich.

und er hatte zwei Hörner gleich einem Lamme = gleich den Hörnern eines Lammes, so dass er also wie ein nicht sehr kräftiges harmloses Thier aussahe, vor dem man sich nicht zu fürchten brauchte; veigl. Matth. 7, 15: προσέχετε ἀπὸ τῶν ψευδοπροφητῶν, οἵτινες ἔρχονται πρὸς ὑμᾶς ἐν ἐνδύμασι προβάτων, ἔσωθεν δέ εἰσι λύκοι ἅρπαγες.

und er redete wie ein Drache, so verschmitzt und schlau um die Menschen zu verführen, gleich wie der Satan unter einer Schlange Gestalt die ersten Menschen verführte.

V. 12. Und die Gewalt des ersten Thieres übt er ganz vor demselben aus. Das kann wohl nur gemeint sein: ungeachtet seiner Lammsgestalt übet er alle Gewalt, die das erste Thier, der Antichrist hat, welche diesem der Satan verliehen hat, gleichfalls aus und zwar vor demselben, d. i. vor seinen Augen und in seinem Dienste; vergl. V. 14: τὰ σημεῖα, ἃ ἐδόθη αὐτῷ ποιῆσαι ἐνώπιον τοῦ θηρίου. Kap. 19, 20: ὁ ψευδοπροφήτης, ὁ ποιήσας τὰ σημεῖα ἐνώπιον αὐτοῦ.

und er macht die Erde und die Bewohner auf derselben, d. h. bestimmt, bewegt sie, dass sie (dieselbe Construction 3, 9: ποιήσω αὐτοὺς, ἵνα ἥξουσι κ. προσκυνήσουσι) huldigen dem ersten Thiere, dessen Todeswunde geheilt war (vergl. V. 3).

V. 13. Und er bewirkt grosse Zeichen, und das Feuer, dass es vom Himmel auf die Erde herabfahre vor den Menschen, vor ihrer Aller Augen, gleich wie der gewaltige Prophet Elias that (1. Reg. 18, 38. 2. Reg. 1, 10. 12), diesem in seiner Wirksamkeit nachahmend. Die Lesart übrigens ist hier nicht sicher, obwohl die Verschiedenheit auf den Sinn keinen wesentlichen Einfluss übt. Wie Griesbach hat schon die Compl. das ἵνα hinter καὶ πῦρ, und καταβαίνῃ statt ποιῇ καταβαίνειν. Doch hat die rec. mehr für sich, und sie haben auch Knapp, Lachmann und Tischendorf beibehalten, nur statt καταβαίνειν ἐκ τοῦ οὐρανοῦ versetzt ἐκ τοῦ οὐρανοῦ καταβαίνειν. Da ist es: er übt grosse Zeichen, so dass er sogar Feuer vor den Menschen vom Himmel auf die Erde herabfahren macht. Dieses ist wahrscheinlich das Ursprüngliche; so AC 4 min., Vulg., Iren., Primas.

V. 14. Und die Bewohner auf der Erde führt er irre, verführt er, durch die Zeichen, welche ihm gegeben ist vor dem Thiere zu verrichten, indem er den Bewohnern auf der Erde sagt, sie auffordert, sie heisst ein Bild zu machen dem Thiere, welches die Schwertwunde hatte und (wieder) auflebte; das ist ἔζησε. Die Bezeichnung der Wunde, wovon das Thier schien sterben zu müssen, als einer Schwertwunde, bezieht sich auf die wirkliche Todesart des Nero, wie schon Allgem. Einl. bemerkt ist. Das ποιῆσαι εἰκόνα ist hier gemeint in Beziehung auf Bilder, wie sie Göttern zur Verehrung errichtet wurden; so liessen auch die Römischen Kaiser sich Bilder errichten, denen göttliche Ehre erwiesen werden musste; zu solchem Götzendienste gegen den Antichrist wird der Pseudo-Prophet die Menschen verleiten.

V. 15. Und es ward ihm gegeben, verstattet, er erhielt die Macht (statt αὐτῷ hat Lachmann αὐτῇ nach AC, was aber doch wohl nur zufälliger Schreibfehler ist und auf diese Weise betrachtet werden müsste, wenn es sich auch schon im Autograph auf diese Weise gefunden hätte) dem Bilde des Thieres Odem, Lebensgeist, zu geben, dasselbe zu beleben, so dass das Bild des Thieres sogar redete und machte (bei ποιήσῃ ist nicht der Pseudo-Prophet Subject, wie Eichhorn meint, sondern das Bild des Thieres, wie richtig auch Ewald, Züllig, de Wette) dass Alle, die dem Bilde des Thieres nicht huldigten, getödtet würden. Möglich ist, dass diese Darstellung sich an irgend etwas Thatsächliches anlehnt, an Gaukeleien, welche etwa Betrüger damals zur Täuschung des Volkes mit Bildsäulen von Göttern oder Kaisern getrieben hatten. Doch lässt sich darüber nichts Bestimmtes nachweisen. Jedenfalls soll hier nur prophetisch geschildert werden, wie sehr Kräfte der Finsterniss wirksam sein werden, dem Antichrist Verehrer zu verschaffen. Vergl. 2. Thess. 2, 9 sq.

V. 16. Und er macht Alle, klein und gross, Reiche und Arme, Freie und Knechte, dass sie sich ein Mahlzeichen auf ihre rechte Hand oder auf ihre Stirne machen. Statt rec. δώσῃ, was sich auf den Pseudo-Propheten beziehen würde, ist mit Compl., Bengel, Griesbach, Lachmann, Tischendorf u. A. der Plural δῶσιν zu lesen, nach ABC 10 min. Andr. 1. (δώσουσιν oder δώσωσιν haben 24 min. Arethas); dieses ist aber wohl nicht, wie de Wette, Züllig u. A.: dass man ihnen mache = dass ihnen gemacht werde, sondern die πάντες sind selbst Subject = er bewegt sie, dass sie sich setzen, αὐτοῖς = ἑαυτοῖς. So richtig Grotius. — χάραγμα bezeichnet überhaupt etwas Eingeprägtes, ein eingegrabenes Mahlzeichen, und zwar ist hier nach dem Folgenden der Name des Thieres gemeint, durch dessen Einprägung auf die rechte Hand oder auf die Stirne sie als Angehörige des Thieres bezeichnet werden; vergl. ad 7, 2. — Statt τῶν μετώπων haben Bengel, Griesbach, Lachmann, Tischendorf τὸ μέτωπον, was auch schon Mill billigt (so A 25 min. Hippol. Areth. Iren. Copt. Arm., τοῦ μετώπου C); es ist dann ἐπὶ hier unmittelbar hinter einander mit dem genit. und mit dem accus. verbunden; beide Constructionen sind in solcher Verbindung dem Hellenistischen Sprachgebrauch gemäss, z. B. γράφειν ἐπί τι und ἐπί τινος; s. meinen Commentar zum Hebräerbrief 8, 10. S. 456.

V. 17. (Und, das καὶ fehlt C 3 min. Syr. Arr. Copt. Vulg. ms. Iren. Primas. Andr. 1. Hippol., ausgelassen von Bengel und Lachmann) dass niemand kaufen könne oder verkaufen, als wer das Mahlzeichen hat, nämlich den Namen des Thieres oder die Zahl seines Namens, dass also nur Diejenigen, welche sich als seine Diener und Verehrer bezeichnet haben, in dem Staate bürgerlichen Verkehr treiben und überhaupt existiren können. — Die rec. hat vor τὸ ὄνομα noch ἤ, was aber sicher unecht ist, fehlt ABC und gegen 30 min. Andr. Areth. in comment. Hippol. — Syr. Ar. pol. Itall., ausgelassen von Bengel, Griesbach, Lachmann, Tischendorf u. A. — Lachmann hat dann auch τοῦ ὀνόματος, das Mahl seines Namens nach C Syr. Vulg. It. Andr. 1. Iren. Prim. Doch ist hier wohl τὸ ὄνομα das Ursprüngliche, wo denn dieses eben so wie ἢ τὸν ἀριθμόν κ. λ. erklärende Apposition zu τὸ χάραγμα bildet. Die Zahl des Namens kann nur von einer Zahl gemeint sein, welche in dem Namen liegt, und zwar hier eine solche, welche die Buchstaben des Namens als Ziffern betrachtet zusammengenommen geben, da — nach der Grösse der Zahl (V. 18) — nicht bloss etwa der Anfangsbuchstabe des Namens gemeint sein kann.

V. 18. Hier ist Weisheit, ist wohl nicht gemeint = en sapientiam! hier ist tiefe Weisheit verborgen, sondern: hier zeigt sich Weisheit, nämlich in der Erforschung des Namens aus der gleich angegebenen Zahl desselben, also: hier gilt es Weisheit, und entsprechend 17, 9: ὧδε ὁ νοῦς ὁ ἔχων σοφίαν.

wer Einsicht hat, Verstand, berechne die Zahl des Thieres; denn es ist ἀριθμὸς ἀνθρώπου. Dieses kann heissen: Zahl eines Menschen (und so Züllig und Andere), wo denn bestimmt darin angedeutet wäre, dass es eben Name eines Menschen sei und eine bestimmte menschliche Persönlichkeit, an welche bei dem Thiere, dem Antichrist zu denken sei. Allein es kann auch heissen, wie Andere es fassen: Menschenzahl = eine menschliche Zahl d. i. ganz in der Weise berechnet wie Menschen zu berechnen pflegen, wie 21, 17 μέτρον ἀνθρώπου zu fassen ist; vergl. Jes. 8, 1: schreibe auf die Tafel mit Menschengriffel. Zu dieser Auffassung stimmt auch besser die Verbindung dieses Gliedes mit dem vorhergehenden durch γάρ; eben weil die Zahl nach der gewöhnlichen menschlichen Weise berechnet ist, konnte dem menschlichen Scharfsinne zugemuthet werden, sie zu berechnen, d. i. durch Berechnung zu entziffern.

und zwar ist seine Zahl (αὐτοῦ jedenfalls in Beziehung auf das Thier, nicht in Beziehung auf ἀνθρώπου, auch wenn man dieses auf die erstere Weise fasste) χξς, d. i. ἑξακόσιοι ἑξήκοντα ἕξ, wie auch cod. A. Compl., Lachmann ausgeschrieben haben; cod. C. ἑξακοσίαι, andere, wie Ed. Berg. ἑξακόσια; aber grade auch der Umstand, dass die codd., welche die Zahl in Worten ausgeschrieben haben, auf solche Weise hinsichtlich des Geschlechtes abweichen, macht wahrscheinlich, dass sie ursprünglich mit Buchstaben als Ziffern geschrieben ist. — Statt dieser Zahl 666 haben, wie schon Allgem. Einl. bemerkt ist, Andere 616, was mit Buchstaben als Ziffern geschrieben χις sein würde. Diese Lesart findet sich noch cod. C. und 11 (in beiden in Worten ausgeschrieben ἑξακόσιαι δέκα ἕξ); sie fand sich aber auch schon in Griechischen Handschriften zur Zeit des Irenäus (V, 30); doch verwirft er dieselbe und sagt, dass in omnibus antiquis et probatissimis et veteribus scripturis sich die andere Zahl, 666, finde, die auch ohne Zweifel die rechte ist. Für die Entzifferung, siehe das in der Allgem. Einl. Bemerkte, pag. 62, wo als die wahrscheinlichste Deutung die schon vom Irenäus mit angeführte bezeichnet ist, welche in neuerer Zeit besonders Eichhorn wieder geltend gemacht hat, dass nämlich das Wort λατεῖνος gemeint sei, als Bezeichnung des heidnischen Römerthums. Was nur gegen diese Deutung bedenklich machen könnte, ist die Form Λατεῖνος selbst, da man eher Λατῖνος erwarten würde, was auch bei Griechischen Schriftstellern sich findet, wie denn überhaupt bei Lateinischen Wörtern das i vor einem Consonanten gewöhnlich nicht in ει verwandelt wird, obwohl bei Griechischen Wörtern das ει im Lateinischen in ein langes ī. Doch ist in einzelnen Fällen auch jenes geschehen, wie in Σαβεῖνος, Παυλεῖνος, Φαυστεῖνος, Παπείριος), und dass namentlich die Form und Schreibart Λατεῖνος zu der Zeit bei den Griechen nicht ungewöhnlich gewesen sein kann, ergiebt sich schon daraus, dass diese Deutung wenigstens sec. 2 fin. schon in der Griechischen Kirche bekannt und verbreitet gewesen sein muss und dass auch Irenäus, der von Geburt selbst ein Hellene, höchst wahrscheinlich aus Klein-Asien war, obwohl er diese Erklärung nicht billigt, doch an der Form des Namens durchaus keinen Anstoss nimmt. — Von anderen Deutungen ist nur besonders eine in neuester Zeit mehrfach geltend gemachte zu erwähnen, dass nämlich der Hebräische Buchstaben-Werth des Namens des Kaisers Nero gemeint sei קסר נרון oder קסר נרו; nach dieser Schreibart geben die Buchstaben nach ihrem Zahlenwerthe im Hebräischen allerdings diese Summe ק = 100, ס = 60, ר = 200, נ = 50, ר = 200, ו = 6, נ = 50. Diese Erklärung macht Ferd. Benary geltend in Bruno Bauer's Zeitschrift für speculative Theol. Bd. I. H. 2 (Berlin 1836. S. 205—206). Dann erklärte Hitzig in seinem Ostern und Pfingsten, Sendschreiben an Ideler (Heidelb. 1837) S. 3, dass er dieselbe Deutung schon in seinen Vorlesungen über die Apokalypse im Sommer 1836 entwickelt habe, und deutete an, dass sie von daher wohl Benary (durch einen reisenden und hospitirenden Dom - Candidaten) zugekommen sein möge. Dagegen rechtfertigte Benary sich und nahm die Priorität für sich in Anspruch (Hall. Allgem. K. Z. 1837. Aug.). Benary meint dabei, die andere Lesart 616 beziehe sich auf denselben Namen, nur Nero nach Römischer Weise ohne י am Ende geschrieben (נרו), wodurch 50 weniger herauskommen. Nicht minder behauptet Ed. Reuss in Strassburg (Hall. A. K. Z. 1837. Intell.-Bl. September), dass auch er dasselbe schon früher öffentlich vorgetragen habe, so dass es auch von ihm kann abgehört worden sein. Dabei war ihnen entgangen, dass ihnen schon Fritzsche zuvorgekommen war, der dieselbe Erklärung schon 6 Jahre früher*entwickelt hat in den „Annalen der gesammten theolog. Litteratur und der christlichen Kirche überhaupt Jahrg. I. Bd. 3. H. 1. (Coburg und Leipzig 1831) S. 42 bis 64." So scheinen demnach diese vier Gelehrten ganz unabhängig von einander auf diese Deutung gekommen zu sein, und das scheint sehr zu Gunsten der Erklärung zu sprechen, die auch an sich sehr passend und dem Sinne des Buches entsprechend zu sein scheint. Gleichwohl glaube ich nicht, dass sie richtig ist, und zwar a) besonders deshalb, weil es an sich unwahrscheinlich ist, dass bei dieser Zahl der Zahlenwerth der Hebräischen Buchstaben zu Grunde liegen sollte; s. darüber Allgem. Einl. (S. 87); b) weil in den Jüdischen Schriften (z. B. Thalm. Babyl. Gittin. Fol. 56, 1.) sowohl der Name des Nero נירון als auch קיסר mit einem Jod hinter dem ersten Consonanten geschrieben wird; dieses hätte bei dem Namen des Nero wohl fehlen können, nicht aber wohl in קיסר, da es hier aus dem Griechischen $Καισαρ$ herstammt. Dazu kommt c) dass überhaupt nicht natürlich scheint, dass hier der Antichrist schon als der einzelne Römische Kaiser sollte bezeichnet sein, da er hier noch als das Thier mit den 7 Hörnern auftritt und erst später hervorgehoben wird, dass er in einem dieser Hörner gleichsam concentrirt sei. Daher halte ich die andere und schon so alte Deutung = $Λατεῖνος$ entschieden für viel wahrscheinlicher. — Ewald meinte (früher) auch, für die Zahl 666 sei die Deutung $Λατεῖνος$ anzunehmen (jetzt jedoch קסר נרון); doch scheint er sehr geneigt, die andere Lesart 616 für die richtige zu halten, und deutet diese קיסר רום ($100 + 10 + 60 + 200 + 200 + 6 + 40 = 616$). Nachweisungen über verschiedene andere Erklärungen siehe bei Wolf cur. ad h. l. (p. 545—551); Hartwig Apologie II. S. 201—224; Heinrichs Excurs. IV. (Tom. II. p. 235—265); de Wette. Seltsam und nur der Curiosität wegen anzuführen sind unter den Erklärungen neuerer Ausleger die von Züllig und Hengstenberg. Züllig hält für entschieden, dass gemeint sei בִּלְעָם בֶּן בְּעֹר קֶסֶם Bileam, Sohn Beors, der Zauberer, wie er sich Jos. 13, 22 genannt findet, wo aber die beiden letzten Wörter beide mit ו geschrieben sind קוֹסֵם בְּעוֹר. Aber auch davon abgesehen, ist die Deutung ganz unwahrscheinlich. Noch mehr gilt das von der mit grosser Zuversicht vorgetragenen Erklärung Hengstenberg's, der nach der Stelle Esra 2, 13, wo es bei der Aufführung der aus dem Exil zurückgekehrten Juden heisst: „die Söhne Adonikam 666", meint oder weiss, es sei der Name Adonikam zu verstehen, der nach seiner etymologischen Bedeutung: „der Herr erhebt sich", für den Namen des Antichrist vortrefflich geeignet sei.

Kap. 14, 1—5.

Der Seher erzählt weiter, was sich ihm in der Vision dargestellt habe, nämlich die Schaar der 144000 Erwählten, welche mit dem Lamme auf dem Sion stehen und Gott mit einem neuen Liede preisen, welches im Himmel erschallt. — Es sind dieses eben diejenigen, welche Kap. 7, 3 sq. mit dem Siegel Gottes an ihrer Stirne bezeichnet werden, weshalb es hier V. 1 heisst, dass sie den Namen Gottes und des Lammes an ihrer Stirne tragen. Ueber eine Schwierigkeit, welche das Verhältniss unserer Stelle zu Kap. 7 verursacht, wiefern dort die 144000 nur die Gläubigen aus dem Jüdischen Volke sind, woran sich dort noch eine unzählbare Schaar aus anderen Völkern anschliesst, während hier dasselbe als die Zahl der sämmtlichen Erwählten erscheint, s. ad Kap. 7. — Uebrigens giebt diese Vision nicht gerade einen Fortschritt in der Enthüllung der Zukunft, noch ist sie mit manchen früheren Auslegern auf bestimmte Begebenheiten oder Zeiten in der späteren Geschichte der Kirche zu beziehen, sondern es soll hier nur im Allgemeinen im Gegensatze gegen die Menschen der Welt, die sich zum Dienste des Antichrists verführen lassen, auf die Reinheit und die Seligkeit der Knechte Gottes hingewiesen werden; dazu werden sie hier wieder aufgeführt.

V. 1. **Und ich schaute und siehe, das Lamm stand auf dem Berge Sion und mit ihm 144 Tausende, welche seinen und seines Vaters Namen auf ihren Stirnen geschrieben trugen.** Die Worte αὐτοῦ καὶ τὸ ὄνομα fehlen rec. (also bloss: den Namen seines Vaters), sind aber Ed. Compl., Bengel, Griesbach, Lachmann, Tischendorf u. A. aufgenommen, finden sich ABC 34 min. Syr. Ar. pol. Copt. Aeth. Arm. Vulg. Orig. Method. Andr. Areth. Patr. lat., und sind ohne Zweifel echt, nur durch zufälligen Schreibfehler, veranlasst durch das Homoioteleuton, ausgefallen. — Bei dem Berge Sion übrigens haben wir wohl nicht, wie Ewald, Züllig, Hengstenberg, an das himmlische Sion zu denken, sondern an den Tempelberg in der heiligen Stadt, der hiermit schon wie der Sammelplatz für die Knechte Gottes angedeutet erscheint.

V. 2. **Und ich hörete eine Stimme vom Himmel gleich der Stimme, dem Rauschen, vieler Wasser, grosser Gewässer, und gleich der Stimme, dem Schalle starken Donners.** Auch das ἐκ τοῦ οὐρανοῦ zeigt, dass der Standpunkt des Sehers nicht im Himmel ist, und so spricht auch dieses dafür, dass wir das Sion, wo er das Lamm und die Knechte Gottes sieht, nicht im Himmel zu suchen haben. Die Stimme erschallt aber vom Himmel so, dass jene Knechte Gottes sie auf dem Sion vernehmen und so vom Himmel selbst lernen, Gott würdig zu preisen, denn Preis Gottes ist es, was hier gehört wird.

Und die Stimme, welche ich hörte, war gleich der von Zitherspielern, die auf ihren Zithern spielen, nämlich die mit Begleitung der Zither singen. So heisst es auch Kap. 5, 8 sq., dass die 4 Cherubim und die 24 Aeltesten mit Zithern versehen ein neues Lied (zum Preise des Lammes) gesungen hätten. — Wer hier die Singenden sind, ist nicht gesagt; offenbar sind aber himmlische Heerschaaren gemeint, Engel, welche vor dem göttlichen Throne singen.

V. 3. **Und sie singen (wie) ein neues Lied vor dem Throne** (dem göttlichen), **und vor den vier Thieren und den Aeltesten.** — Die rec. ὡς (vor ᾠδὴν) hat Griesbach, Tischendorf, wie Compl., Bengel, ausgelassen, nach B 27 min. Orig. Method. Andr. 2. Areth. Vulg. Patr. lat. — Syr.

Copt. Aeth. Arm. Ar. Doch lässt sich weniger leicht denken, wie es hätte in den Text kommen können als umgekehrt; mit ὡς (und so AC al. Vulg. — Lachmann) ist es: es erschien wie ein ganz neues Lied, was sie sangen.

und niemand vermochte das Lied zu lernen, so dass er es sich hätte aneignen und den himmlischen Heerschaaren nachsingen können.

als nur die 144 Tausende, welche von der Erde erkauft sind, nämlich Gotte als dessen Eigenthum, vergl. 5, 9: ἠγόρασας τῷ θεῷ ἐν τῷ αἵματί σου ἐκ πάσης φυλῆς κ. λ. Das ἀπὸ τῆς γῆς kann man fassen entweder von der Erde erkauft, ihr abgekauft, da sie ihr früher als Eigenthum angehörten; oder bloss: aus der Zahl der Bewohner der Erde erkauft. Für den Sinn macht es keinen wesentlichen Unterschied; wahrscheinlich ist es aber auf die letztere Weise gemeint: V. 4: ἠγοράσθησαν ἀπὸ τῶν ἀνθρώπων. 5, 9: ἐκ πάσης φυλῆς κ. λ. vergl. Joh. 15, 19: ἐξελεξάμην ὑμᾶς ἐκ τοῦ κόσμου.

V. 4. Diese sind es, die sich mit Weibern nicht befleckt haben, denn sie sind παρθένοι, jungfräulich. Es lässt sich nicht wohl glauben, dass dieses von einem ehelosen Leben gemeint sein kann (wie unter andern Neander Apostol. Zeitalter. Ed. 3 II, 543 Anm.); denn wenn auch der Verfasser, wie das mit manchen Christen in diesem Zeitalter schon der Fall war, darauf einen grossen Werth gelegt hätte, so lässt sich doch nicht wohl denken, dass er sollte die ganze Schaar der erwählten Gläubigen haben als solche bezeichnen wollen, die sich der Ehe ganz enthalten hätten. Es kann sich daher wohl nur auf die Enthaltung von aller Unkeuschheit und Hurerei beziehen, welche, wie anderswo in der Schrift so auch in der Apokalypse, als stete Begleiterin des Götzendienstes gedacht wird. Zu allgemein dagegen wird es von Züllig gefasst, als überhaupt Solche bezeichnend, die in jeder Hinsicht rein und in jeder Art von frommer Pflichttreue ausgezeichnet waren. παρθένοι, was auch bei Kirchenschriftstellern in Beziehung auf das männliche Geschlecht gebraucht wird, steht hier denn auch nur in Beziehung auf die Gesinnung: jungfräulich.

sie sind es, welche dem Lamme folgen, wohin

es geht, die ihrem Herrn auch selbst in den Tod zu folgen sich nicht scheuen.

sie sind von den Menschen erkauft als eine Erstlinggabe für Gott und das Lamm. So werden sie hier wohl nicht bezeichnet im Gegensatze gegen Andere, welche auch noch später für das Reich Gottes würden gewonnen werden (wie Grotius, Eichhorn, Heinrichs, Züllig, Ebrard u. A. es fassen), sondern überhaupt als Solche, welche von der Masse der Menschheit ausgesondert und Gotte und dem Lamme geweiht seien, gleichwie von den Früchten die Erstlinge ausgesondert wurden als eine geheiligte Gabe.

V. 5. Und in ihrem Munde ward keine Lüge erfunden. ($\psi\varepsilon\tilde{v}\delta o\varsigma$ ist nach überwiegenden Zeugen zu lesen mit Compl., Bengel, Griesbach, Lachmann, Tischendorf u. A.; die rec. $\delta \acute{o} \lambda o \varsigma$ ist wohl veranlasst durch Jes. 53, 9 LXX oder 1. Petr. 2, 22.

denn sie sind tadellos, $\H{\alpha}\mu\omega\mu o\iota$ = הְּמִימִם, wie das Gott darzubringende Opfer fehllos sein musste. — rec. fügt hinzu: $\dot{\varepsilon}\nu\acute{\omega}\pi\iota o\nu$ $\tau o\tilde{v}$ $\vartheta\varrho\acute{o}\nu o\nu$ $\tau o\tilde{v}$ $\vartheta\varepsilon o\tilde{v}$, was aber nach äusseren Zeugen entschieden unecht und von Bengel, Griesbach, Lachmann, Tischendorf u. A. mit Recht ausgelassen ist.

V. 6—13

treten hinter einander drei Engel auf und dann noch eine himmlische Stimme mit Ankündigungen, Ermahnungen und Drohungen, die sich auf das bevorstehende Gericht und die Seligkeit der im Herrn Entschlafenen beziehen. Zuerst

a) V. 6. 7 ein Engel, welcher noch einmal alle Völker mit Hinweisung auf das Evangelium zur Verehrung und Anbetung des Schöpfers der Welt auffordert.

Und ich sahe einen (anderen) Engel mitten am Himmel fliegen; über $\dot{\varepsilon}\nu$ $\mu\varepsilon\sigma o\nu\varrho\alpha\nu\acute{\eta}\mu\alpha\tau\iota$ s. ad 8, 13. — Das $\H{\alpha}\lambda\lambda o\nu$ fehlt B 25 min. Orig. Andr. 2. Areth. Ambr. Ar. pol., ausgelassen Edd. Erasm. 1. 2. 3. Colin. Es ist hier in der That nicht passend, da unmittelbar vorher von keinem einzelnen Engel die Rede ist, in Bezug auf den dieser als $\H{\alpha}\lambda\lambda o\varsigma$ hätte bezeichnet werden können, wozu kommt, dass V. 8 der nach diesem hier auftretende Engel nach der wahrscheinlich echten

Lesart ausdrücklich ἄλλος δεύτερος, und ein anderer dritter erscheinender V. 9 ἄλλος τρίτος heisst. Es ist daher wahrscheinlich unecht und wohl vielleicht aus 10, 1 entstanden, obwohl es AC für sich hat und von **Griesbach**, **Lachmann**, **Tischendorf** beibehalten ist.

der hatte ein ewiges Evangelium zu verkündigen wider die Bewohner auf Erden und wider alle Nationen und Stämme und Zungen und Völker. Hinter εὐαγγελίσαι ist wahrscheinlich mit Lachmann, Tischendorf noch die Präposition ἐπί aufzunehmen nach ABC 33 min. Orig., wie schon Compl., Bengel, Griesbach u. A. dieselbe Präposition vor πᾶν ἔθνος aufgenommen haben nach ABC 25 min. Orig. Andr. 2. Areth. Vulg. Syr. Es ist diese Verbindung εὐαγγελίσαι τι ἐπί τινα sonst nicht gebräuchlich, deutet aber den drohenden Charakter an, welchen dieses — für die Gläubigen so fröhliche — Evangelium für die Völker der Welt hat, da es zugleich das der Welt drohende Gericht verkündigt. Als ein **ewiges** Evangelium wird dasselbe bezeichnet sowohl wiefern es von Ewigkeit her bei Gott beschlossen war, als auch weil es seine Kraft in Ewigkeit bewähren wird.

V. 7 **indem er mit lauter Stimme sprach: fürchtet Gott und gebet ihm Ehre**, ihn anbetend als den alleinigen Herrn, nicht aber das Thier, den Antichrist. **denn gekommen ist die Stunde Seines Gerichtes; und huldigt dem, der gemacht hat den Himmel und die Erde und das Meer und die Wasserquellen.** Als Schöpfer Himmels und der Erde wird der wahre lebendige Gott des Bundesvolkes auch im A. T. öfters im Gegensatze gegen die todten Götter der Heiden bezeichnet.

b) V. 8. Ein zweiter Engel, welcher hier schon vorläufig den Sturz der grossen Babel als wie schon geschehen ankündigt, der später weiter geschildert wird. Dass diese Babel nicht von Jerusalem gemeint ist, sondern von Rom, dem heidnischen Rom, worauf schon die älteren Kirchenväter es beziehen, z. B. **Tertullian** adv. Marc. III, 13. al. **Hieronym.** in Jes. 47 u. A., s. Allg. Einl. p. 88. Als Babel wird Rom bezeichnet, wiefern es sich damals zum Volke Gottes ebenso feindselig und verfolgerisch bewies, wie das alte Babel gegen das Volk des A. B.

Und ein anderer zweiter Engel folgte, der sprach: hinter ἄλλος ist mit Lachmann, Tischendorf noch δεύτερος zu lesen nach AB 25 min. Syr. Andr. 1. Areth. (dasselbe haben hinter ἄγγελος C 12 min. Copt. Arm. Andr. — Edit. Compl., Bengel al.), vergl. ἄλλος δεύτερος Eurip. Troad. 614.

Gefallen, gefallen ist Babel, die grosse, nach Jes. 21, 9: נָפְלָה נָפְלָה בָּבֶל; vergl. Jerem. 51, 8. ἡ πόλις rec. hinter Βαβυλών fehlt ABC 32 min., wie Compl., Bengel, Griesbach, Lachmann, Tischendorf u. A., vgl. Dan. 4, 27: בְּכָל רַבְּתָא.

weil sie (oder: welche, nach Compl., Bengel, Lachmann, Tischendorf ἥ nach AC 10 min Syr. Aeth. Vulg.) von dem Gluthweine ihrer Hurerei alle Völker hat trinken lassen, sie damit getränkt hat. οἶνος τοῦ θυμοῦ entspricht eigentlich dem Hebräischen יֵין הַחֵמָה Jerem. 25, 15; vergl. כּוֹס חֵמָה Jes. 51, 17. Es steht dort von dem Becher oder Weine des göttlichen Zornes, womit Er dargestellt wird in seinem Zorne die Völker tränkend, so dass sie gleichsam von seinem Grimme berauscht taumeln und stürzen; vergl. Thren. 4, 21. Ps. 75, 9. Hiob 21, 20; und so ist das Bild gleich unten V. 10 und Kap. 16, 19. Auch in Beziehung auf Menschen, welche Andere durch ihren Grimm in's Verderben stürzen, findet sich dasselbe Bild Hab. 2, 15 sq. Ein wenig anders ist es hier und 18, 3. Es ist mit jenem Bilde ein anderes verschmolzen, welches sich gleichfalls öfters bei den Propheten findet, wo angesehene götzendienerische Städte, welche mit anderen Städten und Völkern Verkehr treiben und sittlich nachtheilig auf dieselben wirken, so dass diese zum Götzendienste sich verleiten lassen, als Buhlerinnen bezeichnet werden, welche Andere an sich zu locken suchen oder mit ihnen Unzucht treiben; so besonders Jerusalem Ezech 16, 15 sq., Tyrus Jes. 23, 15—17, Ninive Nah. 3, 4 sq. So hier unten auch 17, 2 sq. Hier kann nun θυμός nicht wohl vom Zorne gemeint sein, weder dem Zorne Gottes (wie noch de Wette) noch dem der grossen Babel selbst (wie noch Hengstenberg), sondern nur als eine adjectivische Bestimmung des Weines selbst: hitziger Wein, berauschender Gluthwein; in mehreren früheren Ausgaben (Erasm. 1. 2. 3. daher auch nicht von Luther übersetzt), Colin. Berg. ist es ganz ausgelassen, was auch Mill billigt; es könnte auch sehr gut fehlen; doch sind die äusseren Zeugen der Auslassung nicht günstig, und auch 18, 3 spricht zu seinen Gunsten. Der folgende Genitiv τῆς πορνείας αὐτῆς ist von dem ganzen Begriff τοῦ οἴνου· τοῦ θυμοῦ abhängig (der Gluthwein ihrer Hurerei) und steht explicative, da die Hurerei selbst, was ohne Zweifel in Beziehung auf den Götzendienst gemeint ist, eben das Berauschende ist, womit sie alle Völker getränkt, was sie gleichsam durch Vermischung mit ihnen unter dieselben verbreitet hat. — Nicht unwahrscheinlich schwebt hierbei auch Jerem. 51, 7 sq. vor: „Ein goldner Kelch war Babel in Jehovah's Hand, berauschend die ganze Erde; von ihrem Weine tranken die Völker; darum wurden die Völker rasend. Plötzlich fällt Babel und wird zerschmettert."

c) V. 9-12. Ein dritter Engel, der ewige Strafe Allen droht, die das Thier und dessen Bild anbeten. **Und ein anderer dritter Engel folgte ihnen, der mit lauter Stimme sprach: so jemand dem Thiere huldigt und dessen Bilde und ein Mahlzeichen** (nämlich jenes 13, 16 sq. erwähnte des Thieres) **nimmt auf seine Stirne oder auf seine rechte Hand,**

V. 10. **so soll auch er trinken von dem Gluthweine Gottes**; das καὶ αὐτός ist wohl gemeint, wie Ewald: auch er, eben so wie Babel; sonst müsste man das καί bloss hebraisirend als Anfang des Nachsatzes betrachten והוא.

welcher ungemischt eingeschenkt ist im Becher Seines Zornes; κεκερασμένου ἀκράτου bildet ein Oxymoron. κεράννυμι bezeichnet das bei den Alten gewöhnliche Mischen des Weines mit Wasser zum Tischtrunke, da der südliche Wein sonst als zu dick und hitzig zum Trinken galt; so ist denn οἶνος ἄκρατος ein ungemischter, nicht durch Wasser verdünnter, daher sehr starker und leicht berauschender Wein. Das Verbum κεραννύναι wird dann aber bei Späteren von dem Zurechtmachen und Einschenken des Weines überhaupt zum Trinken gebraucht, auch wo derselbe nicht gemischt ward (s. Wetstein ad h. l. Passow s. v.), und so ist es ohne Zweifel 18, 6 und hier zu nehmen. Falsch ist wenn Grotius u. A., auch Gesenius ad Jes. 5, 22, Hengstenberg es fassen: mit Gewürz vermischen, pfeffern, und dadurch erhitzender und berauschender machen; und noch falscher, wenn Züllig h. l. οἶνος ἄκρατος von der blossen Mischessenz ohne Wein verstehen will, von erhitzenden Tropfen, wie sie sonst zur Verstärkung des Weins dienen, die hier aber ohne den Wein gereicht werden, als ein im höchsten Grade starkes und betäubendes Getränk.

und wird gepeinigt werden mit Feuer und Schwefel vor den heiligen Engeln und vor dem Lamme.

V. 11. Und der Rauch ihrer Pein = der Rauch von dem Feuer und Schwefel, wodurch sie gepeinigt werden, steigt in alle Ewigkeiten auf, zur Bezeichnung des Fortdauernden ihrer Pein. Es liegt wohl zu Grunde die Schilderung von Edoms Verderben Jes. 34, 9 sq.: „es wandeln sich ihre Flüsse in Pech und sein Boden in Schwefel, und es wird sein Land zu brennendem Pech; Tag und Nacht erlischt es nicht, ewig steigt sein Rauch empor". Vergl. ib. 66, 24, wo es von den Leichnamen der von Jehovah abgefallenen Menschen heisst, ihr Wurm werde nicht sterben und ihr Feuer nicht erlöschen.

und es haben keine Ruhe, keine Rast von ihrer Pein, Tag und Nacht die dem Thiere und seinem Bilde huldigen und wenn jemand das Mahlzeichen seines Namens nimmt.

V. 12, vergl. 13, 10. — Hier (zeigt sich oder gilt es) die Ausdauer der Heiligen, die da halten die Gebote Gottes und den Glauben Jesu (= an Jesum, oder auch: den er ihnen zum Halten übergeben hat); diese haben Gelegenheit sich hier zu bewähren, dass sie nicht am Dienste des Thieres mit theilnehmen. οἱ τηροῦντες ist Apposition zu τῶν ἁγίων; das zweite ὧδε, was die rec. vor οἱ τηροῦντες hat, ist nach äusseren Zeugen entschieden unecht, ausgelassen von Bengel, Griesbach, Lachmann, Tischendorf, was auch schon Mill billigt.

d) V. 13. Noch eine himmlische Stimme, welche die im Herrn Entschlafenen selig preist, zur Tröstung für und über die vor der Zukunft des Herrn gestorbenen Gläubigen. Und ich hörte eine Stimme vom Himmel welche sprach: Schreibe: Selig sind die Todten die im Herrn entschlafen von nun an, schon jetzt. Ueber die Verbindung und Auffassung des ἀπάρτι ist viel Streit: Ohne Zweifel ist es aber nicht, wie einige codd. und editt. mit dem Folgenden zu verbinden, sondern mit dem Vorhergehenden, und zwar nicht mit ἀποθνῄσκοντες, wie z. B. noch Züllig (mit Beziehung auf die nahe bevorstehende grosse Drangsal, der sie entgehen), sondern mit μακάριοι. Und zwar ist es nicht mit L. Bos ἀπαρτί zu schreiben = perfecte, plane, omnino, sondern ἀπάρτι oder (mit Tischendorf) ἀπ' ἄρτι = von nun an d. i. schon jetzt, wie ἀπ' ἄρτι Joh. 13, 19. Die ἀποθνῄσκοντες ἐν κυρίῳ sind nicht grade bloss die christlichen Märtyrer, wie Beza, Vitringa und auch noch Züllig es fassen, sondern die Bekenner des Herrn überhaupt, die im Glauben an Jesum und in Seiner Gemeinschaft sterben, wie 1 Th. 4, 16: οἱ νεκροὶ ἐν Χριστῷ. 1 Cor. 15. 18 οἱ κοιμηθέντες ἐν Χριστῷ. Schon der Apostel Paulus findet sich veranlasst, die Christen zu Thessalonich zu beruhigen wegen des Schicksals derjenigen, welche aus ihrer Mitte dahinstarben, ohne die Wiederkunft des Herrn zu erleben; er sagt dass sie denen, die alsdann etwa noch am Leben wären, nicht nachstehen würden. Und so werden hier dieselben bezeichnet als schon jetzt selig zu preisen, da sie dadurch grade schon mit dem Herrn in innigere Verbindung kommen und aller Trübsal und Verfolgung auf Erden entnommen sind.

Ja, spricht der Geist, τὸ πνεῦμα wie 2, 7. 11. 17. 20 cet. 1 Tim. 4, 1 der Geist der Weissagung, der hier bekräftigend sein Amen spricht; falsch denkt Eichhorn an die Geister der Verstorbenen.

sie sollen ruhen von ihren Mühen, von allen Beschwerden, welche sie auf Erden zu erdulden hatten, davon sollen sie Rast haben. Das ἵνα ist hier, wie Eph. 5, 33 imperativisch zu fassen, und daher in diesem Zusammenhange als nachdrückliche Verheissung. Im Folgenden ist statt τὰ δὲ vielleicht mit Lachmann zu lesen τὰ γὰρ (nach AC 3 min. Syr. Vulg. Prim. August.): denn ihre Werke (die des Glaubens und der Ausdauer) folgen ihnen nach, begleiten sie mit an den Ort, wo sie sich aufhalten, und so wird ihnen Gott früher von ihren Mühen Rast gewähren. Vergl. tract. Avoth. VI, 9: Hora discessus hominis non comitantur eum argentum aut aurum etc. . sed lex et bona opera. Tr. Avoda sara fol.

5, 1. 51 quis praestiterit praeceptum unum in hac vita, illud praecedit eum, atque incedit ante faciem ejus in seculum futurum. — Ueber die Verbindung ἀκολουθεῖν μετά τινος s. 6, 8.

V. 14-20.

Zwei symbolische Bilder, welche beide die gleiche Bedeutung haben, nämlich andeuten, dass die Welt reif sei für das göttliche Gericht, dass dieses alsbald über dieselbe werde verhängt werden; dieses Gericht wird dargestellt das eine Mal unter dem Bilde der Ernte, das andre Mal unter dem der Weinlese und zwar sowohl des Abschneidens der Trauben als auch des Kelterns derselben. Unter beiden Bildern wird das göttliche Gericht über die Erde oder ein Volk auch öfters bei alttestam. Propheten geschildert; so finden sich beide vereinigt Joel 4, 12 (3, 18): Leget die Sichel an! denn reif ist die Ernte, kommt, stampfet! denn voll ist die Kelter; es fliessen die Kufen über; denn gross war ihre (der Völker, die Jehovah im Thale Josaphat richten will) Bosheit; das der Ernte Jes. 17, 5 sq. Am. 8, 1 sq.; das der Weinlese und des Kelterns Jes. 63, 1-6.

a) V. 14-16. Und ich schaute und siehe eine weisse Wolke, und auf der Wolke Einen gleich einem Menschensohne, der auf seinem Haupte eine goldene Krone hatte und in seiner Hand eine scharfe Sichel. Die Schilderung führt uns darauf (und so auch Eichhorn, Lücke S. 358, Hengstenberg, Ebrard) an den Messias selbst zu denken, zumal dieser auch 1, 13 als ὅμοιος υἱῷ ἀνθρώπου bezeichnet wird (nach Dan. 7, 13). Doch führt wiederum das ἄλλος ἄγγελος V. 15 darauf, dass auch hier nur ein Engel gemeint sei; sonst würde auch der Engel V. 17 sq. in ganz gleichem Verhältnisse mit dem Messias hier dargestellt sein, was auch nicht ganz wahrscheinlich ist.

V. 15. Und ein anderer Engel kam aus dem Tempel hervor, dem himmlischen (V. 17), der nach 11, 19 geöffnet war, aus welchem auch unten 15, 5 sq. die Engel mit den sieben letzten Plagen hervorkommen und nach 16, 1 die Stimme erschallt, welche ihnen dieselben auf die Erde auszuschütten befiehlt.

der rief dem auf der Wolke sitzenden mit lauter

Stimme zu: lege deine Sichel an (vergl. Joel 1. l. 4, 12: שִׁלְחוּ מַגָּל) und ernte; denn gekommen ist die Stunde zu ernten (rec. σοι hinter ἦλθεν fehlt Compl. u. A., ausgelassen wieder von Griesbach, Lachmann, Tischendorf u. A., was auch Mill billigt, auch ABC 26 min. Arr. Copt. Aeth. Arm. Vulg. Andr. 2. Areth. Prim.) denn die Ernte der Erde ist dürre geworden, vertrocknet d. i. schon überreif. — θερισμός eigentlich die Handlung des Erntens, steht hier wie öfters קָצִיר, unsere Ernte, für das zu erntende Getreide.

V. 16. Und der auf der Wolke Sitzende warf seine Sichel aus auf die Erde und die Erde ward geerntet, Alles was auf derselben reif war für das göttliche Strafgericht abgeschnitten vergl. Hos. 6, 11: auch dir, Juda, ist eine Ernte bereitet.

b) V. 17—20. Und ein anderer Engel ging hervor aus dem Tempel im Himmel, der gleichfalls eine scharfe Sichel hatte.

V. 18. Und ein anderer Engel kam hervor vom Altare, der Gewalt über das Feuer hatte. Bei dem Altare haben wir auch hier wohl an den Rauchaltar zu denken, wie bei τὸ θυσιαστήριον in unserm Buche wahrscheinlich überall (s. ad 11, 1) und zwar hier an den im himmlischen Tempel; dort war der Aufenthaltsort für die Seelen der christlichen Märtyrer (6, 9); — darauf nimmt vielleicht hier die Darstellung, dass er vom Altar hergekommen, Rücksicht, und will ihn als einen solchen bezeichnen, der die Gebete der Märtyrer so eben gehört habe und der nun mit Beziehung auf diese die alsbaldige Vollstreckung des Gerichtes über die Erde anordnet; vergl. 9, 13. Nicht recht klar ist, weshalb er der Engel heisst, der Gewalt über das Feuer habe, da er sich hier dessen doch nicht bedient, wie 16, 5 ein ἄγγελος τῶν ὑδάτων vorkommt. Wir haben hier bei dem Feuer wohl zunächst nur an das Feuer des Rauchaltars zu denken, und zu vergleichen 8, 5, wo der Engel Feuer von diesem Altar nimmt und es auf die Erde wirft, worauf Blitz, Donner und Erdbeben entsteht. — Und er rief dem der die scharfe Sichel hatte mit lauter Stimme zu und sprach: lege deine scharfe Sichel an, und ernte, schneide ab, die Trauben des Weinstockes der Erde; denn seine (oder auch ihre, in Beziehung auf τῆς γῆς, was jedenfalls genit. explic. ist) Beeren sind reif (τρυγᾶν von dem Ernten der trocknen Feld- oder Baumfrüchte überhaupt, so auch bei LXX öfters von der Weinlese, vergl. Luc. 6, 44). βότρυς bezeichnet eigentlich die Traubenstengel mit den Trauben daran, σταφυλαί die Trauben oder Beeren an den Stengeln. Statt ἤκμασαν αἱ σταφυλαὶ αὐτῆς will Ewald lesen ἤκμασεν ἡ σταφυλὴ τῆς γῆς, wozu auch Griesbach geneigt ist; der Singular findet sich B 23 min. Arr. Aeth. Areth. und τῆς γῆς 25 min. Syr. Aeth. Areth.

V. 19. Und der Engel warf seine Sichel auf die Erde und erntete, schnitt ab den Weinstock der Erde und warf ihn (die abgeschnittenen Trauben) in die grosse Kelter des Zornes Gottes, worin Gott in seinem Zorne das zu Bestrafende zur Zertretung hineinlegt. Statt τὴν μεγάλην rec. ist mit Compl., Bengel, Griesbach, Lachmann, Tischendorf u. A. zu lesen τὸν μέγαν, cf. Lücke ed. 2. p. 463 sq., dieses aber ohne Zweifel gleichfalls auf τὴν ληνὸν zu beziehen; ληνὸς ist gen. comm. und hier unmittelbar hinter einander in Einem Satze als fem. und masc. behandelt.

V. 20. Und die Kelter ward getreten ausserhalb der Stadt; das Keltern des Weines geschahe gewöhnlich in den Weinbergen selbst, ausserhalb der Stadt. Indem dieses aber hier mit in die symbolische Darstellung aufgenommen ist, haben wir bei der πόλις wohl an Jerusalem zu denken, als Andeutung, dass das göttliche Strafgericht über die Welt ausserhalb der heiligen Stadt werde verhängt werden.

und es kam heraus, floss heraus das Blut aus der Kelter; bildlich wird auch der wirkliche Most in Beziehung auf die röthliche Farbe als das Blut der Trauben bezeichnet, Gen. 49, 11. Deut. 32, 14. Sir. 39, 26. 1. Macc. 6, 34; hier lag der Ausdruck um so näher, da derselbe der eigentliche ist für die Sache selbst, welche dargestellt werden soll, indem es von dem Blut gemeint ist, welches durch das göttliche Strafgericht unter den Menschen der Welt soll vergossen werden, in dem wider sie zu beginnenden Kampfe.

bis an die Zügel der Pferde tausend sechshundert Stadien weit; so wird auf recht hyperbolische Weise die Menge des bei der Niederlage der Feinde Christi zu vergiessenden Blutes bezeichnet, nach dem Raum, den dasselbe sowohl in der Höhe als in der Fläche einnehmen werde, ἀπὸ findet sich bei Angabe einer Entfernung auch Joh. 11, 18. 21, 8, so wie bei Joseph. und anderen Schriftstellern. Wie aber die 1600 Stadien, was ungefähr = 40 deutsche Meilen ist, hier gemeint sind, tritt nicht klar hervor, ob bloss als Ausdehnung nach der einen Seite hin, in die Länge, oder vielleicht als Summe der Ausdehnung nach beiden Seiten hin gemeinschaftlich, in die Länge und in die Breite zusammen, wahrscheinlich wohl das Erstere. Wenn die Zahl aber nicht überhaupt nur als eine runde mit poetischer Freiheit gewählte zu betrachten ist zur Bezeichnung eines sehr grossen Raumes wie Victorinus, Primas., Vitringa u. A., so würde noch am wahrscheinlichsten sein, dass sie als ungefähre Angabe der Grösse Palästina's gemeint sei, wie Grot., Bengel, Eichhorn, Ewald, Züllig u. A. annehmen, = über die ganze Fläche des Jüdischen Landes; wiefern nämlich dort der entscheidende Kampf gegen die Welt werde geführt werden. Dafür spricht, dass Antonius Itinerarium von Tyrus an bis zur Aegyptischen Gränzstadt Rhinocolura 1664 Stadien zählt. Doch ist vielleicht die erstere Annahme (als blosse runde Zahl, ohne Beziehung auf die Ausdehnung eines bestimmten Landes) richtiger. Andere wie Hammond und Mede fassen es als die angenommene Grösse von Italien, die aber viel bedeutender ist.

Kap. 15—16.

Die Vision von sieben Engeln, welche die sieben letzten Plagen auf die Erde bringen, was symbolisirt wird durch das Ausschütten von Schaalen, die voll sind vom göttlichen Zorne, auf die Erde. Es liegt bei dieser Darstellung vielleicht die Andeutung Sirac. 39, 32 sq. (28 sq.) zu Grunde, wo es heisst, es gebe Geister, welche zur Rache vorhanden seien (εἰς ἐκδίκησιν ἔκτισται) und zur Zeit der Vollendung ihre Kraft ausschütten (ἐν καιρῷ συντελείας ἰσχὺν ἐκχέουσιν) und den Zorn ihres Schöpfers stillen.

Kap. 15, 1.

werden diese sieben Plageengel zuerst aufgeführt.

Und ich sahe ein anderes Zeichen im Himmel gross und wunderbar, sieben Engel, welche die sie-

ben letzten Plagen hatten; denn in ihnen ward der Zorn Gottes vollbracht, d. i. sie waren das letzte, worin sich der göttliche Zorn über die Bewohner der Erde kund gab, nämlich vor der Zukunft des Messias; das ὅτι bezieht sich auf τὰς ἐσχάτας, da hier der Grund angegeben wird, wesshalb diese Plagen die letzten heissen. . Dass sie hier bezeichnet werden, als „die sieben letzten Plagen habend" findet sich ebenso V. 6, obwohl ihnen erst V. 7 die Schaalen gegeben werden, welche des göttlichen Zornes voll diese Plagen enthalten. Aber der Inhalt unseres V. ist überhaupt, wie richtig Züllig ihn fasst, nur zu betrachten als gleichsam die Ueberschrift für das nachher folgende Gesicht von den sieben Plageengeln selbst, da der Seher auch die Engel jetzt noch nicht gesehen haben kann, sondern etwas später, da erst V. 5 der Tempel geöffnet wird, aus welchem sie nach V. 6 heraustreten. Das dazwischen liegende, V. 2-4 enthält ein Zwischengesicht, welches dem wirklichen Auftreten der sieben Plageengel vorhergeht. Es wird hier

V. 2-4.

der selige Zustand der Heiligen geschildert, die als Sieger dem Thiere widerstehen, wie diese Gott in erhabenen Lobliedern preisen, ohne nämlich von den noch bevorstehenden Plagen etwas zu fürchten zu haben.

V. 2. Und ich sahe wie ein gläsernes mit Feuer gemischtes Meer; vergl. 4, 6: κ. ἐνώπιον τοῦ θρόνου ὡς θάλασσα ὑαλίνη ὁμοία κρυστάλλῳ. Wahrscheinlich, obwohl es nicht ganz bestimmt hervortritt, haben wir auch hier an die Stätte vor dem göttlichen Throne zu denken. Dass dieselbe hier mit Feuer vermischt heisst, ist wohl nicht, wie Eichhorn, Ewald, Züllig, de Wette, Hengstenberg u. A. meinen, Andeutung der kommenden Strafen oder des göttlichen Zornes, sondern dient bloss zur Bezeichnung des Glanzes, wovon der krystallartige Boden strahlt.

und die Ueberwinder am Thiere und an seinem Bilde und an seiner Namenszahl, stehend auf dem gläsernen Meere; es sind diejenigen, welche allen Versuchungen, das Thier und sein Bild anzubeten oder seine Namenszahl anzunehmen, standhaft widerstanden hatten und in diesen Versuchungen und Kämpfen als Sieger davon gegangen waren;

denn so ist hier die sonst ungewöhnliche Verbindung νικᾶν ἔκ τινος wohl zu erklären, als eine etwas prägnante Construktion. Diese schaut der Seher auf jenem Meere stehend, also vor dem göttlichen Throne. Doch ist es wohl nicht richtig, wenn viele Ausleger, dabei bestimmt an christliche Märtyrer oder wenigstens an die im Glauben Verstorbenen denken. Wir haben es wohl vielmehr so zu fassen, dass die sämmtlichen Gläubigen, welche standhaft dem Thiere widerstehen, als von den letzten über die Welt zu verhängenden Plagen der Erde entrückt dargestellt werden, um nicht mit von jenen Plagen getroffen zu werden, und so vor dem göttlichen Throne stehen. —

mit Zithern Gottes = solchen, die zum Preise Gottes dienten; vergl. (וַיְהִי) כְּלֵי שִׁיר אֱלֹהִים 1. Chr. 16, 42. 2. Chr. 7, 6.

V. 3. Und sie singen das Lied Mose's, des Knechtes Gottes (so Mose bezeichnet Ex. 14, 21. Jos. 14, 7 u. a.) und das Lied des Lammes. Wie dieses eigentlich gemeint sei, ist nicht recht klar. Bei dem Liede des Mose könnte man geneigt sein, an Exod. 15 zu denken, das Danklied nach der Befreiung des Volkes aus Aegypten und dem Durchgang durchs Rothe Meer. Dann sieht man aber nicht, wie das Lied des Lammes gemeint sein kann. Auch scheint doch das von ihnen gesungene Lied eben von Demjenigen gemeint zu sein, was hier sogleich (V. 3. 4) als ihre Lobpreisung Gottes aufgeführt wird, was aus einzelnen Sätzen verschiedener alttestamentlichen Stellen zusammengesetzt ist. Dieses würde denn darnach zugleich als das Lied des Mose und als das des Lammes bezeichnet sein, und es kann wohl nur im Allgemeinen so gemeint sein, dass sie Gott in ihrem Gesange preisen, wie sie es von Mose und Christo, den Mittlern des A. und N. T. gelernt haben, oder auch, wie Ewald [früher], wie sie diese im Himmel selbst singen hören, in deren Gesang einstimmend; doch ist Ersteres wohl wahrscheinlicher.

indem sie sprechen: Gross und wunderbar sind deine Werke vergleiche Psalm 111, 2. 139, 4. O Herr, Gott, Du allmächtiger; gerecht und wahr Deine Wege; vergleiche Psalm 119, 75. Deut. 32, 4. Hos. 14, 10. Du König der Völker Jerem. 10, 7: מֶלֶךְ הַגּוֹיִם. Hier hat die rec. (statt ἐθνῶν) ἁγίων; aber ἐθνῶν Compl., Bengel,

Griesbach, Lachmann, Tischendorf u. A., und so AB 40 min. Ar. pol. Copt. Aeth. Arm. Prim. Andr. Areth. Cypr. Patr. Lat.; eine dritte Lesart αἰώνων (C. 18 min. ms. Syr. Erp. Vulg., gebilligt von Grotius, Mill u. A.) ist ohne Zweifel aus 1. Tim. 1, 17 geflossen; die rec. aber hat wenig für sich [die rec. ist durch Erasmus hinein corrigirte falsche Vulgatalesart, cf. Delitzsch l. c.].

V. 4. Wer sollte Dich nicht fürchten, o Herr. Jerem. 10, 7: מִי־לֹא יִרָאֲךָ. Hier ist jedoch das σε nicht sicher, fehlt ABC 4 min. Aeth. Arm. Vulg. ms. Andr. Cypr., so wie Ed. Erasm. 1. 2. 3 und von Lachmann, Tischendorf ausgelassen, was auch de Wette billigt; dann wäre es: wer sollte sich nicht fürchten, o Herr, und Deinen Namen verherrlichen, preisen? denn Du allein bist heilig; statt ὅσιος haben B 32 min. Andr. 2. ἅγιος und so Compl. u. A., was eigentlich passender ist; denn ὅσιος ist in Beziehung auf Gott nicht gebräuchlich; doch kommt es so auch unten 16, 5 vor und ist auch hier wahrscheinlich das Echte, und zwar wohl in dem Sinne von ἅγιος, als Bezeichnung des Heiligen, Erhabenen, obwohl sonst ὅσιος LXX mehr dem Hebräischen חָסִיד entspricht.

denn alle Völker werden kommen und vor Dir niederfallen, anbeten, Dir huldigen nach Ps. 86, 9: כָּל גּוֹיִם יָבוֹאוּ וְיִשְׁתַּחֲווּ לְפָנֶיךָ; weil Deine Gerichte offenbar worden sind, weil es sich ihnen zeigt, wie Du richtest und die Uebertreter und Widerspenstigen strafest.

V. 5—8.

Jetzt treten die sieben Plageengel aus dem Tempel hervor, und erhalten ihre Schaalen mit dem göttlichen Zorne angefüllt.

V. 5. Und hiernach schaute ich und es ward geöffnet der Tempel der Zeugnisshütte im Himmel. σκηνὴ τοῦ μαρτυρίου ist die gewöhnliche Uebersetzung der LXX für das von Mose angefertigte Heiligthum Jehovah's, אֹהֶל מוֹעֵד, indem sie מוֹעֵד = עֵדוּת gefasst haben von dem Zeugnisse oder Gesetze Gottes, während es eigentlich bedeutet: Zelt der Versammlung oder der Zusammenkunft. Dieses Zelt war der Sitz der Bundeslade und nach Exod. 25 nach dem Vorbilde gemacht, welches Jehovah den Mose auf dem Sinai hatte schauen lassen, was man später von dem bleibenden Urbilde im Himmel verstand. So wird denn hier der himmlische Tempel näher bezeichnet als der Tempel der Zeugnisshütte, der Stiftshütte, wiefern er eben als jenes Urbild für das von Mose angefertigte Heiligthum mit der urbildlichen Bundeslade zu denken ist; vergl. 11, 19: *x. ἠνοίγη ὁ ναὸς τοῦ θεοῦ ἐν τῷ οὐρανῷ καὶ ὤφθη ἡ κιβωτὸς τῆς διαθήκης τοῦ κυρίου ἐν τῷ ναῷ αὐτοῦ.*

V. 6. **Und es gingen die sieben Engel, welche die sieben Plagen hatten (s. ad V. 1), aus dem Tempel hervor, angethan mit reiner glänzender Leinewand und umgürtet um die Brust mit goldenen Gürteln;** das Erstere dient zur Bezeichnung ihrer Reinheit und Heiligkeit, das Letztere ihrer Rüstigkeit in der bevorstehenden Ausführung der göttlichen Aufträge; Beides deutet zugleich den priesterlichen Charakter dieser aus dem Tempel Gottes kommenden Engel an (Exod. 28, 39 sq. Levit. 6, 3).

V. 7. **Und eins von den vier Thieren, den Cherubim, gab den sieben Engeln sieben goldene Schaalen voll vom Zorne des in alle Ewigkeiten lebenden Gottes.**

V. 8. **Und der Tempel füllte sich mit Rauch von der Herrlichkeit Gottes und von seiner Macht und niemand vermochte in den Tempel hineinzugehen, bis die sieben Plagen der sieben Engel vollbracht wären.** Die *δόξα* Gottes ist das alttestamentliche כְּבוֹד יְהוָה, nach der späteren Jüdischen Theologie die שְׁכִינָה, der Glanz, den Gott durch seine Gegenwart verbreitet, von sich ausstrahlt. Da aber kein Sterblicher deren Anblick zu ertragen vermag, so erscheint sie gewöhnlich bei Theophanieen in eine Wolke oder in Rauch eingehüllt, deren Erscheinung daher das Zeichen der göttlichen Gegenwart ist. So könnte man nun auch hier das Angefülltwerden des Tempels mit Rauch bloss als Zeichen der majestätischen Gegenwart Gottes in demselben betrachten, wie Vitringa, de Wette, Ebrard u. A.; vergl. Exod. 40, 34 sq., wornach Mose nicht in die Stiftshütte hineingehen konnte, weil die Herrlichkeit Jehovah's dieselbe erfüllt und eine Wolke darauf ruht, 1. Reg. 8, 10 sq. 2. Chron. 5, 14. 7, 1. Jes. 6, 4. Doch ist hier nach dem Zusammenhange sehr wahrscheinlich, dass der Rauch zugleich eine Andeutung des göttlichen Zornes ist, womit die Plageschaalen so eben angefüllt sind. Dass der Rauch sich mit darauf bezieht, dafür spricht besonders, dass es heisst, niemand habe (wegen des Rauchs) in den Tempel hineingehen können, bis die sieben Plagen vollbracht seien, also bis der göttliche Zorn durch Vollstreckung des Strafgerichtes wider die Welt gestillt sei.

Kap. 16, 1.

Und ich hörte eine laute Stimme aus dem Tempel, welche zu den sieben Engeln sprach: gehet hin und giesset die sieben Schaalen des Zornes Gottes auf die Erde aus, also vollstreckt an derselben die euch aufgetragenen Plagen.

V. 2—9

schildern die Plagen, welche aus den vier ersten Schaalen hervorgehen, die denjenigen, welche bei den vier ersten Posaunen zum Vorschein kommen entsprechen 8, 7-12, indem auch hier dabei nach einander 1) die Erde, 2) das Meer, 3) die Flüsse und Wasserquellen und 4) die Sonne getroffen werden, jedoch nicht bloss, wie dort, dem dritten Theile nach, sondern ganz und gar, und so dass noch mehr wie dort dadurch grade die Menschen der Welt, die Anbeter des Thieres aufs heftigste geschlagen werden, ohne dass sie dadurch zur Busse geführt werden.

1) V. 2. Und der erste ging hin und goss seine Schaale auf die Erde aus, und es kam ein böses und schlimmes Geschwür an die Menschen, welche das Mahlzeichen des Thieres hatten und seinem Bilde huldigten. ἕλκος κακὸν καὶ πονηρὸν = שְׁחִין רָע Deut. 28, 35. Hiob 2, 7. LXX: ἕλκος πονηρόν. Die Plage ist ähnlich der Aegyptischen, Exod. 9, 8-11.

2) V. 3. Und der zweite [Engel] goss seine Schaale aus ins Meer, und es ward Blut wie eines Todten, kann wohl nur gemeint sein: wie eines tödtlich Verwundeten (wie Grotius), also wie Menschenblut.

und jegliche lebendige Seele vergl. כָּל־נֶפֶשׁ (הַ)חַיָּה Gen. 1, 20. 31. starb im Meere. Statt rec. ζῶσα ist wohl mit Griesbach, Lachmann, Tischendorf ζωῆς zu lesen nach AC; manche Minuskeln lassen es ganz aus. — Lachmann und Tischendorf lesen auch noch τὰ vor ἐν τῇ θαλάσσῃ (nach AC Syr.), wo dieses Apposition von πᾶσα ψυχὴ ζωῆς ist.

3) V. 4–7. **Und der dritte goss seine Schaale in die Ströme und Wasserquellen aus und es ward Blut. V. 5. Und ich hörte den Engel der Wasser sagen.** Es ist dieses nicht, wie Grotius meint, derselbe Engel, der die Schaale ausgiesst, sondern er ist als der dem Wasser überhaupt vorgesetzte Engel zu denken, der Schutzengel des Wassers, dessen Element durch diese Plage zunächst getroffen wird, der aber in derselben die göttliche Gerechtigkeit zu erkennen weiss; wie denn die spätere Jüdische Theologie dergleichen einzelne Engel als Vorsteher nicht bloss über verschiedene Völker annimmt, sondern auch über die einzelnen Elemente und andere auf der Erde sich von einander scheidende Gegenstände der Natur, über das Feuer, den Hagel, die Sonne u. s. w.; s. Eisenm. II. S. 376 sq.; so wurde denn auch ein besonderer שׂר über das Wasser angenommen, als dessen Name רַהַב Toben, Ungestüm genannt wird, s. Schöttgen ad h. l.

gerecht bist Du, der Seiende und der da war, Du Heiliger, dass Du solches gerichtet hast, ein solches Gericht hast ergehen lassen.

V. 6. **Denn das Blut der Heiligen und Propheten haben sie vergossen, und Blut hast Du ihnen zu trinken gegeben; sie sind es werth, haben es vollauf verdient.**

V. 7. **Und ich hörte den Altar sagen.** Statt rec. ἄλλου ἐκ τοῦ θυσιαστηρίου, was Züllig festhält, ist mit Bengel, Griesbach, Lachmann, Tischendorf bloss θυσιαστηρίου zu lesen, was auch schon Mill billigt nach ABC 34 min. Syr. Ar. pol. Copt. Vulg. Vesp. Beda. Der Altar selbst, nämlich der Rauchaltar im Himmel, wo die Seelen der erschlagenen Gläubigen ihren Platz haben, wird als redend bezeichnet, wiefern von ihm aus eine solche Stimme gehört wird, sei es von den Märtyrern selbst oder von dem Engel des Rauchaltars (cf. ad 14, 18); vergl. 9, 13.

ja, Herr, Gott, Allmächtiger, wahr und gerecht sind Deine Gerichte, vergl. 15, 3.

4) V. 8–9. **Und der vierte goss seine Schaale auf die**

Sonne aus, und ihr (αὐτῷ ohne Zweifel in Beziehung auf die durch die Schaale getroffene Sonne, nicht auf den Engel) ward gegeben die Menschen mit Feuer auszudörren, zu glühen. Bei der vierten Posaune 8, 12 wurden die Himmelskörper theilweise verfinstert; hier wird die Gluth der Sonne auf eine für die Menschen verderbliche Weise gesteigert.

V. 9 und die Menschen wurden geglüht mit grosser Gluth, und es lästerten die Menschen den Namen Gottes, welcher über diese Plagen Gewalt hat, von dem allein ihre Verhängung ausgehen kann.

doch sie bekehrten sich nicht, dass sie ihm die Ehre gäben, ihn als den allein mächtigen oder den gerechten Richter anerkannt hätten; für den Sinn vergl. 9, 20 sq. Anders zeigten sich die von dem Erdbeben in Jerusalem übrig Gebliebenen 11, 13: καὶ ἔδωκαν δόξαν τῷ θεῷ τοῦ οὐρανοῦ.

5) V. 10–11.

V. 10. Und der fünfte goss seine Schaale auf den Thron des Thieres aus, auf die Stätte der Erde, wo dasselbe seinen Hauptsitz hatte und von wo es die Erde beherrschte, also namentlich auf das neue Babel, d. i. Rom.

und sein Reich ward verfinstert, wie schon die Erde bei der vierten Posaune 8, 12, und wie zur Zeit des Mose das Land Aegypten, Ex. 10, 21 sq.; auf die riesengrosse Sonnengluth folgt hier dichte Finsterniss, und sie, die Anhänger des Thieres bei dessen Throne, zerbissen, gleichsam zerkauten, zermalmten ihre Zungen vor Pein.

V. 11 und sie lästerten den Gott des Himmels wegen ihrer Schmerzen und wegen ihrer Geschwüre; es tritt nicht hervor, ob diese auch als Folge dieser letztgenannten Plageschaale zu denken sind, oder sich zugleich mit auf das Vorhergehende, namentlich auf V. 2 beziehen.

und bekehrten sich nicht von ihren Werken; vergl. 9, 20: οὐ μετενόησαν ἐκ τῶν ἔργων τῶν χειρῶν αὐτῶν.

6) V. 12–16.

Damit ist wieder zu vergleichen die sechste Posaune, 9, 13–21.

V. 12. Und der sechste goss seine Schaale aus

auf den grossen Strom Euphrat und dessen Wasser vertrocknete, auf dass der Pfad bereitet würde für die Könige vom Aufgange der Sonne, die vom fernen Osten herbeiziehen sollten, von jenseit des Euphrats her, die daher durch diesen Strom sich auf ihrem Zuge würden aufgehalten gesehen haben; dieses Hinderniss für sie wird beseitigt durch die Vertrocknung des Stromes. Ueber die Bedeutung dieser Vision siehe die Allgem. Einl. Darnach haben wir bei diesen Königen vom Oriente her an dieselben 'zu denken, welche nach 17, 12 durch die zehn Hörner des Thieres symbolisirt werden, als Fürsten, die nur kurze Zeit mit dem Thiere Gewalt haben und in Gemeinschaft mit ihm zwar vergebens das Lamm bekriegen, aber auch das Weib, Babel, Rom verheeren werden; was sich, wie wir gesehen haben, an eine zu der Zeit sehr verbreitete Vorstellung anschliesst, dass Nero als Antichrist in Verbindung mit orientalischen, besonders Parthischen Fürsten wiederkehren und sich an Rom, welches ihn ausgestossen hatte, rächen werde. Dazu wird für diese Könige der Weg bereitet, damit sie ohne Hemmung heranziehen können, um die Wirksamkeit zu üben, die Gott der Herr ihnen für kurze Zeit gestattet. Vielleicht haben für das Bild des Austrocknens des Wassers des Euphrats auch Stellen, wie Jes. 44, 27. Jerem. 51, 32. 36 vorgeschwebt, wo von dergleichen in Bezug auf Babel die Rede ist; obwohl an diesen Stellen der Sinn wahrscheinlich etwas anders zu fassen ist als h. l. Hier ist nun aber von der Bestimmung jener Könige des Orient noch nicht weiter bestimmt die Rede. Es wird in diesen folgenden Versen, V. 13-16, geschildert, wie die Könige der ganzen Erde durch Dämonen zusammenberufen werden zum letzten entscheidenden Kampfe am grossen Gerichtstage Gottes, dessen schnelle plötzliche Erscheinung zugleich in einer eingestreuten Ermahnung angekündigt wird. Die Zusammenberufung dieser Schaaren geschieht hier durch drei Dämonen, die vom Satan, vom Thiere (Antichristen) und vom Pseudo-Propheten ausgehen und zwar in Gestalt von Fröschen, was dazu dient, das Unsaubere, Ekelhafte und Abentheuerliche derselben zu bezeichnen, wozu noch zu vergleichen Artemidor. Oneirocrit II, 15, wornach Frösche Gaukler und Grosssprecher bedeuten.

Und ich sehe aus dem Munde des Drachen und

aus dem Munde des Thiers und aus dem Munde des Pseudo-Propheten drei unreine Geister wie Frösche = Fröschen an Gestalt gleich; man erwartet hier nun noch ein Particip ἐκπορευόμενα oder ἐκπορευθέντα, was aber hier nicht ausgedrückt ist, indem dieses Verbum erst nachher, V. 14, mit der Angabe derjenigen, zu denen sie ausgehen, in anderer Construction nachgetragen ist: ἃ ἐκπορεύεται, wobei man zweifelhaft sein kann, ob das Relativum sich auf das unmittelbar vorhergehende Glied bezieht, πνεύματα δαιμονίων, oder auf V. 13 die πνεύματα τρία ἀκάθαρτα. Im letzteren Falle würde εἰσὶ γὰρ πνεύματα — σημεῖα ein allgemeiner parenthetischer Zwischensatz sein: es gibt nämlich Geister von Dämonen, welche Zeichen thun; im ersteren Falle würden jene V. 13 genannten Geister in εἰσι Subj. sein: es sind das nämlich Geister von Dämonen, welche Zeichen verrichten, welche ausgehen. Recht natürlich sind die Worte, wie sie hier lauten, weder in dem einen noch in dem anderen Falle, man könnte leicht geneigt sein, sie für eine Glosse zu halten, wie sie denn, wenn sie fehlten, gar nicht vermisst werden würden. Doch haben sie alle äusseren Zeugen für sich.

welche ausgehen zu den Königen der ganzen Welt, sie zum Kriege jenes grossen Tages Gottes des Allmächtigen zu versammeln. Dieses wird von einigen Auslegern so gefasst, als ob das Gericht über Rom gemeint sei (und so Züllig, nur in Bezug auf das Jüdische Land, zur Angst und Bedrängniss der Bewohner dieses einst heiligen Landes) und die Könige eben versammelt würden, um dieses neue Babel nach göttlicher Fügung zu bekämpfen und zu verheeren. vergl. 17, 16 sq. Allein auch dort findet sich nicht, dass Babel auch durch diese Könige der ganzen Welt werde bekämpft werden, sondern nur durch das Thier und die zehn Hörner, also die Fürsten des Orients von jenseit des Euphrats her. Auch die Darstellung an unserer Stelle selbst macht es viel wahrscheinlicher, dass es so gemeint ist, dass sie sollen versammelt werden zu dem letzten Kampfe wider Gott und zu dem jüngsten Gerichte, welches Gott über sie selbst halten werde. So auch de Wette.

V. 15. Dieser Vers steht parenthetisch, als eingeschaltete Ermahnung des Herrn. Sehr gewaltthätig verfährt Beza, wenn er, gegen alle äusseren Zeugen, ihn hier tilgen und hinter 3, 18 setzen will, obwohl nicht zu leugnen ist, dass er hier allerdings etwas Unbequemes hat; veranlasst ist er offenbar durch die Hindeutung auf das jüngste Gericht V. 13.

Siehe, ich komme wie ein Dieb (vergl. 3, 3); selig, der da wachet (3, 2: γίνου γρηγορῶν) und seine Kleider bewahret, auf dass er nicht nackt umhergehe und man seine Schande oder Schaam sehe. Die Kleider sind hier wohl von Denjenigen gemeint, welche der Herr den Seinigen gibt, worin er sie kleidet; vergl. 3, 17. 18. Diese werden wir ermahnt zu bewahren, sie nicht im Zustande der Trunkenheit oder des Schlafes von uns zu thun, damit wir nicht vom Herrn bei seiner Erscheinung in natürlicher Nacktheit, in einem für seine Bekenner ganz ungeziemenden Zustande erfunden werden.

V. 16. Das Subject hier ist ohne Zweifel nicht, wie Einige meinen, der sechste Plageengel oder Gott (wie Hengstenberg, Ebrard u. A.) oder der Satan, sondern noch die πνεύματα, ἃ ἐκπορεύεται κ. λ. V. 14: und versammelten sie, die Könige der ganzen Welt, führten sie zusammen an den Ort, der auf Hebräisch Armagedon heisst. Der Ursprung und die Bedeutung dieses Namens ist nicht sicher. Die Form führt uns am ehesten darauf, was auch die meisten annehmen, es zu betrachten als zusammengesetzt aus הַר und מְגִדּוֹ oder מְגִדּוֹן. Megiddo war eine Festung, die zum Stamme Manasse gehörte. Sie ist unter Anderen bekannt durch zwei in ihrer Nähe vorgefallene Schlachten und Niederlagen, a) durch die Niederlage, welche Sisera und andere Cananitische Könige durch die Israeliten unter dem Richter Barak und der Deborah am Wasser Megiddo's (wahrscheinlich dem Kison) erlitten, Jud. 4, 15. 5, 19 und b) durch die Niederlage, welche der Jüdische König Josiah 611 v. Chr. im Thale bei Megiddo vom Pharao Necho erlitt, wobei er selbst umkam, 2. Reg. 23, 29 sq. 2. Chr. 35, 22 sq. Darnach wird Zach. 12, 11 die bittere Klage, die einst zu Jerusalem werde gehört werden, mit der Klage im Thale Megiddo verglichen. Darnach konnte nun allenfalls Megiddo als symbolische Bezeichnung für eine Stätte stehen, wo eine grosse Niederlage werde verhängt werden, nämlich ohne Zweifel den Königen der Erde selbst, die sich gegen Gott auflehnen, durch das göttliche Gericht; das Har könnte sich auf die Lage der Stadt am Fusse des Karmel beziehen. Doch ist nicht zu leugnen, dass die Erklärung nicht ganz befriedigend ist. Indessen sind andere Ableitungen noch weniger wahrscheinlich (s. Schleusner s. v., de Wette z. d. St.). Vielleicht dass zwar ursprünglich die Rücksicht auf die Stadt Megiddo und die Beziehung auf jene Niederlagen zu Grunde liegt, dass aber der Name Harmegiddon darnach schon in einer älteren uns verloren gegangenen Schrift in symbolischem Sinne gebraucht war, für eine Stätte der Niederlagen, ein Richtfeld; so würde es sich an dieser Stelle noch leichter erklären. Falsch aber ist, wenn Ewald meint, Harmegiddon sei hier eine Benennung für Rom selbst (so auch nach Jahrb. d. bibl. M. VIII. 1856. S. 80 Anm., wo er meint, der Schriftsteller habe den Namen schon vorgefunden, derselbe müsse in den damaligen Schriften als eine Umschreibung für Rom ziemlich bekannt gewesen sein, von einem früheren Schriftsteller gebildet in Beziehung darauf, dass רומה הגדולה, Roma magna, dem Zahlenwerthe der Buchstaben nach = הר מגדון = 304 sei). Nach Züllig soll der Oelberg bei Jerusalem gemeint sein, der 2. Reg. 23, 13 Berg des Verderbens heisst (הַר מַשְׁחִית, welche Benennung Jerem. 51, 25 auch auf Babel, das alte, angewandt werde); der heisse hier Berg Megiddon, mit Anspielung auf jene grossen Niederlagen bei Megiddo in der alten Geschichte, und zugleich auf die etymologische Bedeutung des Wortes von גוד = נָדַד drängen, in Haufen drängen, גדוד von schwärmenden Heerhaufen = ein grosses Sich-Zusammendrängen von kriegerischen Volkshaufen.

7) V. 17-21.

V. 17. Und der siebente goss seine Schaale auf die Luft aus; und eine starke Stimme ($\mu\epsilon\gamma\alpha\lambda\eta$ von Lachmann ausgelassen nach A 2 min. Cassiodor., fehlt auch Erasm. 1. 2. 3, Ald. Colin., und gebilligt von Mill und Bengel), kam heraus vom (aus dem) Tempel des Himmels ($\tau o\tilde{v}$ $o\vec{v}\varrho\alpha\nu o\tilde{v}$ von Lachmann, Tischendorf ausgelassen nach A 2 min. Syr. Copt. Vulg. Prim., und die Auslassung gebilligt von Mill und Bengel; in der Edit. Erasm. 1. 2. 3. Ald. Colin. dagegen ist $\tau o\tilde{v}$ $\nu\alpha o\tilde{v}$ ausgelassen, was in einigen Minuskeln fehlt), vom Throne (also aus dem Allerheiligsten, wo der Thron Gottes im Himmel zu denken ist), welche sprach, es ist geschehen, vollbracht, nämlich das ganze Wirken, welches diesen sieben Plageengeln von Gott zu vollführen übergeben war; das wird jetzt mit dem Ausschütten der siebenten Schaale als vollbracht bezeichnet. Welchen Erfolg diese siebente Schaale hatte, wird im Folgenden angegeben. — Falsch ist, wenn Grotius u. A. das γέγονε fasst: fuit Roma, was es schwerlich heissen kann. Ueberhaupt ist es auch nicht bestimmt auf die als geschehen gedachte Zerstörung Roms zu beziehen.

V. 18. Und es geschahen Blitze und Stimmen und Donner und geschah ein grosses Erdbeben, dergleichen nicht gewesen, seit die Menschen gewesen auf Erden, ein solches so grosses Erdbeben: οἷος οὐκ ἐγένετο κ. λ., vergl. Dan. 12, 1: und es war böse Zeit אֲשֶׁר לֹא נִהְיְתָה מִהְיוֹת גּוֹי עַד הָעֵת הַהִיא.

V. 19. Und die grosse Stadt ward zu drei Theilen, ward aus einander gerissen in drei Theile, und die Städte der Völker fielen, und Babylon, die grosse, ward gedacht vor Gott, ward bei ihm in's Andenken gebracht (ἐμνήσθη hier passivisch, wie Act. 10, 31: αἱ ἐλεημοσύναι σου ἐμνήσθησαν ἐνώπιον τοῦ θεοῦ; gewöhnlich in activem Sinne: sich erinnern) ihr zu reichen den Kelch des Gluthweines seines Zornes. Der Sinn dieses Verses ist nicht ganz klar, namentlich des ersten Gliedes. Nach dem Verhältniss, worin die beiden anderen Glieder zu demselben stehen, könnte man geneigt sein, die in jenem erwähnte πόλις μεγάλη nicht von Babel, dem heidnischen Rom, zu verstehen; denn da das γίνεσθαι εἰς τρία μέρη doch jedenfalls auch als Folge des göttlichen Zornes zu betrachten ist, so scheint nicht natürlich zu sein, dass es, nachdem so eben gesagt war, Babel sei zu drei Theilen geworden, in drei Theile zerrissen, dann gleich heisst, sie sei bei Gott in's Andenken gebracht, ihr den Gluthbecher seines Zornes zu reichen = es sei bei Gott der Entschluss ihrer Bestrafung erneut worden; und so wie es im zweiten Gliede heisst: die Städte der Völker (Heiden) fielen, könnte man auch geneigt sein, diese im Gegensatz gegen die im ersten Gliede erwähnte grosse Stadt zu fassen, so dass diese letztere nicht eine heidnische Stadt wäre. Da könnte denn nur Jerusalem gemeint sein, und so schon Andreas, wie Bengel, Hofmann u. A., welche auch 11, 8 die πόλις ἡ μεγάλη heisst. Auf Jerusalem habe ich es auch, zwar nicht in der Abhandlung, aber nachmals in meinen Vorlesungen (Apokal. u. Einl. in's N. T.) bezogen, und darnach in dieser Stelle eine Andeutung gefunden, dass — zur Zeit der Abfassung des zweiten Theiles — die Zerstörung der Stadt durch die Römer vorhergegangen sei, und sie so gefasst: dass bei dieser Zerstörung Jerusalems Rom gleichsam bei Gott wieder in Erinnerung gekommen und wegen ihres Verfahrens gegen diese Stadt der Entschluss ihrer Vernichtung gleichsam erneuert sei. Doch würde, wenn auch selbst Jerusalem zu verstehen wäre, diese Folgerung doch nicht hinreichend berechtigt sein; denn ἐγένετο εἰς τρία μέρη würde kein natürlicher Ausdruck sein für die gänzliche Zerstörung der Stadt durch die Römer. Eher liesse die Formel sich auf das ihrem Untergange vorhergehende Zerrissensein der Stadt durch die verschiedenen Partheien beziehen, die sich in derselben bekämpften. Aber auch das ist hier nicht natürlich, da nach dem Zusammenhange dasselbe vielmehr als eine Folge des heftigen Erdbebens zu betrachten ist, ähnlich wie nach 11, 13 der zehnte Theil der Stadt (Jerusalem) durch Erdbeben fällt; es würde dann hier zu fassen sein, dass durch dieses heftigste Erdbeben, wodurch die heidnischen Städte fielen, zerstört wurden, auch Jerusalem sehr gelitten habe, heftig erschüttert worden sei. Allein, dass nicht Jerusalem gemeint sei, dafür spricht doch die Art und Weise, wie 11, 13 als die Wirkung des über einen Theil der Stadt Jerusalem verhängten Strafgerichtes hervorgehoben ist, dass die Uebrigen (Bewohner der Stadt) Gott die Ehre gegeben, also sich bekehrt hätten. Auch würde, wenn hier noch von einem Strafgerichte über Jerusalem die Rede wäre, man erwarten, dass das nicht blos so ganz kurz erwähnt, sondern in seiner Wirkung näher geschildert worden wäre. Es ist daher wahrscheinlich, was auch die gewöhnliche Annahme ist, dass auch im ersten Gliede von Babel, Rom, die Rede ist, die auch K. 18, 16. 18. 19, 2 gradezu als die grosse Stadt bezeichnet wird. Wir haben dann das Verhältniss so zu fassen: dass durch jenes Erdbeben Babel heftig erschüttert, obwohl nicht ganz zerstört worden sei, wie andere Städte der Heiden, dass aber auch sein gänzlicher Sturz unmittelbar bevorstehe und die Ausführung desselben von Seiten Gottes beschlossen sei.

V. 20. **Und jegliche Insel floh, floh davon, verschwand, und die Berge wurden nicht (mehr) gefunden**, waren gleichfalls eingesunken, verschwunden, eben in Folge des gewaltigen Erdbebens; vergl. 6, 14: καὶ πᾶν ὄρος κ. νῆσος ἐκ τῶν τόπων αὐτῶν ἐκινήθησαν.

V. 21. **Und grosser Hagel wie ein Talent schwer** (über 50 Pfund, vergl. Joseph. B. J. V, 16, 3: ταλαντιαῖοι μὲν ἦσαν οἱ βαλόμενοι πέτροι) **fällt vom Himmel herab auf die Menschen; und die Menschen (statt Busse zu thun, sich zu bekehren) lästerten Gott wegen der Plage des Hagels, denn sehr gross ist dessen Plage.**

Kap. 17

enthält nun die nähere Erklärung sowohl des Thieres als auch seiner Häupter und Hörner und dadurch auch des grossen Babylon, welche Erklärung dem Seher durch einen der sieben Plageengel gegeben wird, der sich hier erbietet, ihm das Gericht der grossen Hure zu zeigen.

V. 1-2.

V. 1. **Und es kam einer von den sieben Engeln, welche die sieben Schaalen hatten und redete mit mir und sprach: komm her, so will ich dir zeigen das Gericht der grossen Hure, welche auf den** (das zwiefache τῶν vor πολλῶν und ὑδάτων von Lachmann ausgelassen, wie Erasm. 1. 2. 3. Colin. Beng., nach A 5 min. Hippol. Andr.) **vielen Wassern sitzet.** Dies Weib ist nach V. 5 die grosse Babel, von deren πορνεία schon 14, 8 die Rede war, in Beziehung auf den Götzendienst. Die Bezeichnung derselben als sitzend auf vielen Wassern, oder, an vielen, grossen Wassern (denn so ist es wohl nur gemeint, vergl. V. 15: τὰ ὕδατα οὗ ἡ πόρνη κάθηται) ist entlehnt von der Bezeichnung des alten Babels Jerem. 51, 13: עַל־מַיִם רַבִּים שֹׁכַנְתִּי. Es bezieht sich das auf die Lage der Stadt am Strome Euphrat, und so hier des neuen Babels an der Tiber, hat aber hier zugleich nach V. 15 eine symbolische Bedeutung in Beziehung auf zahlreiche Völker, welche in der Stadt vereinigt sind und von ihr beherrscht werden. Vergl. Nah. 2, 9, wo Ninive in Beziehung auf seine Volksmenge mit einem Teiche voll Wasser verglichen wird. Auch die späteren Juden deuten die im A. T. erwähnten Wasser öfters auf Völker; s. Wetstein zu V. 15. Dass übrigens der Engel sich hier erbietet, dem Seher das Gericht Babels zu zeigen, beweist auch, dass nicht schon im Vorhergehenden die Zerstörung der Stadt als geschehen gesetzt wird und dass das εἰς τρία μέρη ἐγένετο 16, 19 nicht wie Eichhorn u. A. von der vollständigen Zerstörung derselben gemeint sein kann. Uebrigens zeigt auch schon diese Stelle deutlich, dass nicht, wie noch Züllig, Jerusalem gemeint sein kann; denn diese Stadt konnte auf keinen Fall bezeichnet werden als auf oder an vielen Wassern sitzend, welche Bezeichnung doch auch im eigentlichen Sinne ihre Wahrheit haben muss, also entschieden auf eine Stadt führt, die entweder am Meere oder an einem grösseren Strome lag.

V. 2 **mit der die Könige der Erde Hurerei getrieben haben und die Bewohner der Erde vom Weine ihrer Hurerei trunken geworden sind**, s. ad 14, 8; sie hat also sowohl Fürsten als Völker an sich zu ziehen gewusst und sie durch Verführung zum Götzendienste ins Verderben geführt. Auch das würde für die damalige Zeit für Jerusalem eine höchst unpassende Bezeichnung sein.

V. 3—7.

V. 3. **Und er führte mich im Geiste in der Vision in eine Wüste.** Diese Oertlichkeit hat wohl schon eine symbolische Bezichung auf das Schicksal, welches der Stadt bevorstehe; vergl. V. 16: ἠρημωμένην αὐτὴν ποιήσουσι. Kap. 18, 19: μιᾷ ὥρᾳ ἠρημώθη u. s. w.

und ich sahe ein Weib sitzen auf einem karmosinfarbenen, scharlachfarbenen Thiere, voll von Namen der Lästerung, cf. 13, 1: καὶ ἐπὶ τὰς κεφαλὰς αὐτῶν ὀνόματα βλασφημίας; s. ad h. l. — Statt ὀνομάτων haben ὀνόματα A 22 min. und dann A 4 min. noch vorher den Artikel τά; darnach hat Lachmann γέμοντα ὀνόματα βλασφημίας; aber wahrscheinlicher würde danach zu lesen sein: γέμον τὰ ὀνόματα βλ.; **welches sieben Köpfe hatte und zehn Hör-**

ner. Es kann demnach kein Zweifel sein, dass dieses eben jenes 13, 1 aus dem Meere aufsteigende Thier ist, nicht, wie Züllig (II, 259 sq.), Ebrard u. A. meinen, ein davon verschiedenes. Die Karmosinfarbe des Thieres wie das karmosinrothe und purpurfarbene Gewand des Weibes ist wohl nur als Bezeichnung des Glanzes, der sie umstrahlt, und zwar als Herrscherin gemeint, wie schon Grotius, cf. Plin. H. N. XXII, 2: coccum imperatoris dicatum paludamentis. Andere, wie auch Ewald, fassen wenigstens die Farbe des Thieres als Hindeutung auf das von ihm vergossene Blut.

V. 4. Und das Weib war angethan mit Purpur und Scharlach, πορφυροῦν und κόκκινον, wie es nach dem richtigen Texte heisst, sind adjectiva neutra, substantivisch stehend in Beziehung auf Gewänder von solcher Farbe, wie eben so 18, 16; vergl. 19, 8.

übergoldet mit Gold (gleichsam ganz damit überzogen, statt aufs reichlichste damit geschmückt) und mit Edelsteinen (λίθος τίμιος = אֶבֶן יְקָרָה und mit Perlen (vergl. die Schilderung der Pracht von Tyrus Ezech. 28, 13), und hatte einen goldnen Becher in seiner Hand voll von Gräueln und den Unreinlichkeiten ihrer Hurerei. Statt ἀκαθάρτητος ist wohl ohne Zweifel mit Compl., Bengel, Griesbach, Lachmann u. A. τὰ ἀκάθαρτα zu lesen (nach AB c. 40 min. Hippol. Andr.), was aber nach incorrecter Construction eben so von γέμον abhängig ist wie βδελυγμάτων. Beides bezeichnet den Inhalt des Bechers als unrein, als mit dem Götzendienst in Beziehung stehend; damit tränkt sie die Völker, sie noch immer mehr zum Götzendienst verführend; vergl. ad 14, 8.

V. 5. Und auf ihrer Stirne ein Name geschrieben: Geheimniss, die grosse Babel, die Mutter der Huren und der Gräuel der Erde; so wird sie durch die Inschrift, die sie an der Stirne trägt, also durch die Weise wie sie sich selbst aller Welt hinstellt, bezeichnet; wie bei den Römern wohl die Huren die Inschrift ihres Namens an der Stirne zu tragen pflegten. Senec. controv. l, 2: nomen tuum pependit a fronte. Juvenal 6, 123. Zweifelhaft kann man sein, ob μυστήριον schon mit zur Inschrift selbst gehört oder Apposition zu ὄνομα bildet; in letzterem Falle, wie z. B. Züllig, Ebrard, würde es zu fassen sein: ein Namen, der ein Mysterium ist = eine geheimnissvolle Bedeutung hat, vergl. 11, 8 πνευματικῶς. Doch ist wohl wahrscheinlicher, dass es auf die andere Weise gemeint ist, wo denn durch diese Inschrift selbst das Mysteriöse und Allegorische, welches in diesem Namen (Babel) liegt, schon angedeutet ist. — Statt πορνῶν, meretricum, lesen einige die Handschrift πόρνων; mascul. von πόρνος; so auch Compl. al., gebilligt von Scaliger und dazu ist auch Griesbach geneigt. Es würde auch dieses nicht unpassend sein. Aber wahrscheinlicher ist es vom Schriftsteller als Femininum gemeint: Mutter der Huren, Anführerin aller Anderen, welche zur Unzucht, d. i. zum Götzendienste verlocken, wobei wohl an andere heidnische Städte, Hauptsitze des Götzendienstes, gedacht ist.

V. 6. Und ich sahe das Weib trunken vom Blute der Heiligen und vom Blute der Zeugen Jesu; μεθύουσαν, vergl. Plin. H. N. XIV, 22 (vom Antonius): ebrius jam sanguine civium et tanto magis eum sitiens.

und ich verwunderte mich, da ich sie sahe, mit grosser Verwunderung; ich konnte mich in diese ganze Erscheinung nicht finden, wusste nicht was sie eigentlich zu bedeuten habe, sie setzte mich ganz in Erstaunen.

V. 7. Und es sprach zu mir der Engel: warum hast du dich verwundert? Ich will dir sagen das Geheimniss des Weibes (= seine geheimnissvolle Bedeutung, vergl. 1, 20) und des Thieres welches sie trägt, das die sieben Köpfe und die zehn Hörner hat.

V. 8.

Der Engel gibt jetzt die nähere Deutung und zwar zuerst des Thieres. Wie dieselbe zu fassen sei nach den Worten unserer Stelle selbst, in Zusammenhang mit Kap. 13, 3. 13 sq. und nach Vergleichung dessen, was uns über die Vorstellungen und Erwartungen der Zeit, der die Apokalypse angehört, anderweitig bekannt ist, ist in der Allgem. Einl. ausführlicher entwickelt. Es bezieht sich auf die Vorstellung, dass Nero, der die Bekenner des Herrn auf so grausame Weise verfolgt hatte, wiederkehren und dann sich als den wahren Antichrist manifestiren werde, so dass das Wesen des antichristlichen

Römerthums in ihm seine Spitze erreichen werde, bis er durch den Christ werde besiegt werden. Das Thier, welches Du gesehen, war und ist nicht, in diesem Augenblicke, wiefern nämlich nach der Entfernung oder dem Tode des Nero das Römerthum oder Römische Antichristenthum, welches sich schon während seines Lebens in ihm concentrirt zeigte, gebrochen, vernichtet schien, und wird (wiederum) aus dem Abgrunde heraufsteigen, vergl. 11, 7: τὸ θηρίον τὸ ἀναβαῖνον ἐκ τῆς ἀβύσσου.

und in's Verderben gehen, wird zuletzt selbst in's Verderben rennen, nämlich vom Christ bei seiner Erscheinung besiegt und in die Hölle gestürzt werden; denn so ist es gemeint, in Beziehung auf den endlichen, für ihn selbst unheilvollen Ausgang seines Unternehmens gegen den Christ und das Reich Gottes; vergl. V. 14. Kap. 19, 20.

und verwundern werden sich die Bewohner auf Erden, deren Namen nicht seit Gründung der Welt in das Lebensbuch geschrieben sind, was eben diejenigen sind, welche dem Thiere huldigen nach 13, 8.

wenn sie das Thier sehen (statt rec. βλέποντες haben Bengel, Griesbach, Lachmann, Tischendorf richtig βλεπόντων, was auch schon Grotius und Mill billigen, nach AB 30 min. Andr. 2), dass es war und nicht ist und da sein wird, wieder von Neuem zum Vorschein kommen. Die rec. hat hier καίπερ ἐστίν, was zu fassen sein würde: und doch ist es da = obwohl es doch eigentlich da ist. Doch ist das Richtige ohne Zweifel καὶ παρέσται, Compl., Bengel, Griesbach, Lachmann, Tischendorf u. A. nach AB 31 min. Hippol. Andr. 2. Areth. Die rec. wollen Ewald (früher) und Züllig festhalten. Es würde aber auch eine sonst ungebräuchliche Redeweise sein, καίπερ ἐστίν, da καίπερ sonst immer mit dem Particip verbunden wird (s. meinen Commentar ad Hebr. 5, 8. ib. S. 85), sowohl im N. T. als bei anderen Schriftstellern; und ausser dem Uebergewicht der äusseren Zeugen spricht für καὶ παρέσται auch die Analogie der Bezeichnung im ersten Hemistich, indem es dem μέλλει ἀναβαίνειν ἐκ τῆς ἀβύσσου dort entspricht und man diesen Begriff in der That auch hier ausgedrückt erwartet, dass es wieder erscheinen werde. Nur kürzlich zu erwähnen ist, dass

Züllig das Thier hier im Allgemeinen von dem Jüdisch-Edomitischen Reiche, dem herodianischen versteht und besonders von der Herrschaft des letzten Königs dieses Reiches, der gegen den kommenden Messias streiten und unter dem Jerusalem zu Grunde gehen solle; dieses war jetzt nicht, wiewohl das Reich Edom war; es war da gewesen, war aber abgetreten und sollte wiederkommen und dann sollte mit ihm seine Herrschaft wieder da sein.

V. 9. Das erste Hemistich ist nicht zu fassen, wie Grotius, Herder, Heinrichs u. A.: dies ist der tiefe geheimnissvolle Sinn des Räthsels, oder: hier ist ein tiefer Sinn, sondern: hier (zeigt sich) der Verstand welcher Weisheit hat, hier gilt es einen einsichtsvollen Verstand, um dieses zu verstehen, wie 13, 18: ὧδε ἡ σοφία ἐστίν. So auch Züllig, de Wette, Hengstenberg, Ebrard.

die sieben Köpfe sind sieben Berge, wo das Thier sitzet, seinen Sitz hat. Dass dieses sich nicht auf Jerusalem beziehen kann, sondern nur auf Rom, s. Allgem. Einl. p. 88 sq.

V. 10. Und es sind sieben Könige, ausser den sieben Bergen werden dadurch sieben Könige, d. i. Kaiser, symbolisirt.

die fünfe sind gefallen, umgekommen, gestorben, nämlich Augustus, Tiber, Caligula, Claudius und Nero. Der eine ist, der eine von den sieben, welcher nämlich auf die fünf Gefallenen gefolgt ist, der sechste in der Reihe — Galba oder Vespasian, s. Allg. Einl. p. 121. Der andere, der siebente und letzte in dieser Siebenzahl, ist noch nicht gekommen, nämlich als König oder Kaiser, er steht noch zu erwarten; und wenn er gekommen, soll oder darf er nur kurze Zeit bleiben, so ist es dem göttlichen Rathschlusse gemäss, das liegt in dem δεῖ, und zwar ist wohl gemeint, dass er alsbald durch den zurückkehrenden Nero werde beseitigt oder verdrängt werden, so dass hier also die Erwartung ausgesprochen ist, dass dieses sehr bald nach dem Tode des damals regierenden, des sechsten, Kaisers, sei es des Galba oder des Vespasian, erfolgen werde. Nach Züllig sind gemeint die Könige der Edomiten Gen. 36, 32 sq. 1. Chr. 1, 43 sq. 1) Bela, 2) Jobab, 3) Husam, 4) Hadad, 5) Samla, 6) Saul, 7) Baal Hanan. — Der achte ist nach Gen. zwar Hadar, aber nach 1. Chr.

Hadad, also derselbe Name, der schon vorher da war. Diese seien Typus auf die Neu-Edomitischen Könige über Israel, die Herodianer, wie denn הרד versetzt חרד auf den Namen Herodes hindeute, und so seien die fünf ersten Könige: 1) Herodes der Grosse, dessen drei Söhne 2) Archelaus, 3) Philippus, 4) Herodes Antipas, ferner 5) Agrippa I., 6) Herodes von Chalcis, 7) Agrippa II. (den Justus von Tiberias, Zeitgenosse und Gegner des Josephus, ausdrücklich als den siebenten und letzten dieser Könige bezeichnet); darnach wäre unter (No. 6) Herodes von Chalcis die Apokalypse verfasst (44—47 n. Chr.) wie schon Lakemacher Obs. phil. P. X, 5, 6 meint. In Bezug auf den achten ist Züllig selbst rathlos, er meint, der Verfasser habe vielleicht an Herodes Antipas gedacht (II. 339 sq.), den Mörder Johannes des Täufers, den man wieder erweckt hielte!

V. 11. Und das Thier, welches war und nicht ist, ist sowohl selbst der achte, als es auch (einer) von den sieben ist. Das ἐκ τῶν ἑπτά ἐστι ist hier nicht gemeint, wie z. B. Grotius: und stammt er von ihnen her; das würde hier zu nichtssagend sein; auch wohl nicht, wozu man eher geneigt sein könnte: es besteht aus den sieben, wiefern sie alle nur einzelne Manifestationen des Wesens des Thieres bildeten, sondern: es ist aus ihrer Zahl, einer von den sieben, nämlich von den fünfen, welche schon gefallen sind und zwar von diesen der letzte, und wird auf der andern Seite der achte sein, als der achte wiederkehren. Es liegt, wie schon Allgem. Einl. bemerkt, darin, dass in diesem Einen, dem Nero, der Charakter des Thieres, das Wesen des götzendienerischen Römerthums und Antichristenthums ganz concentrirt und wie personificirt erscheine, so dass er, der durch ein einzelnes der sieben Hörner symbolisirt wird, wie die einzelnen anderen Kaiser, zugleich als das Thier selbst, das leibhaftige Antichristenthum betrachtet werden konnte.

und geht in's Verderben, dem wird er nicht entgehen.

V. 12. Und die zehn Hörner, welche Du schautest, sind zehn Könige, welche (noch) keine Herrschaft, kein Königthum empfangen haben. Nach Züllig sind dies die Edomitischen Häuptlinge, welche Gen. 36, 40 sq. 1. Chr. 1, 5 sq hinter jenen 8 Königen genannt werden; eigentlich seien dort zwar elfe genannt, von denen aber die zwei letzten Namen von den Rabbinen durchgängig zu einem vereinigt würden — diese seien Typus solcher, die plötzlich als Beherrscher eben so vieler kleinerer Edomsreiche ausserhalb der Grenzen Judäa's, etwa im eigentlichen Edom, zum Vorschein kommen würden. Statt οὔπω haben Erasm. 1. 2. 3. Colin., Bengel, Lachmann, οὐκ nach A Copt. Vulg. Iren., doch wohl nicht das Ursprüngliche.

die aber Macht wie Könige mit dem Thiere auf eine Stunde empfangen; μίαν ὥραν fasst Vitringa: uno eodemque tempore; vergl. 18, 8: ἐν μιᾷ ἡμέρᾳ ἥξουσιν αἱ πληγαὶ αὐτῆς. Doch ist es höchst wahrscheinlich, wie man es auch meistens fasst, in Beziehung auf die kurze Dauer ihrer Macht gemeint: auf eine Stunde, auf einen Augenblick = auf ganz kurze Zeit. Mit der grössten Wahrscheinlichkeit lässt sich übrigens wohl annehmen, dass die hier gemeinten Könige eben dieselben sind mit den 16, 12 genannten Königen vom Aufgang der Sonne, denen durch Austrocknung des Euphrat der Weg gebahnt werden sollte, und dass es sich auf die Vorstellung bezieht, dass Nero bei seiner Rückkehr durch orientalische, namentlich Parthische Herrscher in seinen feindseligen Unternehmungen werde unterstützt werden. Dass ihrer hier zehne genannt werden, ist nur durch die Zehnzahl der Hörner veranlasst, welche aus Dan. 7, 7 entlehnt ist. So wie hier aber von ihnen die Rede ist, scheinen sie nicht als Fürsten, die schon damals Parthien und andere benachbarte Länder beherrschten, gedacht zu sein, sondern als solche, die erst zugleich mit dem Antichrist aufstehen würden, um ihn bei seinen Unternehmungen zu unterstützen, aber dann auch in kurzer Zeit zugleich mit ihm in's Verderben zu stürzen. Ewald dagegen denkt hier an die Römischen Statthalter der Provinzen und hält sie für dieselben mit den βασιλεῦσι τῆς οἰκουμένης ὅλης 16, 14. Allein das ist ganz unwahrscheinlich, schon nach dem, was über die letzteren und den Zweck ihrer Zusammenberufung dort gegen Ewald bemerkt ist. Auch ist nicht wahrscheinlich, dass hier von jenen Königen von Aufgang der Sonne sollte gar nichts weiter ausgesagt sein, über ihre Bestimmung, Wirksamkeit und Schicksal, nachdem doch das so hervorgehoben war, dass durch

Trocknung des Euphrats für sie der Weg (in den Occident) bereitet werden sollte.

V. 13. Diese haben Einen Sinn, handeln alle einmüthig in gleichem Sinne, und übergeben ihre Macht und Gewalt, die Gott ihnen verstattet hat, dem Thiere.

V. 14. Diese werden mit dem Lamme kriegen, aber das Lamm wird sie besiegen; denn er ist Herr der Herren und König der Könige, vergl. 19, 16, wornach der Herr an dem Gewande und an seiner Hüfte einen Namen geschrieben hat: βασιλεὺς βασιλέων κ. κύριος κυρίων.

Wie das zweite Hemistich καὶ οἱ μετ' αὐτοῦ κ. λ. hier gemeint sei, ist nicht klar; man kann entweder es als einen besonderen Gedanken fassen, οἱ μετ' αὐτοῦ als Subject, das Uebrige als Prädikat: „und die mit ihm, seine Anhänger, sind Berufene, Erwählte und Treue", doch würde der Gedanke hier zu abrupt stehen. Wahrscheinlicher wird es wohl mit Anderen (z. B. Grotius, Eichhorn, Züllig, Hengstenberg, Ebrard, Heinrichs, de Wette) so gefasst, dass das Ganze οἱ μετ' αὐτοῦ.. πιστοὶ zusammengenommen wird, als dem τὸ ἀρνίον im Vorhergehenden coordinirt und noch mit zum Subjecte des Verbi νικῆσαι αὐτοὺς gehörend: und die es Begleitenden, in Gemeinschaft mit ihm als seine Heerschaaren streitenden, Berufenen, Erwählten und Gläubigen oder Treuen.

V. 15. Und er (jener Plageengel) spricht zu mir: die Wasser, welche Du sahest, wo die Hure sitzet (V. 1) sind Völker und Haufen und Nationen und Zungen, zahlreiche Völker verschiedener Sprachen; s. über diese Symbolik a V. 1.

. 16. Und die zehn Hörner, welche Du sahest und das Thier (rec. ἐπὶ was sein müsste: an dem Thiere: dafür καὶ Compl., Bengel, Griesbach, Lachmann, Tischendorf al. nach AB 32 min. Syr. Ar. pol. Copt. Aeth. Vulg. ms. Hippol. Andr. Prim. al. [durch Erasmus nach der Vulg. in den Text gebracht] ist ohne Zweifel das Richtige) sie werden die Hure hassen und sie verwüstet und bloss machen, sie ganz und gar verwüsten und ausplündern, so dass sie ganz entblösst dasteht; Bild und Sache, der Begriff des Weibes und der Stadt, gehen hier ganz in einander, so auch im Folgenden.

und werden ihr Fleisch fressen (vergl. אָכַל בְּשַׂר עַמִּ Ps. 27, 2. Micha 3, 2. 3: die das Fleisch essen meines Volkes. — φάγομαι nur in der Bedeutung des Futuri gebräuchlich) und werden sie mit Feuer verbrennen. Wie auch dieses mit den damaligen Erwartungen zusammenhängt, dass Nero bei seiner Rückkehr mit den ihn begleitenden Schaaren sich vor Allem an der Stadt, die ihn von sich ausgestossen, an Rom, rächen werde; s. Allgem. Einl.

V. 17. Denn Gott hat es ihnen in's Herz gegeben, Seinen Willen zu vollbringen; Gott wird sich des Bösen selbst, des Antichrists und seiner Genossen, als Werkzeuge bedienen, um seinen Rathschluss in der Zerstörung Babels auszurichten. Falsch ist, wenn Andere, auch de Wette, das Pronomen αὐτοῦ auf das Thier, den Antichrist, beziehen.

und Einen Sinn zu vollbringen (diese Worte καὶ ποιῆσαι γνώμην μίαν hat Lachmann ausgelassen nach A Vulg. Andr., ms. Auch Mill billigt die Auslassung) und ihre Herrschaft dem Thiere zu übergeben, bis die Worte Gottes werden vollbracht sein, d. i. bis seine Weissagungen ihre Erfüllungen finden werden, nämlich wohl die über die Zerstörung Babels und über die Wiederkunft des Herrn, wo das Thier selbst und seine Genossen unterliegen werden. Ueber τελεῖσθαι vergl. Luc. 18, 31. 22, 37.

V. 18. Und das Weib, welches Du sahest, ist die grosse Stadt, welche das Königthum hat über die Könige der Erde, über sie die Herrschaft übt. So wird Babel hier wieder unverkennbar als Rom bezeichnet.

Sehen wir nun noch einmal auf diese Vision mit der Erklärung des Engels zurück, so ist Babel, das Weib, welches auf dem Thiere mit den 7 Häuptern sitzt, das siebenhügelige Rom, als Hauptsitz des Götzendienstes und Antichristenthums. Durch jene 7 Häupter werden aber zugleich 7 Könige symbolisirt, als einzelne Manifestationen des durch das Thier symbolisirten antichristlichen Götzendienstes; als achter König soll ein solcher auftreten, in welchem das Wesen des Thieres sich dergestalt concentrirt, dass es ganz mit ihm eins ist; daher ist dieser achte nicht durch einen einzelnen Kopf des Thieres dargestellt, sondern wird als das Thier selbst bezeichnet, und dies zugleich deshalb, weil er derselbe ist, der schon unter den sieben (als der fünfte) dagewesen war, der jetzt als die letzte und äusserste Manifestation des götzendienerischen und antichristlichen Römerthums, als der leibhaftige Antichrist wiedererscheinen wird, bis er dem in voller Glorie wiederkehrenden Christus unterliegt, sammt den mit ihm zugleich auftretenden und verschwindenden Herrschern vom Oriente her, die durch die 10 Hörner symbolisirt werden. Im Uebrigen, über den Werth dieser Weissagung etc. s. Allgem. Einl.

Kap. 18, 1—19, 10

wird jetzt der bereits 13, 8 (vergl. 16, 10. 17, 16) angekündigte Sturz des Weibes, der grossen Babel, weiter geschildert, in Warnungen, Klage- und Jubelgesängen und symbolischen Bildern. Zuerst

a) Kap. 18, 1–3

wird der Sturz derselben als eine Folge ihres sündhaften und verführerischen Wesens durch einen Engel verkündigt.

V. 1. **Und darnach sahe ich einen anderen Engel vom Himmel herabsteigen, der grosse Gewalt hatte** (= ἰσχυρὸς 5, 2. 10, 1), **und die Erde ward erleuchtet von seiner Herrlichkeit,** von dem Glanze, welchen er aus sich und um sich verbreitete, Ezech. 43, 3: וְהָאָרֶץ הֵאִירָה מִכְּבוֹדוֹ (von Jehovah).

V. 2. **Und er schrie mit starker Stimme: Gefallen, gefallen ist die grosse Babel** (vergl. 14, 8) **und ist geworden zu einer Wohnung der Dämonen und einem Gefängniss aller unreinen Geister und einem Gefängniss aller unreinen und gehassten Vögel.** Dadurch wird die Verwandlung derselben in eine recht schauerliche, unheimliche Wüstenei bezeichnet, s. ad 9, 14. Zu Grunde liegt Jes. 13, 21 sq., wo es in der Drohung der Zerstörung Babels heisst, dass sie der Aufenthalt wilder Thiere, der שְׂעִירִים, δαιμόνια und heulender Vögel sein werde; vergl. ib. 34, 11 sq. die Schilderung der bevorstehenden Verwüstung Edoms. Zeph. 2, 14 (wider Ninive). **Unreine und gehasste,** d. h. widerwärtige, ekelhafte Vögel sind Eulen, Raben u. a., dergleichen Jes. 11. 11. genannt werden. Als die φυλακή solcher Thiere und Dämonen wird sie bezeichnet, wiefern dieselben an diese Stätte gebannt sein werden und nicht hinaus dürfen.

V. 3. Denn von dem Gluthweine ihrer Hurerei haben alle Völker getrunken (cf. 14, 8: ἐκ τοῦ οἴνου τοῦ θυμοῦ τῆς πορνείας αὐτῆς πεπότικε πάντα ἔθνη. Hier hat Lachmann τοῦ οἴνου ausgelassen nach Aeth. Vulg. ms. Iren.; also: aus der Gluth ihrer Hurerei; doch sind die Worte wohl echt); und die Könige der Erde mit ihr gehurt, cf. 17, 2: μεθ' ἧς ἐπόρνευσαν οἱ βασιλεῖς τῆς γῆς.

und die Kaufleute der Erde haben sich bereichert von der Macht ihrer Schwelgerei = von ihrer gewaltigen Schwelgerei, Luther: von ihrer grossen Wollust.

b) V. 4—20

eine andere himmlische Stimme, welche dem Volke Gottes befiehlt, aus Babel herauszugehen, um nicht mit theilzunehmen an ihren Sünden und von ihren Strafen mitgetroffen zu werden, die plötzlich und gewaltig über sie kommen werden, so dass ihre Buhler, die Könige der Erde, aus Furcht vor ihrer Pein, in der Ferne stehend weinen, und die sich von ihr bereichert haben wehklagen (V. 4—19), während dagegen der Himmel und die Heiligen, die Gott an ihr rächet, sich freuen sollen (V. 20).

V. 4-5. Und ich hörte eine andere Stimme vom Himmel, welche sprach: gehet aus ihr heraus, mein Volk. Hiernach scheint es, als sei die Stimme als Gottes selbst oder Christi zu denken. Doch scheint sie nur als die eines Engels gemeint, der hier (aber nicht grade im Folgenden, V. 5) im Namen Gottes redet, und zwar ist es Nachbildung zunächst von Jerem. 51, 45: צְאוּ מִתּוֹכָהּ עַמִּי, vergl. auch ib. V. 6. 50, 8, wo die Israeliten aufgefordert werden, sich aus Babel zu entfernen, wegen des der Stadt bevorstehenden Verderbens; vergl. Jes. 52, 11. 48, 20.

auf dass ihr nicht theilnehmet an ihren Sünden, durch sie angesteckt, gleichfalls verführt; vergl. Eph. 5, 11: καὶ μὴ συγκοινωνεῖτε τοῖς ἔργοις τοῖς ἀκάρποις τοῦ σκότους.

und nicht von ihren Plagen empfanget, mit davon getroffen werdet; s. Jerem. ll. ll.; vergl. Num. 16, 26.

V. 5. Statt rec. ἠκολούθησαν ist mit Compl., Bengel, Griesbach, Lachmann, Tischendorf al. ἐκολλήθησαν zu lesen nach ABC 33 min. Syr. Ar. Copt. Aeth. Hippol. Andr. Areth. Patr. Latt. (vulg. pervenerunt). Es liegt wohl zu Grunde

Jerem. 51, 9: es reichet bis an den Himmel ihr (Babels) Gericht (Strafe, מִשְׁפָּטָהּ) und erhebt sich bis zu den Wolken. So heisst es hier: denn ihre Sünden sind angeklebt = zusammengeklebt, zusammengehäuft, bis zum Himmel, liegen so ungeheuer gross und gehäuft da, dass Gott sie unmöglich übersehen kann.

aber Gott hat ihrer Ungerechtigkeit gedacht, ist ihrer eingedenk geworden.

V. 6—7. Anrede an die Plageengel, die die göttlichen Strafgerichte vollstrecken; denn so ist es ohne Zweifel gemeint. Vergeltet ihr, wie sie vergolten hat = gemäss dem, wie sie gegen Andere verfahren ist; es ist hier ἀποδιδόναι das zweite Mal gebraucht wie das Hebr. גָּמַל, überhaupt in Beziehung auf gegenseitige Handlungen, die gegen Andere verrichtet werden. Die rec. hat hinter ἀπέδωκε noch ὑμῖν, was aber ganz unpassend ist; es fehlt auch ABC c. 30 min. Syr. Ar. Copt. Aeth. Vulg. ms. Hippol. Patr. Lat., ausgelassen von Griesbach, Lachmann, Tischendorf, was schon Grot., Mill, Bengel billigen.

Verdoppelt ihr doppeltes nach ihren Werken, lasst sie die Strafe dafür doppelt, aufs reichlichste erfahren.

in dem Becher, worin sie gemischt hat = eingeschenkt den Wein ihrer Hurerei, schenket ihr doppeltes ein = lasst sie die schwerste Strafe empfinden für alle ihre Verführung Anderer zum Götzendienste; über diese zwiefache Wendung des Bildes vergl. 14, 8. 10. 16, 19. 18, 3.

V. 7. So sehr sie sich herrlich gemacht und geschwelgt hat, so viel gebet ihr Pein und Trauer; denn sie spricht in ihrem Herzen, ich sitze da (thronend) als Königin und bin nicht Wittwe und werde nicht Trauer schauen, erfahren; ist Nachbildung von Jes. 47, 7. 8 (in Beziehung auf Babel): du sprachst: ewiglich werde ich Herrin sein (גְּבֶרֶת)... Nun höre dieses, Ueppige, die du sorglos sitzest, die da spricht in ihrem Herzen: לֹא אֵשֵׁב אַלְמָנָה וְלֹא־אֵדַע שְׁכוֹל. Das Wittwenthum bezieht sich dort wohl auf den Verlust des Königs und so steht es auch wohl hier in Beziehung auf die Könige, die mit ihr Unzucht trieben, so wie πένθος auf den Verlust der Kinder, d. i. ihrer Bewohner, wie denn das Wort namentlich in Bezug auf Trauer und Klage über Verstorbene steht.

V. 8. Darum werden an Einem Tage ihre Plagen kommen (Jes. 47, 9: רֶגַע בְּיוֹם אֶחָד) Tod und Trauer (über den Verlust ihrer Kinder) und Hunger; und mit Feuer wird sie verbrannt werden; denn stark ist Gott der Herr, der sie gerichtet hat, das Strafgericht über sie verhängt. Dieses wird denn bitterliche Klagen bei Allen hervorrufen, welche mit ihr in näherer Verbindung gestanden, wie derselbe Engel zu schildern fortfährt, besonders nach dem Vorbilde des Ezechiel in der Weissagung wider Tyrus Kap. 26 sq.; zuerst

α) V. 9. 10. Trauer und Klage von Seiten ihrer Buhlen, der Könige; vergl. Ezech. 26, 16-18. 27, 35. Und weinen werden und wehklagen über sie, ob ihres Unterganges, die Könige der Erde, die mit ihr gehurt und geschwelgt haben, wenn sie den Rauch ihres Brandes sehen werden.

V. 10. von ferne stehend, stehen bleibend, aus Furcht vor ihrer Pein und sprechend: wehe, wehe, du grosse Stadt Babel, du starke Stadt, dass zu Einer Stunde, plötzlich in Einem Augenblicke, dein Gericht gekommen ist, du im Gerichte vernichtet bist.

β) V. 11-17. Klage von Seiten der Kaufleute, welche sich durch sie bereichert haben. Und die Kaufleute der Erde weinen und klagen über sie, weil niemand hinfort mehr ihre Waare kauft (γόμος Act. 21, 3 von der Schiffsladung, von γεμεῖν voll, belastet sein, daher wie hier von Kaufmannswaaren überhaupt).

V. 12. Waaren von Gold (die Genitive explicative) und Silber und Edelstein und Perlen und Byssus, feine Leinen, und Purpur und Seidenzeug und Scharlach, und allerhand Zitronen-Holz (ξύλον θύϊνον, Holz von dem Baume θυία, citrus, einem afrikanischen Baume, dessen Holz wohlriechend war und bei den Alten zu feinem Hausrathe, Tischen etc. bearbeitet ward; welcher Baum eigentlich ursprünglich durch das Wort bezeichnet wird, ist streitig; erst in sehr später Zeit steht er für unseren Zitronenbaum).

und allerhand elfenbeinernes Geräth und allerhand Geräth vom kostbarsten Holze, und von Erz und Eisen und Marmor.

V. 13. Und Zimmt und Amomum, eine Indische Gewürzstaude, die wie der Zimmt zum Wohlgeruche angewandt wird; (rec. fehlen die Worte καὶ ἄμωμον, die aber von Bengel, Griesbach, Lachmann, Tischendorf u. A. nach hinreichenden Zeugen AC 8 min. Syr. Aeth. Vulg. Itall. Hippol. Patr. Lat. aufgenommen sind; sie sind nur durch Zufall ausgefallen, wegen der Gleichheit der Endung mit dem vorhergehenden κινάμωμον) und Rauchwerk und Myrtenöl und Weihrauch und Wein und Oel und Weissmehl (σεμίδαλις, similago, das feinste Weizenmehl) und Weizen und Vieh (κτῆνος, eigentlich Besitz von Vermögen überhaupt, besonders von Vieh, Zugvieh) und Schafe und (jetzt folgen wieder einige Genitive, die wieder von γόμον abhängig zu denken sind), von Pferden, von Wagen und von Leibern und Menschenseelen, σώματα und ψυχαὶ ἀνθρώπων sind hier ganz synonym, beides als Bezeichnung von Sklaven, Leibeigenen; sie lassen sich auch nicht mit Ewald (jetzt aber anders) so sondern, dass der erstere Ausdruck die niedrigste Klasse von Sklaven, die die Aufsicht über die Rosse und Wagen hatten, bezeichnete; oder mit Züllig, Leute freien Standes, die für Miethslohn ihren Leib hingeben zur Arbeit, zum Kriegsdienst oder zur Unzucht. Der letztere Ausdruck ist aus Ezech. 27, 13, wo נֶפֶשׁ אָדָם auch für Sklaven steht; σώματα kommt in Beziehung auf Leibeigene auch bei Griechen vor, doch meistens in Verbindung mit δοῦλα und dergl.; s. Wetstein ad h. l.; vergl. Tob. 10, 11: σώματα καὶ κτήνη, Gen. 36, 6: σώματα τοῦ οἴκου αὐτοῦ, 2. Macc. 8, 11: Ἰουδαϊκὰ σώματα.

V. 14. Und das Obst der Lust deiner Seele, das feine köstliche Obst, woran du solches Behagen hast, ist von dir gewichen und alles Fette und Glänzende (das Erstere, τὰ λίπαρα, lauta, bezieht sich auf das Fette, leckere beim Gastmahle, τὰ λαμπρὰ wohl auf Kleiderpracht) ist dir verloren, und nicht wirst du es mehr finden. Es ist dieses nicht etwa als Worte der Kaufleute zu fassen, sondern als Worte des Engels, der hier Babel selbst anredet. Es scheint mir der Inhalt auch nicht so unangemessen zu sein, dass Grund wäre, mit einigen Auslegern, wie Beza, Vitringa u. A. (auch jetzt

Ewald) zu vermuthen, dass dieses ursprünglich bei V. 23 oder hinter V. 11 seinen Platz gehabt hätte, oder mit Ewald (früher), dass der Verfasser dieses nur, als anders woher entlehnt an den Rand geschrieben und erst ein Abschreiber es in den Text eingerückt hätte (s. dess. Jahrb. d. Bibl. W. VIII. 1856 S. 99, wo er es für einen Fehler schon der Urschrift hält, da die Worte hinter V. 21 ihren Platz haben sollten).

V. 15. **Die Verkäufer dieser Dinge, die von ihr reich geworden, indem sie dergleichen an Babel verkauft haben, werden von ferne stehen aus Furcht vor ihrer Pein** (vergl. V. 10) **weinend und klagend, indem sie sagen:**

V. 16. **Wehe, wehe, die grosse Stadt, angethan** (bisher) **mit Byssus und Purpur und Scharlach und übergoldet mit Gold und Edelsteinen und Perlen.**

V. 17. **Denn in Einer Stunde ist ein solcher Reichthum verwüstet, die Stadt mit allen diesen Schätzen.** Diese Worte gehören noch mit zu dem Klageruf der Kaufleute, wie ähnlich V. 19 fin.; jedenfalls würde der neue Vers passender mit $\varkappa\alpha\grave{\iota}\ \pi\tilde{\alpha}\varsigma\ \varkappa\upsilon\beta\varepsilon\varrho\nu\acute{\eta}\tau\eta\varsigma$ anfangen. Es wird hier nämlich

γ) V. 17b—19, die Klage der Schiffer über ihren Fall geschildert. Die Darstellung ist hier jedoch gegen das Vorhergehende geändert, indem diese Klage nicht mehr in Futuris vorgeführt wird, in der Rede des Engels an den Seher, sondern in Aoristen, als in der Vision vor den Augen und Ohren des Sehers sich begebend. Uebrigens vergl. Ezechiels Schilderung der Klagen der Schiffer über den Fall von Tyrus Kap. 27, 28 sq.

Und alle Steuerleute und alle die an einen Ort schiffen und Schiffer und alle die das Meer bearbeiten standen von ferne. Die Benennungen für die Seefahrenden sind hier gehäuft. Statt rec. $\pi\tilde{\alpha}\varsigma\ \grave{\varepsilon}\pi\grave{\iota}\ \pi\lambda o\acute{\iota}\omega\nu\ \acute{o}\ \ddot{o}\mu\iota\lambda o\varsigma$ haben Griesbach und Lachmann, was schon Bengel billigt: $\pi\tilde{\alpha}\varsigma\ \acute{o}\ \grave{\varepsilon}\pi\grave{\iota}\ \tau\acute{o}\pi o\nu\ \pi\lambda\acute{\varepsilon}\omega\nu$ nach ABC 24 min. Syr. Arm. Vulg. ms.; andere codd. wie Compl.: $\pi\tilde{\alpha}\varsigma\ \acute{o}\ \grave{\varepsilon}\pi\grave{\iota}\ \tau\tilde{\omega}\nu\ \pi\lambda o\acute{\iota}\omega\nu\ \pi\lambda\acute{\varepsilon}\omega\nu$. — Die Formel $\grave{\varepsilon}\varrho\gamma\acute{\alpha}\zeta\varepsilon\sigma\vartheta\alpha\iota\ \tau\grave{\eta}\nu\ \vartheta\acute{\alpha}\lambda\alpha\sigma\sigma\alpha\nu$ exercere mare, von Schiffern und Fischern, die das Meer gleichsam bearbeiten, indem sie es befahren und davon leben, findet sich auch öfters bei Griechen, wie Hesiod, Arrian, Appian u. A., s. ap. Wetstein.

V. 18. Und schrieen, da sie den Rauch ihres Brandes sahen, s. V. 9; statt καπνον hat Lachmann τόπον nach A 1 min. Vulg., doch nicht Primas.; die rec. ist wohl die echte, nach V. 9; indem sie sprachen: wer (eigentlich hier welche andere Stadt) ist gleich der grossen Stadt, nämlich in Beziehung auf ihren gegenwärtigen Ruin, wer ist so gefallen, wie Ezech. 27, 32: מִי כְצוֹר. Nicht natürlich ist, wenn Andere ἦν suppliren, wie de Wette: wer war gleich der grossen Stadt.

V. 19. Und sie warfen Schutt, Staub, auf ihre Häupter, als Zeichen der grössten Trauer; eben so die Schiffer über Tyrus Fall Ezech. 27, 30: וַיַּעֲלוּ עָפָר עַל־רָאשֵׁיהֶם·

und schrieen weinend und klagend, indem sie sprachen: wehe, wehe, die grosse Stadt, worin Alle, die Schiffe auf dem Meere haben, sich bereicherten von ihrer Kostbarkeit. ἡ τιμιότης bezeichnet hier wohl alles Kostbare, was sie besitzt, also ihre Schätze und Reichthümer.

denn in einer Stunde ist sie verwüstet. Als Subject zu ἠρημώθη kann man die Stadt nehmen, aber nach V. 17 allenfalls auch die τιμιότης derselben.

V. 20 tritt nun wieder die himmlische Stimme (V. 4) ein. Freue dich über sie, o Himmel (statt ἐπ' αὐτήν rec. haben Compl., Bengel, Griesbach ἐπ' αὐτῇ noch 30 min. Hippol. Areth., dagegen ἐν αὐτῇ Lachmann noch AC, letzteres Hebräisch-artig, für den Sinn ohne Unterschied), und ihr Heiligen und ihr Apostel und Propheten, auch die letzteren von denen des Neuen Bundes.

denn Gott hat euer Gericht an ihr gerichtet, euch an ihr gerochen; es ist prägnante Construction = hat sie gerichtet und so die Rache für euer Blut von ihr genommen.

c) V. 21 — 24.

eine symbolische Handlung, indem ein Engel einen Mühlstein ins Meer wirft, um dadurch so wie durch die sich daran anknüpfende Rede den plötzlichen und gänzlichen Untergang der Stadt noch anschaulicher vor Augen zu führen. Es ist dies Nachbildung von Jerem. 51, 63. 64, wo Jeremias dem mit dem

Zedekiah nach Babel fortgeführten Oberkämmerer Serajah befiehlt, wenn er die Schrift (wider Babel) ausgelesen, so solle er daran einen Stein binden und sie in den Euphrat werfen mit den Worten: „so soll Babel versinken und nicht wieder emporkommen aus dem Unglücke, welches ich über sie bringen will". Vergl. noch Nehem. 9, 11: du warfst sie (die Aegypter) in die Fluthen wie einen Stein ins mächtige Wasser.

V. 21. **Und ein starker Engel hob einen Stein gleich einem grossen Mühlsteine** (so gross; statt $\mu\acute{v}\lambda o\nu$ hat Lachmann $\mu\acute{v}\lambda \iota\nu o\nu$, eine sonst ungebräuchliche Form des Adjektivs, sonst $\mu v\lambda \iota\varkappa\acute{o}\varsigma$) nach AC Vulg. molorem, **und warf ihn ins Meer, indem er sprach: also wird Babel die grosse Stadt mit Gewalt geworfen** ($\acute{o}\rho\mu\acute{\eta}\mu\alpha\tau\iota$, impetu, mit heftigem Angriffe, mit Gewalt) **und hinfort nicht mehr gefunden werden**, wie man einen schweren Stein nicht mehr sieht, der ins Meer geworfen ist.

V. 22. **Und der Laut der Zitherspieler und der Sänger** ($\mu ov\sigma\iota\varkappa\tilde{\omega}\nu$ der Tonkünstler, es ist ein allgemeinerer Ausdruck) **und der Flöten- und Posaunenspieler wird hinfort nicht in dir gehört werden, und kein Künstler irgend einer Kunst, kein Handwerker, wird hinfort in dir gefunden werden und der Laut der Mühle soll hinfort nicht mehr in dir gehört werden.**

V. 23. **Und das Licht der Lampe soll hinfort nicht mehr in dir scheinen und die Stimme des Bräutigams und der Braut nicht mehr in dir gehört werden.** Aehnliche Schilderungen finden sich öfters bei den Propheten in den Drohungen wider Länder und Völker; cf. besonders Jerem. 25, 10 in der Drohung wider die Juden: und ich vertilge unter ihnen die Stimme der Freude und der Fröhlichkeit, die Stimme des Bräutigams und die Stimme der Braut, den Laut der Mühle und das Licht der Lampe. Vergl. ib. 7, 34. 16, 9. 33, 11. Jes. 24, 8. Ezech. 26, 13.

denn deine Kaufleute waren die Magnaten der Erde, sie herrschten überall auf der Erde als Herren durch ihre Reichthümer und mit dem daraus entspringenden Uebermuthe; vergl. Jes. 23, 8, wo die Kaufleute von Tyrus Fürsten, ihre Krämer die Geehrten der Erde heissen. Falsch nehmen Andere wie Eichhorn hier οἱ μεγιστᾶνες τῆς γῆς als Subjekt und fassen es: die Magnaten der Erde waren ihre Kaufleute = hatten mit ihr Verkehr, liessen sich durch sie verführen. In diesem Sinne würde der Ausdruck sehr unnatürlich sein.

denn durch deine Zauberei wurden alle Völker verführt; das zweite ὅτι ist dem ersteren coordinirt.

V. 24 und in ihr ist das Blut der Propheten und Heiligen gefunden und Aller, die auf Erden geschlachtet sind. Es ist so das letztere wohl hauptsächlich nur von Denjenigen gemeint, welche für Gott und um des Reiches Gottes willen gewaltsamen Tod gefunden haben. Babel wird hier bezeichnet als aller dieser Ermordungen schuldig, wiefern sie mittelbar oder unmittelbar von ihr ausgegangen sind; gleich wie nach Matth. 23, 35 sq. Luc. 11, 50 sq. alles unschuldige Blut, welches von Anfang an auf Erden vergossen ist, an den Juden zur Zeit Christi soll gerochen werden.

d) Kap. 19, 1—10.

Es erschallen jetzt Stimmen im Himmel, welche Gott preisen wegen seines gerechten Gerichtes über die grosse Babel und ihn lobsingen, dass jetzt gekommen sei die Hochzeit des Lammes, die Zeit seiner Vereinigung mit seiner Gemeinde und der vollständigen Inauguration seines Reiches, die somit an den Sturz des antichristlichen Babels geknüpft wird.

α) V. 1—3. Darnach hörte ich wie eine laute Stimme einer grossen Schaar im Himmel, welche sprachen: Hallelujah, das Heil und die Herrlichkeit und die Macht ist unseres Gottes, das zeigt sich jetzt recht klar in diesem Gerichte über Babel. Vergl. 7, 10. 11, 15.

V. 2. Denn wahr und gerecht sind seine Gerichte, wie 16, 7, denn er hat die grosse Hure gerichtet, über sie sein Strafgericht verhängt, welche die Erde mit ihrer Hurerei verderbte, vergl. 11, 18: τοὺς διαφθείροντας τὴν γῆν. Jerem. 51, 25, wo Babel ein verderblicher Berg heisst, der die ganze Erde verderbte, הַמַּשְׁחִית אֶת־כָּל־הָאָרֶץ, was hier dann auf das sittliche Verderben bezogen ist.

und hat das Blut seiner Knechte an ihr gerochen, vergl. Deut. 32, 43: דַּם עֲבָדָיו יִקּוֹם, das Blut seiner Knechte rächt er. Die Construction ἐκδικεῖν τὸ αἷμα ἐκ χειρός ist ganz entsprechend der Weise, wie נָקַם 2. Reg. 9, 7 konstruirt ist.

V. 3. Und zum andern Male sprachen sie: Hallelujah; und ihr Rauch steigt in alle Ewigkeiten auf, es wird ein unauslöschliches Feuer sein, welches sie verzehren wird; s. Jes. 34, 10: „Tag und Nacht erlischt es nicht (Edoms Feuer), ewiglich steigt sein Rauch empor, לְעוֹלָם יַעֲלֶה עֲשָׁנָהּ; s. ad Kap. 14, 11. — Die Partikel καὶ übrigens ist wohl mit Ewald so zu erklären, dass dieses Glied die Fortsetzung von V. 2 bildet in der Schilderung des gerechten Gerichtes Gottes, welche nur durch die Wiederholung des Hallelujah unterbrochen ist.

β) V. 4. Und es fielen die 24 Aeltesten und die vier Thiere nieder und huldigten Gotte, dem auf dem Throne Sitzenden, indem sie sprachen: Amen, Hallelujah; so bilden sie den Schlusschor zu jenem Gesange der himmlischen Heerschaaren, der die Gerechtigkeit der göttlichen Gerichte preist. Vergl. Ps. 106, 48, die Schlussdoxologie zum 4. Buche, welche schliesst: und alles Volk spreche אָמֵן הַלְלוּ־יָהּ.

γ) V. 5. Und eine Stimme ging vom Throne aus, kam daher, welche sprach: Lobet unsern Gott, alle seine Knechte, und die ihn fürchten, seine Verehrer, klein und gross. Zusammengesetzt aus Ps. 134, 1 (Lobet Jehovah, alle Knechte Jehovahs) und Ps. 115, 13 (die Jehovah fürchten, die kleinen sammt den grossen).

δ) V. 6-8. Und ich hörte wie eine Stimme einer grossen Menge und wie das Geräusch vieler Wasser und wie den Schall starker Donner. Sie sagten (rec. λεγόντων; dafür Griesbach, Lachmann ed. min. Tischendorf λέγοντες nach B 15 min.; andere Minuskeln λέγοντας, und so Erasmus, Bengel al.; vielleicht ist doch die rec. die ursprüngliche und Lachmann ed. 2 hat sie wieder aufgenommen): Hallelujah! denn der Herr unser Gott, der Allmächtige ἐβασίλευσε hat die Herrschaft genommen oder sich als Herrscher bewiesen; vergl. 11, 17: „wir danken dir, Herr, Gott, Allmächtiger, du Seiender und der da war, ὅτι εἴληφας τὴν δύναμίν σου τὴν μεγάλην καὶ ἐβασίλευσας." Ueberhaupt ist mit unserem Abschnitte hier die Schilderung bei der Eröffnung der 7. Posaune Kap. 11, 15-19 zu vergleichen, wie denn die Weissagung, was die Entwicklung der Begebenheiten der Zukunft im Allgemeinen betrifft, hier erst auf denselben Punkt wieder angelangt scheint, auf welchem sie schon dort bei der 7. Posaune zu stehen schien.

V. 7. **Lasset uns uns freuen und frohlocken und Ihm die Ehre geben.** Denn gekommen ist die Hochzeit des Lammes, die Zeit seiner Vermählung mit seiner Braut, seiner Gemeinde, die stattfindet, wenn der Herr wieder kommt, um sich mit seiner Gemeinde aufs innigste zu vereinigen in dem messianischen Reiche. Wie bei den Propheten das Verhältniss Jehovahs zum Volke Israel oder zur Stadt Jerusalem als ein eheliches dargestellt wird, worin Jehovah als der Gemahl erscheint, die Gemeinde des Volkes oder der Stadt als die Gemahlin, z. B. Jes. 54, 4–8. Hos. 2, 19. Ezech. 16, 8 und das ganze Kapitel, und daher der Abfall derselben von Jehovah, der Götzendienst, als Hurerei und Ehebruch, so wird im Neuen Testament öfter die Verbindung Christi mit seiner Gemeinde als eine eheliche bezeichnet, und zwar die völlige Verbindung derselben in Seinem Reiche bei seiner glorreichen Zukunft als die Hochzeit (Matth. 22, 2 sq. 25, 1 sq.) bis zu der sich die Gemeinde wie eine treue Braut ihrem Bräutigam zu bewahren hat; s. 2. Cor. 11, 2: „ich eifere nun auch mit göttlichem Eifer, denn ich habe euch Einem Manne verehelicht, Christo, um ihm euch als reine Jungfrau zuzuführen".

und sein Weib, nämlich seine Braut, die ihm jetzt vermählt werden soll, **hat sich bereitet,** sich bereit gemacht, um ihn zu empfangen, hat sich geschmückt, nämlich wohl eben mit den gleich V. 8 erwähnten Kleidern.

V. 8. **Und es ist ihr verliehen, sich zu kleiden in glänzenden und reinen Byssus,** ein solches hochzeitliches Kleid, welches auf Reinheit und Unschuld hindeutet, hat sie sich anlegen können.

Denn der Byssus, die feine weisse Leinewand, **ist die Unschuld, die Gerechtigkeit oder die Tugend der Heiligen,** diese werden dadurch symbolisirt, und wenn sie diese nicht besässe, würde sie jene Kleidung nicht tragen dürfen. τὸ δικαίωμα ist eigentlich das Gerechtfertigtsein, d. i. der Zustand, wo jemand δίκαιος ist und als solcher vor Gott dasteht; so Rom. 5, 18. Der Plural hier bezieht sich wohl nur auf die Mehrheit der Personen, der ἅγιοι, welche dieses δικαίωμα besitzen. — Uebrigens ist hier, wie es scheint, bei der Braut, der γυνή des Lammes, doch ohne Zweifel wohl die Gemeinde des Herrn zu verstehen; etwas anders ist es unten 21, 2 (nach Beendigung des tausendjährigen Reiches), wo es in Beziehung auf das Neue Jerusalem steht, die vom Himmel herabkommende Stätte für die Seligen.

8) V. 9—10. Und er spricht zu mir, nämlich, wie sich aus V. 10 ergibt, ein Engel und wohl eben derjenige, dessen Stimme nach V. 5 vom Throne erschallte, nicht, wie Hengstenberg, der 17, 1 erwähnte Engel, auch wohl nicht, wie Ewald, Ebrard der 1, 1 erwähnte Engel Christi, der durch alle diese Visionen hindurch als der Begleiter des Sehers zu denken sei.

Schreibe auf: selig sind die zum Hochzeitsmahle des Lammes Geladenen, die als Gäste demselben beiwohnen, d. i. an der Seligkeit Seines Reiches mit theilnehmen werden; vergl. Luc. 14, 15, wo jemand zu Christo sagt: μακάριος ὅς φάγεται ἄρτον ἐν τῇ βασιλείᾳ τοῦ θεοῦ. Für die ganze Darstellung hier, dass ein Engel ihn befiehlt, dieses aufzuschreiben, vergl. 14, 13.

und er spricht zu mir: das sind die wahrhaften Worte Gottes, seine wahrhaftigen Weissagungen, sie zeigen sich hier jetzt erfüllt. So sind die Worte, wie sie hier lauten, am wahrscheinlichsten zu fassen, besonders nach dem Bengelschen, Lachmannschen und Tischendorfschen Texte, der a) noch οἱ vor ἀληθινοί hat nach A 2 min. und b) τοῦ θεοῦ εἰσί (statt εἰσι τοῦ θεοῦ) nach AB über 20 min. Areth.; aber auch nach rec. Etwas anders ist es 22, 6: ὅτι οὗτοι οἱ λόγοι πιστοὶ κ. ἀληθινοί. Diese Worte (dass Gott Alles neu mache) sind wahr und treu; wie de Wette u. A. es auch hier fassen wollen.

V. 10. Und ich fiel nieder vor seinen Füssen, ihm zu huldigen, durch göttliche Verehrung.

Und er spricht zu mir: ὅρα μή sc. ποιήσῃς cave ne facias, thue es nicht! ebenso in der überhaupt sehr ähnlichen Stelle 22, 9.

ich bin dein Mitknecht und deiner Brüder, die das Zeugniss Jesu haben; über letztere Formel s. ad 6, 9. 12, 17. Der Engel will sich gegen Gott den Schöpfer in kein anderes höheres Verhältniss gestellt wissen, als die Gläubigen unter den Menschen, die Bekenner des Herrn. Kein Zweifel kann aber sein, und zeigt sich 22, 9 noch deutlicher, dass der Genitiv τῶν ἀδελφῶν auch von σύνδουλος abhängig ist und nicht mit Eichhorn, Züllig, Ebrard zu fassen sc. εἷς: ich bin einer deiner Brüder.

huldige Gott, ihn bete an; denn das Zeugniss Jesu ist der Geist der Weissagung. Diese Worte müssen nach dem Zusammenhange den Grund andeuten, wesshalb der Seher nicht vor dem Engel niederfallen dürfe und er ihm an Würde nicht nachstehe; dazu heisst es: das Zeugniss Jesu, welches mit den übrigen Bekennern des Herrn auch der Seher hatte, sei der Geist der Weissagung, eben der Geist, welcher aus dem Engel redete und die Zukunft enthüllte, so dass also die Bekenner des Herrn, die das Zeugniss Jesu haben, eben denselben Geist haben, wie der Engel und damit der Engel sich als einen ihrer Mitknechte bezeichnen konnte.

Kap. 19, 11 — 20, 3.

Jetzt wird nun die Erscheinung des Messias, des Logos, in seiner siegreichen Glorie geschildert, die Besiegung und Vernichtung aller Widersacher des Reiches Gottes, der Sturz des Thieres und des Pseudo-Propheten in den Feuerpfuhl und die Fesselung des Satans auf 1000 Jahre. Zuerst

a) V. 11—16 das Auftreten des zum Kampfe mit den Völkern der Erde ausziehenden Messias.

V. 11. Und ich sahe den Himmel geöffnet, da aus demselben der Messias herauskommt, der Seher sich aber auch in der Vision auf Erden befand (s. 17, 3).

und siehe ein weisses Ross, s. ad 6, 2 und der darauf Sitzende heisset treu und wahrhaft; und mit Gerechtigkeit richtet und streitet er, vergl. Jes. 11, 4 vom Messias: שָׁפַט בְּצֶדֶק דַּלִּים.

V. 12. Seine Augen aber waren wie Feuerflammen, so glänzend und verzehrend, wie 1, 14.

und auf seinem Haupte viele Diademe, zur Bezeichnung seiner allverbreiteten Herrschaft (cf. 3, 1), als König der Könige V. 16. Grotius verweist darauf, dass die Sieger sich die Kronen der besiegten Fürsten aufzusetzen pflegten, 2. Sam. 12, 30. 1. Macc. 11, 13.

und er führte einen Namen geschrieben, den Niemand kennt ausser er selbst, vergl. 2, 17. Dieser Name ist hier wohl zu denken als an der Stirne geschrieben, verschieden von dem, welchen er nach V. 16 an seiner Hüfte trägt: König der Könige und Herr der Herren; es ist von einem Namen gemeint, welcher auf erschöpfende Weise die ganze Fülle seiner Herrlichkeit, Hoheit und Macht bezeichnet, die kein Sterblicher in ihrem ganzen Umfange zu fassen vermag, daher auch Niemand den dieselbe ausdrückenden Namen kennt. Der Verfasser hat daher auch wohl nicht grade an irgend einen bestimmten Namen gedacht, wie Logos, Jehovah (so Züllig u. A.) oder einen anderen, der sich errathen liesse.

V. 13. Und war angethan mit einem Gewande, getaucht in Blut, als Beweis der Niederlage, welche er unter seinen Widersachern anrichtet; so erscheint Jes. 63, 1 Jehovah als Sieger über Edom mit rothbespritzten Kleidern.

und sein Name heisset: das Wort Gottes, darüber s. Joh. 1, 1.

V. 14. Und die Heerschaaren im Himmel, die himmlischen Heerschaaren, die Schaaren der Engel Gottes, folgten ihm auf weissen Rossen, angethan mit weissem reinen Byssus.

V. 15. Und aus seinem Munde geht ein [zweischneidiges] scharfes Schwert (vergl. 1, 16. 2, 12), um mit demselben die Völker zu schlagen, vergl. Jes. 11, 4: תַכֶּה הָאָרֶץ בְּשֵׁבֶט פִּיו.

und er wird sie weiden mit eisernem Stabe (2, 27. 12, 5); und er tritt die Kelter des Gluthweines des Zornes Gottes des Allmächtigen. Das καί rec. hinter τοῦ θυμοῦ haben Griesbach, Lachmann, Tischendorf, wie Compl., Bengel al. ausgelassen nach AB 30 min. Copt. Aeth. Arm. Vulg. Orig. Areth. Iren. Es sind dann die Genitive etwas gehäuft. Es sind hier aber, wie es scheint, zwei Bilder mit einander verbunden, das des Tretens der Kelter, was sonst an sich die Vergiessung des Blutes bezeichnet, vergl. 14, 19 sq. Jes. 63, 3, und das des Zornweins, womit Gott die Menschen tränkt und sie ins Verderben stürzt, s. 14, 10; hier wird die

Kelter, welche Gott tritt, als die des Gluthweines seines Zornes bezeichnet, worin der Wein gekeltert wird, den Gott in seinem Zorne die Menschen wird trinken lassen, womit er sie berauschen wird. Doch ist vielleicht auch τοῦ οἴνου als ein adjectivischer Nebenbegriff eng mit τὴν ληνὸν zu verbinden, und τοῦ θυμοῦ τῆς ὀργῆς von dem ganzen Begriffe die Weinkelter abhängig: die Weinkelter der Zornsgluth Gottes, die er in seiner Zornesgluth tritt, wo denn doch die Menschen selbst als das zu Kelternde und ihr Blut als der Wein gedacht würde; vergl. 14, 19: ἔβαλεν εἰς τὴν ληνὸν τοῦ θυμοῦ τοῦ θεοῦ τὸν μέγαν. Allerdings ist dann der Ausdruck hier noch überladener. Doch ist es wohl wahrscheinlich so gemeint.

V. 16. **Und er hat, er führt auf seinem Kleide und (zwar) auf seiner Hüfte** (καὶ ist näher bestimmend) **einen Namen geschrieben: König der Könige und Herr der Herren.** Dergleichen den Namen oder die Würde angebende Inschriften an den Hüften finden sich auf alten Monumenten öfters; s. Eichhorn, Rosenmüller A. und N. M. z. d. St.

b) V. 17-18. Ein Engel ruft jetzt die Schaaren von Vögeln herbei, um die Aeser der feindlichen Herrscher und ihrer Schaaren, die im Kampfe mit dem Messias umkommen werden, zu fressen. Eine ganz ähnliche Darstellung Ezech. 39, 17-20.

Und ich sahe einen Engel stehend in der Sonne, in vollstem Glanze und mittem am Himmel.

der rief mit lauter Stimme und sprach zu allen mitten am Himmel fliegenden (14, 6. 8, 13) **Vögeln: Kommt her, versammelt euch zum grossen Mahle Gottes,** welches Gott der Herr bereitet; statt rec. τοῦ μεγάλου, Mahl des grossen Gottes, ist mit Compl., Bengel, Griesbach, Lachmann, Tischendorf al. zu lesen τὸ μέγα τοῦ nach AB vielen Minuskeln, Syr. Copt. Vulg. Andr. 2. Prim. (nach Wolf wird in der Apok. Gott niemals als ὁ μέγας bezeichnet).

V. 18. **Auf dass ihr fresset das Fleisch der Könige und das Fleisch der Obersten und das Fleisch der Mächtigen und das Fleisch der Rosse und der auf ihnen Sitzenden und das Fleisch aller Freien und der Knechte und der Kleinen und der Grossen.**

c) V. 19-21, schaut jetzt der Seher, wie der Antichrist mit

seinen Schaaren dem Christ entgegenzieht, aber von Ihm besiegt und in den Feuerpfuhl geworfen wird sammt dem Pseudopropheten, seine Schaaren aber vernichtet werden.

V. 19. Und ich sahe das Thier und die Könige der Erde (die 16, 14 sq. durch die drei Dämonen zu diesem Kampfe Zusammenberufenen und wohl zugleich auch die durch die zehn Hörner des Thieres symbolisirten Könige vom Orient 17, 12 sq.) und ihre Schaaren versammelt, um den Krieg zu führen mit dem auf dem Rosse Sitzenden und mit seiner Heerschaar.

V. 20. Und das Thier ward ergriffen und der falsche Prophet mit ihm, der ihn begleitende, der die Zeichen verrichtete (13, 12 sq.), wodurch er irre führt die, welche das Mahlzeichen des Thieres annahmen und seinem Bilde huldigten; dazu wurden sie eigentlich erst durch seine Verführung, durch die von ihm verrichteten Zeichen, verleitet.

Lebendig wurden die zwei in den mit Schwefel brennenden Feuerpfuhl, Feuersee, geworfen. Dorthinein werden sie schon jetzt lebend gestürzt, zur fortwährenden Pein; später wird in denselben der Satan geworfen, 20, 10, wo er heisst $\dot{\eta}$ $\lambda i\mu\nu\eta$ $\tau o\bar{v}$ $\pi v\varrho\acute{o}\varsigma$ $\varkappa a\grave{\iota}$ $\vartheta\varepsilon iov$, und darnach ib. V. 15 beim jüngsten Gerichte nach der allgemeinen Auferstehung alle Diejenigen, die nicht im Lebensbuche gefunden werden.

V. 21. Und die Uebrigen, die Könige der Welt, welche mit dem Thiere zum Kampfe gegen den Christ ausgezogen waren, und ihre Heerschaaren, wurden getödtet mit dem Schwerte des auf dem Rosse Sitzenden, das aus seinem Munde herausging, und alle Vögel des Himmels wurden gesättigt von ihrem Fleische, so zahlreich waren die Erschlagenen, vergl. 18, 6.

d) Kap. 20, 1—3. Jetzt wird nun auch der Satan von der Erde entfernt, um nicht den Frieden und die Seligkeit der Gläubigen während des alsbald beginnenden tausendjährigen messianischen Reiches zu stören; er wird für diese Zeitdauer in den Abgrund gestürzt und dieser über ihm verschlossen und versiegelt, wobei zugleich angedeutet ist, dass er nach Ablauf jener Zeit von neuem wieder hervorbrechen werde, jedoch nur auf kurze Zeit, um den allerletzten Kampf mit Christo zu beginnen, wodurch er für immer besiegt und alles Einflusses auf das Himmelreich beraubt, ewiger Pein preisgegeben werden wird.

V. 1. Und ich sahe einen Engel vom Himmel herabsteigen, welcher den Schlüssel des Abgrundes hatte; vergl. ad 9, 1, und eine grosse Kette auf seiner Hand (auf derselben hängend; vergl. über ἐπὶ τὴν χεῖρα Kap. 5, 1).

V. 2. Und er ergriff den Drachen, die alte Schlange, welche der Teufel und Satan ist (s. 12, 9 für die ganze Bezeichnung) und band ihn auf tausend Jahre.

V. 3 und er warf ihn in den Abgrund und verschloss (denselben; das Pronomen αὐτόν rec. lassen Compl., Bengel, Griesbach, Lachmann, Tischendorf mit Recht aus, was auch Mill billigt, nach A 31 min. Syr. Ar. pol. Aeth. Arm. Vulg. Andr. Areth. Patr. Lat.) und versiegelte über ihm, nämlich über dem hineingestürzten Satan, dass er nicht weiter die Völker verführte, bis die tausend Jahre vollbracht wären. Bei den Völkern, τὰ ἔθνη, sind nach V. 8 sq. die noch auf der Erde übrigen heidnischen Völker zu denken, welche dort auch während des tausendjährigen Reiches bleibend gedacht werden, aber an den äussersten entferntesten Punkten derselben, so dass die Bürger des messianischen Reiches von ihnen nicht berührt noch in ihrem Frieden gestört werden.

darnach soll er — nach dem Rathschlusse Gottes — wiederum auf kurze Zeit gelöset werden, frei gelassen werden, nach Ablauf der 1000 Jahre; s. V. 7.

V. 4—6.

Erste Auferstehung oder Auferweckung der Gläubigen, die mit Christo im tausendjährigen Reiche herrschen werden. Ueber diese ganze Vorstellung von dem tausendjährigen Reiche und der ersten Auferstehung siehe die Einl., so wie über die verschiedenen abweichenden Deutungen die dort gegebene geschichtliche Uebersicht.

V. 4. Und ich sahe Throne und sie setzten sich darauf und ihnen ward Gericht gegeben, statt: und denen, die darauf sich setzten, ward das Gericht übergeben. Es liegt hier zu Grunde Dan. 7, 9. 10: „ich schaute, bis dass Stühle aufgestellt wurden und ein Betagter sich setzte — das Gericht setzte sich und die Bücher wurden aufgerollt". Wer die auf den Stühlen zu Gericht Sitzenden seien, wird hier nicht gesagt; wir haben ohne Zweifel an Wesen zu denken in der unmittelbarsten Umgebung Gottes, gleichsam an den himmlischen Senat, etwa die 24 Aeltesten. Das Gericht selbst aber bezieht sich hier nur noch auf die Bestimmung Derjenigen, die würdig seien, an der ersten Auferstehung und an der Seligkeit des tausendjährigen Reiches auf Erden theilzunehmen.

und (ich sahe) die Seelen der um des Zeugnisses Jesu und des Wortes Gottes Willen Enthaupteten (vergl. 6, 9) und (überhaupt alle diejenigen) die dem Thiere nicht gehuldigt hatten noch seinem Bilde, noch das Mahlzeichen an ihre Stirne und Hand genommen hatten; und sie lebten = lebten wieder auf, und herrschten mit Christo (die) tausend Jahre. Von denjenigen, welche bei der Zukunft des Herrn von seinen Gläubigen noch am Leben sein werden, ist hier nicht besonders die Rede, sonder Zweifel weil ohne weiteres vorausgesetzt wird, dass sie bei der Wiedererscheinung des Herrn auf Erden mit ihm werden vereinigt werden. Ausdrücklich handelt darüber Paulus 1. Thess. 4, 17.

V. 5. Die übrigen Todten aber lebten nicht, wurden nicht lebendig, lebten nicht wieder auf, bis die tausend Jahre vollendet waren; das ist die erste Auferstehung, die der Gläubigen, zur Theilnahme am tausendjährigen messianischen Reiche.

V. 6. Selig zu preisen ist und heilig, wer an der ersten Auferstehung theil hat; ἅγιος bezieht sich auf den ganz Gott geweihten priesterlichen Charakter der Bürger des messianischen Reiches, der gleich hervorgehoben wird, wodurch sie von aller verunreinigenden Berührung mit dem Bösen fern gehalten sind, und zugleich auch von allem Uebel, als unantastbar.

über sie hat der zweite Tod keine Gewalt (darüber s. ad 2, 11), sondern sie werden Priester Gottes und Christi sein und mit ihm (Christo) tausend Jahre herrschen.

V. 7–10.

Der allerletzte Kampf des Satans mit dem Reiche Gottes, der zu seinem völligen Verderben ausschlägt, indem er darnach für ewig in die Hölle gestossen wird.

V. 7. **Und wenn die tausend Jahre werden vollendet sein, so wird der Satan aus seinem Kerker gelöst werden.** Die Darstellung ist hier und V. 8 gegen das Vorhergehende geändert, indem hier nicht die Form der Vision beachtet ist, sondern es als eigentliche Vorhersagung erscheint, daher im Futuro. Veranlassung hat dazu V. 6 gegeben, ein Makarismus, wo die Seligpreisung in Futuris geschah. V. 9 aber kehrt die Darstellung zur Visionform wieder zurück.

V. 8. **Und er wird ausziehen, die Völker an den vier Winkeln** (Ecken, den äussersten entferntesten Punkten, vergl. 7, 1) **der Erde zu verführen, den Gog und Magog, sie zum Kriege zu versammeln,** zum Kriege nämlich gegen das Reich Gottes, **deren Zahl gleich dem Sande des Meeres.** Zu Grunde liegt hier überhaupt die Weissagung Ezech. 38. 39, wo von einem Gog, Fürsten von Magog, die Rede ist, der am Ende der Tage, wenn das Volk Jehovah's nach der Rückkehr aus dem Exil sich so eben in seinem Lande befestigt habe, mit zahlreichen Schaaren wider dasselbe ziehen, aber dort seinen gänzlichen Untergang finden werde; dann eigentlich erst werde die Zeit der Trübsal des Volkes Gottes zu Ende sein, dasselbe in voller Sicherheit in dem Lande wohnen und alles erlittene Ungemach vergessen. So ist nun auch hier von einem letzten Kampfe die Rede, den selbst nach dem Eintritte des tausendjährigen Reiches, nach dessen Verlaufe, das Volk Gottes zu bestehen haben werde mit Völkern der Welt, die der Satan aus den äussersten entferntesten Punkten der Erde zusammenberufen werde. Die Namen Gog und Magog sind auch aus dem Ezechiel entlehnt, obwohl sie dort in etwas anderem Verhältniss zu einander stehen wie hier. Nur Magog ist dort Name des Volkes und kommt so auch schon Gen. 10, 2 vor, wahrscheinlich als Name eines Volkes im tiefen Norden, welches den Hebräern wohl nicht viel anders als dem Namen nach bekannt war. Gog wird bei Ezechiel als Fürst von Magog genannt, und nicht unwahrscheinlich ist, was Ewald meint, dass dieser Name erst aus Magog gebildet ist, von der Voraussetzung aus, dass Magog so viel sei als Land des Gog. — Hier dagegen erscheint Gog auf gleiche Weise wie Magog behandelt, als collective Bezeichnung der an den fernsten Punkten der Erde ihren Wohnsitz habenden, dem Reiche Gottes fremdbleibenden Völker. So als Volk ist Gog auch Orac. Sib. III, 257. 450 behandelt, neben Magog, die von dem Aegyptischen Verfasser dieses Buches nach Aethiopien versetzt werden. Auch bei den späteren Juden werden Gog und Magog meistens zusammengenannt, als Völker, die am Ende der Welt gegen Jerusalem und das Land Israels ziehen und dann durch den Messias oder durch Feuer vom Himmel umkommen werden; z. B. Tharg. Hieros. in Num. 11, 27 u. a., siehe Wetstein ad h. l.

V. 9 Und sie zogen hinauf auf die Breite der Erde, von den äussersten Ecken derselben überschwemmten sie die Erde in ihrer ganzen Breite und Ausdehnung, vergl. Hab. I, 6: ich erwecke die Chaldäer, הַהוֹלֵךְ לְמֶרְחֲבֵי אֶרֶץ.

und sie umringten das Lager der Heiligen, die Stätte, wo die Heiligen, die Bürger des tausendjährigen Reiches vereinigt waren, was bezeichnet wird als: die geliebte Stadt, die von Gott geliebte, ihm werthe Stadt, nämlich ohne Zweifel wohl Jerusalem, wie sie nach geschehener Reinigung als Sitz des Messias und seines Reiches gedacht wird. Darüber siehe Einleitung und ad Kap. 11.

Doch es kam Feuer vom Himmel (von Gott) (ἀπὸ τοῦ θεοῦ von Lachmann, Tischendorf, ausgelassen nach A 2 min. Ar. pol. Vulg. ms. Andr. 1. Prim. Patr. lat.) vgl. über καταβαίνειν ἐκ τοῦ οὐρανοῦ ἀπὸ τοῦ θεοῦ 21, 2. 9; und verzehrte sie.

V. 10. Und der Teufel, ihr Verführer, ward in den Feuer- und Schwefelpfuhl geworfen, woselbst auch das Thier und der Pseudoprophet (19, 20); und sie werden Tag und Nacht in alle Ewigkeiten gepeinigt werden, Qual leiden.

V. 11—15.

Allgemeine Auferstehung und Gericht der Todten, aller Derjenigen nämlich, die nicht schon mit am tausendjährigen

Reiche theilgenommen, wobei Alle, die nicht im Lebensbuch stehen, in die Hölle, in den Feuerpfuhl geworfen werden, nachdem vorher der Tod und Hades selbst in denselben gestürzt sind, so dass er daher der zweite Tod heisst.

V. 11. **Und ich sahe einen grossen weissen Thron**, als μέγας wohl bezeichnet im Verhältniss zu den mehreren V. 4 genannten Thronen, **weiss** zur Bezeichnung des reinen Glanzes.

und den, der darauf sass, es ist wohl ohne Zweifel Gott der Vater gemeint,

vor dessen Angesicht die Erde floh und der Himmel, so dass für sie keine Stätte mehr gefunden ward, sie verschwanden, um einer neuen Erde und einem neuen Himmel (21, 1) Platz zu machen.

V. 12. **Und ich sahe die Todten klein und gross vor dem Throne stehen und Bücher wurden geöffnet**, nach Dan. 7, 10, nämlich die Bücher, worin der Wandel eines Jeden bei seinem Leben verzeichnet war,

und ein anderes Buch ward geöffnet, welches das des Lebens ist, s. ad 3, 5.

und es wurden die Todten gerichtet nach dem, was in den Büchern geschrieben war, gemäss ihren Werken.

V. 13. **Und das Meer gab die in demselben befindlichen Todten her, und der Tod und der Hades gaben die in ihnen befindlichen Todten her.** Diese letzteren sind von denjenigen gemeint, welche ordentlich begraben waren und so in die Unterwelt gekommen, wie denn die Begriffe von Grab und Hades, Scheol, Unterwelt, öfters in einander übergehen; von Diesen werden Diejenigen hier getrennt, welche im Meere umgekommen sind, wobei wohl die Vorstellung zu Grunde liegt, die wir auch bei Griechen finden, dass deren Seelen nicht in den Hades kommen, wenn sie nicht oben begraben werden. Ueber die Verbindung des Todes und des Hades s. 6, 8; hier werden sie beide bezeichnet wie die Inhaber der dem Grabe übergebenen Todten.

und sie wurden gerichtet ein jeglicher nach ihren (seinen) Werken.

V. 14. **Und der Tod und der Hades wurden in den**

Feuerpfuhl geworfen; hier werden sie wie zwei Dämonen behandelt (vergl. 6, 8), welche eben so wie vorher der Satan, der Antichrist und Pseudoprophet, in die Hölle gestossen und dadurch aller weiteren Einwirkung und Macht auf die Menschen beraubt werden. Es ist das eine poetische Ausführung des Paulinischen ἔσχατος ἐχθρὸς καταργεῖται ὁ θάνατος 1. Cor. 15, 26. Vergl. V. 5 sq. Jes. 25, 8: בִּלַּע הַמָּוֶת לָנֶצַח.

Das ist der zweite Tod, der Feuerpfuhl, so wird er wohl genannt, wiefern ihm jetzt diejenigen überantwortet werden, welche als beharrliche Widerspenstige gegen Gott erfunden werden, gleichwie das Menschengeschlecht am Anfange durch seinen Ungehorsam dem Tode überantwortet wurde. Die Worte ἡ λίμνη τοῦ πυρὸς fehlen rec., finden sich aber schon Compl. al., und sind wieder aufgenommen von **Griesbach, Lachmann, Tischendorf** nach AB 27 min. Syr. Ar. pol. Aeth. Vulg. ms. Hippol. Andr. Areth. Iren. Patr. lat.

V. 15. **Und wenn Jemand nicht im Lebensbuche geschrieben gefunden ward, ward er in den Feuerpfuhl geworfen**, in die Hölle, wo der Satan hauset.

Kap. 21, 1—22, 5.

Der letzte Theil der Weissagung, welcher die Bildung der neuen Welt und in derselben besonders des neuen Jerusalems als des Wohnsitzes der Gläubigen und Seligen ausführlich schildert, auf sehr poetische Weise, in Bildern, welche grossentheils aus alttestamentlichen Darstellungen entlehnt sind oder daran sich anschliessen, namentlich an die mosaische Schilderung des Paradieses, der Stiftshütte und besonders an die des Ezechiel über das neue Jerusalem Kap. 40 sq. Dabei dürfen aber in dem Sinne unseres Buches selbst die einzelnen Züge nicht alle urgirt werden, weder in eigentlichem noch in allegorischem Sinne. Zuerst

V. 1–4 Vorführung der neuen Welt und namentlich des neuen Jerusalems im Allgemeinen.

Und ich sahe einen neuen Himmel und eine neue Erde; denn der erste, der frühere, bisherige, Himmel und die erste Erde waren verschwunden; s. 20, 11. Ueber die Erwartung der Neuschaffung des Himmels und der Erde

s. 2. Petr. 3, 13: *καινοὺς δὲ οὐρανοὺς καὶ γῆν καινὴν κατὰ τὸ ἐπάγγελμα αὐτοῦ προσδοκῶμεν, ἐν οἷς δικαιοσύνη κατοικεῖ.* Zu Grunde liegt Jes. 65, 17: „siehe ich schaffe einen neuen Himmel und eine neue Erde, und nicht mehr wird man gedenken der vorigen noch sie mehr in Erinnerung kommen". Ib. 66, 22: „so wie der neue Himmel und die neue Erde, die ich schaffe, vor mir bestehen etc." Auch Tr. Sanhedr. fol. 97, 2 heisst es, dass Gott die Welt erneuern werde nach 7000 Jahren, wenn die Zeiten des Messias gewesen seien.

und das Meer war nicht mehr, war mit der alten Erde und dem alten Himmel verschwunden; und es scheint angedeutet zu werden, dass dieses bei der neuen Schöpfung keine Stelle mehr haben werde.

V. 2. Und ich sahe (rec. *ἐγὼ Ἰωάννης* hinter *καὶ*, ausgelassen von Bengel, Griesbach, Lachmann, Tischendorf, wie Compl. u. A., nach AB 30 min. Syr. Ar. Copt. Aeth. Arm. Vulg. ms. Andr. Areth. Iren. Patr. lat.) die heilige Stadt, das neue Jerusalem, herabsteigen vom Himmel, von Gott; auch bei der Stellung der Worte im Texte von Bengel, Griesbach, Lachmann, Tischendorf, wo *ἀπὸ τοῦ θεοῦ* hinter *ἐκ τοῦ οὐρανοῦ* steht, sind dennoch auch jene Worte ohne Zweifel gleichfalls mit *καταβαίνουσαν* zu verbinden, nicht, wie Griesbach, mit *ἡτοιμασμένην*; s. V. 10. Kap. 20, 9. 3, 12, zubereitet wie eine für ihren Mann geschmückte Braut. Das neue Jerusalem, als vom Himmel von Gott herabkommend, war schon oben 3, 12 erwähnt. Es ward als das Urbild des irdischen Jerusalems eben so betrachtet, wie der himmlische Tempel mit seinen Heiligthümern als das Urbild des irdischen abbildlichen; s. darüber Schöttgen ad h. l. und in der Dissertat. de Hierosolyma coelesti in seinen Hor. Hebr. et Talm. I, 1205 sq. und Wetstein ad Gal. 4, 26. Dieses himmlische Jerusalem, das Urbild der irdischen Stadt des Bundesvolkes, wird hier nach der Erneuerung der Welt und der allgemeinen Auferstehung als der Sitz der Seligen bezeichnet; vergl. Sohar Gen. fol. 69 col. 271: R. Jeremias dixit: Deus S. B. innovabit mundum suum et aedificabit Hierosolymam, ut ipsam descendere faciat in medium sui de coelo, ita ut nunquam destruatur.

V. 3. Und ich hörte eine laute Stimme vom Himmel, die sprach (statt οὐρανοῦ haben Lachmann, Tischendorf θρόνου nach A 1 min. Vulg. Iren. Ambr. Aug., aber nicht Prim. Tychon. und wohl nicht das Ursprüngliche). Siehe die Hütte, das Zelt, Gottes bei den Menschen, und er wird bei ihnen zelten und sie werden sein Volk sein und ihr Gott selbst wird mit ihnen sein als ihr Gott. Vergl. Levit. 26, 11. 12: „und ich mache meine Wohnung unter euch — und ich wandle unter euch und bin euer Gott und ihr sollt mein Volk sein". Ezech. 37, 27: „und meine Wohnung soll bei ihnen sein und ich will ihr Gott sein und sie sollen mein Volk sein". Das σκηνὴ spielt wohl an auf die Stiftshütte, אֹ֫הֶל מוֹעֵד, worin im A. B. die Herrlichkeit Jehovahs wohnte.

V. 4. Und abwischen wird er jegliche Thräne von ihren Augen (wie vom Lamme 7, 17) und der Tod wird nicht mehr sein, s. ad 20, 14; vergl. Jes. 25, 8: „er vernichtet (verschlingt) den Tod auf ewig, und es wischt der Herr Jehovah die Thräne (דִּמְעָה) von jeglichem Angesichte".

und keine Trauer (über Verlust durch Tod, s. 18, 3) noch Geschrei (Klagegeschrei über Gewaltthat u. dgl.) und Pein wird mehr sein.

denn das Erste ist vergangen, τὰ πρῶτα, die früheren bisherigen Verhältnisse der Welt.

V. 5-8. Und es sprach der auf dem Throne Sitzende, Gott der Vater, s. 20, 11; wohl nicht, wie Eichhorn, Ewald u. A. der Messias; richtig bezieht es Züllig, de Wette, Hengstenberg, Ebrard. Siehe ich mache Alles neu (Jes. 43, 19: הִנְנִי עֹשֶׂה חֲדָשָׁה, Jerem. 30, 21).

und er spricht (μοὶ rec. von Lachmann, Tischendorf ausgelassen nach AB 11 min. Syr. Ar. pol. Vulg. ms. Iren.): Schreibe! denn diese Worte sind zuverlässig und wahrhaft, nämlich der Ausspruch Gottes, dass Er Alles neu schaffe; denn darauf ist es ohne Zweifel zu beziehen; weil dieser zuverlässig ist, soll der Seher es aufschreiben.

V. 6. Und er sprach zu mir: es ist geschehen! die Erneuerung der Welt. Ich bin das A und das O, der Anfang und das Ende. Ich werde dem Durstenden aus der Quelle des Lebenswassers umsonst geben, vergl. 7, 17. Zu Grunde liegt Jes. 55, 1, wo alle Durstigen aufgefordert werden, zum Wasser zu kommen und umsonst Wein und Milch sich zu holen.

V. 7. Der Ueberwinder (s. 2, 7. 11 u. s. w.) wird dieses ererben, ihm wird das wie etwas ihm Gebührendes zu Theil werden, und ich werde ihm Gott sein, mich ihm als seinen Gott bewähren, und er mir Sohn sein, ist auch wohl gemeint: ich werde mich ihm als Vater beweisen.

V. 8. Den Feigen aber, welche feige im Bekenntniss meines Wortes nicht ausdauern aus Furcht vor der Welt; es sind wesentlich dieselben mit den Kleinmüthigen ὑποστελλομένοις Hebr. 10, 38 sq.

und Ungläubigen (und Sündern καὶ ἁμαρτωλοῖς haben Compl., Griesbach u. A. noch nach B über 30 min. Syr. Ar. pol. Andr. 2. Areth.; doch ist es nicht sicher); und Gräuelhaften (ἐβδελυγμένοις, die verabscheut sind, gräuelhaft für Gott, sich durch verabscheuungswürdige Sünden befleckt haben, wie Götzendienst u. dgl.) und Mördern und Hurern und Zauberern und Götzendienern und allen Lügnern wird ihr Theil sein in dem mit Feuer und Schwefel brennenden Pfuhle, welcher der zweite Tod ist (20, 14).

V. 9—22, 5.

Schilderung des neuen Jerusalems selbst. Schilderungen des neuen Jerusalems bei späteren Juden, s. Eisenmenger's Entd. Judenth. II, 839 sq.

V. 9–14. Und es kam einer von den 7 Engeln, welche die 7 Schaalen hatten, die voll waren von den 7 letzten Plagen, und redete mit mir und sprach: Komm her, so will ich Dir die Braut zeigen, das Weib des Lammes. So ist wohl am wahrscheinlichsten zu verbinden, τοῦ ἀρνίου von τὴν γυναῖκα abhängig; Lachmann u. A. haben auch τοῦ ἀρνίου erst hinter τὴν γυναῖκα nach A 3 min. Syr. Copt. Aeth. Vulg. etc. Dagegen Tischendorf τὴν γυναῖκα, τὴν νύμφην τοῦ ἀρνίου nach B 25 min.: das Weib, die Braut des Lammes. Uebrigens vergleiche mit der Darstellung, dass einer der Plageengel dem Seher diese Stadt zeigt, Kap. 17, 1, wornach ein solcher ihm auch das Gericht Babels zeigt: δεῦρο, δείξω σοι τὸ κρῖμα τῆς πόρνης τῆς μεγάλης κ. λ.

V. 10. Und er führte mich im Geiste auf einen grossen und hohen Berg. So wird Ezechiel im Gesichte, 40, 2, auf einen sehr hohen Berg geführt, wo er das neue Jerusalem und den neuen Tempel sieht.

und er zeigte mir die heilige Stadt Jerusalem, welche aus dem Himmel von Gott herabstieg, V. 11 welche die Herrlichkeit Gottes hatte, $τὴν\ δόξαν\ τοῦ\ θεοῦ$ bezeichnet nicht bloss einen von Gott ihr verschafften Glanz (Grot.) oder mit Andern einen besonders herrlichen Glanz, sondern die Schechina, den כְּבוֹד יְהוָה, die Herrlichkeit Gottes, der in derselben weilt und nach V. 23 dieselbe ohne Sonne und Mond erleuchtet; vergl. Jes. 24, 23. Zach. 2, 9.

ihr Licht gleicht dem köstlichsten Edelsteine, wie einem krystallartigen, d. i. ganz reinen und hellen durchsichtigen Jaspis. $φωστήρ$ ist luminare, was Licht giebt; so steht es bei Griechen von Fenstern; Phil. 2, 15 von Gestirnen. Hier bezeichnet es im Allgemeinen Dasjenige, wodurch die Stadt ihr Licht erhält, wie die jetzige Erde durch die Himmelskörper, und dieses ist eben von der Herrlichkeit Gottes gemeint, nach V. 23. Kap. 22, 5.

V. 12. Sie hatte eine grosse und hohe Mauer, als Andeutung der Sicherheit der Stadt.

hatte zwölf Thore und auf den Thoren zwölf Engel, als die Schützer, Wächter der Thore und damit der Stadt, und Namen eingegraben, welches die der zwölf Stämme der Söhne Israels sind, V. 13 vom Aufgange, an der östlichen Seite, drei Thore, und vom Norden drei Thore, und vom Süden drei Thore, und vom Westen drei Thore; es ist dieses nach Ezech. 48, 31-34 gebildet, wornach auch das neue Jerusalem mit 12 Thoren versehen sein wird, nach jeder Himmelsgegend drei Thore, und diese benannt nach den Namen der einzelnen Stämme Israels, die dort alle namentlich aufgeführt werden.

V. 14. Und die Mauer der Stadt hatte zwölf $θε-μελίους$, Grundsteine, und auf ihnen zwölf Namen der zwölf Apostel des Lammes. Die Pracht dieser $θεμέλιοι$ wird unten V. 19. 20 geschildert; es scheint, dass dieselben so gemeint sind, dass immer die ganze Strecke der Mauer von einem Thore zum andern auf einem grossen Grundsteine erbaut war. Das Wesentliche aber für die Vorstellung, was hier ausgedrückt werden soll, ist das, dass das ganze Gebäu der die Stadt umgebenden und schützenden Mauer ruhe auf dem Grunde, den die Apostel des Herrn durch ihr Zeugniss gelegt haben; vergl. Eph. 2, 20: ἐποικοδομηθέντες ἐπὶ τῷ θεμελίῳ τῶν ἀποστόλων κ. προφητῶν.

V. 15–21. Und der mit mir redete, hatte ein Maass, ein goldnes Rohr (Messstock, s. ad 11, 1. μέτρον fehlt rec., von Bengel, Griesbach, Lachmann, Tischendorf, wie schon Compl. aufgenommen nach sehr überwiegenden Zeugen), um zu messen die Stadt und ihre Thore und ihre Mauer; diese Einkleidung, um die Grösse der Stadt zu erfahren, ist aus Ezech. 40, 3 entlehnt.

V. 16. Und die Stadt liegt vierwinkelicht, viereckig, hat vier Ecken oder Winkel, folglich auch eben so viele Seiten, und zwar gleiche: und ihre Länge ist so gross, wie ihre Breite, auch dieses nach Ezech. 48, 16. 17, wornach die Stadt gleichfalls nach allen vier Weltgegenden gleiche Ausdehnung hat.

und er maass die Stadt mit dem Rohr bis zu 12000 Stadien. Grammatisch ist dieses am wahrscheinlichsten wohl so zu fassen, dass der Genitiv δώδεκα χιλιάδων von σταδίους abhängig ist, obwohl es genauer umgekehrt lauten würde ἐπὶ δώδεκα χιλιάδας σταδίων. Zu hart ist aber, wie Ewald und Züllig es fassen, den Genitiv von dem wieder zu supplirenden πόλιν abhängig zu denken: als eine Stadt von 12 Tausenden ad stadios, = e stadiorum mensura. Die 12000 Stadien würden ungefähr 1500 Römische oder 300 Deutsche Meilen betragen. Wenn es nun aber unmittelbar heisst: die Länge und die Breite und die Höhe derselben sind gleich, kann dieses letztere wohl schwerlich so gemeint sein, wie Grotius, Eichhorn, de Wette, Ebrard, dass die Höhe aller Häuser oder die der ganzen Mauer die gleiche gewesen und die Stadt so symmetrisch gebaut sei, sondern nur so, dass die Höhe die gleiche gewesen sei wie die Länge und wie die Breite; darüber aber kann man zweifelhaft sein, ob es so gemeint ist, dass die 12000 Stadien das Maass nach allen drei Ausdehnungen gemeinschaftlich bezeichnet, so dass auf jede derselben, auch auf die Höhe, 4000 Stadien kommen, oder so, wie z. B. Züllig, Hengstenberg, dass jede dieser drei Ausdehnungen für sich 12000 Stadien betrug. Mag man es auf die eine oder die andere Weise fassen, so soll dadurch wohl jedenfalls auf der einen Seite der grosse Umfang der Stadt, auf der andern Seite die Symmetrie derselben bezeichnet werden, doch sind die Angaben und ganz besonders in Beziehung auf die Höhe gar zu ungeheuer, auch selbst für eine sehr poetische Schilderung. Vergl. aber aus späteren Jüdischen Schriften Bava bathra fol. 75, 2, wornach das neue Jerusalem wenigstens zwölf Milliarien hoch sein soll; und Schir Rabba VII, 5, wornach es in der Höhe bis zum Throne der Herrlichkeit reichen soll.

V. 17. Und er maass die Mauer derselben von 144 Ellen (nämlich in die Höhe), mit Menschenmaass, welches das des Engels ist; über $\mu\acute{\epsilon}\tau\varrho o\nu$ $\mathring{\alpha}\nu\vartheta\varrho\acute{\omega}\pi o\upsilon$ vergl. ad 13, 18 $\mathring{\alpha}\varrho\iota\vartheta\mu\grave{o}\varsigma$ $\mathring{\alpha}\nu\vartheta\varrho\acute{\omega}\pi o\upsilon$. Es will sagen, dass das Maass hier angegeben sei nach dem bei Menschen gewöhnlichen, als welches auch das des Engels sei. Grammatisch ist das $\mu\acute{\epsilon}\tau\varrho o\nu$ als Accusativ zu betrachten, als nachlässig hinzugefügte Apposition zu dem Vorhergehenden.

V. 18. Und das Gebäu ihrer Mauer war Jaspis. $\mathring{\epsilon}\nu\delta\acute{o}\mu\eta\sigma\iota\varsigma$ eigentlich das Hineinbauen — daher: das Hineingebaute. Es findet sich Joseph Ant. XV, 9, 6 von dem zur Befestigung des Hafens erbauten Molo. Hier kann es, im Gegensatze gegen die $\vartheta\epsilon\mu\epsilon\lambda\acute{\iota}o\upsilon\varsigma$, nur das über dieselben Gemauerte sein, das Gebäu der Mauer selbst, das war nicht von gewöhnlichen Ziegel- oder Hausteinen, sondern von Jaspis, in Bezug auf den grossen Glanz und die Pracht.

und die Stadt war reines Gold gleich reinem Glase, Krystall, so rein und gleichsam durchsichtig, cf. V. 21 (statt $\mathring{o}\mu o\acute{\iota}\alpha$ ist wohl mit Compl., Bengel, Lachmann, Tischendorf $\mathring{o}\mu o\iota o\nu$ zu lesen, nach AB 23 min. Andreas, Arethas, Vulg.).

V. 19. Und die Gründe der Mauer der Stadt waren geschmückt mit jeglicher Art von Edelsteinen, nämlich nach dem Folgenden so, dass jeder einzelne $\vartheta\epsilon\mu\acute{\epsilon}\lambda\iota o\varsigma$ aus einem einzelnen Edelsteine bestand; dabei liegt wohl zu Grunde, ist hier nur reicher ausgeführt, Jes. 54, 11. 12, wo Jehovah verheisst, Jerusalem auf Sapphiren zu gründen und den ganzen Umfang von köstlichen Steinen zu machen. Bei der

Aufführung der einzelnen Edelsteine liegt wohl zugleich die Schilderung der 12 Edelsteine auf dem hohepriesterlichen Brustschild zu Grunde, Exod. 28, 17 sq. 29, 10 sq. **der erste Grundstein von Jaspis, bis V.** 20 fin.
V. 21. Und die 12 Thore waren 12 Perlen, je eins der Thore bestand aus einer Perle. Nach Jes. 54, 12 sollen die Thore der Stadt funkelnde Edelsteine (Karfunkelsteine, אבני אקדה) sein. Vergl. übrigens bei Wetstein und Schöttgen ad h. l. die talmudischen Stellen Bava Bathra fol. 75, 1. Sanhedr. fol. 100, 1, wo von Edelsteinen und Perlen von 30 Ellen Länge und Breite die Rede ist, welche an die Thore der Stadt Jerusalem sollten hingestellt werden.
und die Strasse der Stadt ist reines Gold wie durchsichtiges Glas, Krystall, vergl. V. 18.
V. 22 – 27. **V. 22. Und einen Tempel sahe ich nicht in derselben; denn der Herr, Gott der Allmächtige, ist ihr Tempel und das Lamm.** Da mit Christus Gott selbst seine Wohnung in der Stadt haben wird, bei ihren Bürgern zelten (V. 3. 11), so bedarf es in ihr keines besonderen Ortes oder Gebäudes, um dort Gottes Angesicht zu suchen, ihn im Gebete oder durch Opfer zu verehren.
V. 23. Und die Stadt bedarf nicht der Sonne noch des Mondes, dass sie ihr scheinen, denn die Herrlichkeit Gottes hat sie erleuchtet und ihre Leuchte ist das Lamm. Vergl. Jes. 60, 19. 20: nicht wird dir fürder die Sonne zum Lichte bei Tage dienen noch der Mond dir scheinen und leuchten, sondern Jehovah dienet dir zum ewigen Lichte ... nicht gehet fürder deine Sonne unter und dein Mond verdunkelt sich nicht; denn Jehovah dient dir zum ewigen Lichte etc.
V. 24. Das erste Hemistich lautet rec.: **Und die Völker der Erretteten werden in ihrem Lichte wandeln,** καὶ τὰ ἔθνη τῶν σωζομένων ἐν τῷ φωτὶ αὐτῆς περιπατήσουσι. Dieses ist aber ohne Zweifel spätere Emendation und mit Compl., Bengel, Griesbach, Lachmann u. A. zu lesen: καὶ περιπατήσουσι τὰ ἔθνη διὰ τοῦ φωτὸς αὐτῆς nach A 31 min. Syr. Ar. pol. Copt. Aeth. Arm. Vulg. Andr. Areth. Patr. Lat. Dieses kann denn nur gemeint sein: **und die Völker werden durch ihr Licht wandeln, auch sie**

werden kein anderes Licht haben, als das von der heiligen Stadt ausstrahlende; das wird von dort sich auch über die übrigen Theile der Erde verbreiten, auch sie bescheinen. Hier lässt sich nicht verkennen, und das zeigt auch deutlich das zweite Hemistich, wie V. 26, dass die Vorstellung zu Grunde liegt, dass auch dieses neue Jerusalem, der Sitz der Heiligen und Seligen, in der letzten Entwicklung der Gemeinde Gottes, nach der allgemeinen Auferstehung und der Neuschaffung des Himmels und der Erde, von anderen Völkern umgeben sein werde, die nicht Bürger in der Gottesstadt sind, jedoch auch nicht mehr feindlich gegen dieselbe gesinnt, sondern willig sie anerkennend. Diese Darstellung hat etwas Auffallendes und scheint zu der vorhergegangenen Darstellung vom allgemeinen Gerichte und von der Erneuerung der Welt nicht ganz zu stimmen. Sie hat aber ihren Grund unverkennbar in der Berücksichtigung prophetischer Stellen des A. T., worin von der Wiederherstellung Jerusalems nach dem Exil und von dem Verhältniss, worin die Völker der Erde sich zu dieser Stadt stellen werden, die Rede ist, indem diese hier auf das neue himmlische Jerusalem übertragen ist. So namentlich Jes. 60; für unsere Stelle vergl. V. 3: וְהָלְכוּ גוֹיִם לְאוֹרֵךְ, Völker gehen nach Deinem Lichte und Könige nach dem Glanze, der Dir aufgegangen.

und die Könige der Erde bringen ihre Herrlichkeit und ihre Ehre (d. i. ihren Schmuck, ihre Kostbarkeiten, ihre Kleinodien und glänzenden Schätze, wie כָּבוֹד Jes. 66, 12 u. a.) in dieselbe. Vergl. Jes. 60, 5 sq. V. 11. Uebrigens ist das Pronomen αὐτῶν ohne Zweifel auf das Subject, die Könige zu beziehen, nicht, wie Andere, auf τὰ ἔθνη.

V. 25. Hierbei liegt zu Grunde Jes. 60, 11, wo es heisst, dass die Thore der Stadt beständig offen stehen, Tag und Nacht nicht geschlossen sein werden, damit die Schätze der Völker stets hinein können. Dafür heisst es hier: ihre Thore sollen nicht mehr bei Tage verschlossen werden; denn Nacht wird nicht mehr sein, da die Herrlichkeit Gottes ohne Unterbrechung erleuchtet nach V. 23.

V. 26. Und sie, die Könige der Erde, werden die Herrlichkeit und Kostbarkeit der Völker in sie bringen, wie ihre eigenen Schätze, so die ihrer Völker. (Andere, wie Luther, Beza, de Wette, Hengstenberg, fassen es imperson.: man wird bringen; doch jenes wahrscheinlicher.)

V. 27. Und in sie wird nichts Gemeines, Profanes, hineingehen, noch was Gräuel und Lüge übt, sondern nur die im Lebensbuche des Lammes geschrieben sind. Vergl. Jes. 52, 1: לֹא יָבוֹא־בָךְ עוֹד עָרֵל וְטָמֵא. — Es scheint darnach, dass doch auch die Völker der Erde, die nicht als Bürger dem neuen Jerusalem angehören, aber um dasselbe herumwohnen werden, als solche betrachtet werden, die im Lebensbuche geschrieben seien, und als nicht unrein, profan, da sonst sie oder ihre Könige ihre Schätze nicht würden hineinbringen dürfen.

22, 1–2. Und er zeigte mir einen Strom von Lebenswasser, glänzend wie Krystall, ausgehend vom Throne Gottes und des Lammes. ($ὕδατος$ $ζωῆς$ hier nicht bloss: lebendiges Wasser, sondern Lebenswasser, wodurch das Leben fort und fort erhalten wird, wie $ξύλον$ $ζωῆς$ V. 2 Lebensbaum.) Es liegt für die Schilderung hier V. 2 zu Grunde a) die Schilderung des Paradieses Gen. 2, welches von einem Strome durchflossen ist und in dessen Mitte der Lebensbaum steht, und b) besonders Ezech. 47, wo von einer Quelle die Rede ist, die im neuen Jerusalem vom Tempel aus entspringend zum Strome wird, an dessen Ufern nach V. 12 auf beiden Seiten (מִזֶּה וּמִזֶּה) allerlei Fruchtbäume emporwachsen, deren Blätter nicht verwelken und deren Früchte nicht aufhören, die alle Monate Früchte bringen, die zur Speise so wie ihre Blätter zur Arznei dienen. — V. 2. In der Mitte ihrer Gasse und an beiden Seiten des Stromes (fälschlich erklärt Ewald $ἐν$ $μέσῳ$ $τῆς$ $πλατείας$ $καὶ$ $τοῦ$ $ποταμοῦ$ = zwischen der Strasse und dem Strom; s. ad 5, 6; das $τοῦ$ $ποταμοῦ$ ist wohl von $ἐντεῦθεν$ $κ.$ $ἐντεῦθεν$ abhängig, dieses dem מִזֶּה וּמִזֶּה bei Ezech. entsprechend) Lebensholz, das zwölf Früchte (im Jahre) trägt, jeglichen Mond seine Frucht bringend; und die Blätter des Baumes (dienen) zur Heilung der Völker, also auch gerade derjenigen wohl, die nicht selbst Bürger der Stadt sind, und zwar ist es wohl zugleich in Beziehung auf Leib und Seele gemeint.

V. 3-5.

Uebergang in die Ankündigung durch Futura, was hier als Rede des Engels an den Seher zu denken ist. Und nichts Verbanntes wird mehr sein, nach Zach. 14, 11: וְחֵרֶם לֹא יִהְיֶה עוֹד, es wird kein Bann mehr sein in Jerusalem, nichts was den göttlichen Zorn erregte, so dass er es dem Verderben weihete. Statt rec. $\varkappa\alpha\tau\alpha\nu\acute{\alpha}\vartheta\varepsilon\mu\alpha$ ist (nach AB 28 min. Andr. Areth.) ohne Zweifel mit Compl., Bengel, Griesbach, Lachmann u. A. $\varkappa\alpha\tau\acute{\alpha}\vartheta\varepsilon\mu\alpha$ zu lesen, ebenso wie Matth. 26, 74 statt rec. $\varkappa\alpha\tau\alpha\nu\alpha\vartheta\varepsilon\mu\alpha\tau\acute{\iota}\zeta\varepsilon\iota\nu$ zu lesen ist $\varkappa\alpha\tau\alpha\vartheta\varepsilon\mu\alpha\tau\acute{\iota}\zeta\varepsilon\iota\nu$. Doch sind diese Formen ganz in demselben Sinne zu fassen, wie die der rec., welche sonst die allein gebräuchlichen sind.

und der Thron Gottes und des Lammes wird in ihr sein und seine (Gottes) Knechte werden ihm dienen, als ihm Geweihte, als seine Priester.

V. 4. und sie werden sein (Gottes) Angesicht schauen und sein Name wird an ihrer Stirne sein, und sie dadurch eben als seine Knechte, seinem Dienste Geweihte, bezeichnet werden.

V. 5. Und Nacht wird nicht mehr sein, noch es einer Leuchte und des Lichtes der Sonne b,edürfen; denn Gott der Herr wird über ihnen leuchten. Statt $\alpha\dot{v}\tau o\grave{v}\varsigma$ ist mit Bentley, Bengel, Griesbach, Lachmann, Tischendorf wohl zu lesen $\dot{\varepsilon}\pi'\ \alpha\dot{v}\tau o\grave{v}\varsigma$ nach A Iren. Patr. lat., wodurch das fürsorgende und schützende Leuchten ausgedrückt wird, wie 7, 15 in $\sigma\varkappa\eta\nu\acute{\omega}\sigma\varepsilon\iota\ \dot{\varepsilon}\pi'\ \alpha\dot{v}\tau o\grave{v}\varsigma$.

und sie werden herrschen in alle Ewigkeiten.

V. 6—21.

Hiermit ist nun die Enthüllung der Zukunft des Reiches Gottes zu Ende. Das Folgende bildet nur einen Schluss des Buches, worin besonders die Wahrhaftigkeit und Zuverlässigkeit dieser Enthüllungen betheuert und wiederholt ausgesprochen wird, dass die Zeit der Erfüllung der Zukunft des Herrn nahe sei. Zuerst

V. 6-7. Und er sprach zu mir, der Engel, der ihm die letzten Aufschlüsse ertheilt hatte, von 21, 9 an.

Diese Worte sind zuverlässig und wahr, wie 21, 5; es bezieht sich hier zwar zunächst auch wohl auf die zuletzt mitgetheilten Enthüllungen, ist aber doch zugleich auch wohl auf den Inhalt aller vorhergegangenen Offenbarungen zu beziehen.

und der Herr, der Gott der Geister der Propheten = von dem allein der Geist der Weissagung in den Propheten ausgeht; die rec. hat: der Gott der heiligen Propheten, ὁ θεὸς τῶν ἁγίων προφητῶν; dafür ὁ θ. τῶν πνευμάτων τῶν προφητῶν Compl., Bengel, Griesbach, Lachmann, Tischendorf al. nach AB 28 min. Syr. Ar. Aeth. Vulg. Andr. comment. Areth. Prim.

hat gesandt seinen Engel, um seinen Knechten zu zeigen, was in Bälde geschehen soll, s. ad Kap. 1, 1.

V. 7. Das erste Hemistich sind Worte Christi, die aber der Engel hier noch anführt, wie denn das zweite Hemistich wieder als die eigenen Worte des Engels zu betrachten sind, wie V. 8 zeigt. Und siehe — spricht der Herr — ich komme bald, schnell. Selig zu preisen (ist), wer die Worte der Weissagung dieses Buches bewahret, sie nicht unbeachtet lässet, für seine Hoffnung wie für seinen Wandel; vergl. 1, 3.

V. 8—9. Und ich Johannes bin es, der dieses hörte und sahe, der diese Offenbarungen durch die Engel vernahm und diese Visionen hatte. Man kann auch, wie Ewald [früher], diese Worte nur alle als voranstehendes Subject fassen, wo dann das καὶ vor ὅτε hebraisirend steht und in der Uebersetzung nicht auszudrücken ist: und ich Johannes, der dieses hörte und sahe, als ich es gehört und gesehen, fiel ich nieder, um zu huldigen, anzubeten, vor den Füssen des Engels, der mir dieses zeigte. Anerkannt falsch ist, wenn Dionysius Alexandr. (bei Eus. VII, 25) die Worte καὶ ἐγὼ Ἰωάννης... βλέπων ταῦτα mit dem Vorhergehenden verbindet, so dass der Seher auch sich selbst glücklich priese. „Und er spricht zu mir: thue es nicht, ich bin dein Mitknecht und deiner Brüder der Propheten und derer, die da bewahren die Worte dieses Buches; Gott bete an." Ganz ähnlich wie 19, 10.

V. 10—15. Und er spricht zu mir. Das Subject ist nicht,

wie Viele es wegen V. 12 sq. fassen, Christus, sondern der Engel, dessen Rede aber nachher in die Rede Christi, als von ihm eingeführt, übergeht, wie ähnlich V. 7, nur dass sie dort (V. 13 sq.) dann weiter fortgeht.

versiegle nicht die Worte der Weissagung dieses Buches. Vergl. Dan. 8, 26. 12, 4. 26, wo dem Daniel befohlen wird, das Gesicht, die Worte der Weissagung, zu versiegeln, d. h. für jetzt der Kunde der Menschen zu entziehen, weil es noch ferne Zukunft sei, worauf sie sich beziehen. Umgekehrt wird hier dem Seher befohlen, die empfangene Weissagung nicht zu versiegeln, sondern sie alsbald weiter zu veröffentlichen, weil die Zeit ihrer Erfüllung nahe sei.

(denn) die Zeit ist nahe, s. 1, 3.

V. 11. Inzwischen — während der kurzen noch übrigen Zeit bis zur glorreichen Zukunft des Herrn — mag ein Jeder in seiner gewohnten, seinem inneren Charakter entsprechenden Handlungsweise fortfahren; dem Bösen wird freistehen, bis dahin in seinem Frevel zu beharren, wie dem Gerechten und Frommen zukommt, in der Gerechtigkeit und Heiligkeit zuzunehmen. Das ist der Sinn dieses Verses = so wie dem Bösen freisteht, bis zu dieser Katastrophe in seinem Wandel zu beharren, so möge der Fromme sich nicht verleiten lassen, ungeduldig den Pfad der Gerechtigkeit zu verlassen. Der Ungerechte, wer Ungerechtigkeit übt, gegen Gottes Willen, möge ferner ungerecht handeln und der Schmutzige möge sich ferner beschmutzen. Rec. ῥυπῶν ῥυπωσάτω von ῥυπόω; dafür ῥυπαρὸς ῥυπαρενθήτω Compl., Bengel, Griesbach, Lachmann, Tischendorf und nach B c. 30 min. Andr. Areth. (cf. Orig.); die Form ῥυπαρεύεσθαι kommt sonst nicht vor und ist deshalb wohl verdrängt worden. Die Wörter stehen hier in Beziehung auf schmutzige, verunreinigende Gesinnung und Handlungsweise, entgegen dem ἅγιος, ἁγιάζεσθαι im zweiten Hemistich.

und der Gerechte, Fromme, übe ferner Gerechtigkeit (rec. δικαιωθήτω, dafür δικαιοσύνην ποιησάτω Compl., Bengel, Griesbach, Lachmann, Tischendorf nach AB 31 min. Syr. Ar. pol. Copt. Vulg. ms. Itall. Andr. Areth. Patr. lat.

und der Heilige heilige sich noch ferner, der sich

lern gehalten von allem Profanen und sich Gott geweiht hat, thue das ferner. Vergl. übrigens Dan. 12, 10: „Viele werden sich reinigen, säubern und läutern, und die Frevler werden freveln (werden in ihrem Frevel fortfahren)", und für den Gedanken unserer Stelle noch Ezech. 3, 27. 20, 39.

V. 12. Siehe ich komme bald — spricht wieder der Herr; s. oben — und mein Lohn mit mir (wie von Jehovah Jes. 40, 10 und 62, 11: הִנֵּה שְׂכָרוֹ אִתּוֹ).

um einem Jeden zu vergelten, wie sein Werk sein wird, dem ganzen Wandel gemäss (statt ἔσται haben Lachmann, Tischendorf ἐστιν nach AB 2 min.).

V. 13. Vergl. I, 8.

V. 14. Selig rec. (und so noch de Wette, Züllig, Tischendorf), die da thun Seine Gebote, wo dieses wie das folgende bis V. 15 incl. wieder Rede des Engels wäre. Statt rec. ποιοῦντες τὰς ἐντολὰς αὐτοῦ hat aber Lachmann wie schon Bentley, was auch Mill, Ewald billigen, πλύνοντες τὰς στολὰς αὐτῶν nach A 2 min. Aeth. Arm. Vulg. Prim. Comment. al.: die da ihre Kleider waschen = die sich reinigen in dem Blute des Lammes (7, 14) und sich auch vor Versündigung rein bewahren (3, 4). Dies hat als die schwierigere Lesart etwas Wahrscheinliches; und da kann auch dieses und das folgende noch weiter als Rede Christi betrachtet werden, wie es V. 16 deutlich ist.

um Macht zu erhalten, oder: sie sollen Macht erhalten, ἵνα wie 14, 13, über den Lebensbaum, daran ein Anrecht erhalten, zu seinem Genusse zugelassen werden, und durch die Thore in die Stadt eingehen, in die heilige Stadt, das neue Jerusalem, Eingang finden, was kein Frevler kann, nach 21, 27.

V. 15. Draussen sind oder sollen bleiben, vom Zutritte in die heilige Stadt ausgeschlossen — die Hunde; die Hunde waren bei den Hebräern unreine Thiere; Hund wird dann als Schimpfwort gebraucht, so Phil. 3, 2 in Beziehung auf Unververschämtheit. Aber Deut. 23, 18 steht כְּלָבִים für μαλακοί, pueri molles, von Männern, die sich zur Unzucht missbrauchen lassen, und so ist es wahrscheinlich auch hier gemeint, sonst müsste man es mit Ewald [früher], Züllig, de Wette u. A. in ganz allgemeinem Sinne nehmen für: schmutzige Menschen von unreiner Gesinnung; doch ist jenes wahrscheinlicher.

und die Zauberer und die Hurer und die Mörder und Götzendiener und Alle, die Lüge lieben und üben.

V. 16. Ich Jesus habe meinen Engel gesandt, euch dieses zu bezeugen, kund zu thun ἐπὶ ταῖς ἐκκλησίαις, dieses würde nach 10, 11 sein: in Betreff der Gemeinden. So auch Züllig: insofern die Gemeinden dabei betheiligt waren, und diese Weissagung ihnen nützen konnte. Doch ist das hier nicht recht natürlich. Man fasst es auch meistens: bei oder in den Gemeinden, was aber bei dieser Präposition nicht ohne Schwierigkeit ist. Lachmann hat ἐν nach A 3 min. Vulg. Andr. Athan., und so auch Bentley. Vielleicht ist bloss ταῖς ἐκκλησίαις mit Tischendorf nach 5 min. Arm. Andr. 2. Areth. zu lesen, wie Ed. Eras. 1. 2. 3. Colin., Bengel, so auch de Wette: euch den Gemeinden; diese redet der Herr hier am Schlusse wieder an.

Ich bin die Wurzel und das Geschlecht Davids; über ῥίζα in dieser Verbindung s. 5, 5. Ebenso steht hier γένος, das Geschlecht statt: der vom Geschlechte Davids. Doch liegt darin, was richtig schon Vitringa bemerkt, noch etwas Significanteres, dass es der wahre Schoss Davids sei, der in sich Alles vereinigte, was dem Geschlechte des Davids je Hohes und Herrliches verheissen ist. Der glänzende Frühstern, Morgenstern, s. ad 2, 28.

V. 17. Und der Geist — der Geist der Weissagung, der sich auch auf den Johannes herabgelassen hatte, und die Braut sprechen: Komm, o Herr, wolle mit Deiner Erscheinung nicht länger verziehen.

Und der es hört, spreche: komm! jeglicher, der diesen Zuruf des Geistes und der Braut an den Herrn vernimmt, möge in denselben einstimmen, auch sein Verlangen kund geben.

Und wer dürstet, der komme, wer will, der nehme Lebenswasser umsonst, s. ad 21, 6. Wer da wahrhaftes Verlangen hat nach den Schätzen des Herrn, dem wird er sie nicht vorenthalten.

V. 18–19. Drohende Warnung von Seiten des Verfassers an diejenigen, welche versuchen möchten, die hier mitgetheilte

Weissagung durch Verstümmelung oder Zusätze zu verfälschen. Es liegt dabei vielleicht zu Grunde Deut. 4, 2: „Thuet nichts hinzu zu dem, was ich euch gebiete, und thuet nichts davon, dass ihr beobachtet die Gebote Jehovah's, eures Gottes, welche ich euch gebiete; ib. 13, 1. Doch hat der Verfasser dabei wohl zunächst nur die Abschreiber seines Buches vor Augen und will sie abhalten, sich keine willkührlichen Aenderungen zu erlauben, wie das damals besonders in Schriften solcher prophetischen Art nicht selten war; so Grotius, Vitringa u. A. Aehnliche drohende Warnungen bei Irenäus vgl. Euseb. H. E. V, 20. Rufin Praef. in Orig. de Princ. Und nach dem Bericht des Pseudo-Aristeas über die LXX soll er nach Vollendung dieser Uebersetzung eine feierliche Verwünschung ausgesprochen haben über jeden, der wagen würde, Etwas beizufügen, zu versetzen oder davon abzureissen. Doch lautet die Drohung hier so stark, dass nicht ganz mit Unrecht schon Luther daran einigen Anstoss genommen hat. Ich bezeuge Jedem, der die Worte der Weissagung dieses Buches höret: wenn jemand dazu hinzufügt, willkührliche Zusätze zu dieser Weissagung macht, dem wird Gott die Plagen zufügen (Wortspiel mit $\dot{\epsilon}\pi\iota\tau\iota\vartheta\acute{\epsilon}\nu\alpha\iota$), die in diesem Buche geschrieben sind. V. 19. Und so jemand von den Worten des Buches dieser Weissagung hinwegnimmt, dem wird Gott wegnehmen seinen Theil vom Lebensbaum und von der heiligen Stadt, die in diesem Buche geschrieben sind, von denen dasselbe gleichfalls handelt.

V. 20. Es spricht, der dieses bezeugt, der Herr, in Beziehung auf den ganzen weissagenden Inhalt des Buches: Ja, ich komme bald. Amen, Komm Herr Jesu!

V. 21. Die Gnade des Herrn Jesu Christi sei mit Allen; hinter $\pi\acute{\alpha}\nu\tau\omega\nu$ hat rec. noch $\acute{\iota}\mu\tilde{\omega}\nu$; dafür Griesbach wie schon Compl. al. $\tau\tilde{\omega}\nu$ $\acute{\alpha}\gamma\acute{\iota}\omega\nu$ nach B 31 min. Syr. Copt. Arm. Vulg. ms. Andr. Areth. Wahrscheinlich ist aber auch dieses nicht ursprünglich, wie sich denn bloss $\pi\acute{\alpha}\nu\tau\omega\nu$ findet A Vulg. ms., und so auch Bentley, Bengel, Lachmann, Tischendorf.

Berichtigung.

Die Druckfehler, die etwa stehen geblieben sind, wird der Leser leicht selbst verbessern können. Den Druckfehler in dem syrischen Wort p. 188 Zeile 9 von oben jemautho no, wofür zu lesen mautho, wolle man mit des Setzers Unkenntniss der syrischen Buchstaben entschuldigen.

www.ingramcontent.com/pod-product-compliance
Lightning Source LLC
Chambersburg PA
CBHW032042220426
43664CB00008B/821